朝鮮料理店・
産業「慰安所」と
朝鮮の女性たち 改訂版

高麗博物館
朝鮮女性史研究会 編著

社会評論社

再刊　刊行にあたって

本書の初版刊行は二〇二一年一一月だった。日本国内に存在した朝鮮料理店・産業「慰安所」とそこで働いていた朝鮮人女性たちの姿を調査し、記録をまとめた本書は、返り見られることのない女性たちの記録であり、再版ができるか心配していた。しかし、類書がないこと、戦時下の日本軍「慰安所」に関心が持たれていたことなどで販売は好調であったという。さらに、私たちの励ましになったのは、詩人高良留美子氏が創設し、氏の志を受け継いだ女性史研究者、米田佐代子氏から「女性文化賞」をいただけることになり、授賞式までしていただいたことである。

さらに、大切に思うのは執筆した会員は、はじめて調査・執筆した内容を原稿化し、校正し、本として出版した会員が大半であること、これに参加した会員が会誌を発行し、次の在日朝鮮人の女性史研究成果をまとめる準備をしていることを報告し、新たな朝鮮女性史の世界を造り上げていきたいと願う。これも「高麗博物館」という歴史博物館の使命の一つであると思うからである。感謝。

なお、再版に際し、読者からのご指摘や誤字・脱字などは本文をそこなわないように版元と相談し、校正した。

二〇二四年　秋

高麗博物館朝鮮女性史研究会

はじめに

一九九一年、韓国で金学順ハルモニが日本軍「慰安婦」の体験者として証言したことから、戦後四六年をへてようやく日本の人々に「慰安婦」問題が認識されることとなった。ちょうどその頃、在日朝鮮・韓国人の歴史研究者であり朝鮮女性史研究会会員でもある樋口雄一によって産業「慰安所」についての論文が発表された。しかし、この産業「慰安所」に関する問題は、当時はまだ世論を喚起し関心がもたれることにはならなかった。

その時から二四年を経て、私たち高麗博物館所属の朝鮮女性史研究会は、見過ごされていた産業「慰安所」の女性たちに注目した。樋口雄一が論文を発表してから二三年が過ぎていた。日本軍「慰安婦」と比較して二〇年という歳月を経てようやく調査対象となったこの時間のロスはなんであったろうか。

それは、私たち研究会のフィールドワークから推し量ることができる。二〇〇三年に産業「慰安所」について先駆的研究を発表していた「札幌女性史研究会」の西田秀子の研究に学びながら二〇一六年に北海道の産業「慰安所」についてフィールドワークを行った。そこでは、地元の市民運動グループで戦時中の朝鮮人強制動員問題について地道に活動している方々から、朝鮮人労働者が炭鉱労働に従事させられた跡を案内していただき、さらに当時作成された朝鮮人強制動員を知る手掛かりとなる資料の教示もうけた。このようにして、朝鮮女性史研究会会員たちは、産業「慰安所」があった北海道各地をフィールドワークし、手掛かりとなることは僅かなことでも調査した。以降、二年をかけて北海道以外で「慰安所」のあった奈良県柳本、長崎県、福岡県筑豊、長野県松代、宮城県細倉、福島県常磐、鳥取県と各地を調査した。

この取り組みで分かったことは、残された資料や記録の少なさだった。一九四〇年ころから出現した産業「慰安所」ができるまでには、朝鮮人女性が詐欺同然で日本に連れてこられ、公的に認められない店で、性売買を強要される環境で働かされていたことも知ることとなった。

そもそも産業「慰安所」とは何をさすのか。私たちはそのことについて何度も議論して出した結論は、一九三八年以降、日本の戦時体制の中で、炭鉱やダム建設現場、土木工事、鉄道敷設工事などで、朝鮮人男性が労働動員される中で、その朝鮮人男性たちを「性的に慰安する朝鮮人女性たちが集められた施設」と定義した。その定義により産業「慰安所」を調査研究したのが本書である。資料の中には産業「慰安所」あるいは産業「慰安婦」として定義することが難しいものもあったが、それはあえて産業「慰安所」と同等の接客店とした。それは、限りなく朝鮮人女性たちが日本国家の国策として性搾取されていたからと判断したからだ。

私たちが調査した産業「慰安所」の女性たちが出現するに至ったのは、「韓国併合」以降、朝鮮人女性たちがおかれた環境は、日本による朝鮮の植民地政策の結果といえることが、不十分ながら研究からみえてきた。産業「慰安所」に至るまでの朝鮮料理店の状況は、朝鮮人女性たちが朝鮮でどれほどの経済的困難の結果、日本に来たのか、産業「慰安所」はそれらの朝鮮人女性たちの犠牲の上で成り立っていたことを、日本軍「慰安婦」の女性たちと同列に考えるべきと、この研究からわかったこととして報告したい。

二〇二一年一〇月

高麗博物館朝鮮女性史研究会

朝鮮料理店・産業「慰安所」と朝鮮の女性たち　目次

はじめに　3

寄稿
植民地遊廓と朝鮮の女性たち
―日本の近代公娼制の朝鮮移植と日本への還流―　金　富子　9

第一章　植民地朝鮮の女性たち

植民地支配と朝鮮農村女性　樋口雄一　38

植民地朝鮮の農村女性を接客女性に押しやった貧困と差別　永津悦子　52

第二章　朝鮮料理店・産業「慰安所」とは何か

朝鮮料理店・産業「慰安所」Q＆A　佐藤悠子　100

日本に渡ってきた朝鮮の女性たち
—北海道を中心にして—　大場小夜子　105

日本のほとんどの地域に朝鮮人の芸娼妓酌婦がいた
—在日朝鮮人を詳査した一九四〇年国勢調査をみる—　梁　裕河　131

国が要請した産業「慰安所」　梁　裕河　149

第三章　北海道から九州までの産業「慰安所」現地調査

朝鮮人女性のいた産業「慰安所」ＭＡＰ一覧　186

産業「慰安所」を可能にした北海道の状況について
—朝鮮人産業「慰安婦」の姿を追う—　渡辺泰子　188

三菱鉱業細倉鉱山・朝鮮人経営の産業「慰安所」 平野由貴子 221
―望郷と逃亡の狭間―
常磐炭鉱の「売春宿」＝産業「慰安所」 渡辺泰子 229
松代大本営と産業「慰安所」 平野由貴子 237
―アリランの心悲しい歌声―
戦争末期、朝鮮の統営から連れてこられた女性たち 大場小夜子 251
―奈良県「柳本飛行場」―
鳥取県庁斡旋の産業「慰安所」 渡辺泰子 259
―公文書からみた朝鮮人酌婦たち―
福岡・筑豊地方の炭鉱（ヤマ）に残る接客店あと 梁 裕河 274
海底炭鉱の三菱崎戸・高島・端島（軍艦島）炭鉱と産業「慰安所」
渡辺泰子・大場小夜子／協力 小川チヅ子 318
産業「慰安所」に関する年表 335
あとがき 348
執筆者紹介 350

【凡例】

＊「接客業」「接客女性」「接客婦」「接客店」などの用語は、戦前、性買売を行っていた業者、女性たち、店舗などを表す言葉とした。

＊「慰安婦」「慰安所」という用語は実態を隠す用語なのでカギカッコをつける。

＊酌婦とは料理店の酒の席で客に接待し、加えて性売する女性。娼妓は貸座敷で客に性売する女性のことで公認されている。

＊引用文中に、「半島（人）」「（不逞）鮮人」「朝鮮ピー」など不適切な差別語があるが、歴史的な経緯を踏まえ、そのままとした。

＊読みやすくするために、原則として、旧字体は新字体に改め、片仮名（かたかな）は平仮名（ひらがな）に改めた。

寄稿

植民地遊廓と朝鮮の女性たち

日本の近代公娼制の朝鮮移植と日本への還流

金　富子

はじめに

北海道函館の立待岬。大学生だった一九八〇年代初頭、函館に行った際に市民運動の方から朝鮮人女性たちが投身自殺したという戦前の新聞記事を見せてもらい、立待岬に連れていってもらったことがある。当時は、なぜ彼女たちは自殺したのか、そもそもなぜ朝鮮人女性が函館にいたのか知る由もなかったが、強烈な印象を残した。このことが本書のテーマである「朝鮮料理店」に関係することを、日本軍「慰安婦」問題に関わった一九九〇年代（注1）に知った。

韓国で「慰安婦」問題浮上の導火線となった尹貞玉「挺身隊取材記」（一九九〇年）の冒頭に、だまされて「売春」を強要され立待岬の絶壁から身を投げた朝鮮人酌婦や北海道の朝鮮料理店の話が登場する。一九二〇年代初めに開店した朝鮮人労働者相手に朝鮮人酌婦を置く札幌の朝鮮料理店は、一九三〇年代に入ると日本人相手に変わり、また朝鮮的なものを排され女性の民族服も日本の着物に変えさせられたという。尹貞玉は、当初から朝鮮料理店の朝鮮人酌婦と「慰安婦」を結びつけていたのだ。

周知のように、日本による「韓国併合」（一九一〇年）後に植民地支配に起因して貧窮化した朝鮮人は、一九二〇年代になると本格的に日本への渡航を余儀なくされた。その多くは都市の労働現場に職を求めた朝鮮人男性だったが、その家族や個人（紡績工など）として朝鮮人女性も渡航しはじめた。在日朝鮮人の集住区などに朝鮮料理店がつくられ、しだいに朝鮮人女性が「酌婦」にされるようになった。なかには人身売買されて渡航した女性もいた。一九四〇年頃に北海道の炭鉱などでは、朝鮮料理店を土台に産業慰安所が設置され、朝鮮人酌婦が産業「慰安婦」にされたりした。

このような朝鮮人酌婦や産業「慰安婦」が日本に出現した歴史的背景には、第一に、そもそも公娼制がなかった朝鮮に、日本の朝鮮侵略・植民地支配の過程で日本人居留地に日本人移民男性を相手とする、日本式性売買システムである公娼制が移植されたこと、第二に、日清戦争、とりわけ日露戦争をきっかけに急増する日本人移民男性・軍人を相手に公娼制が名称をかえて朝鮮社会に普及し性売買のあり方に影響を与えたこと、第三に、植民地朝鮮で「貸座敷娼妓取締規則」（一九一六年）制定により植民地公娼制が確立され、その枠内で朝鮮人風俗営業の「日本化」が促されたこと、第四に、公娼制が移植された日本支配下の東アジア一帯での買春「需要」増大に応えて、朝鮮人女性を「供給」する人身売買ネットワークがつくられ、日本もその渡航先になったことなどがある。朝鮮に移植された日本式性売買が性売買業者（日本人・朝鮮人）を生み出し、人身売買業者が朝鮮から日本各地の朝鮮料理店に「酌婦」「仲居」などとして送り込んだのだ。貸座敷での性売買を公認された「娼妓」と違って、「酌婦」は料理店や飲食店などで客をもてなす女性とされたが、実質的に性売買に携わった。「仲居」もほぼ同様である。

本稿では、以上四つの歴史的背景に関して、「売春」という用語と歴史について再検討したうえで、宋連玉・藤永壮・朴貞愛・吉見義明・樋口雄一・西田秀子・金優綺などの先行研究および拙稿（注2）に基づき、朝鮮人「娼妓」や「酌婦」に注目しながら概観していきたい。

1 「売春」という用語と歴史を振り返る

本論に入る前に、「売春」という用語とその歴史を再検討したい。

まず、用語からみよう。現在の日本では「売春」という語が一般的だが、留意したいのはこの語が男性目線の見方であることだ。そのため日本では一九七〇年代から「買春」「売買春」「買売春」が使われ、最近は韓国由来の「性売買」「性搾取」なども使われるようになった。その経緯を振り返ろう。

日本で「売春」が一般化したのは戦後の「売春防止法」(以下、売防法。一九五六年制定・五八年施行)の制定過程だったが、それまでは「売淫」の方が一般的だった。「売淫」という語は、明治時代の廃娼論議のなかで廃娼論者のキリスト教関係者によって用いられ存娼論者も使うことで定着した(注3)。しかし「売淫」に代わって「売春」が法律用語になることで一気に普及し、現在まで私たちの意識を拘束している。この売防法では、「売春」を次のように定義している。「対償を受け、又は受ける約束で、不特定の相手方と性交すること」。つまり、「対償」「不特定の相手方」「性交」の三点セットが、日本では「売春」とされている。法でいう「売春」、つまり「春を売る」という言葉は女性を想定するのに対して、男性は「相手方」とされ見えない存在だ。「売春」とは、女性だけを浮上させる男性視点の用語だといえる。

しかし、一九七〇年代に経済大国となった日本から男性集団で韓国や東南アジアなどに「買春」、つまり性侵略という形で現地の女性の性を「買う」ことが国際問題になった。韓国へのキーセン観光が有名だ。日本の女性運動はこれを問題化するために「買春」という言葉を生み出し、「買う」男性が可視化された。その結果、「売買春」「買売春」という言葉も生まれた。さらに二〇一六年に困難をかかえる一〇代女性を支える活動をしてきたColaboが児童買春の被害経験に基づきパネル展「私たちは『買われた』展」を全国的に展開(注4)し、少女たちが性を「売る」のではなく「買われた」ことをアピールしたことが注目された。

一方、民主化をとげた韓国の女性運動から、二〇〇〇年前後に「売春」を批判して、社会構造的かつフェミニズムの観点をふまえて「性売買」という用語が登場する。男性たちの性的行為であり人為的な売買の対象である性を〝春〟に比喩して自然現象になぞらえ性欲を肯定・美化するニュアンスを内包する「売春」という用語への批判とともに、こうした事態がおこる性産業のあり方を強調して取引の側面を浮上させるために「性売買」という言い方をするようになった（注5）。

このような反性売買をめざす女性運動に後押しされて、朴正熙政権が日本の売防法を模して制定した「淪落行為等防止法」（一九六一年）に代わって、二〇〇四年に「性売買防止法」が制定・施行されると、韓国社会に「性売買」という用語が普及し、その後は日本でも研究者などを中心に使う人びとが増えた。二〇一〇年代にはいると、韓国の反性売買女性運動は、中立的な取引にみえる「性売買」に代わって、男性たちの権力行使と搾取行為を問題化するため「性搾取」という語を使うようになった。性搾取とは、この問題がジェンダー不平等な社会構造から生み出されたものであり、ジェンダー暴力ととらえる見方を示している（注6）。このように、どの用語を使うのかは、本質をどう捉えるのかに関わるのだ。

このことに関連して、朝鮮の植民地公娼制研究の先駆者である宋連玉がこの問題を歴史的に扱うときに本質を覆い隠す偽称や偽装が大変多い（注7）と指摘したことは重要だ。本稿に関わる例でいうなら、江戸時代の「遊女屋」は明治時代に入ると「貸座敷」と言い換えられ、近代日本の海外勢力圏で「国家の体面」上「貸座敷」という用語をつかえない場合は「特別料理店」など（日露戦争下の朝鮮など）と言い換えられた。「仲居」という名で密売春を行ったり（一八八五年から一時的にソウルなど）、「第二芸妓」「酌婦」という名でも実際は「娼妓」の別名（前者は占領地遊廓時代の朝鮮＝後述、後者は一九〇九年以降の「満洲」）だった。

さらに、日本軍「慰安婦」制度研究の第一人者である吉見義明が近著で「性買売」「性売女性」などのオリジナルな用語を提起した(注8)ことにも注目したい。吉見が「性買売」としたのは、まず「買う」男性側を問題にすべきという表明だろう。また、女性には「性売女性」を、男性には「買春男性」「性買男性」を併用した。その観点に立ち、日本近代の公娼制を「性売公認制」とし、日本国内の狭義の公娼制を「貸座敷・娼妓制度」と定義し直した。一方、性売を「隠蔽」した制度を「芸妓・酌婦制度」、植民地で公娼制を「隠蔽」した制度を「料理店酌婦制度」と命名した。

こうした吉見の定義に基づくなら、本書のテーマである日本の朝鮮料理店と朝鮮人「酌婦」は、植民地朝鮮への日本式公娼制移植を背景に日本に還流した「料理店酌婦制度」と言えよう。

第二に、「売春」の歴史性についてみよう「売春は世界最古の職業」「人類の常態」などと言われてきた。しかし、日本古代女性史研究によれば、日本には九世紀まで性を売る女性はいなかった。また、古代の世界史に登場する性奴隷や女奴隷の売春は日本では確認されていないという。日本に性を売る女性が登場したのは一〇世紀初めであり、「性を売る女性(夜発)」と「性を売るが芸も売る女性(遊女)」が同時に成立した。このように日本の売春の成立期は一〇世紀から一一世紀頃であり、婚姻制度の変化と深い関係がある。近世に入って「恒常的に性だけを売る女性(売女)」が登場した(注9)。公権力である徳川幕府が遊廓を公許したからだ。日本では時代が下るにつれて家父長制が強化され女性が自律的な存在でなくなっていき、「恒常的に性だけを売る女性」が公認されていったのだ。しかし、次節でみるように、同じ時代の朝鮮王朝時代の朝鮮では、江戸幕府とはまったく異なる性売買禁止政策をとっていた。

加えて、性売買でつねに問われてきたのは「売る」女性側だったが、「買う」男性側や業者(主に男性)の問題を見落としてはならない。そもそも買春を正当化する「男性神話」(=男の性欲は止められない)は、歴史的社会的につくられたものだ。たとえば、現代日本では女性を性的に客体化した男性向けAV(アダルトビデオ)が当たり前のように流通しているが、AVは「男性神話」をつくり出す社会的装置になっている(AV出演強要が社会問題化したのは二〇一〇年代半ばからだ)。こうした男性の性的欲望を自然視して肯定する「男性神話」を疑わない限り、遊女屋、貸座敷、慰安所などで「男性に女性をあてがう」という発想やシステムが当然視されてしまうのだ。

また、よく言われるように、性売買は男(買い手)と女(売り手)の性の取引ではなく、男(買い手)と男(業者)による女性の取引だ。つまり、女性の性的身体なくしては成立しない男性間の取引なのだ。ここに、利益を最大限あげるために女性への性搾取が発生する。したがって、「買う」側の買春男性や業者に注目する必要がある。

以上のように、「売春は世界最古の職業」「売春は人類の常態」という「常識」は、家父長制社会だからこそ続いてきた「男性神話」に基づく「買春」肯定史観にすぎない。「性売買」がジェンダー不平等な法や社会構造から生まれたなら、それらを変えることでそのあり方も変わりうるのだ。

たとえば、ジェンダー平等度が世界トップクラスのスウェーデンでは、性売買を女性への暴力ととらえジェンダー平等を実現するための法的措置の一環として買春処罰法(北欧モデルまたは平等モデル)が導入された(一九九九年)(注10)。この法は、買春者(ほとんど男性)を処罰する一方、被買春者(ほとんど女性)を非犯罪化し、そこから脱するためのさまざまなサービスを提供するものだ。その主眼は、女性の性的人身取引を推進する根源にある買春「需要」を遮断することにある。つまり、売る女性ではなく、買う男性を問題化する法だ。現在、このモデルはノルウェー(二〇〇九年)、アイスランド(二〇一〇年)、カナダ(二〇一四年)、北アイルランド(二〇一五年)、フランス(二〇一六年)、アイルランド共和国(二〇一七年)、イスラエル(二〇一九年)など世界に広がっている。前述の韓国の性売買防止法は、この北欧モデルを部分的に取り入れたものだ。

以上の問題意識に基づき、本稿では主に性売買や性搾取という用語を使うが、売春などを使うときも批判的な意味で使うこととする(「 」は略す)。

2　近世／近代初期の日本と朝鮮の性売買

では、なぜ戦前の日本各地に朝鮮人酌婦を置く朝鮮料理店が生まれたのか。その背景を知るために、この節では時代を一気にさかのぼり、近世の日本と朝鮮の性売買のあり方の違いや、近代初期の日本の性売買政策と性売買制度がどのように朝鮮に移植されたのかを見ていきたい。

近世の日本／朝鮮の性売買政策

江戸幕府は一六一七年に江戸に吉原遊廓の設立を許可し、遊女屋の性売買を公権力が公認した。遊廓では人身売買で集めた女性、つまり遊女を一定地域に集めて周辺から隔離・管理し身体を拘束・管理する集娼制をとっていた。ほかに全国各地の宿場町の飯盛女（準公認）、隠売女（非合法）も多数いた。

一方、同じ時代の朝鮮王朝政府は、朴貞愛によれば、儒教倫理に基づき「淫らな風俗を法で罰する」という立場から性売買を政策的に禁止した（注11）。妓生については、一九七〇年代の日本人男性によるキーセン観光買春ツアーのため誤解されているが、そもそも宮中行事で歌舞音曲をする「官妓」だった。庶民層に男社堂（ナムサダン）という移動芸能集団がいて、男色もあった。一般の庶民層では、早婚の慣習もあり、性売買が広がっていなかったとされる。

このように、性売買を公権力が公認した江戸時代と性売買を禁じた朝鮮王朝時代では性政策が大きく違った。後者に性売買がなかったわけではないだろうが、日本とは量的・質的にあり方が違ったのだ。

さらに江戸時代のセクシュアリティに関して興味深いのは、男性同性愛が都市文化として盛んだったことだ。ゲイリー・P・リューブ（注12）によれば、江戸では常に男性人口が女性人口を上回っていたこと、江戸時代以前に武士階級では同性愛文化が盛んだったが、江戸時代以後に武士に代わって町人階級が台頭してその文化を受け継ぎ、幕府もこれを黙認した。江戸幕府は遊廓を通じて女性売春を認可・統制しただけでなく、男性同性愛や男性売春（男色茶屋）も黙認した。江戸時代（の都市文化）は社会全体として男色に寛容であり、男性は両性愛者が普通だったという。その理由についてリューブは「徳川幕府の非凡さは、武士と町人のエネルギーを体制への反抗からそらすのに快楽を与え利用」したためと独自の解釈をした。この解釈は、政治権力がなぜ性の統制をするのかに示唆的だ。男性に女性の性的身体をあてがい、体制維持に利用した。女性と違って男性は性的放縦が許されたのだ（明治以降に西洋文化が入ると、キリスト教的な考えに基づき異性愛至上主義と同性愛嫌悪が浸透していった）。

一方、江戸時代の吉原遊廓の現実をみよう。人身売買（身売り）によって、一〇代の少女たちが遊女になった。当時は性病（梅毒など）が蔓延したが治療薬もなく、ほとんどの遊女が性病に罹った。性病や借金苦、伝染病、栄養不良、過労などで、多くの遊女たちは年季が明けないうちに二〇代で病死したりした。遊女たちはあまりの苦しさに放火したりした。映像・小説などで吉原遊廓が美しく描かれることが多いが、曽根ひろみは「遊女は哀しい。しかし売春は決して美しくなどない」と指摘する（注13）。「売春させられる」側、「買われる」側、「性搾取される」側の現実を問題の本質としてみていかなければならない。

このように、その時代、その社会におけるセクシャリティのあり方というのは、日本と朝鮮で異なり、江戸時代と明治時代でも異なった。しかし、公娼制に関しては、次にみるように明治時代に入ると、性搾取という本質をそのまま引き継ぎながら名称や搾取のし方が近代化され、そのシステムが日本の「帝国の膨張」に伴い次々と移民先や占領地・植民地に移植されたのである。

近代初期の日本の公娼制

日本では明治維新五年目の一八七二年、「芸娼妓解放令」が出た。これは人身売買を禁止しただけで、性売買を禁止したものではなく、次にみる近代公娼制に再編されていく。翌七三年、東京府が「貸座敷渡世規則」・「娼妓規制」を公布して、娼妓の自由意思なら性売買を容認するという形にした。鑑札を受けた貸座敷業者のもとで鑑札料を払った「娼妓」が売春を許可された。娼妓の年齢は十六歳以上で、性病検診を強制された。先行研究の指摘通り、これら一連の法令をもって娼妓の「自由意思による売春」というフィクションが成立した。

遊女は「娼妓」に名が変わり、業者はその娼妓に座敷を貸すという意味の「貸座敷」、人身売買は前借金と言い換えられた。しかし遊廓という名称は第二次大戦後まで残った。貸座敷業や娼妓稼業を通じて得る徴税は、地方財政の利益になった。この方式は他府県にも広がった。

一九〇〇年に全国統一的な「娼妓取締規則」が制定され、娼妓の年齢制限は十八歳になり、自由廃業が明文化された。しかし実際の廃業は困難であり、実態的には娼妓たちは性奴隷状態におかれた。遊廓の娼妓たちが格子越しに顔をみせに並ぶ張見世（はりみせ）が国際的な圧力によりなくなったのは、一九一六年だ。

では、近代朝鮮ではどうだったのか。植民地期の民俗学者だった李能和『朝鮮解語花史』（一九二七年）によれば、日本の「遊女」に該当する朝鮮人女性のことを「蝎甫（カルボ）」（蝎甫とは南京虫というような意味）という。「妓生（一牌（イルペ））」、殷勤者（ウングンジャ）（二牌）、「塔抑謀利（タバンモリ）」（三牌）があり、「花娘遊女（ファランユニョ）」「女社堂牌（ヨサダンペ）」「色酒家（セクチュガ）」等に分類した。重要なことは、ソウルの蝎甫が一八九四年以降に初めて登場したことだ。日清戦争が起こった頃だ。

これに対し藤永壮（注14）は、蝎甫を「遊女」と解するのは問題だと述べる。朝鮮「近代」の産物としての接客業という概念は、性だけを売るわけではないと提起した。ソウルの接客婦を妓生・隠君子・三牌・色酒家という四つに分類して、妓生とは朝鮮王朝時代に官庁に所属し宮中・官庁で歌舞を演じて接待した。求めに応じて官吏を接待するのは妓生の自宅だ（後期になると、特定の相手と性的関係をもったり妾になったりした）。この官妓制度は朝鮮王朝政府の甲午改革（一八九四―九六年）によって廃止された。そのため妓生は新たな収入源を模索しなければならなかった。一方、隠君子・三牌は自宅で酒食を提供し歌舞を演じる接客女性（隠君子はもと官妓）、色酒家は零細な飲食店や大衆酒場（酒幕）にいる接待女性だ。夫の存在や接待のし方なども日本とは異なる。

このように近代朝鮮では、日清戦争をきっかけに蝎甫という朝鮮人性売買女性が現れ、同じ年の甲午改革により「官妓」だった妓生もこれまでとは同じではいられなくなった。

3　日本による朝鮮侵略・植民地支配と公娼制の移植と展開

筆者は、日本による朝鮮侵略・植民地支配の過程で移植された日本式公娼制の展開を、①「居留地遊廓」、②「占領地遊廓」、③「植民地遊廓」の3段階にわけて整理した［図1］。つまり、①朝鮮開港（一八七六年）以後に日本人男性の朝鮮移民が増加し、日本人居留地のある釜山・元山に日本人男性向けに日本人業者・娼妓による貸座敷が開業し営業区域が定められ（「居留地遊廓」）、②日清戦争から日露戦争の間に釜山発の「特別料理店・第二種芸妓」方式がつくられ日露戦争と保護国期に各居留地（植民地都市）に広がり（「占領地遊廓」）、その過程で朝鮮人を巻き込みつつ、③「韓国併合」後の一九一六年に朝鮮軍（第十九師団）の駐屯をきっかけに「植民地遊廓」に全面的に再編された。見逃せないのは、これらはいずれも朝鮮各地につくられた日本の植民地都市の日本人居住区に創設されたことだ。誰のための公娼制なのかを示している。以下その移植と展開を具体的にみていこう。

釜山からはじまった居留地遊廓

まず、「居留地遊廓」からみよう。江華島（カンファド）事件（一八七五年）をきっかけとする「朝日修好条規」（一八七六年）によって、日本は朝鮮を武力で開港させた。釜山・元山（ウォンサン）・仁川（インチョン）などが開港し、日本は居留地などの治外法権を獲得した。釜山の日本領事館は、一八八一年に居留地の日本人対象に貸座敷営業規則・芸娼妓営業規則・梅毒病院規則・梅毒検査規則を制定した。同年の日本外務省の報告では、六〜八軒の貸座敷が営業したという。こうして日本式公娼制が釜山で公許され、元山もこれに続いた。東京に比べ娼妓の許可年齢が一歳若い十五歳以上、その居住は貸座敷内に限られ、性病検査（検梅）を強制された（注15）。

日本人業者・女性が開港直後の朝鮮にすばやく上陸しえたのは、江戸時代初めからの長い公娼制の歴史があり、日本開国と同時に「娼婦供給システムが国外需要を見いだした」（注16）からだ。海外に渡った「からゆきさん」（日本人性売買女性）は朝鮮だけでなく、ロシア極東、「満洲」、中国本土、台湾、東南アジア、オセアニア、ハワイ、南北アメリカ、遠くはアフリカ大陸ザ

図１　近代朝鮮における日本式遊廓の展開

	きっかけ	名称など特徴
居留地遊廓	朝鮮開港（1876年）〜。日本人居留地に日本式性売買が上陸。ただし各地で異なる。	釜山、元山では貸座敷認可されたが、仁川、漢城（ソウル）では不認可（ただし密売春あり）で、ダブル・スタンダードだった。
占領地遊廓	日清戦争（1894・95）後、とくに日露戦争（1904・05）のさなか韓国駐箚軍（＝日本軍）により朝鮮各地に軍事的占領地に広がり、日本人軍人・日本人移民が急増。「軍慰安所的遊廓」もあり流動的。	釜山から「特別料理店・第二種芸妓」方式による遊廓がはじまる（安楽亭および佐須土原遊廓、1902年）。仁川の敷島楼および敷島遊廓（1902年）、ソウルの新町遊廓（1904年）が新設され、これ以後に同様の方式が各居留地に広がる。一方、日露戦争時から朝鮮人への性管理政策がはじまり、それまでの朝鮮王朝政府の性売買禁止政策が転換させられた。
植民地遊廓	「韓国併合」前後の性病増加を背景に、憲兵警察制度のもとで、1916年の朝鮮軍（＝日本軍。第19師団）創設をきっかけに「貸座敷娼妓取締規則」が制定される。	1910年代は憲兵警察（日本軍）が性売買政策に介入。1916年に「貸座敷」・「娼妓」となり名実とも日本式が確立したが、待遇は日本より劣悪（＝植民地公娼制）。全道の主要都市に貸座敷指定地域（遊廓）ができた。これ以降、朝鮮人の性売買のあり方も日本的に変化した。

出典：金富子・金栄『植民地遊廓』（吉川弘文館、2018年）より筆者作成。一部を修正した

ンジバルまでグローバルな軌跡を残した。「からゆきさん」は、近代日本の移民現象を特徴づける存在だった。

日本外務省は公娼制を釜山・元山では認めたのに、仁川・ソウルでは認めなかった。仁川やソウルでは欧米の目があり国威にかかわるからだった。しかし、これも建前にすぎず、実際には密売春が行われた。ここで登場するのが「仲居」だった。ソウルへの日本人居住が許された一八八五年頃から、ソウルでは密売春が行われた。一方、一八九二年に仁川では芸妓営業取締規則により芸妓という名前で公許された。日清戦争の前夜である。先述した蝎甫という新たなスタイルの朝鮮人接客女性が登場するのが日清戦争の頃だ。

占領地遊廓

日清戦争から日露戦争までの戦間期に、「占領地遊廓」の嚆矢が釜山に現れる。ソウルでは日清戦争後の一八九六年に領事館令が出て、芸妓はいいが遊廓は許可されなかった。釜山では、一九〇〇年に釜山領事館が「芸妓営業取締規則」を発布し、一九〇二年七月に「特別料理店」方式の事実上の貸座敷が開業した。梁美淑によれば、この朝鮮初の「特別料理店」安楽亭を構えた上野安太郎は、広島から海外誘拐の嫌疑をかけられつつ若い日本人女性一一人を釜山に連れて来て、芸娼妓出願を行ったが、許可が出たため、日本人居留地外郭の朝鮮人居住地域（現在の富平洞市場付近）で営業をはじめた。これが繁盛すると、この一帯に特別料理店が次々と開業し、遊廓の様相を呈したという。これが朝鮮初の集娼方式の遊廓である佐須土原遊廓だった（注17）。この方式にならって同年一二月、仁川でも「特別料理店」敷島楼が己井洞に開業して、敷島遊廓が形成された（注18）。元山でも同年に同様の営業地が設定された（注19）。一方、ソウルではこれが許されなかった。

ところが、一九〇四年二月に日露戦争がはじまると一変した。それまで「国辱」だと認可を渋っていたソウルの京城領事館は急転直下、ソウルでも「特別料理店」方式で許可した。ソウルの居留民団が朝鮮人の土地（双林洞）を詐欺的に買収して、同年一〇月に京城領事館令第3号「料理店取締規則」が出され、新町遊廓が創設された。

このように日本式性売買の拡大にとって、日露戦争が決定的な画期だったことがわかる。朝鮮・「満洲」を戦場とした日露戦争によって、日本軍による朝鮮半島の軍事的占領が拡大し、大量の日本軍兵士が常駐化したからだ。日本軍は、韓国駐剳(さつ)軍という名で常駐化して、事実上の軍政を敷いた。日露戦争直後に、韓国駐剳軍は2個師団の大軍を北部に配備し、朝鮮各地では韓国駐剳軍が救国のために蜂起した朝鮮人抗日義兵に血の弾圧をした。宋連玉が、朝鮮の地域によっては「軍慰安所的遊廓」が存在したという指摘は重要だ(注20)。

加えて、日本人男性移民が急増した。日露戦争さなかの一九〇四年十一月、旅券なしで朝鮮行きが可能になった。買春「需要」が増大し、ソウルの新町遊廓は繁盛した。この成功に刺激されて各植民地都市でも「料理店取締規則」「飲食店規則」「芸妓取締規則」「酌婦取締規則」を次々に発布して、事実上の貸座敷営業が認められた。名称も「二種(乙種)芸妓」という形で偽装した。

つまり同じ公娼制でも、「貸座敷・娼妓」制度から「特別料理店・二種(乙種)芸妓」に変わったのだ(注21)。その後、朝鮮が「保護国」になった後の一九〇六年、龍山という日本軍駐屯予定地に桃山遊廓(のちの弥生町遊廓)が開業した。一九〇八年に韓国駐剳軍とその司令部が移動した。一方、新町遊廓の近くに来たのは、憲兵隊だった。

朝鮮人接客女性への性管理のはじまり

同じ日露戦争の時に、朝鮮人接客女性に対する性管理も開始された。日露戦争開戦直後の一九〇四年四月の『皇城新聞』に出た記事によれば、外国人(おそらく日本人)が村の家を訪ねて「娼女」、つまり売春女性はいるかと聞いた、というのだ。大韓帝国警務庁が、そもそも政府は性売買禁止だが良家が大変困っていることを理由に認めることで、これまでの性売買禁止政策を転換していく。同年六月に、ソウルの詩洞(シドン)に賞花室(サンファシル)を設けて、詩洞以外での売春を禁じる訓令を出す。集娼区を設定し、集娼化を進めたのだ。

また、一九〇六年二月にソウルの朝鮮人性売買女性への性病検査を開始した。実際には日本人軍医が器具を使って検査した。その対象は賞花室(サンファシル)と隠君子だったが、妓生は性病検査の対象にならなかった。

さらに、一九〇八年九月にソウルで警視総監の若林賚蔵(らいぞう)の名前で、朝鮮人を対象に「妓生団束令」「娼妓団束令」が制定された（団束とは取締の意）。これは性病検診を強制される範囲を広げるというもので、娼妓にするようになったこと、妓生への性病検査への道を開くことになったこと、それから同年の一〇月には、夫ある者には稼業を認めないことになった。妓生・娼妓の認可年齢は十五歳（当時日本は娼妓十八歳で、芸妓十三歳以上）。満十五歳という認可年齢は日本人には許可しなかった少女売春を許可したことになり、朝鮮人女性を売春業者市場に吸引する要因になった（注22）。「若さ」が特徴だったのだ。性病検査費用を捻出するために漢城に「漢城娼妓組合」がつくられ、ソウルを中心に朝鮮人女性の性管理が始まっていく。

このように、日露戦争と「保護国」化をきっかけに、日本によって朝鮮王朝政府の性売買禁止政策が大きく転換させられたのである。

植民地遊廓（植民地公娼制）の確立

「韓国併合」後、一九一〇年代半ばぐらいまで日本人植民者が次々と朝鮮に渡った。遊廓以外でも、飲食店などで「白首」と言われた日本人私娼による性売買が盛んだった。性病が流行して、憲兵や警察が私娼を取締るといういたちごっこが繰り広げられた。買春男性には性病検査をせず野放しだったので、性病蔓延を防げるはずがなかった。

そうしたなか、一九一六年三月三一日に朝鮮総督府は「貸座敷娼妓取締規則」など一連の接客業取締規則を制定した。それまでの「特別料理店・二種芸妓」という名称から、日本と同じ「貸座敷・娼妓」になった。また、それまで各道で異なり民族別に異なる性管理から、全道統一的で民族の別を問わず性管理の対象になった。名称は同じでも、日本に比べて次のように劣悪だった。

①日本人・朝鮮人を問わず娼妓の下限年齢が十七歳で日本より一歳若い。
②外出制限が厳しく、人身拘束がさらに強い。
③日本では娼妓による廃業、通信、面接、文書等の自由が法文上保障されているが、朝鮮では業者の遵守項目に廃業、通信、面接の妨害禁止が掲げられただけで日本より劣悪な条件であり、日本で禁じた張店も禁止されていない（注23）。

これらに加えて、④憲兵警察制度下で、警察取締機関として警察とともに憲兵（＝日本軍）が介入し、性病検診の徹底が定められた（注24）ことも重要だ。これまでソウル以外は随時行われていた娼妓への性病検診が全道化・徹底化がめざされた。

その背景には、この規則が制定された翌四月から朝鮮軍第十九師団（＝日本軍）の配備が始まることと密接に関係する。将兵の健康が危険にさらされないように、娼妓への性病検診が重視されたのだ。また、この規則では、警察官だけではなく、日本軍の軍事警察である憲兵隊（朝鮮駐劄憲兵隊）も貸座敷への臨検や営業上の帳簿も検査できた。憲兵警察制度こそ、一九一〇年代の武断統治の根幹だった。日本国内の公娼制では普通警察が性統制をしたが、朝鮮では憲兵隊、つまり日本軍が登場するところに、軍事支配を本質とする植民地支配の特徴がよく表れている。こうして、同年五月から各道の警務部（トップは憲兵隊長を兼任）は次々と日本人居住区にある貸座敷営業地域を指定した。

朝鮮人女性の「娼妓化」と「日本化」

植民地公娼制の確立は、朝鮮人に何をもたらしたのか。まず、直接的に関係するのは「貸座敷娼妓取締規則」の第四二条だ。ここには「朝鮮人娼妓の稼を目的とする貸座敷営業者」に対して「当分の間」営業地域指定の適用を除外すると記してある。つまり、朝鮮人娼妓をかかえる貸座敷業者は「当分の間」営業地域の指定をうけなくてもいいことになった。その理由としてあげられたのは、性慣習の違いだった。この規則を出した警務総監部の役人は、日本人の場合は貸座敷で娼妓をかかえ営業をするが、朝鮮人は「一人の娼妓が一家の内に於て営業する風習」だと述べ、この朝鮮人の業態を「当分の間」認めたうえで集住化、すなわち集娼化をめざすとした（注25）。

その後、朝鮮人娼妓の集娼化が進み、朝鮮各地の日本人貸座敷業者・娼妓のいる日本人男性向け遊廓の周辺に、日本人・朝鮮人貸座敷業者による遊廓がつくられた。ソウルの場合、市内に散在した「カルボ窟」が新町遊廓の東隣にある並木町に移転して、日本人貸出業者の出資で朝鮮人娼妓を集めて、西四軒町も含めて新町遊廓の近くに「並木町遊廓」が形成されていった。

また、龍山でも日本人業者・娼妓がいる弥生町遊廓に隣接して、朝鮮人娼妓がいる「大島町遊廓」がつくられた。日本人業者がつくった新町遊廓と弥生町遊廓のまわりにそれぞれ朝鮮人娼妓がいる遊廓ができていった。朝鮮各地の植民地都市でもほぼ同じ現象が起こっていく。

日本式公娼制の特徴は、遊廓という貸座敷営業許可区域に娼妓が集められたこと（＝集娼化）であるが、そういう性慣習をもたなかった朝鮮人の業態が集娼化に向かい、しだいに「日本化」していったのである。

第二に、この規則によって性売買は貸座敷の娼妓のみに認められた一方、芸妓・酌婦はこの規則と同日に発布された「芸妓酌婦芸妓置屋営業取締規則」によって飲食店・宿屋での営業が禁止された。それでも申請時や警察署長に求められれば健康診断を課された。

しかし実態的には、飲食店などで「酌婦」などの名称で私娼が繁昌した。これは庶民層男性向けである。また、妓生はそもそも教養をつみ歌舞音曲を専らとし、特権階層の客を自宅に迎えるのが常だったが、「芸妓酌婦芸妓置屋営業取締規則」で「芸妓」に分類（第1条）され、「芸妓置屋又は自宅に客を誘引せさること」（第4条）が明記され、自宅で接待ができなくなった。日本式の券番（芸妓の取り次ぎ、送迎などを行う事務所）が促され、時間制の花代方式になるなど、その様態の「日本化」がすすめられた（違いもあった）。伝統芸能を守る妓生がいる一方で、そうした芸もなく流行歌を多少知りお酒の酌をする程度の妓生も増えていった。重要なことは、朝鮮独自の接客女性がそれぞれ日本式の「娼妓」「芸妓」「酌婦」という名称にカテゴライズ化され、そのシステムも含めて「日本化」が進んだことだ。

このように、植民地公娼制の確立をきっかけに、朝鮮人娼妓をおく遊廓が各道の植民地都市の日本人娼妓をおく遊廓の周囲につくられ、この朝鮮人女性の「娼妓化」を核とする接客女性化（芸妓、酌婦、仲居など）と「日本化」が促されていく。一九三〇年には、新たにカフェー・バーの女給が登場する。

その趨勢をみよう。図2は、植民地期の朝鮮人接客女性（娼妓・芸妓・酌婦・カフェー及バーの女給）数の推移を示したものである。もちろん朝鮮総督府に把握された限りなので、実数はこれを大きく上回ったであろう。まず全体的な動向をみると、植民地公娼制確立の翌年一九一七年に合計二千名を超え、二〇年まで増え続けるが、その後横ばいになり二四年に落ち込んだあと急増していく。一九三二年に再び減少した後、カフェー・バーの女給が統計に加わった三三年からは激増の一途をた

図2　植民地期（1910-42年）の
朝鮮人接客女性（娼妓・芸妓・酌婦・カフェー及バーの女給）数の推移

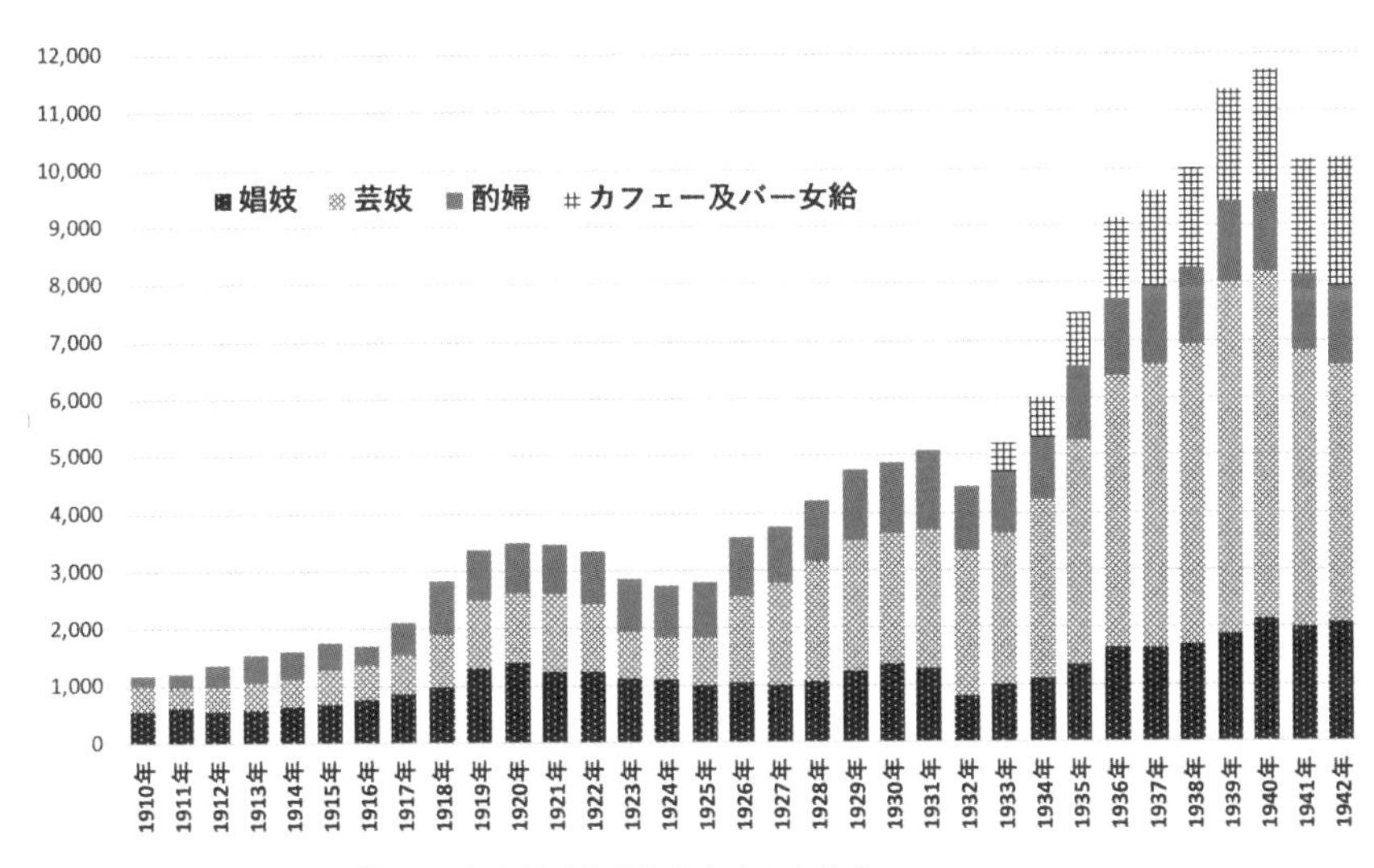

出典：「警察上取締営業」『朝鮮総督府統計年報』各年度から作成

どった。「韓国併合」当時一一九三人だった接客女性は、一九三〇年に四八八五人と四倍以上になり、一九四二年には一〇一六九人と一〇倍弱にまで拡大したのである。次に注目したいのは、接客女性のなかで、一九二六年頃から一九四〇年代まで最も激増したのが「芸妓」であったことである。その解明は今後の課題にしたい。

植民地期を通じてみると、戦時期の一時期を除いて、日本人娼妓数は朝鮮人娼妓数よりも上回っていた(注26)。植民地朝鮮の遊廓は植民地都市の日本人居住地に設置され、日本人貸座敷業者と日本人娼妓を中心にした日本人男性買春客(日本軍将兵と植民者)のための性売買システムだった。換言すれば、「買春する宗主国日本人男性」が、「性売する宗主国女性」と「性売する植民地女性」という両民族の女性を選択できる買春システムだった。植民地権力による日本人男性のための性統制政策は、植民地支配の安定化をはかるための支配技術だったのだ。

4 植民地遊廓と朝鮮人娼妓

植民地朝鮮の日本人娼妓に比べて、朝鮮人娼妓の姿は史資料になかなか現れない。ここでは「日本人男性がみた朝鮮人娼妓」をみていこう。

奥村龍三(神戸基督教青年会総主事)が日本の廃娼運動を進める雑誌『廓清』(一九二六年八月)に「朝鮮の公娼に就いて」を書いている。奥村は「京城府の新町遊廓と仁川の遊廓を見た」と述べて、日本人娼妓と比較しながら朝鮮人娼妓を次のように観察した。

「私共日本人の眼には、鮮人(ママ)売春婦が実に可憐に、無邪気に、子供子供しく見ゆる」「その辺の日本売春婦とは較べものではないのです。それ程、可憐に感ぜられる」。「彼等は大体午後八時から、午前二時迄三円であります（日本娼妓は六円から七円）が其の前借金の低額には実に驚きました。仁川の遊廓の入口にある巡査発出所で、帳簿を見せて貰ったのです。三ケ年前借二百五十円、三百円が多いのです。稀に四百円、五百円を見うけました、（日本娼妓の前借金は三年一千円から二千円でした）而かも鮮人の年齢が、十六歳、十七歳、十八歳と云ふ処であったことです」

ここからわかる朝鮮人娼妓の特徴は次の三つだ。①年齢の若さだ。日本人娼妓に比べ朝鮮人娼妓の年齢が「十六歳、十七歳、十八歳」「可憐に、無邪気に、子供子供しく見ゆる」未成年が多かったことだ。②「花代」の安さだ。日本人娼妓「六円から七円」、朝鮮人娼妓「三円」とほぼ半額であり、民族的な序列があったことだ。③前借金も低額だ。日本人娼妓「三年一千円から二千円」、朝鮮娼妓「三ケ年前借二百五十円、三百円」であり、日本人に比べ朝鮮人は1／8から1／3の低額であった。また、家屋や設備も「非衛生的、原始的」と表現されるほど劣悪な環境にいた。

このように朝鮮人娼妓の特徴は「若さ」「安さ」だった。「若い」娼妓が多いのは「貸座敷娼妓取締規則」の年齢制限（十七歳）が日本国内に比べ一歳若いこと（それでも「十六歳」は違法）、当時の朝鮮人女性は十代で結婚し早婚だったこと、「安さ」は植民地支配のもとでの民族的序列化・差別があったことが密接に関係しよう。朝鮮人娼妓は、植民地主義とレイシズムとセクシズムの複合的な産物だった。これは、次節で述べるように、朝鮮人女性が海外に人身売買される背景となった。

この文が公表されたのが一九二六年。日本軍「慰安婦」制度が上海で始まるのが一九三二年なので、その時差は六年だ。「満州事変」（一九三一年九月）を経て日本の傀儡国家「満洲国」が成立（三二年三月）し、日本軍「慰安婦」制度が中国東北の各部隊にひろがる。すなわち、この文に出てくるのは、その前夜の朝鮮人女性の姿だった。ただし日本軍「慰安婦」制度の設立主体が国家の組織である日本軍だという点は、公娼制との大きな差異だ。

5 植民地朝鮮からの還流現象としての日本の朝鮮料理店

この節では、朝鮮など東アジア各地域に移植された日本式公娼制を核として一九二〇年代頃から朝鮮人女性が性搾取のために人身売買されるようになった経緯を、まず東アジア各地域、次に日本での展開を見ていこう。

日本の公娼制と東アジアへの朝鮮人風俗業の広がり

藤永壯は、日本の公娼制やその他の風俗営業が朝鮮だけでなく台湾・「満洲」・サハリン（以上は日本帝国の版図）、中国本土の一部地域にも導入され、朝鮮からこれら諸地域への女性売買が急増し各地に朝鮮人風俗営業が拡散していったと指摘する。以下、藤永（注27）および部分的に吉見（注28）の研究によりながら、その概要をみていこう。

台湾は、日清戦争後に日本の植民地にさせられた。これに抗して立ち上がった台湾原住民に対し日本軍が鎮圧した植民地征服戦争の過程で、吉見によれば、日本軍は貸座敷とは異なる軍用性的施設を創設した。日本軍「慰安婦」制度の原型である。民政移行の直後に公娼制が移植される。一八九六年六月に台北県に「貸座敷並娼妓取締規則」が制定され、台中県・台南県に広がった。娼妓の年齢制限は一六歳なので、日本の一八歳、朝鮮・「満洲」の一七歳より低かった。一九二〇年代初頭には、朝鮮人経営の貸座敷と朝鮮人娼妓が渡台しはじめた。一九四〇年代には朝鮮人娼妓が二四九人、酌婦二五五人、芸妓二名、合計五〇六人を数えた。娼妓と匹敵するほど、酌婦が多数いたことになる。

南サハリンは、日露戦争後に日本に領有された。藤永によれば、樺太庁が設置された一九〇七年に「貸座敷及娼妓取締規則」が制定され、公娼制が導入された。ここに朝鮮人風俗営業が現れたのは一九二一年の「料理屋」営業者だった。二七年には料理屋四一軒、貸座敷三軒、娼妓七人、酌婦二三〇人と急増した。料理屋と酌婦が圧倒的に多いが、酌婦は事実上の娼妓と同様だった。

「満洲」（中国東北）は、日露戦争の戦場となったが、藤永によれば、戦時中に日本軍が管理買売春制度を実施して、日本人・中国人女性を対象に性病管理や性的施設の運営に携わった。これも日本軍慰安所制度の原型である。日露戦後の一九〇五年一〇月から関東州に「娼妓取締規則」「貸座敷取締規則」など制定され、〇六年九月の民政移管後にも継承され、満鉄沿線地域（日本人居留地地域）に拡大する。娼妓の年齢は一七歳以上だ。〇九年には「国家の体面」のため、日本人娼妓は「酌婦」と改称された（中国人はそのまま娼妓だった）。

この関東州に朝鮮人風俗営業は早くも一九一〇年代半ば頃に登場し、朝鮮人接客婦は一九一〇年後半に満鉄沿線各地に出現した。また朝鮮人酌婦は、朝鮮人集住地域である間島（朝中の国境）に一九一〇年代後半に現れた。一九三〇年代になると、間島や北満のハルビン、チチハルでは、日本人酌婦以上に朝鮮人酌婦が圧倒した。藤永は、日本支配下の関東州・満鉄沿線地域から離れるほど朝鮮人酌婦が多数を占めたが、それは朝鮮から「満洲」への女性売買のルートが確立・拡大し日本人から朝鮮人に交替したのではないかと興味深い指摘をしている。そのうえで、『東亜日報』『満洲日日新聞』（後継紙の）『満洲日報』で記事になった事例から、「満洲」と朝鮮との間で一九二〇年代半ばには、詐欺的な女性売買がかなり組織化・大規模化し、人身売買ルートが確立していったのではないかと推測している（注29）。

藤永は日本での朝鮮人酌婦の登場について言及していないが、朝鮮から「満洲」への女性売買ルートが一九一〇年代半ばからはじまり、台湾、サハリンも含めると一九二〇年代には確立していたことは、本書にとっても示唆的だ。なぜなら、植民地朝鮮で生きる場がなくなった朝鮮人にとって、満洲と日本は二大移動先だったからだ。その規模は、両者あわせて朝鮮人五、六人のうち朝鮮外移民が一人（一九四三年段階、強制連行含む）を占めるほどだった（注30）。

日本の朝鮮料理店と朝鮮人酌婦・仲居

早くも一九〇〇～一九一〇年代に日本に来た朝鮮人接客女性は日本人の経営する料理店や飲食店で従事した（注31）ようだが、朝鮮人酌婦をおく朝鮮料理店ができるようになったのは、朝鮮人の日本渡航が本格化した一九二〇年代頃からだったようだ。日本在住の朝鮮人人口が増加していくことと密接に関係する。

その背景には、朝鮮総督府による土地調査事業（一〇年代）、産米増殖計画（二〇年代）によって自作農が没落し土地を失った小作農が急増するなど、朝鮮農村の窮乏化が進んだことがある（満洲移民も同様の理由）。朝鮮人（主に男性）は日本各地の都市などに移り住み、主に日雇い労働者になった。日本人労働者よりも低賃金で待遇も劣悪だった。ただし、日本渡航は、「渡航証明書」制度によって制限された。これは日本人に適用されない差別的な政策だった。

その場合、当時の日本居住朝鮮人の性別・年齢別に留意が必要である。国勢調査（一九二〇年一〇月）によれば、朝鮮人男性三六、〇二六八人、女性四、七〇〇人であり、男性が八八・四％と圧倒した。また年齢構成では①二〇代前半（二〇～二四歳）一一、五四三人、②二〇代後半（二五～二九歳）八、三五四人、③一〇代後半（一五～一九歳）五、三〇八人、④三〇代前半（三〇～三四歳）四、九九五人の順で、合計八三・八％が働き盛りの青年成人層だった（注32）。また単身者も多かった。二〇年代初めの在日朝鮮人は、青年層男性を中心とするジェンダー化された集団だった。家族・定住型に移行するのは一九二〇年代後半からだが、それでも在日朝鮮人男性数が優勢だったのは日本敗戦まで続くことになる。

日本に朝鮮料理店ができた理由に関して、樋口雄一は、朝鮮人への住宅差別や住宅不足によるものであったと指摘する（注33）。そのため朝鮮人は自力で朝鮮人集住地区を形成したが、ここに在日朝鮮人の主婦が下宿屋などで朝鮮人の下宿人たちに朝鮮料理を提供した。当初は大阪などの都市の朝鮮人集住地区に朝鮮人相手に朝鮮料理を提供したが、しだいに女性を置くようになった。そうした女性たちは困窮した朝鮮農村から集められた。日本の紡績工場に朝鮮人女性を斡旋した業者が朝鮮料理店への斡旋もしたりしていた。この過程で朝鮮料理店が性的施設化していったと推測される。

日本の行政文書では、朝鮮料理店の女性たちを酌婦や娼妓、仲居などと表現していたようだ。大阪市社会部労働課『朝鮮人労働者の近況』（一九三三年）には「朝鮮人町と呼ばれる私娼窟」があり、そこには「昭和六年（一九三一年—筆者）頃にはバラックも約三十戸一六五人の朝鮮人が居住するようになり、そのほとんど全部が「釜山屋」「豊島屋」等の看板をあげた「朝鮮料理喫茶店」であるとして、

十七、十八歳の年若い仲居を二、三年の年季で一五〇円乃至二〇〇円程度で朝鮮から雇入れ、仲居の数も六〇名に達する程の繁盛振りで…（中略）…間口一間乃至一間半ばかりのバラックが両隣に目白押しに立ち並び、その店頭には白い朝鮮服を着た朝鮮娘が黄色い声を張り上げ、怪しげな内地語を使って内鮮人嫖客の袖を引く。（注34）

と観察されていた。「約三十戸」のほとんどに「仲居」とされた「十七、十八歳の年若い」「白い朝鮮服を着た朝鮮娘」が「六〇名」いて、「繁盛」していたのである。「六〇名」とはかなりの規模にみえるが、「約三十戸」なので一戸当り二人にすぎず零細だとわかる。彼女たちは「怪しげな」日本語を使い、「内鮮人嫖客」、すなわち朝鮮人男性だけでなく日本人男性も買春客にしていた。また、朝鮮から「一五〇円乃至二〇〇円程度」の前借で連れてこられたこと、「二、三年の年季」で女性たちが拘束されていたようだ。

筆者は『植民地遊廓』で、一九一〇年代の朝鮮ソウル（「京城」）で、公認遊廓（当時は第二種料理店）以外の「うどんや」などの飲食店で、私娼にされた日本人女性たちに関する雑誌記事を取り上げたことがある。彼女たちは「夫」

や親、奉公先などから「前借」させられ、詐欺的に人身売買されたり、第三者から就業詐欺にあったり、あるいは貧困によって日本から朝鮮に渡り私娼「稼業」に従事させられた。その「稼業の代価」も安かった。私娼街の「主人」たちは、組合を組織し警察と取締や悪質な客に対抗し、「女の自由を束縛」して債務奴隷にするなど組織的だった。ソウルでは当時、「普通の料理店・飲食店」の「売淫行為」が厳禁（＝私娼取締り）させられていたが、実態は日本人街のいたるところに私娼がいたのであり、彼女たちのほとんどは詐欺的な人身売買で連れてこられたのだ（注35）。

こうした一九一〇年代のソウルの飲食店に人身売買された日本人私娼たちに類似することが、一九二〇年代以降の日本各地の朝鮮料理店でも起こったのではないだろうか。低い階層の日本人や朝鮮人の買春男性は、日本人娼妓がいる高価な遊廓より朝鮮人酌婦がいる低廉な朝鮮料理屋に行ったと考えられる。

このような日本各地にできた朝鮮料理店をどう見たらいいのか。第一に、同時期の東アジア一帯で同じことがおこったように、朝鮮に移植された公娼制を背景に若い女性を供給するための人身売買業者が生み出され、その業者によって日本国内の買春「需要」に応えるために、朝鮮から日本の朝鮮料理店に女性が送り出されるという女性売買ネットワークがつくられたと考えられる。

そもそも朝鮮には「仲居」「酌婦」という名称がなかったのであり、日本が朝鮮に持ち込んだ「料理店・酌婦」方式が日本に還流したと考えられる。

第二に、「朝鮮料理店・酌婦」制度になったのは、元手が多くかからず、性病検査もゆるかったためだと考えられる。指定地域内に貸座敷を新設し娼妓を登録するには所轄の警察署の営業許可や莫大な資金が必要であり、しかも娼妓には定期的な性病検査を受けさせねばならなかった。一方、料理店で「酌婦」を雇う場合は同様に営業許可が必要だが、娼妓に比べると性病検査もそれほど厳しくなかった（警察署長が必要と認めた場合や任意）。

第三に、朝鮮人酌婦の「若さ」にも注目したい。西田秀子（注36）によると、一九四〇年の国勢調査では、北海道の料理屋・飲食店経営者数は三二人（男二五人、女七人）、朝鮮人「芸妓・娼妓・酌婦」数は三三三名だった（実際は酌婦のみだった）。最年少が一四歳の六人だ。最多が一七歳の四〇人で、一八歳以下が一一六人だという。連行時の年齢でなく、現状の年齢だ。

この年齢について、西田が次のような重要な指摘をしている。まず、一七歳以下が八六人いることだ。これは北海道庁警務部の「料理店飲食店取締要綱」の一八歳未満の酌婦は認めないということに違反する。次に、二一歳未満が一八六人いることだ。婦女売買禁止国際条約では、二一歳以下の場合、本人が承諾していようがしまいと性売買を目的とする国外移送は禁止されている。朝鮮は植民地だから適用外とされたが、移送先は日本なので国際条約が適用されるため条約違反だ。

つまり、こうした国際法違反が日本国内で堂々と行われていたということになる。その根本をたどれば、日本が朝鮮半島に侵略・植民地支配をするとともに、公娼制という女性売買と人権侵害を容認する性搾取制度を持ちこんできたことの一つの結末がこういう形で現れたと言えよう。

おわりに

近代日本の公娼制の特徴は、事実上の人身売買、娼妓の登録、貸座敷での人身拘束、強制性病検診、集娼制だった。娼妓にされた女性たちはまさに籠の鳥であり、性奴隷状態におかれた。こうした日本式の女性取引・性搾取システムが、遠くは北米・アフリカなどだけでなく、近代日本の「帝国の膨張」とともに日本の海外勢力圏（居留地、占領地、植民地など）に公然／非公然と持ち込まれた。

そのもっとも早い公娼制の移植先だった朝鮮で、朝鮮人を巻き込んで名実ともに植民地公娼制を確立したのが、一九一六年「貸座敷娼妓取締規則」だった。こうして「日本化」されつつ創出された朝鮮人娼妓の特徴は「若い」「安い」ことだった。これらを土台に、「満州」には一九一〇年代に、日本を含む他の国には一九二〇年代に東アジアにまたがる女性売買ネットワークがつくられ、日本人・朝鮮人業者たちが朝鮮から女性たちを送出していった。植民地朝鮮は、こうした広大な地域それぞれの主に日本人男性たちの買春「需要」に応えるために、朝鮮人女性たちが供給される巨大な「貯水池」になったのである。宗主国日本各地に現れた朝鮮料理店・朝鮮人酌婦や買春客の具体的な様相は、本書の各章をみてほしい。

＊本稿は高麗博物館で行われた同名の講演（二〇一七年一一月一一日）をもとに大幅に加筆修正したが、のちに出版された拙稿『植民地遊廓』と部分的に重なることを断っておきたい。二刷にあたって一部を修正した。

注

（1）同文は一九九〇年一月に『ハンギョレ新聞』に連載された。日本語訳は尹貞玉ほか著『朝鮮人女性がみた「慰安婦問題」』（三一書房、一九九二年）に所収。
（2）金富子・金栄著『植民地遊廓—日本の軍隊と朝鮮半島』吉川弘文館、二〇一八年の金 富子執筆部分。
（3）曽根ひろみ『娼婦と近世社会』吉川弘文館、二〇〇三年、一一頁、三二一〜三五頁。
（4）仁藤夢乃「『慰安婦』問題と現代の性搾取」金富子・小野沢あかね編『性暴力被害を聴く』岩波書店、二〇二〇年。
（5）閔庚子「韓国売春女性運動史」韓国女性ホットライン連合編、山下英愛訳『韓国女性人権運動史』明石書店、二〇〇四年。
（6）チョン・ミレ／イ・ハヨン、金富子訳・解題「韓国における性売買の政治化と反性売買運動」東京外国語大学海外事情研究所『Quadrante』No.21、二〇一九年。
（7）詳しくは宋連玉・金栄編著『軍隊と性暴力—朝鮮半島の20世紀』現代史料出版、二〇一〇年、など参照。

（8）吉見義明『買春する帝国―日本軍「慰安婦」問題の基底』岩波書店、二〇一九年。
（9）服藤早苗『古代・中世の芸能と買売春』明石書店、二〇一二年。曽根ひろみ前掲書。
（10）スウェーデンのジェンダーギャップ指数（二〇二一年）の順位は一五六ヶ国中第五位であり、一方、日本は一二〇位だ。ポルノ・買春問題研究会国際情報サイト「北欧モデル（平等モデル）とは何か」https://appinternational.org/2020/03/18/introduction-2/　2021/5/25 閲覧）。
（11）朴貞愛『일제의 공창제시행과 사청관리 연구』숙명여자대학교 박사학위논문（『日帝の公娼制施行と私娼管理の研究』淑明女子大学博士学位論文）。
（12）ゲイリー・P・リュープ著、松原國師訳『男色の日本史―なぜ世界有数の同性愛文化が栄えたのか』作品社、二〇一四年。
（13）曽根ひろみ前掲書、三八頁。
（14）藤永壮「植民地朝鮮における公娼制度の確立過程―一九一〇年代のソウルを中心に」『二十世紀研究』第5号、二〇〇四年。
（15）宋連玉「世紀転換期の軍事占領と『売春』管理」宋連玉・金栄編著前掲書。梁美淑「開港期から1910年代釜山における遊廓の導入と定着過程」（韓国語）『地域と歴史』24、二〇〇九年。
（16）岡部牧夫『海を渡った日本人』山川出版社、二〇〇二年、五七頁。
（17）梁美淑前掲文。梁によれば、その後釜山の日本人居留地管内や牧の島、草梁などに性売買業が広がった。佐須土原遊廓は一九〇〇年代に市街地に編入されたため、緑町（現在の俗称玩月洞）を遊廓地域に指定し、釜山居留民団が敷地を購入し業者に売却する方式で、居留地管外の特別料理店をすべて移転させた。一九一二年から「緑町遊廓」と命名され、朝鮮の遊廓の代名詞となるほど繁盛した。この玩月洞は植民地解放後、釜山を代表する性売買集結地となった。
（18）詳しい経緯は、キムヒシク「20世紀仁川の都市化と売春問題の考察」（韓国語）『歴史と境界』85、二〇一二年、を参照のこと。
（19）宋連玉前掲文（二〇一〇年）。
（20）宋連玉前掲文（二〇一〇年）。
（21）吉見義明前掲書（二〇一九年）。

(22) 宋連玉前掲文(二〇一〇年)。

(23) 宋連玉「日本の植民地支配と国家的管理売春」『朝鮮史研究会論文集』三二号、一九九四年。

(24) 金富子前掲書(二〇一八年)。

(25) 中野有光「鏡台の抽斗に勘定帖を持っている芸妓」『朝鮮及満洲』一九一六年六月号。

(26) 金富子前掲書(二〇一八)。

(27) 藤永壯「朝鮮植民地支配と『慰安婦』制度の成立過程」金富子・宋連玉責任編集『「慰安婦」・戦時性暴力の実態〔I〕』緑風出版、二〇〇〇年。

(28) 吉見義明前掲書(二〇一九)。

(29) 「満洲国」成立後の一九三〇年代以降の各都市の朝鮮人芸妓(妓生)・酌婦・女給などは、李東振(監訳:金富子、翻訳:吉良佳奈江)「民族・地域・セクシュアリティ―満洲国の朝鮮人『性売買従事者』を中心として」東京外国語大学海外事情研究所『Quadrante』No.22、二〇二〇年、参照。

(30) 拙稿「植民地帝国日本と朝鮮人の移動」李光平写真・文、金富子ほか責任編集『「満洲」に渡った朝鮮人たち』世織書房、二〇一九年。

(31) 金優綺「北海道における朝鮮人強制連行・強制労働と企業『慰安所』」『大原社会問題研究所雑誌』六八七号、二〇一六年一月号。

(32) 森田芳夫『数字が語る在日韓国・朝鮮人の歴史』明石書店、一九九六年、四一頁。

(33) 樋口雄一「日本国内の朝鮮料理店と産業慰安所」『季刊戦争責任研究』第九〇号、二〇一八年。以下は樋口同論考による。

(34) 樋口同上論文一二~一三頁よりの重引用。

(35) 金富子前掲書(二〇一八年)。原文は天来生「奈落の女」『朝鮮及満洲』一九一六年五月。

(36) 西田秀子「戦時下北海道における朝鮮人『労務慰安婦』の成立と実態―強制連行との関係性において」『女性史研究ほっかいどう』創刊号、二〇〇三年八月。

第一章　植民地朝鮮の女性たち

植民地支配と朝鮮農村女性

樋口雄一

はじめに

日本の敗戦時には朝鮮人人口は二五〇〇万人に達しており、この半数は女性たちであった。また、朝鮮人の職業の内、九〇パーセント以上が農業・農業関連の仕事をしていた。農業でも女性たちは重要な役割をはたしていた。朝鮮人女性たちの高い死亡率と食の窮乏による春窮期、栄養状態の悪化対応などでは女性の創意と工夫が生かされていた。しかし、日本の植民地下に朝鮮農村の窮乏は戦時下になるにしたがって深刻になった。朝鮮農村社会には米の強制供出、朝鮮内外への男子労働動員などによって農村の疲弊は深刻になっていたのである。これはさまざまに実証できるが一九三九年の大旱害の時には朝鮮における行路死亡人（注1）が掲載されている朝鮮総督府官報を見ている内に一つの事実に気付いた（注2）。官報掲載の一年に少なくとも五千人以上が行路死亡人として身元不明の場合にのみ官報に掲載されている。二年分位の人数を分類、整理している内にこの中には幼児と高齢女性の死亡は確認出来るが若い女性の病死や餓死は確認出来なかった。どこかに就労出来たのか、とも思ったが別な要因があると思われた。その一つは若い女性の人身売買である。朝鮮でも、日本でも貧しさのなかで農村女性の人身売買が行われていたのである。この人身売買は組織化されていたと考えられる。朝鮮農村を廻って歩く女性の職業斡旋人は紡績女工の斡旋、さらに人身売買を兼ねていたと思われる。農村から釜山での密航、或いは渡航手続きを経て日本国内各地の工場に斡旋する人がいた(注3)。また、植民地下の朝鮮農村では窮乏した農民の離村がたえず発生していた背景があり、この離村者の一部が女性達の日本渡航の一部になっていた、と考えられる。この離村は昭和恐慌期を経て植民地支配下に増加していた。離村した農民は流浪する過程で家族が崩壊し、餓死、凍死する人々が多くいたのである。深刻な自然災害が発生したときなどに著しく離村者数が多くなっていた(注4)。

こうした背景があり朝鮮人女性は植民地支配の初期からアジア各地、樺太、日本などでも存在が確認出来る。日本国家の植民地支配・自国民支配のあり方がこうした結果を生むことになった。かつて、この農村出身朝鮮人についての日本国内での朝鮮料理店女性について記録を書いた(注5)。

こうした事態は日本国内だけでなくアジア全体に広がり、その地域の状況を反映する朝鮮料理店・売春宿などで働く朝鮮人女性の存在を多く確認出来る。

もちろん、朝鮮本国内でも朝鮮人女性の売春も存在し、日本の公娼制度下にあった。朝鮮内では戦時下になると日本の女性政策の結果として植民地下の朝鮮人女性差別や収奪が強化され、軍国の母となるための要求、和服強制に見られる服装の統制などに象徴されるような民族的な慣行の否定、教育差別などの政策と統制下に朝鮮人女性達がおかれた。全般的な農業収奪の中で一部農村朝鮮人女性は過酷な処遇をされることとなった。新たに人身売買の対象になり、朝鮮料理店女性として働かせられたり、戦争末期の朝鮮人強制労働現場では産業「慰安所」に動員された。産業「慰安所」は強制動員労働者用に炭鉱・鉱山、土木現場などに設置されていた。

こうした事態は日本国内をはじめ、日本の占領地全体に広がっていた。ここでは朝鮮料理店女性と戦時下になると産業側が強制動員朝鮮人労働者用の産業「慰安所」を設置した事実について両者の特徴を挙げることによって相違と問題点について検討し、定義付けを行いたい。

この事実の確認は第一に朝鮮植民地支配下の朝鮮史、女性史にとって必要であること、特に離村後の女性状況を明らかにして植民地支配の過酷さと犯罪性について明らかにすること。第二には朝鮮人強制連行労働者の相手として「慰安所」施設を設置して、朝鮮人労働者を働かせる目的で女性を利用したこと。こうした戦時下の朝鮮人女性に対する人権無視の施設で働かせた事実を明らかにしておくことが植民地支配の現実を明らかにすることにつながるからである。

ただし、これは現在の研究水準によることを前提として、事実の発掘と今後の研究の問題点を明らかにしておくということも必要と考えている。

なお、本書で取り上げている事実や内容は全て戦前期、日本の朝鮮植民地支配下の事実や出来事である。

1　日本国内朝鮮料理店の状況と展開

日本国内の朝鮮料理店と女性

いつから朝鮮料理店が日本国内に出来るようになり、広がり始めたのであろうか。日本国内でいつの時点から朝鮮料理店が始まったかについての論考はないが、当初は朝鮮人を相手にする料理店から始まったと考えられ、朝鮮人集住地区の成立の前後からであると言えるであろう。都市の在日朝鮮人集住地区の成立が条件となったのである。そこで郷土の料理を食べられることは単身渡航者の多かった在日朝鮮人社会では普及と広がりには時間がかからなかったと思われる。初めは朝鮮人単身者の下宿での朝鮮料理の提供から始まり、集住地区内で普及し、独立した朝鮮人料理を提供する店が出来たのである。朝鮮農村に存在したような酒幕と似たような店であったと想定される。その後、日本人社会との接点が増加して日本人も朝鮮料理店を利用するようになった。この朝鮮料理店は広く都市を中心に日本中に広まった。当初は朝鮮人が中心であったが日本人も利用するようになった。

朝鮮料理店の特徴

（1）朝鮮料理も提供するが売春も行う。
（2）立地条件は朝鮮人集住地区近くか、日本の繁華街近く。
（3）営業形態は朝鮮料理、カフェー・バー、朝鮮人宿屋との兼業などがあった。
（4）利用料は時期や場所などによって違うが、他の日本人料理屋、バーなどの料金より安価で、敗戦まで変わらなかった。
（5）朝鮮料理店は日本の公娼制度に含まれていない時期は指定医などはなかったことが多い。
（6）都市以外にも炭鉱・土木などの朝鮮人労働現場近くには朝鮮料理店が出来ていた。この場合は日本人・朝鮮人も対象にしていた。
（7）経営者は大半は朝鮮人であり、働く女性は全て朝鮮人と考えられ、朝鮮語の世界であったとおもわれる。朝鮮人の居るバー、カフェなどには日本人客も行くようになっていた。経営者が朝鮮人であることは店内では朝鮮語を使用し、働く女性の雇用から労働までが朝鮮語で行われることから朝鮮人経営者でなければならなかったと思われる。
（8）働く女性の募集は前借金として家族に渡される場合と募集人が騙して日本に連行した場合がある。紡績工場の女工募集に先行し、或いは並行して募集する募集を専門とする人がいた。これによって働く女性の雇用が出来た。
（9）料理店で働き、前借金の返済が終わると「自由」になった場合もあるが、食事代などを引かれており、労働は過酷で逃亡をすることもあった。故郷に帰ることを待つ女性もいた。

(10) 料理店女性は性病と予防のため集団で医師にかかることは無かった。朝鮮人女性による大きなカフェ、料理店地域が形成されていた所では警察の指導で受診する場合もあった。

2 日本国内の産業「慰安所」と規定される特徴

産業「慰安所」は日本の労働力不足を背景として一九三九年から朝鮮人強制動員が開始され、一九四五年の敗戦まで継続して存在した。朝鮮人労働者は二年契約で七〇～八〇万人が動員された。この労働動員がなければ日本の戦時生産が崩壊するという状況になり、日本国内での朝鮮人統制組織・協和会や動員企業での朝鮮人対策が重要課題になった。このため、この朝鮮人動員開始直後の一九四〇年に日本鉱山協会は強制動員労働者に対する対応の状況についての調査を重要産業の八七鉱業所に対して行い、この中には性的問題についての解決について聞く事項があり、どう対応しているかを回答している。大半の企業がこの問題を労務管理解決に必要な事項としている。これら重要産業にとって産業「慰安所」が課題となり、多くの産業で多様な形態で「慰安所」が政策的に設置されたと思われる。産業「慰安所」は強制連行開始と同時期に強制動員労働者用に女性を置く産業「慰安所」制度が検討され、会社が対応し、さまざまな形態の「慰安所」を整備して作られたのが産業「慰安所」である(注6)。

産業「慰安所」労働の特徴

(1) 産業「慰安所」での労働は業種によって相違していたと考えられる。炭鉱では三交代制が、土木、工場などでは利用時間が相違し、逃亡を恐れ監視、引率制で利用したところもある。

（2）賃金は会社経営者からは直接女性に支払われず、会社が「慰安所」経営者と契約し、女性には「慰安所」の経営者が支払っていたと思われる。企業の直接雇用の資料は発見されていない。「慰安所」経営者と企業が介在し、経営者は女性を前借金で縛っているのは料理店と同様であった。

（3）会社の専用「慰安所」で繁華街から遠い場合は、朝鮮人労働者監視体制下にあり、労働者と同様に逃亡などはできなかったと思われる。会社の所有・設置した寮や宿舎を「慰安所」として営業した。会社が協力し女性の食事も提供していた場合もある。

（4）会社の契約医或いは地域民間医師が定期的に性病診療を行っていること。

（5）「慰安所」の建物が会社所有か、会社提供であること。

（6）利用についての方法や利用券など会社が関与していること。

（7）会社の就労場所が既存の朝鮮料理店の近くにあれば会社近くの料理店等を利用する。

（北海道など市街地に料理店がない場合は会社施設、会社医が直接検診などを設置する場合が多く、筑豊のように繁華街が近い場合は施設などは既存の朝鮮料理店を利用したという地域的な事情による事例が多い）

（8）特定産業と産業「慰安所」経営者が料金などの利用契約、検診などについて契約をしていること。

会社以外の民間の料理屋を利用した場合の営業形態・時間などは会社の要求によって相違した。

（9）料金は企業主と朝鮮人経営者が決めていたが朝鮮人労働者の賃金実収入は日本人より低く抑えられていたと考えられる。したがって女性に支払われる金額も低くなっていたと考えられる。

3 朝鮮料理店・産業「慰安所」特徴の共通事項

朝鮮料理店も産業「慰安所」で働く女性も朝鮮農村出身であること、下層農民出身で大半が前借金を借り、それの返済が終わるまで働いていたこと、返済が終われば帰国するか、都市で働き、結婚することもあった。料理店、「慰安所」でも朝鮮人女性を拘束したのは前借金であった。

(1) 経営者が朝鮮人業者であること(例外的には日本人の場合もあった)。
(2) 従業者は朝鮮人女性であること。
(3)「慰安」施設経営者と従業者は前借金で契約し、前借が解消されるまで働いた。契約解除後のことを明らかにする資料は発見出来ていない。
(4)「慰安所」経営者と従業者の間には斡旋人・会社・企業が存在したと考えられる。農村現地での募集から日本渡航手続き、斡旋先への同行などが必要で各店主がすべてを行う事が出来なかった。産業職員が直接女性募集に朝鮮に行ったという記録はないが、戦時下には強制動員と同じく総督府に斡旋を依頼した場合もある。
(5) 戦時下になると料理店等の場合も、企業「慰安所」の場合も共に医師の検査は行われていた。
(6) 既存の料理店・バーなどと産業「慰安所」の経営者は関係を持ちながら維持されていたこと(両者を経営していた経営者もいる)。
(7) 料理店・慰安所女性の報酬・賃金については日本人が高く、朝鮮人は低く抑えられていた。
(8) 賃金は民族的な差別が存在したと思われる。ただし、日本人向けの産業慰安所の存在と実態が明らかになって居らず帳簿などで比較する資料も発見されていない。

朝鮮料理店・産業「慰安所」は両者共にその事実の確認のためには各種公文書、会社の文書、公的な調査報告書（例えば大阪の社会部調査報告書など）での確認が必要であろう。証言者の場合も出来るだけ複数の人々、建物の存在、あるいは跡地の証言などが重要な要素である。新聞記事も慎重に取り扱うべきであろう。

おわりに　―今後の課題について―

日本の植民地支配下の女性差別と日本国内の在日朝鮮人女性の抑圧の中で朝鮮人女性の保護救済は全く行われず、料理店女性などに日本人が性病などに罹患しないように対策を行ったにすぎず、放置されていた。同時に日本人女性も同様な差別処遇を受けており、日本人の女性問題と並行して課題としなければならないであろう。しかしながら「報酬」は朝鮮人が低く、在日朝鮮人男性と同様に民族的な差別体制の中に存在していた。この問題を考える場合の基本的な観点としなければならないであろう。在日朝鮮人料理店女性の「報酬」についても、検証しなければならない。在日朝鮮人女性については多くの聞き書きがあるが、体系的な在日朝鮮人女性史はこれからであろう。

朝鮮人女性のこうした状況を生んだ要因は日本の植民地農村支配にあるという視点が必要で新たな朝鮮女性史研究を始めなければならないであろう。この課題は日本政府と日本人の問題であろう（注7）。

日本でのこれまでの朝鮮女性史研究は一部知識人女性についての論考があるが人口の大半を占めた農村女性に焦点を当てた論文は少ないように思われる。朝鮮農村女性については全く歴史の課題としては無視されていた。

その場合も単に朝鮮農村女性の歴史ということのみでなく日本の植民地下の抑圧と差別という視点を重視すべ

きであろう。日本国内の公娼制度のなかでも、日本国内の在日朝鮮人女性は娼妓は認められていたが芸妓は認められていなかった。日本国内とほぼ同様な対応をしていた樺太庁でも同様で、朝鮮人業者達は樺太庁に「従来の様に娼妓だけでなく芸妓や酌婦をも朝鮮人に許可されたい、鮮人(ママ)から出願中である」という要望が樺太内の朝鮮人料理店主などから出ている(注8)。

その後、娼妓以外を認めないという制度的な差別はなくなったものの警察の売春制度の維持と管理は敗戦まで継続していた。

補論　中国における朝鮮料理店・産業「慰安所」について

なお、朝鮮人女性の朝鮮外での朝鮮料理店・「慰安所」等の展開は中国東北地区、中国、台湾等にも展開していた。また、それ以外の日本帝国の侵略地区にも広く存在していた。

一つの事例にすぎないが中国主要都市における料理店等の事例を挙げておきたい[表1]。

朝鮮総督府はこの時点では各占領地に派遣員を置いて「協励会」等を組織・日本国内の協和会と同様・翼賛組織をつくり、朝鮮人を皇民化して管内の朝鮮人を統制しようとしていた。

この資料からは一部の都市での料理店名、経営者名、資産などが判る。一部の報告では料理店経営者の資産状況も判る。銀行調査という資料の性格から所得の状態も判る。

本資料の料理店女性、娼妓、女給、ダンサーなどの定義は曖昧である。業種従事者と経営者、あるいは働いていた女性との区分が明確ではない部分がある。さらに、ここには「大連」などの大都市と朝鮮銀行の支店のない場所については調査されていない。一つの典型的な事例として取り上げた。しかし、中国の広範な地域に「慰安所」

表1　中国占領地都市における朝鮮人数と料理店数・従業者数　1941・42年調査

地域名・近郊を含む	朝鮮人戸数	人口	料理・カフェ（戸数）	従業者（人）	調査年
北京	6,846戸	19,772人	20戸	198人 （3軒は不明）	1942年 1月
石門	480戸	2,004人	16戸	不明	同上
太原	500戸	2,300人	12戸	134人 （女性のみ）	1941年 12月
天津	2,393戸	10,132人	カフェ4戸 旅館客引9戸 芸妓酌婦紹介業1戸 料理業22戸	56人 15人 6人 248人	同上
濟南（市内） （市外）	717戸 674戸	2,632人 2,143人	料理業 女給 カフェ 飲食店	9人 35人 2人 5人	同上
青島	466戸	2,000人	宿料理貸座敷及び芸妓業 芸妓娼妓酌婦 その他	163人 （家族男女含む） 99人 （女性のみ）	1942年 3月
上海	2,471戸	5,454人	酌（娼妓）婦 カフェ飲食店業 女給 料理店 芸妓 ダンサー 慰安所（内訳 慰安所12人男32人）	507人 73人（男女） 81人（女性） 10人（男女） 23人（女性） 72人（女性） 27人（女性のみ）	1941年 10月
「満洲」	269,402戸	1,469,224人	飲食店業1,454戸 料理店業348戸	3,000人（女性） 2,816人（女性）	1936年 6月末

＊本資料は朝鮮銀行京城総裁席調査課『内地支那各地在住半島人の活動状況に関する調書』1942年7月刊による
＊各地の報告者によって用語と職種名、などが相違している
＊上海の「慰安所」は『慰安所』と表記されて区別されており、軍の「慰安所」であろうが、男が32人となっており、女性の27人より多いが理由は判らない
＊「満洲」の調査年月日は1936年6月末の数字である
＊ここでは調書から朝鮮人関係部分を一覧とした

以外に名目は料理店、カフェの女給など多様であるが多数の女性たちが日本国内と同様に働いていたということである。

こうした状況は「満洲国」でも同様である。明確な統計数字ではないが多くの女性が「満洲」各地で働いていたことが判る。

まとめ

台湾や他の占領地にもこうした朝鮮人女性たちが働いていたことは帝国全体で朝鮮女性たちが働かされていた証明である。これは朝鮮農村女性の貧困によるという理由やこれら業者が前借金制度による女性売買という商行為のみで成立していたとは考えにくい。別な大きな占領政策や朝鮮人政策があり、背景には大きな権力の存在があったと考えられる。これが今後の実証すべき課題である。

同時に日本帝国の支配地域全体の朝鮮人女性達の状況を明らかにしておくべきであろう。

また、当然のことであるが日本軍「慰安婦」との関連をも視野に入れて検証しなければならず、その広がりの起源は日本軍の朝鮮における朝鮮人女性の「利用」から始まっていることも視野に入れ検証すべきであろう。

ここで例示した中国の場合でも軍の戦争と占領地の維持などには多くの朝鮮人軍属と関係業務を行う人が必要であった。戦後の、厚生省の調査では陸軍朝鮮人軍属は日本国内を含めて全戦域では四万八三九五人が働いていた。「満洲」では六六〇九人、中国では五四六七人の軍属が働いていた。この軍属は正式な軍属であるが、この他に、現地で、軍との雇用契約をして働いていた朝鮮人が多く存在していた。軍に物品を納品していた商人、食糧の調達など、この内、朝鮮人がどのくらいいたのかという数字は明らかでないが、相当数の朝鮮人が働いていた（注9）。

軍と占領地を維持するために日本軍が朝鮮人を利用し、これは日本の植民地支配の一側面として解明が必要なことと思われる。ここでは料理店を中心にしたが日本のアジア侵略戦争の中で日本帝国が政策的に植民地支配政策として朝鮮人に犠牲を強いたのであり、日本が侵略したアジア全体で検証しなければならない課題である。日本の植民地支配の実体を日本人として実証することは、新たな日本人と朝鮮人が共生する道を探すために超えなければならない課題の一つである。

注

（1）行路死亡人とは都市・農村を問わず、生活が出来ず離農、離村した人々が餓死、凍死、病死などによって死亡し、身元がわからない場合にのみ官報に男女別、服装、身長、病名、推定年齢、などを公示する制度である。これには餓死、凍死などの理由と男女別が書かれている。「朝鮮総督府官報」に公示されている。

（2）樋口雄一『戦時下朝鮮の農民生活誌』社会評論社　一九九八年　第三章「離村・流浪する農民人口」一一一頁を参照されたい。

（3）戦前期に巨済島から沼津の東京麻糸に働きに来た金文善氏（女性）の証言によれば東京麻糸の「監督」（募集人と思われる）が島に来たときにはその宿に二五〇人もの就労希望の女性が集まり、試験もあり、彼女は合格し紡績に就労したと話されている。こうした募集は戦前期に恒例のように行われていたという。多くの朝鮮女性が働くことを　希望していたが職は少なかった。生活史聞き書き・編集委員会編『在日コリアン女性20人の軌跡』所収　金文善氏の証言から。

（4）朝鮮では小作人が病気・死亡の際は小作契約を解除され、戦時下には経済統制下に東拓などの小作人も解雇され流浪した。こうした人の一部は徒歩で中国東北・「満洲」地区に移動した人もいた。朝鮮農村から日本に渡航し居住していた人は総数で一九四二年には一六〇万人余、中国東北地区に移動した農民は一五四万人、合計は三〇〇万人近くになっている。一部学生などもいたが大半が農村からの離村した農民であった。戦争末期の朝鮮では一九三九年に大旱害があり、一九四二年から一九四四年迄の三年間は連続した大凶作であった。戦時末期には強制動員を含めた動員が多くなって離村要因を構成していた。

このことについては拙著『日本の植民地支配と朝鮮農民』同成社二〇一〇年刊及び「植民地下朝鮮における自然災害と農民移動」『中央大学法学新報』一〇九号二〇〇二年を参照されたい。

(5)拙論文「朝鮮料理店女性と産業『慰安婦』『海峡』一六号　一九九二年所収　社会評論社刊　拙論文「日本国内の朝鮮料理店と産業慰安所」『戦争責任研究』九〇号所収二〇一八年

(6)本資料は日本鉱山協会『朝鮮人労務者に関する件』一九四〇年で、朴慶植編『朝鮮問題資料叢書第二巻』アジア問題研究所一九八一年刊に収録されている。ただし、ここには強制連行労働者の内、土木・工場・鉄鋼などの産業は含まれていない。それぞれに「慰安所」が作られていたと考えられるが、都市に立地している場合に独自に「慰安所」が設置されていた事例は確認出来ていない。既存の施設が使われたと思われる。戦時末には地下壕、飛行場、ダム工事などでは「慰安所」が設置されたところも多い。

(7)産業「慰安所」の実態は史料的な裏付けが充分でないが、概要は樋口雄一「日本国内の朝鮮料理店と産業慰安所」『季刊戦争責任研究』九〇号　二〇一八年刊　日本の戦争責任資料センターを参照されたい。

(8)樺太日日新聞一九二五年八月二九日付けによる。朝鮮人業者達は記事中に「鮮人芸妓並びに酌婦の営業を認めざるは不合理であるよって内地人同様島内においても鮮人にも芸妓酌婦の制度を制定されたいという請願書」を連名で豊原署を通じて樺太庁長官に提出したとされている。樺太では一九二三年にそれまでの関連規則を改訂し、日本人と同様に認められた。この記事中には「鮮人」という用語が使われているが資料のママとした。
なお、樺太における公娼制については『現行樺太庁警察法規』の第四項風俗には「芸妓及酌婦取締規則」(一九二〇年一〇月)、「芸妓及酌婦取締規則施行心得」(一九二〇年一〇月)、貸座敷及娼妓取締規則(一九〇七年四月)「貸座敷及娼妓取締規則施行手続」(一九〇七年)、「貸座敷営業地域」(一九〇七年七月)などが掲載されている。日本国内・朝鮮については別の資料集に掲載されている。樺太については紹介されたことが少ないので記録しておきたい。

(9)厚生省援護局「朝鮮在籍旧陸軍軍人軍属の所属部隊所在と地域別統計表」一九六二年作成の一覧による。各部隊に所属した人々で通訳(中国語を「満洲」在住などで出来るようになっていた朝鮮人)、軍馬の管理、輸送の運転手、食糧の調達など多くの朝鮮人を部隊に雇用していた。正式な軍属でない人々も多かった。陸軍は多くの朝鮮人を雇用していた。軍は軍人だけで闘うわけではなく、多くの雇用者によって支えられ、戦闘していたのである。特に占領地の支配には朝鮮人を多く雇用していた。この資料では軍属の公式死亡者は「満洲で三九人」「中国で四一八人」である。

なお、この資料は拙著『戦時下朝鮮の民衆と徴兵』総和社　二〇〇一年　一九八～一九九頁に収録してある。

植民地朝鮮の農村女性を接客女性に押しやった貧困と差別

永津悦子

はじめに

二〇一七年高麗博物館企画展「朝鮮料理店・産業『慰安所』と朝鮮の女性たち〜埋もれた記憶に光りを〜」を開催するに当たって、朝鮮女性史研究会のメンバーは日本全国七カ所の産業「慰安所」があった場所を調査し、朝鮮人接客女性の足跡を辿り確認した。

これら接客女性と呼ばれる女性たちが生み出された背景には、植民地支配の影響が大であることを、長年朝鮮史の研究を続けてきた樋口雄一が本書で語っている。

植民地化された朝鮮では日本から移植された公娼制の浸透が朝鮮人接客女性の増加という現象となって表れた。国勢調査のデータを使って宋連玉が論文にまとめているので、そのデータをグラフ化して載せた［図1］。

グラフから日本人接客女性に代わって朝鮮人接客女性が多くなる様子が分かる。一九一六年以前にも接客女性は存在したが、ここに載せたのは朝鮮全土に公娼制が敷かれてからの公娼のみである。ここには含まれていないが私娼は多数存在していた。宋連玉は、この論文の中で私娼は公娼と同数だという資料の紹介もしている。満洲事変が起きた一九三一年、日中戦争がはじまった一九三七年など、日本が大陸に触手を延ばしていった時期に顕著な増加がみられる。朝鮮人たちの生活が一層窮迫していった時期と重なり、農村や都市の若い娘たちから、また、公娼や私娼からも日本軍「慰安婦」や産業「慰安婦」が生み出されていったと思われる。

当時の日本も朝鮮も女性蔑視の強い社会だった。日本の女性には参政権がないだけでなく、日本の民法では結婚した女性は無能力者と規定され、行動が制限された。そして、日本の民法の考え方は朝鮮にも適用されたから、為政者の女性蔑視観は朝鮮社会にも影響し朝鮮人女性への差別は一層強化されたと思う。

一方、朝鮮は元々日本以上に儒教の影響が強い社会だった。植民地下の農民女性の暮らしを一九二七年慶尚南道生まれの崔命蘭（チェ・ミョンラン）ハルモニに二〇一四年から聞き取らせていただいてきた。ハルモニは誰からともなく聞いた「女の一生は、生まれて、結婚して、死ぬ、の三つだけ」のメッセージの中で育ったという。そして、恋愛結婚はご法度で、結婚相手は親が決めることになっていた。子どもが親に従うことは社会全体の意思ともいえる強さを持っていたようで、恋愛結婚をした娘の親は外にも出られず、結婚式にも出られなかったという。また、恋愛結婚でなくても結婚が決まった娘は外に顔を出させないという。他のハルモニからは年頃（一五歳くらい）になると外へ出ないとも伺った。女性が外との接触を制限される風土の中にあって、日本軍「慰安婦」や産業「慰安婦」は生まれない。やはり植民地化されたという大きな変化に基因したと思う。

このような社会状況の中で、戦後長い年月を経てからではあるが朝鮮人日本軍

図１　朝鮮の管理売春女性数（娼妓・芸妓・酌婦の合計数）

※ 1933 年度からカフェ・バー女給数が加わる

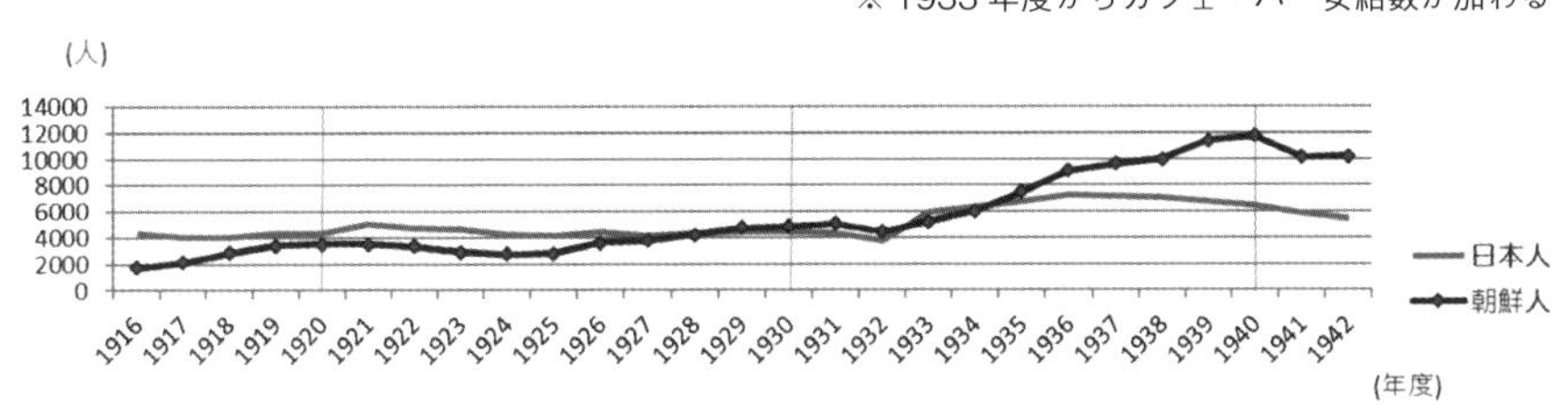

出典：宋連玉「日本の植民地支配と国家的管理売春」『朝鮮史研究会論文集』No.32　1994.10（朝鮮史研究会）よりグラフ化

「慰安婦」経験者が声をあげたのは、支援する人たちが多数存在したことと日本軍「慰安婦」の強制性を無かったことにしようとする日本政府への抗議からだったのだろう。残念なことに、日本軍「慰安婦」だった日本人女性については日本での支援の広がりが弱く存在を認識しているのはごくわずかの人に限られている。

日本に留学していた研究者の尹明淑（ユン・ミョンスク）は、一九九一年、金学順（キム・ハクスン）ハルモニの証言を直接聞き、衝撃を受けて研究主題を日本軍「慰安婦」問題に変え、九年間研究に没頭した末、その成果を博士論文にまとめ出版した。彼女は日本軍「慰安婦」を生み出した要因が複雑に絡み合っていることを前提に、あえて貧困という経済的要因と女性差別などの様々な社会的要因とに分けてまとめた。これらの要因を論証し得たのは、一九九〇年代に本人証言を得ることができるようになったからである。残念なことに産業「慰安婦」についてては本人証言がない。しかし、彼女らも日本軍「慰安婦」と同じように、日本の植民地であるという同じ時代状況の中から生み出された。産業「慰安婦」が生み出された要因は日本軍「慰安婦」とほぼ同様であると考える。

私は研究者の方々の著作を読む中で、貧困と差別が接客女性を増やした大きな要因であることを徐々に確信するようになった。しかし、具体的事実が見えやすい貧困と比べて、差別は尹明淑が「差別認識」と表しているように心に関係しているので捉えにくい。寄稿してくださった金富子が九世紀まで日本では性を売る女性がいなかったと指摘している。武力を背景にした政治が行われるようになると婚姻制度も変化し、家父長制が性差別を生み出し、性買売も行われるようになったと思われるが、この構造については日朝の違いも合わせてさらに学習を深めたいと思う。

そこで、差別構造を念頭におきつつも、ここでは、植民地化された朝鮮の貧困とはどのような状態だったのか、貧困が性を買売することにどのようにつながったのか、同様に差別も、その実態や接客女性を生み出すことにどう関連しているのかまとめてみたいと思った。その事実を把握することは、より良い隣国との未来を築くため、加害国に生まれた日本人がまずすべきことだと思う。全てを網羅して描くことは私には力不足であるので、できる範囲で取り組みたい。現在の私たちには想像を超えた事実であるので、具体的なようすが分かるデータや新聞記事、証言などを使ってまとめたい。貧困については主に朴慶植、樋口雄一、差別などについては主に尹明淑、宋連玉の研究成果に学びまとめたい。

（注）本文章で用いる接客女性は、接客業の被雇用者を指す。接客業の経営者は、接客業者である。接客業とは、娼妓、芸妓（妓生）、酌婦、女給、仲居、またはこれに類する者などを雇用している遊廓、料理屋、飲食店、カフェ、バー、旅館などの業種である。「接客…」の用語は、括弧をつけるべきであるが、便宜上省略する。

1　植民地支配　―多数の朝鮮人が海外渡航を余儀なくされた

植民地支配の下で食料増産は進んだが、朝鮮人の人口のおよそ八割を占めた農民は厳しい生活を強いられた。土地調査事業や産米増殖計画などの政策によって、日本人巨大地主や資本家が増え、土地を持たない朝鮮人小作農など貧農が増えていった。特に朝鮮の小作農は労働の継続が不可能になれば、即、路頭に迷うことになるなど地主との関係は厳しかった。高い小作料、地主から借りた農具や肥料、住居費の支払い、産米増殖計画と一体となって行われた水利事業の組合費、そして、税金である公租公課も押し付けられた。春、食料不足に陥った農民は、秋の収穫を担保に借金をしたが、返済は難しく、さらに借金を重ねることとなり、生活が破綻した農民は村を離れて流浪した。

一九三七年の日中戦争以降、日本は労働力が不足し、それを補うため政府・朝鮮総督府の政策は日本軍のための食糧増産と労働動員を基本とした。耕地面積の少ない小作農家を処分し自作農を確保して米を増産し、処分した農民を労働者として動員する計画だった。

図３　祖国を離れて海外へ

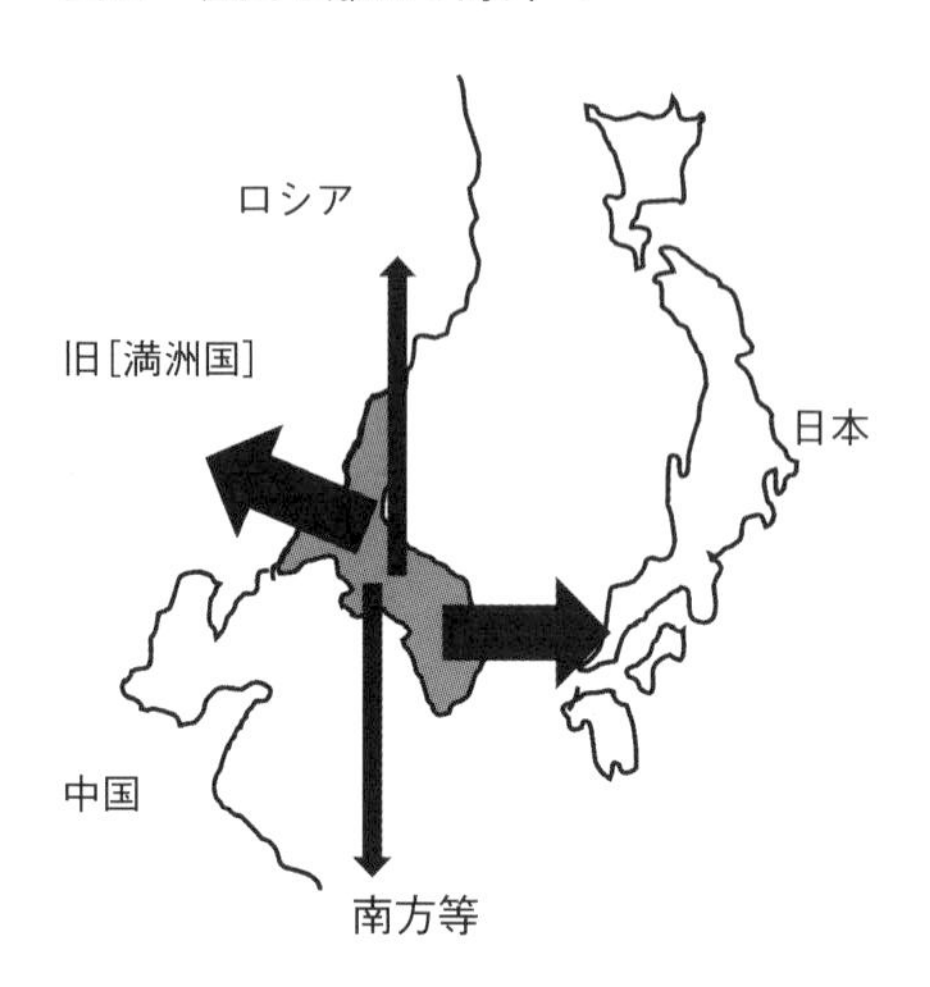

図２　自小作別の農家戸数割合
（全 3,023,133 戸）

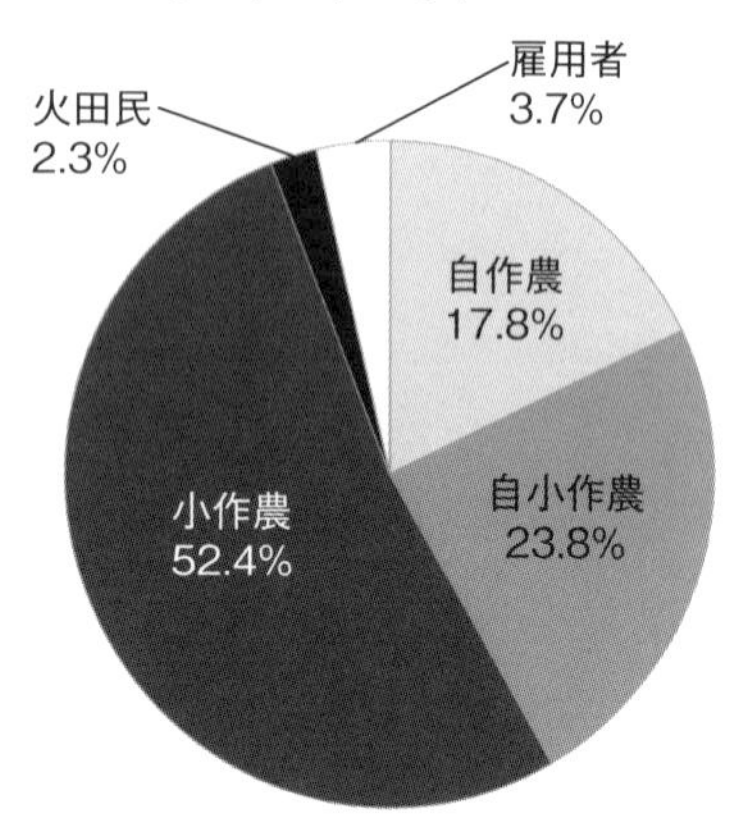

資料：『朝鮮総督府統計年報』1939 年

図４　日本の在住朝鮮人　人口推移

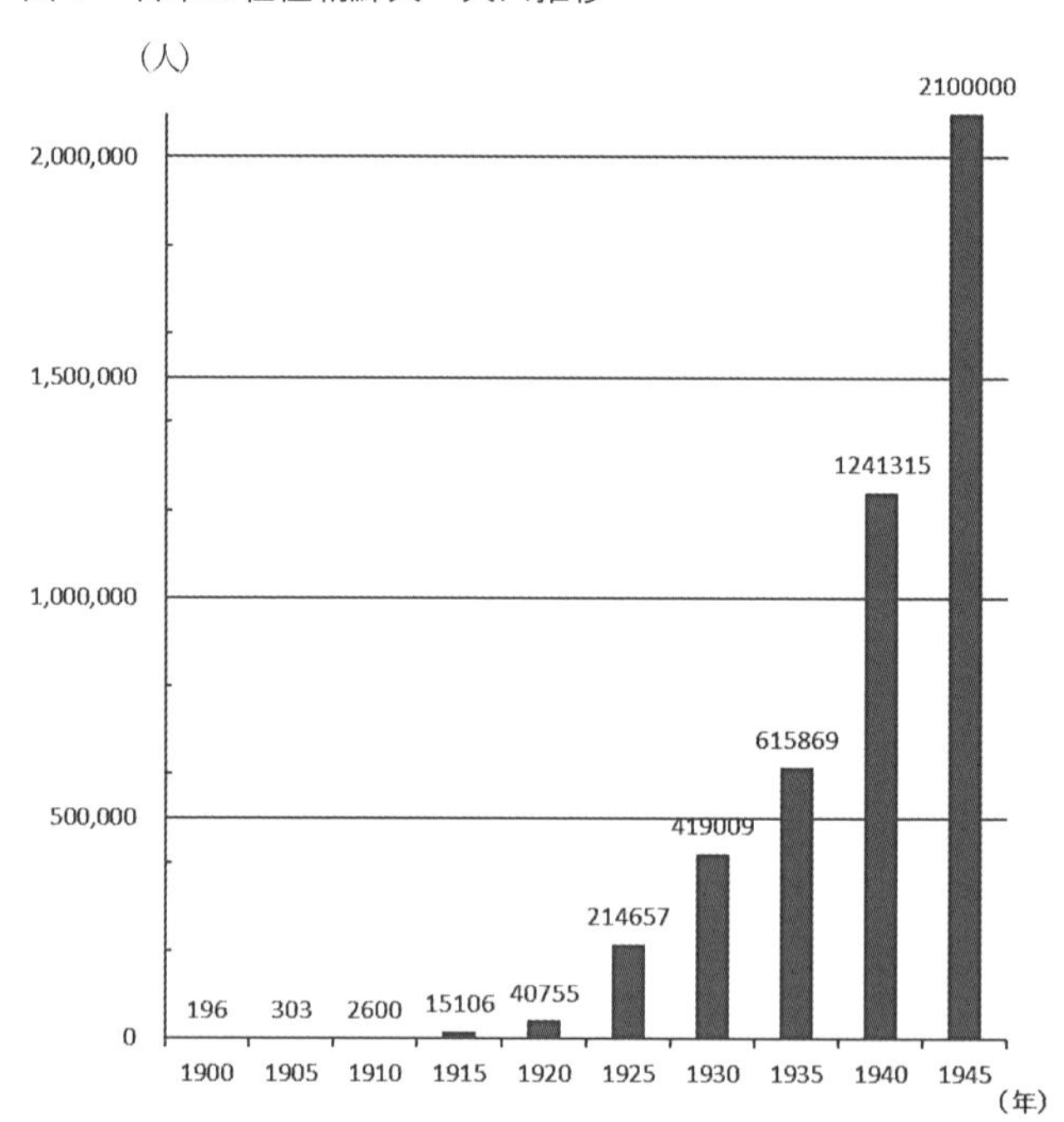

出典：水野直樹・文京洙『在日朝鮮人　歴史と現在』（岩波書店）
※在住人口・渡航者数・帰還者数のうち、在住人口だけグラフ化

一方、朝鮮の市場が日本の工業製品の独占的販売市場に改編される過程で、朝鮮農民は、家計の不足をまかなってきた副業を失い、農家には過剰労働力が存在するようになった。ことに従来女性が担ってきた綿作、製糸、織布等の家内生産は解体されたので、家庭内での既婚女性の地位はさらに弱められた。米中心の政策を押し進めた政府は、離村した男性労働力の不足を補い、農政破綻を繕うため女性を野外労働に活用しようとした。そのため女性は過酷な労働を課せられ、また、男性農民の不慮の事故や病気、死などに出合った時にはいっそう困窮におとし入れられた。

尹明淑が引用している文（ムン）・ソジョンの研究によれば一九三八年には全農家の約七割強が貧農であったという。

一九三九年には土地を全く持たない農家は小作農・火田民・雇用者（農業労働者）を合わせて農家の六割に達した［図2］。戦時下には貯蓄も強制され、また、米などの供出も厳しく課されるようになった。

生活は一層困窮し糧を求めて離村せざるをえなくなり、都市に流入したり、また、移民となったりして故郷を離れる人々も増えていった。女性の離村は男性よりも時間差をもって進行しながらも、離村した男性に代わって残された家族を守る女性や行く当てがなく農村に在住する女性たちもいた。毎年どこかで起こったという水害や干ばつの被害も農民をさらに困窮させ離村を増やす原因となった。以前から離村は存在したが、戦時下になるにしたがってその範囲と規模を拡げていった。

このため、一九四五年の敗戦までに女性を含めておよそ五〇〇万人（全朝鮮人人口のおよそ五分の一）が故郷を離れ、海外に渡った［図3］。朝鮮で地主となった日本人の多くが進出し、米の生産地帯でもあり、商品貨幣経済も進展した主に朝鮮南部からは、日本に二〇〇万人を超える人々が渡航した［図4］。その中には接客女性の姿も見られた。

2 朝鮮人接客女性を生み出した朝鮮人農民の貧困

一九二七年九月二〇日から二二日付けの『東亜日報』に、「貧困から娼妓へ（上・中・下）」という社会時評が三回連続で掲載された。その中で、廃娼論について論じ、現社会の経済制度を革新して貧困をなくさないかぎり廃娼は紙上の空論にすぎない。なぜなら、朝鮮女性を接客女性にさせた主な原因が貧困であるからであると述べている。接客女性を生み出したのは、貧困という生活難が、主要な、直接的な要因だと研究者の尹明淑もいう。世界恐慌が起こる直前でも貧困状態は厳しかったが、その後は日本の政策や恐慌、凶作によってさらに生活難が強まり、接客女性も増加する。以下にはその様子を述べたい。

(1) 戦時下、貧窮化した小作農民の衣食住

衣食住については、主に樋口雄一著『戦時下朝鮮の農民生活誌』をもとにまとめたものであるが、他の文献を引用する場合もある。

衣生活―着物四、五枚

昔から着衣の大半は自家製だった。綿や麻を栽培し、糸にし、布に織り、服に仕立てて着ていたが、植民地化すると、日本の紡績工業の安価な原料として移出するため総督府は供出を強制し、農民の自給を抑制した。一九三三年には共同販売制で綿花を強制的に買い上げ、農家の自家消費を禁じる方針を出し、一九三九年にはその方針が強化された。伝統的な女性の副業であり、現金収入にもなった途が閉ざされた。家庭内での女性の重要性が薄れてしまったのではないだろうか。そして、綿の全量供出が朝鮮全体に強制されるようになると、日本か

ら輸入した「スフ混紡の悪質の広木・唐木＝反物を高い価格で買う」ことを強制されたと朴慶植はいう。

一九三九年夏の農村のくらしを調査した方山烈は、借金でもしなければ衣服の生地は買えないから貧農には新調の着物はもともとないという。朝鮮南部の忠清南道梧谷里の農民一人当たりの着物の年間平均枚数は、ボロの着物が四、五枚だというので、季節ごとには洗い替えがないことになる。日本軍「慰安婦」経験者で、一九一九年生まれの崔甲順（チェ・ガプスン）は証言集『記憶で書き直す歴史』の中で着ていた服についても語っている。彼女は幼い時から、父親の古い、ボロボロになった服につぎ当てをして着ていて、一六歳になってもチマ（スカート）一枚まともに着たことがなかったという。

一九四二年に、衣料切符制度（割り当てられた切符を店に持って行って買う）が適用されると服の値段が大幅に値上がりし、服の入手は一層困難になった。

朝鮮の冬の寒さは厳しい。離村し流浪した農民に凍死した者も多かったというが、生命維持に必要な衣服が充足していなかったことも原因の一つだろう。

食生活―「草根木皮」の日常食化

食生活については地域や階層により違いがあるが、小作農の大半は春、麦が採れれば麦を主食とし、秋、米ができれば米を食べた。しかし、下層農民ほど米が早くなくなり、大根などとの混食にしたり、米と麦を粥にしたりして食べた。また、米を売った代金で安い雑穀を買って腹を満たした。副食はキムチと味噌が中心だった。魚や卵、肉などのタンパク質を一年中口にしない者が全体の三〇パーセントを占めたと言われる。冬から春、麦が採れるまでの時期は「春窮期」と呼ばれる食べ物がなくなる時期で、食料確保が朝鮮の人々の大きな課題だった。海藻や山野草、木の実などで補充しなければならなかった。一九三〇年の調査によると朝鮮全体で春窮農家は一二五万戸、四八パーセントだったという当時の農政学者、久間健一の研究を朴慶植が紹介している。

戦前の日本の食糧事情は、一九三五年頃東北の農村で娘の人身売買で食料を確保していることが社会問題になっていたように決して良いものではなかった。その日本と比べても、朝鮮は同じではなかった。一九三九年の統計資料により食糧事情を研究した中谷忠治によると、朝鮮は一日あたり平均消費量が日本の五〇—六〇パーセント程度で、かなり低いという。ただ、ここでの研究対象が米・麦であり、救荒植物のドングリや松葉などは含まれていない。

戦時下、日本政府が最も力を入れたのが、朝鮮の人々に対する「草根木皮」の日常食化だった［図5］。また、「満洲」から雑穀などと一緒に、肥料として使われていた大豆粕も移入し、粉にして「愛国豆粉」と名前をつけて販売した。それらは、朝鮮人の米、麦の消費を抑え、供出させ、日本国内や軍用の食糧とするための政策だった。

図5

朝鮮総督府選定の食用「草根木皮」
食品数
雑草　二〇五　くき類　三
わらび（すぎな等）　三五
根類（朝鮮山らっきょう等）二二
果肉（どんぐり等）　一二九
花・花粉　三
種　一六　木皮　二
昆虫　一七
その他、茸など
＊『京城日報』一九四三年三月
一三日付けから作成した。

出典：樋口雄一『戦時下朝鮮農村の農民生活誌』から

住まい—なくてはならないオンドル

朝鮮人の生活実態を示す資料は少ないが、住宅問題については、なおさら少ない。ここでは、二つの資料を参考に記す。一つは慶尚道達里一九三六年夏の調査、もう一つは一九三九年夏の調査である。家屋の構造は地域や農民の階層によって差があるので、下層農民を中心に、また二つに共通していると思われる内容を紹介する。

屋根は藁を使い、壁は土と藁で作った。一般的な壁は竹組みの上に藁入りの土で作ったが、貧農は石組みをして間に土を入れた。冬は気温が零下にもなるのでどんな家にも暖房用のオンドルがあった。オンドルの焚口は食事作りのかまどにもなっていたので、夏は部屋が温まらないように家の外に夏用かまどを置いたと崔命蘭ハルモニは語る。

部屋数は一～三部屋が九〇パーセント近く、一部屋には三人前後で暮らした。しかし、部屋は小さく、三～四畳だった。住まいは冬中心に作られていて、一般的に下層者の住宅の窓は小さいため、夏の暑さは大変だった。また、家の中のかまどを使用せざるを得ない家では夜は外で寝ることが多く、健康を害する原因になった。さらに、夏の忙しい労働で疲れ果てた農民が眠るに寝られず高くて風通しのよい場所を外に求めたが、外で寝ても蚊に責められ疲労は去らず、鉄道の枕木を枕にして汽車が来るのに気づかず亡くなったものが多かったと、一九三四年の『朝鮮農会報』に記事を書いた金景煥はいう。

日本もこの時期は住宅事情が良いとは言えないが、朝鮮はさらに悪く、部屋数や建物面積は日本の平均の二分の一だったにもかかわらず、一室当たりの居住人数は日本の二倍だった。

朝鮮総督府は住宅改善を課題に掲げていて、「内地式の住宅」「内鮮折衷住宅」を奨励したが、様々な統制や木材、紙などの日用品の値上がりがひどく、小作にとっては名目的宣伝で、住宅までは手が回らず、住宅条件は悪くなっていった。一方で住宅改善よりも戦争協力の国債を買うよう指導されてもいた。稲藁で叺（かます）、縄などの供出用具を大量に作らなければならなかったために、総督府は、稲藁葺きの屋根を麦藁葺きにすることを強調したが、麦藁屋根は長く使えず短時間でのすき替えが必要な素材で、農民が従えるような指導ではなかった。

農村にとどまることができない、困窮した農民は毎年大量に都市に流入した。一方、都市では新たな軍事産業や工場の増設もあり人口集中により深刻な住宅不足を抱えていた。都市の土地価格は暴騰し、家賃の著しい上昇から、京城では数世帯が一軒の家に同居しており、それは五〇パーセントにもなっていた。また、離村した農民は都市への流入時に朝鮮総督府が「土幕（とまく）」と呼ぶ「地面を掘り下げ土壁として、簡単に屋根を葺下ろしたる原始的住宅」［図6］に住んだ。総督府は、これらの「土幕民」を「不衛生」「犯罪を生む」「火災の原因になる」などの理由で監視していた。そして、日本国内の労働力不足の補充のため、労働動員の対象にもした［図7］。

図６　土幕家屋の発達様式（Ａ型→Ｅ型）

A型
B型
C型
D型
E型

出典：『朝鮮社会事業』19巻２号　1941年２月号から

図７

土幕民へ更生の新天地
労働戦士として北海道へ送出

都市衛生をはじめ防犯治安上永い間京城府の癌となつてゐた土幕民をどうするか―近代都市京城の悩みに散在する土幕民約三万人の救済更生対策に悩み続けてゐたが京畿道社会課ではこれら土幕民を労力不足の北海道に送り救護と都市浄化の一石二鳥を狙ふこととなつた
　北海道の鉱山、工業会社、鉱山業者などから半島労働者の移入注文に対して道社会課では土幕民を送りたいと注文者側に問合せ中であつたところ結構だといふ返事を得たので第一次として二百九十名を試験的に送ることとなり十四、十五両日、二十四、五両日の二回にわたり西大門、東大門、龍山、城東各署管内の土幕民を北海道に送るが、さらに三月には第二次として二百八十名を送ることとなつてゐる、今後も内地の需要に対してはぞくぞく土幕民を送るはずである

入所中（六ケ月間）月額二十円の手当を支給するが手当を受けたる卒業者は卒業後一ケ年間朝鮮内にお

『大阪朝日南鮮版』1942. 2. 14

　このように小作農民は過酷な状況の中での暮らしを強いられた。人間の寿命はそこに住む人々の栄養状態や衛生状態を反映している。一九四五年の朝鮮人の平均寿命について述べているのは、京城帝国大学医学部教授の水島治夫である。水島は、朝鮮人の平均寿命は最近では約三七・四年で日本人に比較すると約一〇年も短いと指摘している。

(2) 負債、恐慌や自然災害の被害を受けた小作農民女性

朝鮮で食料不足が著しい春窮農家が半数弱を占めていたことは「食生活」の項で述べた。一九三〇年代の食料

事情を悪化させた要因には米価が惨落した恐慌の影響もあった。また、朝鮮は毎年どこかで干害や水害などにより凶作に見舞われていて、凶作の後の春窮期はより一層食料確保が難しくなった。ここでは、恐慌や自然災害と春窮期とが重なった時の状況を述べたい。

まず、貧農が春窮期などをやり過ごすくらしのサイクルと地主に支払う負債について、主に朴慶植の資料から紹介したい。

前借に頼るくらしのサイクル

小作農などの貧農は年が暮れ、正月がきて、春が訪れるころにはすでに食料はつきて、いわゆる春窮期にはいっそう食料確保が難しくなる。そこで、やむなく地主に食料を借り、食いつなぎはするものの農耕期となっても種子はおろか肥料代も人夫賃も、農具代も一切の営農資金は地主からの前借がないと耕作にとりかかれない。このような零細農は、高い小作料、租税、水利組合費、借金などを支払うと食料の大半はなくなり、四〜五ヶ月もすると、食料はなくなる。そして、秋の収穫の際、小作料と前借した食料および借金の利払いを済ませると、時にはもみをとる作業に使った台やユウガオの実から作ったパガチ（ひしゃく）だけが残るという者が少なくなかった。そこで、これらの貧農は、地主に対して来年の収穫物を抵当にして食料の前借をするのが常だった。結局、畑作が収穫期（麦は六月ごろ）に入るまでは草根木皮によって、飢えをしのぐことになる。

返せない借金

まず、負債を負った一九三八年京畿道の小作農の経営収支の事例を提示したい［表1］。これは樋口雄一が前掲『戦時下朝鮮農村の農民生活誌』に印貞植の論文からの引用として紹介している。

農家Aは京畿道の典型的な小作農家だ。幾人かの地主に借りているので、土地は分散している。一九三八年に一六石の米を収穫した。七割近い小作料として一一石を支払い、残りの三石を売ると自家消費用の米はわずか二石となった。一人月一升半ほどしか残らなかった。農民は一日一升の米を食べたと言われているので、米を生産しながら日常は米を食べていないということになる。様々な雑穀も食べたとしても食料不足は深刻だった。

そのため、春窮期には三〇円の借金をしたが、金利が三割五分に達しており、翌年返せる当てもなく負債が増加する。次第に窮迫し、小作地を手離し、地主や自作農家に雇用される農業労働者になった。農業労働者は動員や強制連行で第一の対象となった農民たちだ。

高橋亀吉（大正・昭和期の代表的経済評論家）は『現代朝鮮経済論』の中で一九三〇年の各道の負債額を示し［表2］、暮らしが窮迫してしまうのは、極端な高利債によるという。そして、朝鮮農家の負債の大部分は生産資金ではなく、食料費などであり、その大部分は収穫期に元金と共に取立てられるからだという。

朴慶植は『日本帝国主義の朝鮮支配　下』で、収穫期を迎え債務者が借金を取り立てようと躍起となっている農村の状況を報道した『東亜日報』の記事を次のように紹介している。

「秋になって債鬼が現われはじめ、慶尚北道金泉邑内に送られた支払命令がすでに一千件に達した……」「慶尚南道泗川郡昆陽郵便所が配達した支払命令書が毎日百余件にもなる……」（一九三〇年一〇月二六日）

農家を破綻に追い込む負債額の中身が分かる資料が、朴慶植の前掲書に掲載されているので、紹介したい。こ

表１　農家Ａの収入と支出（単位　円）　1938年現在

収入			支出		
	籾（米）３石	54.30		肥料・農具他	31.96
	カマス織	10.00		家計費	73.18
	賃労働	43.00		報国貯金	6.00
	その他	8.58		負債利息	26.20
	計	115.88		計	137.34

印貞植「朝鮮農民生活の状況」『調査月報』1940年３月号から
出典：樋口雄一『戦時下朝鮮の農民生活誌』

れは東洋拓殖株式会社平安南道江西農場の一九三六年の事例である。朝鮮に多かった農場型の小作農のくらしの理解のためにも載せることにした。東洋拓殖株式会社は、一九〇八年東洋拓殖株式会社法ができ設立した国策代行機関であり、郡にまたがる農地を持つ朝鮮最大の巨大地主だ。

数字を読みやすくするため、横書きの表に変えて載せた［表3］。（色租は見本米のこと。）

この農家は東拓から二町歩の農地を借り、年収は五一四円、支出は五四七・七九円であり、三三・七九円の赤字が出ている。支出には利子一〇・四三円を含む五八・六七円の負債が入っている。

『朝鮮年鑑』（一九三七年版）では、「結局農家の約八割までは負債を有し、しかも年々歳々収入の不足があって返済は不可能であるばかりでなく、むしろますます加算されるだけである。」と明言している。

このように負債に頼って暮らす貧農が、恐慌や凶作の被害にあった時、生活は一段と悲惨さを増すことになる。朴慶植は久間健一の資料から一九三三年六月の事例を次のように紹介している。話し手は郡農会の技手である。

穀価下落による食料不足から夜逃げへ――忠清南道牙山郡温陽面地方

「（前略）郡内のどの部落も、一年中粟さえおがめぬ者が約一割は確実

表2　小作人負債状況（1930年）

道名	一戸当り借財額（円）	道名	一戸当り借財額（円）
京機道	49	黄海道	56
忠清北道	38	平安南道	59
忠清南道	66	平安北道	62
全羅北道	62	江原道	39
全羅南道	55	咸鏡南道	121
慶尚北道	55	咸鏡北道	62
慶尚南道	63		

高橋亀吉『現代朝鮮経済論』の表から、道名と一戸当り借財額を抜出した

表3　東拓からの負債状況

犂代	3円	同利子	72銭
製縄機	13円	同利子	2円50銭
家屋（年賦払い）	5円6銭	同利子	4円90銭
蕎麦種子	1円80銭	同利子	6銭
肥料代	11円34銭	同利子	84銭
色租粟代	14円	同利子	1円41銭
小計	48円24銭		10円43銭
合計	58円67銭		

朴慶植『日本帝国主義の朝鮮支配　下』から表に作成

にありましょう。地主から出来秋には一倍半にして返すという、話にならない高利で籾を借り、市日に粟にでも代えて、粥でもすすりながら、かすかす春先を過ごしている者は、三割以上もあります。それもこんな不況になっては、地主も貸したところで、秋になって返済するかどうか疑問だから、一斗の籾だってなかなか貸してくれなくなり、どん底の農民たちは増加する一方です。（中略）地主がこんな心配するのもまた無理からぬ点があるんです。昨年の秋なんか、出来秋になって、籾を安値でこっそり売って、一夜のうちにどこにも知らさず、一家をまとめて逃げてしまったのがぽつぽつありました。」

さて、このように一家を畳んで、行く先は、どこだろうか。都市に出て雑業に従事するか、農家に雇われて住み込みや通いで仕事をする農業労働者になるか、あるいは、主の分からない山林を焼いて畑作をする火田民になるかだろう。次に紹介するのは、火田民の事例で、一九三二年発行の『日本経済年報』に掲載されている。これも朴慶植が紹介している。

凶作の被害から火田民化する三千戸の群れ・食を求めて女房や娘を売飛ばす

「（前略）最近の国境情報＝甲山郡奥地の国有林地帯には昨年冬季以来（中略）各郡の凶作窮民の転入者三千戸をこえ解氷期を待って乱耕火田民化する事は必然で郡や営林署当局は取締対策に腐心中である（中略）従来の火田民志望者は幾らかの食料位は準備して山入りしたものであるが、今回の放浪転入者は殆んど全部が何等の用意なしに入込んだもので、知人の家に四五家族も同居し早くも食料に窮して朝晩の食事時には子供のために食を求めて地方民の裏口を覗くものが四五人を下らず、甚だしきに至っては女房や娘を馬鈴薯三石、粟一斗、金十円見当で売飛ばすものが続出する悲惨な状態である。」

恐慌の影響による不況下、凶作にも遭遇し、土地を離れた小作農民が選んだのはこの場合山林を開墾し食物を栽培する道だった。しかし、相当な体力を要する仕事であり、食料が十分なくては仕事ができない。また、取り締まろうとする役所とも対峙しなければならない過酷な境遇に置かれた。その一番の犠牲になったのは食物と交換に売られた女性たちである。次に紹介するのは、災害にあっても土地を離れずにいた農民女性たちにも魔の手が及んだことを報じる一九三六年九月四日の『釜山日報』の記事である。

悪質な周旋業者ら　災害地に潜入し　甘言で周旋詐欺、子女買い

「（略）不徳漢が去る昭和九年（一九三四年―筆者による）夏南鮮地方の水害地に跳梁しその被害は勿論治安工作に及ぼした影響甚大なるに鑑み警務局では今回南鮮各地方災害地に対し左の如く警告を各道警察部に通牒し厳重取締方を命じた。（中略）

悪質の周旋業者その他の不良徒輩が密かに水害その他災害罹災地方に潜入し罹災者の窮境に在るを奇貨として女工募集等の名目に依り窮民子女の誘拐を企て或は醜業に従事せしむるため少額の前借金を投じ雇用契約を結び以て不正不当の暴利を貪り被害子女をしてその生涯を淪落の巷に呻吟せしむる（略）」

このように日本の植民地政策によって小作農などの貧農が増加し、また、米中心の植民地農業政策によって、特に、利水がなく雨水に頼っていた「天水田」を耕作していたところでは収穫の減収割合が高く、自然災害による凶作の被害が拡大した。その結果、貧農は妻や娘を身売りするというところまで追いつめられたのである。『仁川府史　下』一九三三年には五年契約で身売りした場合の敷島遊廓（京城）の前借金の額が記述されている。日本人娼妓は五年契約で、最低七〇〇円、最高二五〇〇円、朝鮮人娼妓の場合は最低二〇〇円、最高七〇〇円と朝鮮人娼妓は差別されていて安かった。しかし、困窮した朝鮮人農民にとっては安くてもまとまったお金が入る身売りをしなければならない現実があり、一方、業者は安い朝鮮人女性を数多く使い、利益をあげようとしたのだろう。農村のあちこちでこのような悲劇が起こっていた。

農家Aの支出欄には、「報国貯金」が六円とあるが、戦時期には戦費を補うために貯蓄も割り当てられ、年々目標額が上がっていった。一九四三年四月六日の『京城日報』によると、朝鮮の貯蓄割り当て額は、一九四二年は九億円、一九四三年は十二億円だったから四三年は一人五〇円支払わなければならなかった。また、一九四〇年—四四年の間、毎年米の生産量の四三—六四パーセントが供出されたために、農家経済が成りたたなくなった。戦時末の政策によって農家経済は破綻状況に追い込まれ農民の離村が拡大していた。

(3) 貧窮化した農民の離村

米の単作化政策により災害の被害を受けやすくなり食料が不足し生活は貧窮化し、戦時下になる前にも離村は始まっていた。一九一〇年代末から男性が継続して離村した。

一九三五年には朝鮮南部から北部への政策移民、「満洲」移民、一九三九年からは戦時労働動員、南洋移民など、三〇年代には日本政府・朝鮮総督府の政策が離農を加速させた。

戦時下の離村要因

離村原因はその要因となる植民地化政策、自然災害など様々だが、相互に絡み合って離村につながった。戦時下には戦争遂行のための無理な食糧増産計画や動員政策などが加わり、さらに離村が加速した。次に戦時下の離村要因を列挙する。これらは高麗博物館二〇一七年企画展の図録『朝鮮料理店・産業「慰安所」と朝鮮の女性たち』に載せられている。

①農業生産性が低い農家をなくし、採算が合う農家づくり政策
②日本などへの戦時労働動員の実施
③一九四二年に強化された供出割当て、米などの消費規制による食料不足・生活困難

④農民に打撃の大きかった一九三九年、一九四二年~四四年の干害
⑤太平洋戦争開始による労働力不足、肥料不足、農具不足に基因する農業生産減少
⑥農業外の職につければ、農業収入を上回る状況が生まれていた。
⑦労働動員に応ずれば家族に送金できると宣伝があり、また小学校学歴者を日本の工場労働への動員開始
⑧朝鮮内の工場労働者募集が次第に増加
⑨「満洲」移民の増加

これらの要因によって離村という犠牲を強いられたのは、農村の最も貧しい小作農、農業労働者などだった。離村は朝鮮農民の生活困窮と生活破壊が一層強くなっていったことを示している。朝鮮の離村者の増加に伴って日本「内地」の朝鮮人総数は、一九三〇年四一万九〇〇九人から一九四〇年一二四万一一七八人に増加し、その内の女性の割合も二九パーセントから四〇パーセントに増えた。女性の離村は男性より時間差をもって進行したことはここからも分かると、宋連玉が『「慰安婦」問題を／から考える』の中で述べている。

⑷ 生き残るために移動した女性たち

とくに農村地域の家庭は、脆弱な植民地経済の下で慢性的な負債による激しい貧困に苦しんでおり、一九三〇年当時の女性人口のうち、約四パーセントが都市に移動し、労働に従事したものとみられると『京城のモダンガール』を書いた徐智瑛はいう。劉淑蘭の研究にも触れ、一九三〇年代、都市への移住人口のみで見るならば男性より女性の方が多かったと紹介している。

樋口雄一は『戦時下朝鮮の農民生活誌』で戦時末の総督府の離村調査にも言及している。調査人口五二八五人

の内、九二一人が離村経験者と考えられ、一五歳から四五歳までの男子の単身での求職離村が多く、妻子を伴う場合もかなりあり、また、婚姻を目的に離村する人が三八五人いたが、これはほとんど女性だったという。さらに求職離村者には単身の女性も一五人含まれていた。彼女たちは一五歳以下八名、一六歳から二〇歳が七名と若かった。

そして、徐智瑛は家の保護から抜けだし、都市へ移動することは、彼女たちの身体が危険にさらされることになるという。しかし、危険だったのは都市へ流入した求職離村者ばかりでなく、農村に残っても女性困窮者は危険な状況下に置かれた。以下では様々な状況にある女性のようすを伝えたい。

農村に残った女性

農村の病弊によって、男たちは職を求めて都市や中国、日本に出稼ぎに行かざるを得なかった。働き盛りの男性がいなくなった農村に残った女性は夫や父、兄の代わりに、家計を直接担い、または家計を助けざるを得ない立場に直面した。以前より多く畑仕事などの農事全般を担うかたわら、土木工事のような副業もしなければならなくなった。しかし、生産物は収奪され生活は厳しさを増した。だからといって、地元で職をみつけることは非常に難しかった。農村に残っても、下層農民女性は困窮を極めた。「よい働き口がある」等の言葉にだまされたり、軍や企業の意向を受けた人身売買の業者が付け入ったりする条件が醸成されていた。だまされた女性たちの一部は日本へも送り込まれた。

都市に流入した女性―潜在的失業者

農民女性が地元で職が得られず、都市に出稼ぎに来たとしても、都市の経済状況は、農村からの流入労働者を完全雇用できるものではなかった。出稼ぎ者が職を選ぶ余地はなく、都市貧民層に加わるしかなかった。

一九四〇年のソウルの土幕民を対象にした調査例をみてみたい。「土幕民」は植民地化以後発生し、一九二五年の漢江大水害で社会問題として取り上げられるようになった。一九三九年の干害状況をまとめた『昭和十四年旱害誌』の中にも京城府に流入した被災者の人数が載せられている。秋の収穫を待たずに流入したのは、八月十二日だけで一二二五人、八月十九日だけで一九三一人だ。京城帝国大学衛生調査部編『土幕民の生活・衛生』によれば、この大干害の年、土幕民は「京城」内外だけで三七、〇〇〇人と記録されている。土幕民は年々増加したが、貧農の離村による者が三分の二、他は都市貧困生活者である。「土幕民」は単身者が少なく、四人から五人の家族単位で生活する人々が最も多かった。

一九四〇年ソウルの土幕民を対象にした調査のグラフを下に載せた〔図8〕。就業できたのは女性六%、男性五五%で、女性はほとんどが失業者と言っていい状況だった。それでも就業できた女性は総数八三名。未婚女性と既婚女性とでは職種に顕著な違いがみられる。未婚就業者の職業は主に「職工」と「その他」（酌婦、女給、子守、バス車掌等）だ。既婚就業者は主に「行商、商人」と「日稼ぎ」である。なかでも洗濯女、針仕事、軍手内職のように家事をしながらできる仕事がみられた。このように安い職工に、その他に酌婦・女給や一段と賃金の安い子守の仕事に就いている。未婚にしろ、既婚にしろ、就業できたわずかな女性のほとんどが不安定な職業か、最も安い賃金の仕事にしか就くことができず、朝鮮人女性は潜在的失業者であったといえる。男性

図8　女性有業者（83名）就業率6%（日給平均56銭）　男性有業者（736名）就業率55%（日給平均1円30銭）

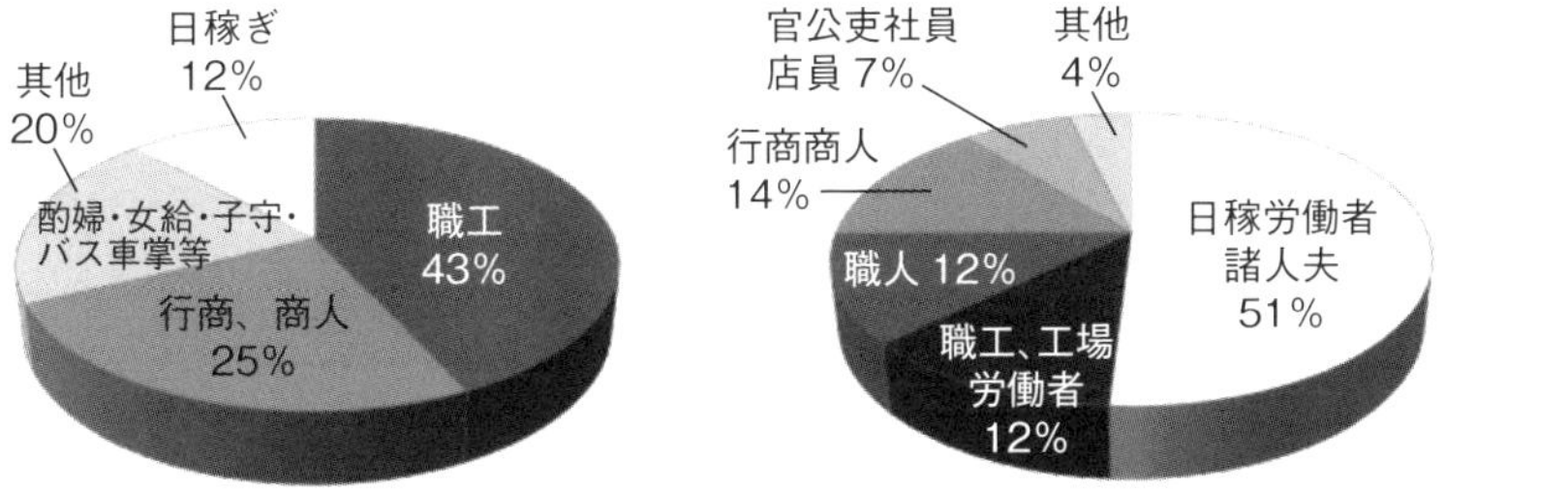

女性：職工 43%　行商、商人 25%　その他 20%（酌婦・女給・子守・バス車掌等）　日稼ぎ 12%

男性：日稼労働者諸人夫 51%　職工、工場労働者 12%　職人 12%　行商商人 14%　官公吏社員店員 7%　其他 4%

（ソウルの土幕民1940年調査）

出典：尹明淑『日本の軍隊慰安所制度と朝鮮人軍隊慰安婦』（明石書店）から

は就業率が五五％とはいえ、その就業先は収入の不安定な職業や賃金の安い職業が断然多かった。日給平均は女性五六銭、男性一円三〇銭だった。当時、男性は一升飯を食べたと言われたが、一九三八年の精米価格は一升二四銭で、暮らしを支えられる賃金ではなかった。また、朝鮮人の賃金は同じ仕事でも日本人の六割という差別賃金だった。さらに女性は女性だからという理由も加わり二重の差別を受けていた。

家事労働から接客女性へ

はじめに、この項を設定した理由を記したい。学歴があり社会進出した職業婦人と呼ばれる新女性は、植民地下において、女性総人口の〇・二％から〇・三％でごく少数だったと宋連玉はいう。大多数の女性は家事労働など家庭内労働を担っていた。そして、尹明淑が紹介した文・ソジョンの研究によれば一九三八年の全農家の約七割強が貧農だったという。だから、家庭内労働を担っていた女性の大多数が貧農だということになる。また、家計を助けるため幼い女子が就業する仕事は子守や女中などであり、早婚により家事労働をする場合もあった。また、片親家庭などの長女で就業に出られない場合も自宅の家事労働に従事した。一方、元日本軍「慰安婦」の証言分析をした尹明淑によれば、「慰安婦」として徴集されるまでの就業経験は、やはり女中や子守などの家事労働が一番多かったという。そして、周旋業者やその知り合いがこの家事労働をする現場と接触があったことやこの現場から抜け出したいとの女性の思いが強かったことが接客女性の就業につながったという。そこで、この項では、この家事労働をした女性が置かれた状況とその思いについて尹明淑の研究をもとに記述したい。

貧農の一般的な生活の実態をまず簡単に記す。これは尹明淑が紹介した文・ソジョンの研究である。

貧農は耕作規模が小さく、過剰労働力を有していた。春窮を経験した農家は、小作農だけとは限らなかったが、小作農は一九三〇年におよそ七割を占めた。家計の赤字を埋める方法は二つあり、一つは兼業や副業をすることだった。もう一つは賃金労働をすることだ。これには短期と長期とがあったが、長期は主に未成年男女が行った。しかし、就職難であったので負債をして赤字を埋めた貧農が多かった。

次にこの貧農層の未婚女性について補足する。平均婚姻年齢は数え年、一六、一七歳だった。家計補助は長期的個人移動が主で、一般的に満一五歳未満で行われ、遅くとも数え年二〇歳までに終了し、結婚した。長期的個人移動の主な職業は、女中、接客業、女工だった。女中は幼い子のいる家庭では子守もした。子守として雇われても家庭内の雑業もした。特に、家事使用人（一般家庭の女中）や接客女性（旅館や飲食店の女中、女給、芸娼妓など）になった比率は相当高いと思われる。家事使用人の賃金は、年齢による労働能力や期間によって決まり、家長がその賃金を一時払いの契約金というかたちで受け取った。低年齢の場合は、食事提供が契約金の代わりになった。労働能力が認められれば三、四円の月給をもらった。幼年女工の勤続年数は、製糸業で平均一年六ヶ月と短かった。それは劣悪な労働条件と早婚による帰農者が多かったことによる。労働者を保護する法律について河かおるによると、法ができたのが日本国内より約二〇年も遅く、また、炭鉱などの坑内労働が許される年齢は日本国内に比べて若く、また深夜業禁止や産休など女性の保護に関する部分が朝鮮にはなかったという。

幼年女工が家に送金できる金額は、月三円程だったが、罰金や強制貯蓄などが控除され、実際の金額はこれより少なかった。それでも、職につけた者は幸運だった。封建的男尊女卑の観念と慣行から貧農層の女子児童就学率は極端に低く、選べる職種は限られた。また、女工の雇用条件に学歴はなかったので希望者は多く、一九三〇年代初め、競争率は一〇倍にもなり、その結果、普通学校卒業程度の学歴を有する女子が採用された。また、貧農層の未婚女性全てを雇用できるほど賃金労働の需要も十分なものではなかった。これらの職業に代わる方法としてミンミョヌリ制という早婚の習慣が満一五歳未満で用いられた。預かる側にとっては幼い時から家風に合う嫁に育てる意味もあったが、衣食を提供するだけの無給の労働力を得る手段でもあり、預ける側にとっては口減らしの意味があった。

次に、このような貧農の一般的な生活状況と日本軍「慰安婦」の状況とを比べる。資料は尹明淑が行った元日本軍「慰安婦」の証言分析だ。日本軍「慰安婦」として徴集された者の多くが貧農や農業労働者家庭出身者だった。農業労働者は農家に住み込んだり、あるいは通ったりして農家の仕事をして賃金を得る労働者だ。日本軍「慰安婦」に徴集された形態は、民間業者による官憲の権威を背にした詐欺・強制、誘拐や暴力をともなった詐欺もあったが、その多くは徴集業者などにつながる知り合いや業者による就業詐欺だった。なぜ騙されてしまったのだろうか。

貧困家庭出身者のほとんどは農業だけでは生活できず季節労働などの副業や兼業農家だった。その点は貧農の一般的状況とほぼ一致している。しかし、元日本軍「慰安婦」の家庭環境は恵まれず、一層困窮した家庭が多かった。

植民地期朝鮮は日本の食糧供給基地として位置づけられ、農業の中心が米穀であったことから生産の中心が成人男性となり、家計を担った父親の存在は重要だった。しかし、両親が健在な家庭も一部にあったが、その他は両親や片親が死亡、病気、別居し、半数は父親が不在だった。つまり、貧困家庭出身者はその多くが父子家庭や母子家庭であったり、家計担当者を得るため再婚家庭になったり、親戚に預けられていたり、孤児であったり、両親がいても経済事情から別居を余儀なくされたりしていた。家長を失った女性が再婚を選ばざるを得ない状況については、宋連玉が、中高年女性の就職がきわめて困難なこと、また民法上無能力者とされた妻は生きるために再婚の口を探すしかないと指摘している。

農村出身で貧困家庭出身の元日本軍「慰安婦」たちは経済事情や家庭環境から、主に出稼ぎや口減らしのため、多くが就業経験を持っていたが、女工経験者は皆無に等しく職種は女中や子守に限定された。就業経験を持たない者も母子家庭のため、賃金労働をする母親に代わって家庭内の家事労働を担い、家から離れられない事情で婚姻年齢に達していても未婚状態だった。

日本軍「慰安婦」に徴集された時は家事労働をして働いていた場所が多く、家庭や銘酒屋、カフェー、旅館、人事紹介所など普段でも女衒や周旋業者の出入りが頻繁、容易な所で、徴集業者が近づきやすい環境に置かれて恐れ入りますが、切手をお張り下さい。

〒113－0033

東京都文京区本郷

2－3－10

お茶の水ビル内

（株）社会評論社　行

おなまえ　　　　　　　　　　　　　　　　　　　　　　様

（　　　　　才）

ご住所

メールアドレス

購入をご希望の本がございましたらお知らせ下さい。
（送料小社負担。請求書同封）

書名

メールでも承ります。　book@shahyo.com

今回お読みになった感想、ご意見お寄せ下さい。

書名

メールでも承ります。　book@shahyo.com

いた。当時、そのほとんどが婚姻年齢以上になっていたが、それまでに自分たちの労働に対する対価を本人たちが手にしたことはなかった。その彼女らに徴集業者たちは女工になれるとか、金もうけができる、ご飯が食べられるなどと相手の状況によって誘い方を使い分けた。就業詐欺にあった時、最終的な決定を行ったのはほとんどが本人たちだった。彼女らは自分たちの労働に対する確実な対価が得られる新しい職場があればその機会を掴みとりたいと思っていたに違いない。誘われた時、それが就業詐欺だとは思いもせず、貧困な現実から脱出できるチャンスとして受け止めたのである。証言はないが、産業「慰安婦」の募集においても同様の就業詐欺が行われたと考える。要は、仲介した者が日本軍の意向のもとに動いたのか、それとも企業だったのかによって行き先が違っただけだと思う。

女性が結婚して家庭内の家事をすべき存在とされた差別が強い時代において、雇用においても家事に類するわずかな職しかなく、貧困状態になり、生きるすべが極端に少ない中で多くは騙され、自身の体を資産として生きざるを得ないところへまで行きついてしまったのだ。

今日の飽食の時代にあって飢えというものを実感として理解するのは難しい。日本軍「慰安婦」経験者の証言集のうち、二〇二〇年出版されたばかりの日本語版『記憶で書き直す歴史』は、証言者中心の方法論のもとに聴き取られ編集されていて、飢えの実感的理解を手助けしてくれる。私は特に崔甲順の証言で飢えというものの怖さを味わった。彼女は幼い時から「ご飯が欲しい」という思いから一時も逃れられずに育ってきた。彼女が喉から手が出るほど欲しいご飯で満たそうとした飢えは、本人を思いもよらない日本軍「慰安婦」に堕とし入れ、また、貧農の隣人や彼女の家庭をも引き裂いていく。

接客女性と自死の増加

次頁の二つの表［表4、5］は、宋連玉の論文「1『慰安婦』問題から植民地世界の日常へ」に掲載されているが、それぞれ別の項で論じる中で取り上げられている。朝鮮人自殺者数は、「植民地主義・戦争がもたらす社会病理と女性の苦悩」、朝鮮女性の職業調べは「京城の職業婦人」の項に挿入されている。この二つの表の経年変化から植民地下に置かれた貧困女性の過酷な状況と行き着いた先が見て取れるように感じた。

一般的に、朝鮮は儒教の影響から自殺や自傷行為を許さない風土にあるが、植民地期を通じて自殺は増加する。表からは日中戦争開戦時にピークを迎えることが分かる。多い時で男性は併合時の七倍、女性は五倍の自殺者を出した。これと比べて在朝日本人は一九四二年に男性三〇人、女性二三人だった。

自殺理由は一九四二年、男性は病苦、生活苦、統合失調症の順であり、

表4　朝鮮人自殺者数

	総数	男	女
1910	474	249	225
1933	2,281	1,274	1,007
1934	2,472	1,461	1,011
1935	2,714	1,594	1,120
1936	2,773	1,670	1,103
1937	2,816	1,715	1,101
1938	2,655	1,662	993
1939	2,484	1,563	921
1940	2,335	1,448	887
1941	2,258	1,424	834
1942	1,978	1,225	753

注）朝鮮総督府『統計年報』「警察 自殺者ノ年齢及因由」各年版より作成
出典：宋連玉「「慰安婦」問題から植民地世界の日常へ」

表5　朝鮮女性の職業調べ

年	農林牧漁製塩	工業	商・交通	公務・自由業	その他	無業	芸妓娼妓酌婦	女性人口
1916	(4,019,516)	(89,052)	(192,652)	(22,266)	(73,151)	(104,170)	(1,708)	(7,921,846)
	100	100	100	100	100	100	100	100
1920	74	42	62	73	56	81	204	104
1925	85	47	77	120	116	119	164	115
1930	86	40	77	139	158	172	286	122
1935	80	35	71	115	174	189	383	132
1938	82	38	75	152	174	199	483	137

注1）朝鮮総督府『統計年報』の「戸口—現在戸口職業別」各年版により作成
　2）1916年（　）内は実数、ただし専業者数のみ挙げている
　3）1916年を100とし、各年の数の推移を指数で表している
出典：宋連玉「「慰安婦」問題から植民地世界の日常へ」

女性は家庭不和、病苦、統合失調症、生活苦の順だった。男女とも二〇歳から二九歳までが最も多かった。戦時労働動員や家族離散、家父長のいない留守宅での生活不安、皇民化教育を受けなかった多くの女性がもつ戦争への懐疑や不安、うつ病など、どれも植民地支配や戦争と切り離せない自殺理由だと宋連玉はいう。また、女性は、教育から疎外された分、皇民化の洗脳から免れた一方、自らが味わう苦痛や苦悩の意味が分からない状態に置かれたという。

職業調べを見れば、これまで述べてきた朝鮮の女性の置かれた状況がはっきりと確認できる。芸娼妓数は一九一六年を一〇〇とすると一九三八年には四八三という指数にまで増加している。植民地化された朝鮮の貧窮の状況は芸娼妓・酌婦の一九三〇年代の急増に象徴的に表れているといえる。また、困窮し騙された朝鮮の女性は、結婚まで処女であることを当然視する朝鮮の社会には受け入れられない。受け入れてもらえないことは、自分自身の存在の否定につながる。思いもしなかった接客女性として苦悩の中を生きるか、絶望し自ら命を絶つかという究極の選択をせざるを得なかった女性が増えていたと、この二つの表から考えられる。

(5) 貧困女性を接客女性に「供給」した人々、しくみ

植民地下、窮乏した朝鮮農民の離村が増加し、アジア各地、そして日本へも渡航した中には朝鮮人接客女性、さらには産業「慰安婦」となった女性たちがいたことは、本書に載せた金富子や樋口雄一の論考で触れている。また、日本で把握できる朝鮮人接客女性の人数については、この本に掲載の梁裕河の論考に載せてあり、朝鮮で増加した接客女性や若い女性が日本へも渡ったことが分かる。接客女性の増加は貧窮化した朝鮮で増えた周旋業者とも関連があると思われる。

接客女性の「供給」は、女性の性を商売の道具にした接客業と人身売買を商売にしていた周旋業との連携で成立していた。「慰安婦」の「供給」はその公娼制の延長線上に存在していた。

周旋業は紹介対象が四種類に分かれる。そのうち、ここでいうのは「芸妓・酌婦又は娼妓稼業者の紹介」だ。新聞では周旋業の紹介所を人事紹介所と報じている。宋連玉が作った紹介業者数の推移の表から［表6］、娼妓や酌婦などの接客女性を周旋する雇人口入業者は、一九一三年朝鮮人二五名、日本人七八名だったのが、四〇年には朝鮮人二一九名、日本人六二名へと、日本人業者を遙かに上回り、約九倍弱増加していることが分かる。周旋業は、生活の途が閉ざされている朝鮮人にとって、成功の期待や企業意欲を満たす数少ない職業の一つだった。

女性売買は組織化され人身売買ネットワークが作られていたとはいっても、いったいどのような人々がどのように関わって成立していたのかが定かではない。大きな研究課題なのだろう。その研究に挑戦した尹明淑氏の成果を提示しておきたい。主に当時の新聞の誘拐記事や日本軍「慰安婦」経験者の証言から分析している。

日中戦争以前から公娼制度が移植された朝鮮には国内や中国の接客業（遊廓・料理屋・カフェ・バーなど）に朝鮮女性を「供給」していた紹介業者や接客業者、女衒（女性を遊廓など、売春労働に斡旋することを業とした仲介業者で、歴史は古い）がいた。日中戦争勃発後、軍人相手の接客女性や日本軍「慰安婦」の「需要」が増加した。軍は主に接客業者から徴集業者を選定し、日本軍「慰安婦」を徴集させた。以下、選定された徴集業者を「選定業者」と

表6　紹介業者数

年度	雇人口入業		仲介業		合　計		総計
	日	朝	日	朝	日	朝	
1913	78	25	55	360	133	385	518
1915	84	2	69	1,461	153	1,463	1,616
1920	75	19	111	2,072	186	2,091	2,277
1925	21	38	312	2,271	333	2,309	2,642
1930	60	100	249	2,449	309	2,549	2,858
1935	72	162	175	2,558	247	2,720	2,967
1940	62	219	224	3,557	286	3,776	4,062

注）『朝鮮総督府統計年報』の「警察—警察上取締営業」各年版より作成
出典：宋連玉「日本の植民地支配と国家的管理売春」

略す。選定業者は軍隊「慰安所」の経営者や管理者となった。選定業者は紹介業者や接客業者に依頼して女性を徴集した。しかし、その徴集方法は法律に違反する方法だった。

日本国内でも当時、刑法違反になる「略取及び誘拐」、または国際法違反になる「誘拐」「略取」「人身売買」による徴集が多かった。一九三八年早々、業者が警察に通報されたり、逮捕されたりした。業者は「軍当局の諒解」があると言ったが、警察はそれが信じられず誘拐犯だと思ったのだ。そこで、二月二三日に内務省、三月四日に陸軍省は通牒を出した。「婦女売買又は略取誘拐等」による募集実態に対して警察は取締りを強化すること、各派遣軍の責任のもと徴集を統制すること、徴集の際には「関係地方の憲兵及び警察当局との連携を密に」すること等を指示し、徴集対象を「二一歳以上の売春」経験者に制限した。

両通牒により、日本国内では、派遣軍が内務省に依頼し、内務省が徴集地警察に指示し、徴集地警察が業者を選定し、派遣軍が業者に許可を出すことになった。同様に、朝鮮も総督府・植民地警察が選定し、派遣軍が許可することになったと思われる。朝鮮軍司令部の場合は選定も許可もした。しかし、朝鮮国内では両通牒が出される前と同様の法律違反による徴集が行われた。朝鮮ではこれらの通牒が確認されていないというので、出されなかった可能性が高い。

日本軍「慰安婦」経験者の証言分析によれば、徴集したのは徴集業者が約八割、軍人・憲兵・警察が約二割となる。徴集業者の方法は刑法の「営利誘拐」に該当する女衒同然の就業詐欺がほとんどで、軍人・憲兵・警察の場合は、刑法の「略取」に当たる拉致や強制による方法が多かった。日本軍「慰安婦」であることは知らせず、「挺身隊」、女工募集や軍需工場への職業斡旋であるかのように詐欺を働いてもいた。また、父親が警察官をしていた日本人の証言によれば、徴集業者が直接、警察に協力を依頼する場合もあったという。

植民地朝鮮では、徴集業者は貧しい農村女性やその親や夫に対して経済的弱みに付け込んで巧みな話術、時には強引に、または少額の現金を支払う身売りの方法などを用いた。その背景には違法な徴集に対する対策が見られず、むしろ植民地警察の直接的、積極的な協力や黙認のもとに、まさに徴集業者と植民地警察とが「密に連携」して徴集したからに他ならない。これらの方法は朝鮮が解放されるまで続いた。

　このような日本の朝鮮に対する差別によって、若い女性たちが「慰安婦」として違法にもかかわらず徴集された。


　さて、徴集業者は二つに大別できる。一つは日本軍「慰安所」の経営者や管理者となった選定業者であり、もう一つはその下請け業者だ。管理者は単独で行動する時は経営者と同等の資格で徴集した。経営者と組んで行動する時には補助的役割をした。日本軍「慰安婦」経験者の証言によれば、管理者は全員朝鮮人だった。朝鮮国内の徴集を担う選定業者は、四種類に分かれた。各派遣軍が直接選定した中国居住業者、朝鮮軍司令部が選定した朝鮮居住の業者、総督府の指示で選定した朝鮮居住の業者、そして、日本居住の業者である。下請けを最も必要とした選定業者は、日本居住の日本軍「慰安所」の経営予定者や中国の日本軍「慰安所」の経営者だった。その他に、徴集のために朝鮮に渡航していた日本軍「慰安所」の経営者も下請けを必要とした。下請け業者は末端で徴集を担い、朝鮮国内で選定業者を補助し、日本軍「慰安婦」を「供給」した。さらに人事紹介所を含めると下請け業者はより多くなる。また、朝鮮国内では選定業者は補助者を同伴することも多かったし、女衒も相当含まれていたであろう。これらを下請けと考えると、徴集業者は下請け業者が最も多かったといえる。日本軍「慰安婦」経験者の証言からも下請けが介在した徴集が圧倒的多数であったことが分かる。日中戦争以前から朝鮮国内や中国の接客業に朝鮮女性を「供給」していた紹介業者、接客業者、女衒のうち、その多くが朝鮮国内での下請け業者として、選定業者に女性を「供給」する者となったのだろう。このように徴集業者あるいは徴集人が混在していたので、徴集形態が多様となったが、徴集方法は女衒同然の就業詐欺が多かった。

　日本軍「慰安婦」経験者の証言には、村の区長や班長が徴集に関わった事例もある。元日本軍「慰安婦」金ボットンの証言では、村の区長と班長が日本人の徴集業者を同伴して家に来て、娘を挺身隊として日本の軍服工場に行かせないと「非国民」であると母親を脅迫し、母親に「書類に判子を押せ」と強要したという。この書類が何であったのか分からない、承諾書だったのか、委任状だったのか。実はこの徴集業者は広東の日本軍「慰安所」の経営者だった。選定業者には現地の事情に詳しい協力者が必要だが、家庭事情をよく知る者として、一〇戸を単位として組織された、戦時期の国民総力朝鮮連盟の下部組織である「愛国班」の班長は都合がよかっただろう。他方、「国のための奉仕」が唱えられている戦時体制のもと、官憲の末端組織として行政の担い手であった区長や班長が「挺身隊」や「軍需工場」を盾にした「勧誘」は一般民衆にとって拒むことができない命令と同じであっただろう。これは正に就業詐欺による徴集方法だが、日本軍「慰安所」の経営者だと分かった上での区長や班長の協力だったのかは不明だ。他方、父親が官憲の末端機関である面長（村長）であったがゆえに、「面から五人差し出せ」との警察や軍の命令に自分の娘を差し出さざるを得なかったという事例もある。

選定業者だけで徴集をする場合には女性たちを集めておく根拠地を必要とした。下請けと協力して行う場合には女性を引き渡す仲介地や根拠地を必要とした。最も多かったのは、都市の旅館、次に多いのは民家や倉庫だった。部隊の収容所や人事紹介所を利用した場合もあった。一九四四年一〇月二七日、一一月一日付の『毎日新報』に下記のような『軍』慰安婦急募」の広告が掲載された［図9］。敗戦直前の軍隊の転進が著しい時期、迅速な徴集が必要になり、総督府の機関紙である『毎日新報』に載せた広告だ。総督府が承知の上で載せた下請け業者に対する呼びかけであったと思われる。対象になった女性は文字が読めず、新聞を取るような生活でもなかったからだ。この広告の出し主、許氏は旅館を根拠地として日本軍「慰安婦」を徴集している選定業者だと思われる。

図9

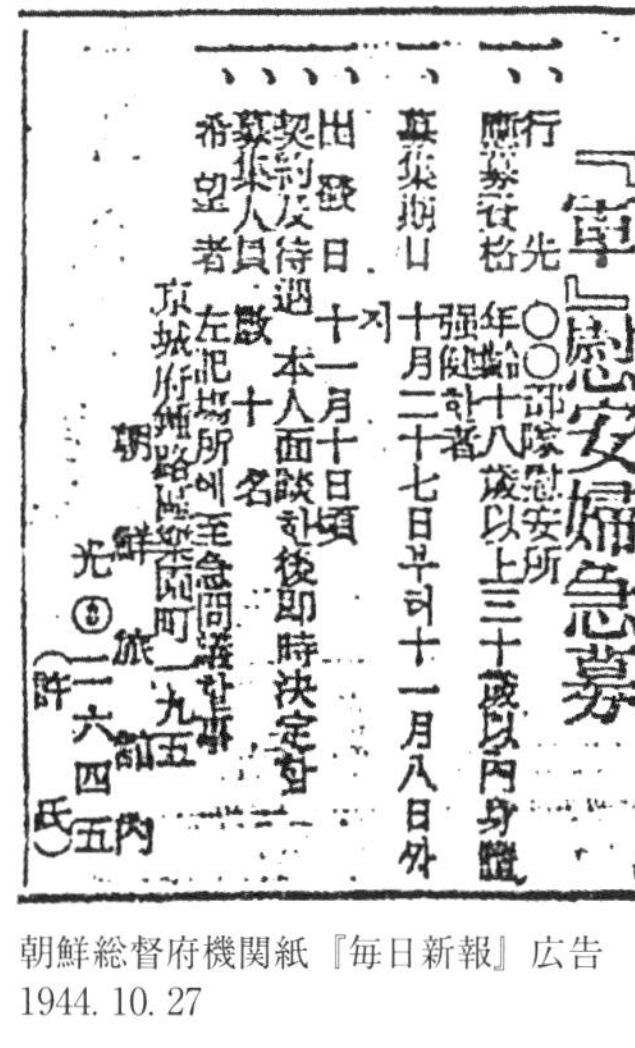
『軍』慰安婦急募
一、行先 ○○部隊慰安所
一、応募資格 年齢十八歳以上三十歳以内身体強健한者
一、募集期日 十月二十七日부터十一月八日外지
一、出発日 十一月十日頃
一、契約及待遇 本人面談한後即時決定함
一、募集人員 数十名
一、希望者 左記場所에至急問議할事
京城府鍾路區楽園町一九五 朝鮮旅館内 光③二一六四五 （許氏）

朝鮮総督府機関紙『毎日新報』広告
1944. 10. 27

女工募集を偽って徴集した場合はバス停などを集合地として利用した。女工は女性に人気の職業で、また当時縁故者による職業斡旋の習慣があったから、女工募集を装って近づいた者は知り合いの業者や知り合いが下請け又は口添えをしたりする協力者が多かった。また、友人同士の情報交換から応募に応じたりもした。このため、就業詐欺であっても女性は信頼できる斡旋と受け止め、女性が疑って逃げる心配はなかったのでバス停などの集合地でよかったのだろう。このように日本軍「慰安婦」の徴集には接客業関連業者による接客女性「供給」のメカニズムと女工募集のメカニズムが利用されていた。

日本軍「慰安婦」経験者の証言によれば、徴集人と引率者との組合せは次の六パターンあった。①徴集人は軍人・憲兵・警察など　引率者は軍人・憲兵　②徴集人は徴集業者　引率者は軍人　③徴集人と引率者が同一人物で、「慰安所」経営者や管理者　④徴集人は下請け業者　最後の引率者は「慰安所」経営者　⑤徴集人と引率者が同一人物で、徴集業者　⑥徴集人は下請け業者　引率者は他の徴集業者

引率過程は大きく三つに分けられる。一つ目のケースは選定業者（経営者）が朝鮮に渡航してきた場合で、四パターンにあった。①根拠地なしで宿泊せず、徴集地は一か所　②根拠地が一か所、各地から女性を連れてくる　③人事紹介所を根拠地とし、女性を各地から連れてくる　④複数の都市に根拠地を置き徴集

以上の根拠地はソウル、釜山、光州、大邱などの大都市だった。二つ目のケースは徴集人が下請けで引率者が選定業者の場合で、仲介地を必要としたが、それを選定業者の根拠地に置き、必要数集まるまで宿泊した。女工募集人を装い、女性を集合地のバス停に集めた下請けのケースもこの二つ目に含む。三つ目は下請けと徴集業者の組み合わせで、下請けは引率者の徴集業者に引き渡した。さらに女衒だと思われる業者による徴集も三つ目に含む。女衒の場合は徴集と引率とを兼ねていた。

朝鮮人日本軍「慰安婦」の徴集は、女衒と同様の就業詐欺を用いた場合が多かったのだが、最後に、女衒がど

のような状況の中でどのように接客女性の「供給」をしたのか探るため、一九三七年一月以降の『毎日新報』の誘拐記事を参考にする。日中戦争勃発後の中国は軍を相手にする料理屋や事実上の貸座敷、日本軍「慰安所」も増加中であり、女性の「需要」が益々多くなった時期で身売り額が高く、女衒にとって中国は良い市場だった。女衒は主に貧困に陥った農村女性をターゲットに農夫や女性本人に女工募集だと偽るなど甘い言葉による営利誘拐や身売りを行った。中でも中国への身売りが多く、その場合は単独犯ではなく組織的に行った。朝鮮内の都市に根拠地を置いて、長期間に渡って継続的に身売りしていた。それが成立した背景には被害者の女性を「需要」、「供給」する接客業と紹介業の存在があった。紹介業は四種類あるが、女衒の営利誘拐に関連した紹介業は、「主として公娼・芸妓・酌婦紹介」を営む人事紹介所だった。原則的には接客業者の依頼または被紹介者の依頼に基づいて、一定の紹介手数料を収入とする職業だった。しかし、実際には女衒のやることと変わりがなかった。人事紹介所は女衒から女性を買い、接客業者に売って利益を得ていた。このように人事紹介所は女衒同然の不法行為で女性の身売りを行っており、女衒のパートナーとなり、営利誘拐を助長、維持させる受け皿として機能していた。しかし、植民地警察はきちんとした取締りを怠っていた。不法行為に甘い植民地という利点が存分に活用され、女衒、接客業者、人事紹介所などによる接客女性の「供給」システムができあがっていた。

一九三九年一一月二二日付『毎日新報』からは女衒と人事紹介所の深い関係が読み取れる〔図10〕。「大規模婦女誘拐団」が釜山地方法院検事局に送致されたとする記事だ。この「誘拐団」は一一名だが、関係者は八〇余名にも達していた。彼らは「農村処女や有夫女」たちに「甘い言葉で騙し」ては、釜山に連れてきて、「釜山府戸籍部と代書所、紹介所などと連絡をとりながら戸籍謄本を偽造」し、「満洲」や「北支」、南洋方面に売っていたという。このように摘発され記事になるのは氷山の一角と思われる。日本のアジア侵略に伴い、江戸期から始まる日本の公娼制度が朝鮮はじめアジア各地を巻き込んで広がっていった一端が分かる記事だ。

以上、尹明淑の研究成果を中心にまとめてみたが、業者の証言などがなく資料制約が一番大きい分野だという。

今後の研究の進展が望まれる。

日本軍「慰安婦」にしても、接客女性にしても、その多くは、極度の貧困に堕とし入れられ、家庭の状況も一層厳しくなった女性たち、教育も受けられず、ごく若く、社会の理解も未熟な女性たちがターゲットにされ、騙され、物を扱うような目に合わされた。また、農村の女性たちと同様に貧困な生活から抜け出そうとした朝鮮人業者たちも直接徴集に関わった。このような状況を作り出したのは、朝鮮人の暮らしを尊重せず、差別的な目で政策を構想し支配した日本政府である。

図10

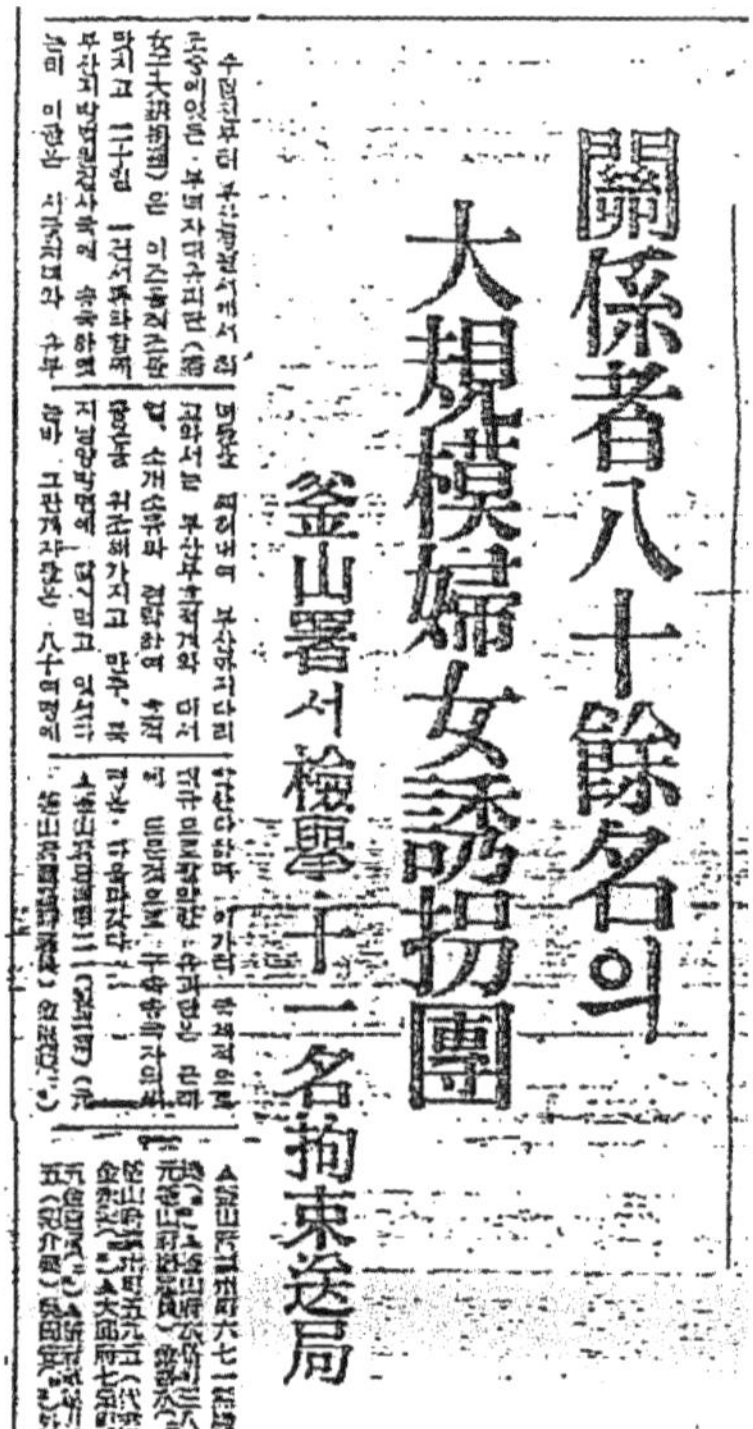

關係者八十餘名의
大規模婦女誘拐團
釜山署서檢擧 二名拘束送局

『毎日新報』1939. 11. 22

3 朝鮮人接客女性を生み出したその他の要因にみる差別

以上、接客女性や「慰安婦」を生み出した要因としての貧困の実態や生み出されるプロセスを探ってみた。すると、そこにまとわり付くように散見されるのは、植民地差別、民族差別、女性差別といった差別である。それらの差別は複合し、接客女性を増やすことにつながったと考える。時代が変わり政策や制度がなくなれば済む差別ばかりではない。意識の底に潜む差別は、意識化し、客観視することさえ困難な場合もあり、差別の解消は難しい。それゆえ時を経てもなお底流として存在しており、日本では現在でも時として顕在化し、関係者を苦悩させている。

尹明淑は要因を経済的要因と社会的要因に分け、さらに社会的要因として、戦時下の人的動員政策、日本から移植された公娼制度における周旋業の関わり、日本国内での徴集事情などをあげ、さらに朝鮮社会に根付いていた女性差別認識を遠因として取り上げている。二〇一七年の高麗博物館の展示による発表以降、植民地下の朝鮮人が、なぜ同じ民族でありながら朝鮮人女性の買売をするのかという質問が出された。それに対して、経済的要因としての貧困を理由にして答えたが、それだけでは納得がいかないだろう。人々の心深く強固に女性差別認識が入り込んでいたとしか思えない。そこで、ここでは社会的要因としての性差別認識と接客女性買売業者や接客女性を増やした法律や制度による植民地差別とを取り上げる。

(1) 朝鮮人女性に犠牲を強いる性差別認識

家父長制は、朝鮮王朝時代から継続してきた父系的家族制度を根幹にしており、男系血統主義と族外婚を二大原則としていた。女子は生家の家系を継承できないため、男子より低い待遇をうけた。女子が結婚すれば、生家と絶縁するとともに、嫁ぎ先の男系血族の維持拡大の義務を負った。父母の扶養義務は一家の長男にあったから財産相続において長男が最優先された。この父系同族集団の維持、継続のため、嫁ぎ先で男子が生まれない時、妾を置かれることがあった。さらに、夫が一方的に離縁できる「七去之悪」(多言、義父母に従わないなど、妻がしてはいけないことが七つ決められている)、父や夫、男の子どもに従うという「三従之道」、「再婚」は禁止されるという人格的抑圧も受けた。「蓄妾制」は、一方的に離婚させられる本妻を保護する意味もあった。しかし、一九三〇年代半ばは富と権力の所有者により享楽的目的に利用される傾向にあった。当時の朝鮮中等学校生徒の九九三三家族の調査(金斗憲「朝鮮の家族構成—特に中学校生徒の家族について」『朝鮮』一九三五年三月号)によると、五三九名(五・

四%)の父親は本妻以外に妾がいた。夫を亡くした妻が一家の稼ぎ手を得る手段は、再婚以外には妾になることだった。一方、妾をとった夫を持つ本妻の立場からすれば、生計や子どもの教育を考えて容易に離婚することはできず我慢したのだろう。女性に対するこのような処遇は、女性を軽視する社会的風習を産んだ。

家族を規制する規範の根本思想は儒教思想だった。儒教思想に基づく家族制度を支える最も根本的道徳観念が「孝」だった。「孝」は親子の縦関係を維持し、「家」の永続を保全するために強調されると同時に、絶対的価値観として、人間行為の善悪を計る道徳の規準でもあった。そして、「孝」は父母への絶対的服従を基本として実践された。家の中で女性は、個人として独立した存在として認められず、家父長の意向に左右され常に服従を強いられた。また、性に対する「貞操」や「純潔」を重要視する道徳観も持っていた。

儒教思想は植民地化される前から強かったが、植民地になってからは日本の民法が適用された。この明治民法は女性に選挙権がないばかりではなく、女性が妻となると「無能力者」と規定し、妻の行動を制限する法律だった。このような性差別的な風土を持つ日本に植民地化されたことによって、朝鮮での女性差別認識はさらに強化されたと思われる。

こうした女性差別認識による弊害は、就業詐欺による女性の身売りや教育における女性差別、「男児選好思想」、結婚における家父長の決定権などに表われ、結果として接客女性や「慰安婦」の徴集につながったのだろう。そして、接客女性に対する差別意識が強かったため、解放後の約四五年間、日本軍「慰安婦」被害者の沈黙を強いることになり、証言を得ることが難しくなったと思う。

次に、これらの差別認識が表出した事例を三つ示す。

家父長制度下の娘や妻の身売り

身売りは、多くの場合、貧困事情を背景にして、家族の生計手段として用いられ、娘の身売りは主に家父長によって決められた。『警務彙報』一九三四年二月号に載せられた増田道義の論文「公娼制度並に芸娼妓自由廃業に関する若干の考察資料」をもとに尹明淑は、一九三〇年末現在、朝鮮人娼妓の身売りの約七割強を周旋業者が行い、接客業者に「供給」していたという。また、接客業者が直接、父母と「交渉」した場合は、朝鮮人娼妓一三七二名のうち、一八〇名（一三％）だったと確認している。妻の地位が低い結婚制度の犠牲になった事例は新聞記事にいくつも見られる。妻が実家に逃げ戻っても居場所はなく夫に売られたり、夫の出稼ぎ中、舅に売られたり［図11］。中には母親が娘を売るケースもある。独立運動家の夫が、妾と暮らし、本妻は捨てられたため、生計手段を無くした本妻が娘二人を売ったという記事である。今でこそ人権意識が高いとみなされる独立志向の強い男性でさえ、当時は女性に対する差別認識に飲み込まれていたのである。その根深さがうかがえる。

日本軍「慰安婦」経験者四三名の証言では、家父長制の弊害から最終的に日本軍「慰安婦」にされた女性は一二名いた。その半数は身売り先からの徴集だった。背景となったのは貧困が多かったが、父親の病気や継父との不和や妻の地位などもあった。妻の地位が低いことが背景となったのは夫による妻の身売りだ。夫婦は平等ではなく、妻が夫に従属する関係にあった。日本軍「慰安婦」経験者朴順愛（パク・スネ）は平素から酒に酔った夫に暴力を振るわれており、彼女の浮気を疑った夫は、一方的に彼女を慶尚南道の人事紹介所に身売りした。そしてさらに、ソウルの人事紹介所に「転売」した。そして、そこに来た徴集業者に日本軍「慰安婦」として徴集された。

朝鮮人日本軍「慰安婦」経験者のなかで接客業女性の経験を証言する

一金百圓也라에
子婦賣渡한媤父

図 11
「百円也で嫁売り渡す舅」
（見出し訳）
『中外日報』1928. 2. 7

者は極端に少ない。それは女性に対する「貞操」や「純潔」を重要視する道徳観や接客業女性に対する偏見が影響しているのではないか。また、アメリカ戦時情報局心理作戦班「日本人捕虜尋問報告　第四九号」によれば、一九四二年に徴集された七〇三名の朝鮮女性で接客業に関わった経験がある者は若干だったし、その経験者の大部分は売春について無知、無教育の女性たちだったという。日本軍「慰安婦」を徴集した業者たちが、何も分からない若い女性をねらって就業詐欺を働いたのは社会の道徳観や偏見の強さからだっただろう。

家父長制度下にあって女性は家長に軽視され、貧困などになれば買売の対象にされるほどひどい扱いを受けるなど、真っ先に「家」の犠牲にされた存在だった。その貧困の最大の要因は日本の諸政策にあった。家父長制の弊害も加わり、諸要因が重層的、複合的に絡みあっていた。女性の身売りには日本と朝鮮の男性中心社会に抑圧され、翻弄された女性の姿が凝縮されている。

「養女」名目の身売り（一般的に「収養女」）

貧困を背景に行われた「養女」名目の身売りは朝鮮では一般に「収養女」と言われ、接客業への朝鮮人女性の「供給」手段の一つだった。

日本では明治時代に存在していたが、一八七二年の太政官布告によって、「養女」による芸娼妓契約は、実質的な身売りであるとされ、いわゆる「娼妓解放令」で契約は全て無効となった。「収養女」は、日本の公娼制度が朝鮮に移植される過程で広まっていったのだろう。

「収養女」の実態が書かれた『毎日新報』（『毎日新報』は一九三五年五月名称変更、それ以前は『毎日申報』）の記事を紹介する。

「大概農村の一三歳から二〇歳までの貧しい娘を一〇円乃至二〇円を払い『養女』にして…飲食店の酌婦や券番の童妓などにする。なかには券番童妓として一年乃至数ヶ月唄を習わせてから、各処の飲食店、食堂などに一ヶ月三〇円乃至五、六〇円程度の月給の女中に行かせ」る。（一九四〇年一一月五日）前借金なしで一〇歳未満の女児を養育名目で預かり女中として働かせ、大きくなると娼妓や酌婦などの接客女性として身売りしたり、妓生修行をさせ、「抱え主」として「券番行為」（妓生に口がかかった時の取次や玉代の計算などをする―筆者による）を行ったりした（一九三七年六月二日、七月八日、一〇月二四日、一九四〇年八月三一日）。警察はこのような違法行為を長い間放任していた。

日中戦争勃発後、朝鮮総督府は、接客業の「供給」ルーツとしての「収養女制度」に対して、取締りを強化しはじめ、一九四〇年に入って、警察は「修養母」に対して、「収養女」の「解放」を命じていた。「修養母」たちは前借金が無効になると勘違いして、「極秘裏に娼妓や酌婦に転売する」事態が多く発生した（『毎日新報』一九四〇年九月一七日）。しかし、「収養女」本人にとっては、「解放」を意味するものではなく、「今後の収養女契約を認めない、また「金銭関係は貸借関係として残る」というものだった（『毎日新報』一九四〇年九月八日）。

このように身売りされると、借金を返せない貧しい女性がその境遇から抜け出すことは難しかった。

女子学校教育無用論

家父長制による弊害からくる女性差別的認識は、教育にも表れ、朝鮮の女性を不利な状況においた。女子に対する学校教育無用論として次のような認識が一般的であった。「女子は学校教育を受けても受けなくても、結婚して家庭に入れば皆同じ」であるので、女子教育は「虚事」であり、それ以上に、教育を受けた女性は「かえって口うるさくなるばかりで、日常の家事も下手であるから、むしろ害」である。また、女は勉強させると生意気になるから学校に来させない家があったと、「普通学校」に通学していた一九三〇年代当時のことを崔命蘭ハルモニからも伺った。このような認識によって女子の就学率は低かった［図12］。

さらに、日本は朝鮮に義務教育制を導入しなかった。しかし、在朝日本人児童向けには教育条件整備を手厚く行い、日本本国より就学率が高く、「皆学」に近かった。一方、朝鮮人児童に対しては積極的でなく、植民地末期に至っても女子は三人に二人、男子は三人に一人が朝鮮人向けの「普通学校」への就学は不就学だったと、金富子は、『植民地期朝鮮の教育とジェンダー』でいう。

不就学だったことが就業選択の幅を狭めたことは、「(4)生き残るために移動した女性たち」の「家事労働から接客女性へ」の中でふれた。また、読み書き、計算ができなかったことは生活上の不便さだけでなく悪質な接客業者に騙されることにもつながった。

日本軍「慰安婦」経験者で貧困家庭に属し就学できなかった者は多数を占めた。貧困家庭における不就学の場合、貧困が要因として全面に出て、女性差別認識として捉えにくくなる。しかし、貧困家庭でも家庭の将来を見据えて無理をして一人を就学させることもあり、その場合、対象に選ぶのは男子であり、女子が排除されたことで差別認識の存在が明確になる。

図12　朝鮮人女子・男子の完全不就学率の推移（1912～42年）

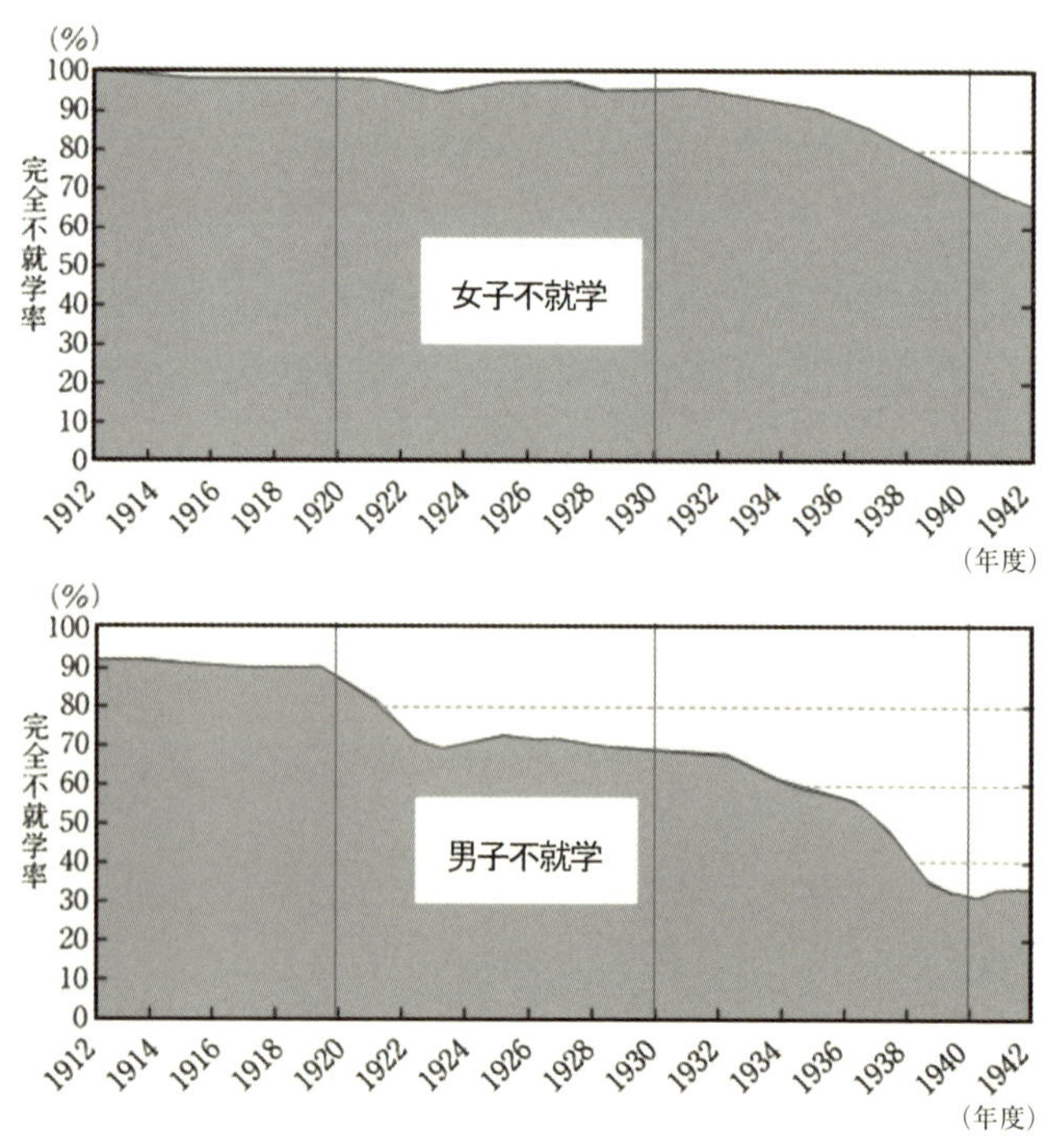

出典：金富子『植民地期朝鮮の教育とジェンダー』（世織書房）から作成

貧困家庭出身ではない日本軍「慰安婦」経験者二名の不就学は家父長制下の女性蔑視観を際立たせる。『証言―

強制連行された朝鮮人軍慰安婦たち』によると、教育における差別を受け、勉強したいという思いが募り、そのために、騙され徴集された者が文必璂（ムン・ピルギ）と李相玉（イ・サンオク）だ。

文必璂は九歳の時、父に隠れて母が入学させてくれた。しかし、通学五日後、父が学校に来て連れ戻され、父は女が勉強したら「キツネ」になると言い教科書を焼いてしまい、暴行も受け、家から追い出された。本家に行かされたが、二度と勉強しないと約束させられ、家に戻され、働く母に代わってきつい家事を任された。そんな中、勉強も金もうけもできると言う同じ村の男性の話を信じ、一八歳で日本軍「慰安婦」として徴集された。

李相玉は八歳で普通学校に入学したが、通学に猛反対した三歳違いの兄に女に勉強は必要ないと教科書を焼かれ、殺すとまで言われた。通学を禁止されたことから家出し、叔母宅から九歳で再入学し、家事をしながら四学年まで通学した。しかし、これ以上学費の支払いができないと叔母に帰宅を強要され、再度家出した。帰宅しても勉強はできないし、兄の暴力が怖くて帰ることができずにいたところ、偶然立ち寄った近所の人事紹介所の誘いで女中生活を始めた。そこで、日本の工場に行けば勉強もできるという徴集業者の就業詐欺にあい、一四歳で日本軍「慰安婦」として徴集された。彼女たちの就学への強い意欲が悪用されたのだ。

娼妓たち対象の一九三〇年の教育調べによれば、日本人女性の八割以上が初等教育機関への就学経験をもっていたが、朝鮮人の場合は不就学者が八割以上を占めた。同じ娼妓であっても、教育水準は植民地政策から民族によって大きな格差があった。また、不就学、非識字の状況は朝鮮人娼妓と朝鮮人日本軍「慰安婦」とはほとんど似通っていた。娼妓となったか「慰安婦」になったかは、日本が占領地を拡げ、産業「慰安婦」や日本軍「慰安婦」の「需要」が高まった時期の誘引だったのか、女性がどこに住み、誰にどこに連れていかれたかなどによって決まったと思われる。

このように、日本の占領政策が拡大する中、朝鮮内に強い女性蔑視の風潮が温存された上に、植民地政策による貧困や消極的な教育政策などが朝鮮人女性の就学率へも影響し、女性の前途を狭め、朝鮮人接客女性、「慰安婦」

は増加していった。

(2) 朝鮮人接客女性を増やした、法律や制度

一九二九年ごろから農村の病弊が深刻となり、離農が進んだ。それまでは接客女性になった女性は日本人が多かったが、「はじめに」に掲載したグラフ（53ページ）に見られるように、一九二九年に逆転し朝鮮人接客女性が多くなった。さらに、一九三一年の満州事変、一九三七年の日中戦争が続き、朝鮮人接客女性は増加した。

植民地下、朝鮮人女性が接客女性になった背景には貧困という経済的な要因が大きく関わり、また朝鮮社会における家父長制の弊害から生じた女性差別認識、日本政府と朝鮮総督府の容認などによっても支えられていた。

日中戦争以降、日本人の労働力不足を補うため、朝鮮人労働者も労働動員され、その一部は日本にも送られた。企業は労働者の作業能率向上や逃亡防止などのため産業「慰安婦」が必要だと考えた。また、軍隊でも同様に軍人の「慰安」のため日本軍「慰安婦」を構想し実行に移した。そのような戦時政策を支えたのが、接客女性集めに直接関わった周旋業の存在だった。これらの活動を統制する法律は日本と植民地とで違いがあり、それは朝鮮人接客女性を増やすことにつながった。

日本と朝鮮で違う「紹介営業取締規則」

「(5)貧困女性を接客女性に『供給』した人々、しくみ」の項で、貧困の観点から周旋業者数が増加したことに触れた。しかし、それは「紹介営業取締規則」に日本と朝鮮で違いがあることにも起因していた。

日本の「紹介営業取締規則」（一九一七・二・一五施行）は、営業の種目が九つに分類され、そのうち、「芸妓、娼妓、酌婦の紹介又は周旋」は他種目との兼業が禁止された。また、営業者の詐欺や誘拐、人身売買の行為に関しても、一二項にわたる禁止条項が明記されている。営業者の資格も厳しく定めており、そのうち、営業者は「三〇〇円

以上の不動産を所有する者」という資格も設けられている。この条項は「営業者数を減じ、且つ営業者の素質を向上」させるためにも「欠くべからざる条件」だったという。

朝鮮では、一九一〇年代の周旋業は各道における朝鮮総督府警務部令「諸営業取締規則」をもって許可されていたが、一九二〇年代に入って、法規の整備が進められ、各道において朝鮮総督府道令「紹介営業取締規則」などをもって独立した法規として公布されていった。周旋業は「芸妓、酌婦又は娼妓稼業者の紹介」「求婚者の紹介」「雇用者紹介」「土地家屋の売買若は賃借の紹介」の四種目に分類された。周旋業の営業所は、新聞では人事紹介所と報じている。平安南道以外は、同一営業者による兼業を禁止する条項はなかった。また、日本に比べて、朝鮮（全羅北道を除く）の取締条項は形式的で、営業者の資産の条項もなかった。そのため、生活の途が閉ざされている朝鮮人にとって「資金は無くとも稼げる見込みのある職業」「成功の期待や企業意欲を満たす数少ない職業の一つ」となり、接客女性を周旋する紹介業者である雇人口入業者数は、一九四〇年には一九一三年の九倍弱も増加した。そしてまた、「はじめに」で示したグラフ（53ページ）にあるように、朝鮮人接客女性数は一九三〇年代に日本人を上回って増加していった。

一九三〇年代には全道で周旋業の法規の整備が一段落していた。しかし本来の周旋業なら、接客業女性の紹介に対して手数料を取るのが合法的な方法であったが、実際は詐欺や誘拐などの方法による身売りや接客業者から収受する前借金の一部を契約者に渡すだけの身売りが横行した。

以上の「私営」の周旋業とは別に、「府営」の職業紹介所もあった。「一般職業紹介所」と「営利職業紹介所」の二種に分かれていた。植民地の営利職業紹介事業には、日本と違い、「船員の職業紹介、芸娼妓酌婦及之に類似する者の職業紹介」も含まれていた。一九三一年現在、府営職業紹介所における約七割弱の紹介業者が芸娼妓酌婦の紹介業者だった。府営職業紹介所の業者も、詐欺や誘拐など暴力による不法行為が多く見られ、警察署長の許可のもとで営業していた周旋業者の不法行為も、後を絶たなかった。しかし、総督府も人身売買を不問に付していた。結局、紹介業の実態は暗澹たるもので、一九三九年一二月三日付の『毎日新報』でも、朝鮮人の若い女性がちょっと失敗すると、人事紹介所の魔手にかかり、全生涯をダメにし、泥沼状態でさまようことが多いと報じていた。

このように、紹介所は不法な身売りの温床となっていた。また、不許可の女衒による不法行為も多かった。各道に共通している営業者に対する禁止行為は、

「一、被紹介人ノ意思ニ反シテ紹介ヲ為スコト、二、詐偽的言行ヲ為スコト、三、他ニ雇ワレ中又ハ稼業中ノ者ヲ勧誘シテ他ニ紹介ヲ為スコト、四、名義ノ何タルヲ問ハス許可ヲ受ケタル手数料以外ノ金品ヲ請求スルコト」となっていた。

それにも関わらず、総督府は周旋の過程で生じる不法行為を放置し黙認の態度を堅持していた。それは朝鮮の「紹介営業取締規則」の目的が接客業女性の円滑な「供給」にあったからである。

国際条約の外に置かれた植民地

人身売買に関する国際条約には「醜業ヲ行ハシムル為ノ婦女売買取締ニ関スル国際条約」と「婦人及児童ノ売買禁止ニ関スル国際条約」との二つがあった。前者が満二〇歳未満、後者が満二一歳未満の女性の売買を禁じていた。一方、日本は女性売買ができる年齢を満一八歳以上としていた。そのため、一九二五年の国際条約批准に当たって、年齢制限の留保条項をつけて批准した。後に、この条約は国際取引に関するものであるから日本内地の娼妓稼業年齢については変更する必要はないとし、一九二七年二月にはこの留保条項を撤廃した。しかし、朝鮮、台湾、関東租借地、樺太及び南洋委任統治地域は、婦女売買禁止地域から外された。さらに一九三八年二月二三日に出された内務省通牒によって日本国内での日本軍「慰安婦」の徴集対象は二一歳以上の接客女性に限定した。日本での日本軍「慰安婦」の徴集対象が制限されたことから、徴集業者にとって朝鮮は制限のない格好の徴集地

になり、朝鮮での日本軍「慰安婦」の徴集をより多くした要因となった。

おわりに

貧困と差別の実態と朝鮮人接客女性を生み出すこととのつながりを不十分ながらまとめてみた。研究者の方々の長年の研究の蓄積に感謝したい。

植民地下朝鮮農民女性のくらしの学習を始めたのは、二〇一四年の高麗博物館の企画展の準備のころからだ。基本的なことも知らないまま始めた。それまで、戦前の「配給」は国民の生活を思いやった政策だと思っていたが、高齢の方からお金を払うのだと聞かされて、やさしいイメージは打ち砕かれた。朝鮮総督府関連の資料からは、まやかしと差別が感じられる表現を多く目にした。米の「供出」ならまだしも、労働者も「供出」と表し、結婚前の女性は「処女」といい、朝鮮人「接客婦」の売り買いは「需要」と「供給」で行われ、まさに品物扱いである。新聞でも使っている言葉だから、当時は一般に流布して、抵抗なく使われていたのだろう。国民が「臣民」と呼ばれた、差別が前提の時代だったから当然なのか。その差別された日本の臣民が朝鮮の人々と関わるようになったのだから、差別はより強く働いただろうと思われる。その目線で植民地政策を考え実行したことが、朝鮮の人々をおとしめ、貧困にもしたのだろう。

研究者の尹明淑から主に学んだことは、朝鮮人女性を接客女性にさせた主要な、直接的な原因が貧困で、その他に様々な社会的要因があるということである。社会的要因の中の特に女性差別認識は女性の生涯を覆い人生を左右する根源的な要因だと思う。女性は植民地差別、民族差別、女性差別を受けて、これらは日本政府・朝鮮総督府や周旋業者に利用されて、「慰安婦」徴集にもつながった。この文章のタイトルの最後を「貧困と差別」としたのはそのためである。あるいは、「差別と貧困」としてもよかったかもしれない。

資料を読んでまとめていくうちに、社会に貧困と性差別とがある場合、どこの国でもどの時代でも性買売される女性が存在しているのではないかという思いは強くなった。そんな時、新型コロナウイルス禍に見舞われた。女性たちは大丈夫だろうかと気にかかった。すでに、医学部の入試で女性差別があることが報じられていたし、それ以前から非正規雇用の女性割合が高いことは自明のことだった。ほどなくして、新型コロナウイルス禍の女性の実態も報じられるようになった。失職した女性の増加。DV被害にあった女性の増加。自殺した女性の増加。今年に入っては、オリンピック開催をめぐる元首相による女性蔑視発言まで出て、性差別意識の強い国だとの認識が強まった。そして、五月末には、性売買をする女性、「街娼」の増加が報じられた（『東京新聞』二〇二一年五月二四日）。私の懸念が現実のものになった。植民地下で行った日本の「貧困と差別」の政策は朝鮮の人々を傷つけただけでなく、根のところで日本の現在へもつながっているのだと思う。一九七三年に「函館における公娼制度と廃娼運動」を発表した、函館の郷土史研究家谷口笙子の言葉が心に残る。「性の切り売りは、その女性たちの精神と肉体を破壊し、一般的には、男性の女性に対する眼を歪めるものである。女が金で買えるという状況は、女をものとしか見られない男をつくりあげる。公娼制度のなくなった現在でも、売春のある限り、こうした歪んだ見方は続いている。」谷口の言葉から半世紀以上たった今でも性の買売はなくなっていない。

さらに研究が蓄積され、国民の総意で植民地支配を反省し、清算することができたらうれしい。そして、貧困と差別のない日本になってほしい。

参考文献

宋連玉「日本の植民地支配と国家的管理売春―朝鮮の公娼を中心にして」『朝鮮史研究会論文集』第三二集　緑蔭書房

一九九四年一〇月三一日
永津悦子『植民地下の暮らしの記憶　農家に生まれ育った崔命蘭さんの半生』三一書房　二〇一九年八月一五日
尹明淑『日本の軍隊慰安所制度と朝鮮人軍隊慰安婦』明石書店　二〇〇三年二月二〇日
朴慶植『日本帝国主義の朝鮮支配　下』青木書店　一九七三年六月
樋口雄一『戦時下朝鮮の農民生活誌』社会評論社　一九九八年一二月一五日
宋連玉「1「慰安婦」問題から植民地世界の日常へ」『「慰安婦」問題を／から考える―軍事性暴力と日常世界―』岩波書店二〇一四年一二月
文（ムン）・ソジョン「일제하 한국 농민 가족에 관한 연구…一九二〇～一九三〇년대 빈농층을 중심으로日帝下韓国農民家族に関する研究―一九二〇～一九三〇代の貧民層を中心に」ソウル大学博士論文一九九一年　前掲『日本の軍隊慰安所制度と朝鮮人軍隊慰安婦』
「貧困から娼妓へ（上・中・下）」『東亜日報』一九二七年九月二〇、二一、二二日
韓国挺身隊問題対策協議会・二〇〇〇年女性国際戦犯法廷証言チーム『記憶で書き直す歴史―「慰安婦」サバイバーの語りを聴く』二〇二〇年一二月一一日　岩波書店
久間健一『朝鮮農政の課題』成美堂書店一九四四年一月二〇日　前掲『日本帝国主義の朝鮮支配　下』
金景煥「農軍生活の惨状」『朝鮮農会報』一九三四年一〇月号　樋口雄一編『戦時下朝鮮民衆の生活　第一巻』緑蔭書房二〇一〇年九月三〇日
水島治夫「朝鮮住民の生存力」朝鮮総督府『朝鮮』一九三九年八月号　前掲樋口雄一『戦時下朝鮮の農民生活誌』
印貞植「朝鮮農民生活の状況」朝鮮総督府『調査月報』一九四〇年三月号　前掲『戦時下朝鮮の農民生活誌』
高橋亀吉『現代朝鮮経済論』千倉書房一九三五年四月　前掲『日本帝国主義の朝鮮支配　下』
京城日報社・毎日日報社『朝鮮年鑑』一九三七年版　前掲『日本帝国主義の朝鮮支配　下』
『日本経済年報（第八輯）』東洋経済新報社　一九三二年六月三日
高麗博物館朝鮮女性史研究会『朝鮮料理店・産業「慰安所」と朝鮮の女性たち』高麗博物館　二〇一七年八月三〇日
樋口雄一『日本の植民地支配と朝鮮農民』同成社　二〇一〇年六月三〇日
徐智瑛『京城のモダンガール』みすず書房　二〇一六年四月二五日

劉淑蘭「日帝時代農村の貧困と農村女性の出稼」『アジア女性研究』第四三巻第一号　淑明女子大学アジア女性研究所　二〇〇四年五月
「農村人口移動調査報告」『調査月報』一九四四年一〇月号　前掲『戦時下朝鮮の農民生活誌』
尹明淑「日中戦争期における朝鮮人軍隊慰安婦の形成」朝鮮史研究会『朝鮮史研究会論文集』No.32　一九九四年四月
京城帝国大学衛生調査部『土幕民の生活・衛生』岩波書店　一九四二年　前掲『戦時下朝鮮の農民生活誌』
宋連玉「植民地期朝鮮の女性」『東アジア近現代通史5』岩波書店　二〇一一年
河かおる「総力戦下の朝鮮女性」歴史科学協議会『歴史評論』二〇〇一年四月号　第六一二号　校倉書房
緑旗日本文化研究所編『今日の朝鮮問題講座四―朝鮮思想界概観』一九三九年　前掲『日本の軍隊慰安所制度と朝鮮人軍隊慰安婦』
「在京女性団体とその活動―今日の女性団体はどのようなものであるのか」『女性』第一巻第三号一九三六年　前掲『日本の軍隊慰安所制度と朝鮮人軍隊慰安婦』
高橋京「朝鮮女性と家族制度」『女性』第二巻第一〇号　一九三七年一〇月号　前掲『日本の軍隊慰安所制度と朝鮮人軍隊慰安婦』
金斗憲「朝鮮の家族構成―特に中学校生徒の家族について」『朝鮮』一九三五年三月号
アメリカ戦時情報局心理作戦班「日本人捕虜尋問報告　第四九号」吉見義明『資料集』一九四四年一〇月一日
金富子『植民地期朝鮮の教育とジェンダー―就学・不就学をめぐる権力関係』世織書房　二〇〇五年五月一〇日
韓国挺身問題対策協議会・挺身隊研究会編、ウリヨソンネットワーク訳『証言―強制連行された朝鮮人軍慰安婦たち』一九九三年　明石書店
警視庁令第一号「紹介営業取締規則」東京市社会局『紹介営業に関する調査』一九二二年
吉見義明『買春する帝国』岩波書店　二〇一九年
谷口笙子「函館における公娼制度と廃娼運動」松前町史編纂室編―松前町史研究紀要第三号『松前藩と松前』一九七三年
朝鮮人強制連行真相調査団『朝鮮人強制連行・強制労働の記録　北海道・千島・樺太篇』現代史出版会一九七四年一〇月二五日

第二章　朝鮮料理店・産業「慰安所」とは何か

朝鮮料理店・産業「慰安所」Q&A

佐藤悠子

Q1 産業「慰安所」の前段階——朝鮮料理店って何?

日本が一九一〇年に朝鮮を植民地支配すると、土地の収奪が進み、そこでは暮らせなくなった人々は生活のために中国東北部(満洲)や日本に渡航するようになった。当初、日本への渡航は一時的な労働を目的とした男性の渡航者が多かったが、次第に定着する数が増えていった。これに伴い、日本に渡る朝鮮人女性が増加した。日本に渡航した朝鮮人は、朝鮮人集住地区をつくり、そのなかに同郷の食事である朝鮮料理を提供する大小の下宿屋や朝鮮料理店がつくられていった。そこで働くことになったのが朝鮮人女性であった。

朝鮮料理店の客の多くは、単身の朝鮮人男性労働者だったが、日本人男性客もいた。料理店の増加にともない、料理を提供する傍らで性売買を行う店も出現し始めた。一九三〇年代頃からは、喫茶、カフェ、バーなどと外観上の営業形態を急速に拡大させていき、「朝鮮遊廓」「半島カフェ」「朝鮮バー」「ピー屋」などと呼ばれ、人々に認知されるようになった。こうして朝鮮料理店は、営業形態の拡大とともに性的サービスに重きが置かれるようになっていった。

ただ、当時の法は、日本国内では、朝鮮人には公娼となることを認めていなかったため、朝鮮料理店の女性たちは秘密裏に性売買を行っていたと考えられる。性病検査のもとに国家に性を管理されていた日本人の公娼とは異なり、朝鮮料理店での性売買女性は私娼の扱いであった。行政や警察は、朝鮮料理店を監視しており、『**朝鮮人労働者の近況**』（大阪市社会部労働課、一九三三年）、『**芸娼妓酌婦の本籍地並稼業地別人員調**』（内務省社会調査局、一九三五年）等、当時から調査書や統計が刊行されている。

Q2　朝鮮料理店にはどのような女性がいたの？

日本の植民地支配により経済的に疲弊していた朝鮮農村では、「都市で働ける」「女工になれる」といって若い女性を騙して売って性的に搾取したり、人身売買によって日本の朝鮮料理店に女性を送りこむことが行われていた。また、日本に渡航してから何らかの事情で料理店で働くようになった女性もいた。

Q3　朝鮮料理店から産業「慰安所」への変化の時代的背景って？

一九三八年国家総動員法がしかれ、朝鮮人労働者は日本の炭鉱・鉱山・土木・工場等へ組織的に強制動員された。その数は七〇～八〇万にものぼる（一九三九～一九四五年）。しかし、朝鮮人労働者は抵抗したり逃亡したりし、企業側は対策を講じる必要があった。企業側は、労働者管理の一環として、性行為を「慰安」として位置づけ、労働者の抵抗や逃亡を抑えようとした。

日本は総動員体制を強化するなか、一九四二年に「企業整備令」を出し、戦争に役に立たないとされる職種を廃業させ、戦争遂行に有利な職種へと人々を転業させる政策を実行した。麻雀クラブ、カフェ、バー、周旋屋などは廃業の対象となった。もともと営業していた施設は、戦争遂行の生産力拡大のため、工場などに代わっていった。転・廃業は一九四四年までに行われ、同年には「決戦非常措置要綱」に基づいて高級料理店・芸妓屋・待合も休業を迫られた。利用した男性の性病罹患を防ぐ目的もあった。こうして、人々を戦争遂行のために配置する国家総動員体制が推し進められるなかで、非合法的な営業を続けていた朝鮮料理店も、国家（行政・警察）・企業が性行為を管理する産業「慰安所」へ変化を遂げていくことになった。

Q4　産業「慰安所」の形態は？

産業「慰安所」では、女性の性の管理を通して、強制労働させられた朝鮮人男性労働者の労働管理が行われた。産業「慰安所」の形態や個々の成立過程は、地域や産業によって異なっている。

例えば、北海道の場合は、各企業が朝鮮人労働者の動員を決定したあと、一九三九年の時点で企業自らが「慰安所」設置のために警察や行政に働きかけていた。北海道の都市部に密集していた既存の朝鮮料理店を再編・統合し、もともと性的施設のなかった炭鉱など強制労働現場近くに「慰安所」をつくった。都市にあった朝鮮料理店の経営者が、雇っていた朝鮮人女性を引き連れて、「慰安所」運営を行った。このように北海道の場合、朝鮮料理店から「慰安所」への変化が明らかであった。（第三章参照）

一方、福岡のように古くから炭鉱が開発されていて、もともと遊廓街が発展していた場合は、炭鉱近くにある朝鮮料理店をそのまま「慰安所」に作り変えたところもある。警察と行政による性病検査の強化と管理組合を結

成させて統制を強めることで「慰安所」と化した。（第三章参照）

また、近年の研究では、朝鮮料理店から産業「慰安所」へという形態以外のタイプも指摘されている。例えば鳥取県の場合、地方行政の長である県知事が内務大臣や朝鮮総督府に朝鮮人酌婦の派遣を要請していたことが明らかになっている。県知事の直接的な斡旋により、産業「慰安所」が新たに設置された形態である。

その他、鉱山や炭鉱以外にも緊急重要国策とされた土木工事現場には「慰安所」が設置されていった。松代の地下大本営（西松建設・鹿島建設）、天皇御座所と柳本飛行場（大林組）での工事現場等の現場では「慰安所」が確認されている。

Q5 日本軍「慰安婦」とはどのように違うの？

日本軍「慰安所」は、日本国内にも存在したが、占領地の拡大とともに日本軍の駐屯する場所に建設されていった。日本軍「慰安婦」は、日本軍兵士（主に日本人）のいる戦地まで連行され、彼らの相手をさせられた。一方、産業「慰安婦」は、強制労働させられた企業の炭鉱での労働現場、またはその付近の飲食店街に設置された産業「慰安所」にて主に朝鮮人労働者の相手をさせられた。ただし、産業「慰安所」の形態も、地域や企業によって異なっている。性の相手をさせられた女性たちが主に一〇代から二〇代の若い女性だった点、自由のない性奴隷的生活を送った点、定期的な性病検診を受けた点は、日本軍「慰安婦」との共通点である。二〇二〇年現在まで、元朝鮮人産業「慰安婦」からの証言はない。証言へのアクセスが閉ざされているだけではない。これら産業「慰安所」を開設した民間企業は、ほぼ資料を公開していない。実態解明のため、これらの資料の公開が求められている。

参考文献

小野沢あかね著「戦時体制下の「花柳界」―企業整備から「慰安所」へ」日本史研究会『日本史研究』五三六号 二〇〇七年
吉見義明・林博史編『日本軍慰安婦 共同研究』大月書店 一九九五年
金優綺「北海道における朝鮮人強制連行・強制労働と企業「慰安所」『大原社会問題研究所雑誌』二〇一六年一月号
樋口雄一著「日本国内の朝鮮料理店と産業慰安所」『戦争責任研究』第九〇号 二〇一八年

日本に渡ってきた朝鮮の女性たち
北海道を中心にして

大場小夜子

はじめに

一八七六年「日朝修好条規」(注1)締結頃から、多くの日本人が朝鮮に渡っていった。そのほとんどは男性であったが、一部に女性もいた。女性たちの多くは、遊廓や女性が接待する料理店の関係者だった。このようにして朝鮮に渡っていった性売買業者は日本人男性相手に、日本式の性売買システムである遊廓や女性が接待する料理店を設置していった。日本の公娼制度の朝鮮への移入の始まりだった。朝鮮でも昔から様々な性売買が存在した。代表的なものとしては宮中の医療や歌舞を担当し官吏や軍人へ性的にも奉仕する妓生や、もとは妓生で妾になったあと性売買する隠君子、この他にも花娘遊女、女祠堂牌、色酒家などがいたが、国家が性売買を管理する公娼制度はなかった。

一方、日本では全国の至るところに、遊廓あるいは私的な性売買の店があり、近代になれば海外に「からゆきさん」と称する性売買に従事する女性を送りだしている。性売買が公然と行われた日本では、「女性を買う」ことは何らやましいものではなかった。このような日本は、朝鮮に性売買施設を作るのは、当然のことだった。妻子のいない日本人男性がこぞって渡った朝鮮で、業者たちは遊廓を作ればもうかるとの判断もあっただろう。日本人にとって性売買は国が認めた男性の娯楽であり、何ら恥じるものではなかったのだ。

そのようにして朝鮮では、日本式の享楽文化が移入され次第にその影響を受けて、日本式性売買のしくみが浸透していった。まだ併合以前の朝鮮で日本式性売買がはびこったことを嘆いて、一八九六年七月一一日発行の『独立新聞』（注2）に「淫女たちが至るところにはいかいし、貧富を問わず、愚かな男たちを誘引してお金を奪い、（中略）無頼の輩たちがひとの娘たちを買って遊女買いを教えるとは、このようなことは警務庁で厳禁すべきことである」という記事がでるほどだった。

こうして当初は日本人の公娼あるいは私娼の方が多かったが、それが次第に朝鮮人女性の公娼・私娼が増加し、一九三〇年頃には日本人性売買女性をしのぐようになった（出典：本書53ページ、図1参照）。

1 朝鮮料理店の成立

近代以前の朝鮮では、大衆食堂的な飲食店や酒幕（注3）と呼ばれる居酒屋はあったが、朝鮮料理店はほとんどなかった。その後一九〇〇年以降には、日本の料亭と同様の経営形式による朝鮮料理店が出来ていった。

一方日本国内では、朝鮮料理店は何時頃からできていたのか。

日本初の朝鮮料理店は金慶海によれば一八九五年神戸に朝鮮蕎麦屋「日韓楼」という店があったとされている（『青丘文庫月報』155号より）。また、『日本食文化史年表』（注4）に一九〇六年頃に東京上野広小路に「韓山楼」という朝鮮料理店があったという記録がある。両店が飲食の給仕だけでなく男性を相手にすることを目的とした酌婦をおく料理店かは確定できないが、料理を提供する店が定着する一方で、料理店のように装って、朝鮮人酌婦がいる店も増加していった。

また、飲食が目的の朝鮮人労働者が利用する朝鮮料理店も、朝鮮人労働者が多く働く地域にできていった。一九一〇年の韓国併合前後から朝鮮人労働者は職を求めて日本に渡っていった。日本各地で行われた鉄道敷設工事や道路工事、石炭産業、ダム建設、工場労働など、そこでは日本が近代化を目指して産業が興り開発が盛んにおこなわれた。朝鮮時代末期の両班政治（注5）で疲弊し、さらに日本による朝鮮の植民地化によって農地や仕事を失った朝鮮の人々は、職を求めて日本に渡ってきた。当時、公共事業や各地の産業で働いた朝鮮人男性たちの多くは独身であったために、彼らを対象とした料理を提供し宿泊できる下宿形式の店ができた。これらの店は、朝鮮人が料理を作り接客は朝鮮人女性がするところが多かった。日本にいても故郷の味が食べられるシステムだった。

ところが次第にこの形態の朝鮮料理店が性売買を行う店に変化していった。そして、その変化の中で料金が安価な朝鮮料理店では、日本人男性も利用する店に変わっていった。

一九一八年七月三一日に発行の萬朝報（注6）にすでに朝鮮人男性が引き起こした事件についての「酌婦上りの女鮮人に斬らる」と報道されている。

朝鮮人女性たちが料理店で酌婦として働くようになる契機は、植民地政策により耕作地を奪われ没落した農民たちが、娘たちを働かせざるを得なかったというのが原因の一つといえる。周旋屋（注7）たちは親に前借金をさせて娘たちに身売りさせる、あるいは「洗濯婦」「賄い婦」「楽してお金が稼げる」「学校に行ける」（『道南女性史研究』10号より）などという詐欺的な文句で若い女性を誘い、困窮した家族を助けるため少女たちは日本に渡ってきた。しかし、実際は酌婦として性売買に従事させられた。彼女たちの多くは、貧困に加え女子には学問はいらないという朝鮮の家父長的慣習のために教育を受ける機会がなかった。したがって、朝鮮語の読み書きだけでなく日本語は全くわからなかっただろう。そのような彼女たちや彼女たちの家族をだまして連れてくる行為が行われた。

2　札幌・函館・樺太の朝鮮料理店のはじまり

札幌の朝鮮料理店のはじまり

近代以降、政府直轄の開拓地となった北海道。その中心地である札幌の遊廓は開拓使自らが出資し、薄野で開業した官営「遊所」がその始まりである。アイヌの土地であった北海道の近代化のために開拓使をおき開発がはじまるが、そのために多くの和人（日本人）が入り、そのほとんどは男性であった。男性の人口が多かった江戸の吉原と同様に、女性の少ない開拓地北海道でも、開拓の仕事を担う男性たちを「慰安」する目的で遊廓が作られた。男には性売買による「慰安」が必要という発想がここにもあった。

その遊廓街は、一九二〇年には薄野から白石に移転し、ほどなくその周辺に私娼街も形成され、次第に朝鮮人女性たちが働く朝鮮料理店も増えていった（『北海道社会事業』第六七号、一九三七年一二月）。この店は、朝鮮人ばかりでなく日本人も利用していた。

全国に比較して朝鮮人が少数だった北海道で、朝鮮人人口が急速に増加していったのは一九一五年以降のことで、主に産炭地域で急増している。年代で見ると一九一七年一七〇六人、一九二六年四三七四人となっている。一九一七年に一〇〇〇人規模で増加したのは北海道炭礦汽船株式会社や三菱鉱業株式会社などで働く

表1　日本在住朝鮮人接客業女性の地域別人数

府　県	朝鮮人 a	日本人を含む合計 b	a ／ b
北海道	237	12098	1.96%
東京	88	65815	0.13
京都	47	12548	0.37
大阪	743	41927	1.77
神奈川	23	10991	0.21
兵庫	72	20482	0.35
長崎	39	4006	0.97
愛知	46	19252	0.24
静岡	55	10278	0.54
広島	26	9653	0.27
山口	24	4605	0.52
福岡	129	19653	0.66

内務省社会局社会部『芸娼妓酌婦女給の本籍地並稼業地別人員調』（1935年2月1日現在）より作成

炭鉱労働者たちである。一方、女性たちはどうだったのか。一九二七年七月三〇日『東亜日報』の記事によると、生活難で某飲食店に一〇〇円で売られた朝鮮人女性を「北海道夕張の朝鮮料理屋を営む盧鳳実（ノボンシル）が買った」と報じている。この記事で北海道に売られた朝鮮人女性がいたことがわかる［図1、2］。

この時期、朝鮮の新聞には他にも女性たちを誘拐して売ろうとする事件があったことを報じる記事が多数ある。

處女를拉致監禁

図１　『東亜日報』（1925年6月12日発行）
処女を拉致監禁
婚約した娘が裏切ったといって
強制的に捕まえる

生活困難으로 愛妻를放賣
女子는畢竟異域으로轉賣

己妻를刺殺

図２　『東亜日報』（1927年7月30日発行）
生活困難で愛妻を売り飛ばす
夫はそのお金でどうせなら30円もっとよこせ
女子は結局見知らぬ土地に転売
生活難で夫が妻を売り、北海道夕張で朝鮮料理屋を営む盧鳳實に売ったと報じている。

道内各地に朝鮮バー

北海道の特徴として際立っているのは、朝鮮人人口の中で酌婦が多いということである。たどってみると、一九二一年でも六月末で朝鮮人酌婦の数は一一人との記録があり、全国総数三五人と比較すると割合は三分の一にもなる。（出典：『朝鮮人近況概要』一九二二年）

一九三〇年代になると、その数は急増し、営業に関しては店同士のネットワークができていることがわかる［図3］。

一九二八年頃には、道内各地に「朝鮮バー」が出現し始めた。朝鮮バーの実態を調査した当時北海道帝国大学農学部・矢島潔は「朝鮮バーへの一考察」（『北海道社会事業』第六七号一九三七年一二月）で次のように述べている［図4］。

「内鮮融和が叫ばれ、施政二十五周年を迎えた今日に於いても、朝鮮人に関する問題は、種々なる分野に於いて、解決すべき幾多の内容を包蔵する社会問題たる事にかわりはない。（中略）私は茲に特に北海道に特殊な内容を有すると思われる朝鮮バー、飲食店に就き、少しく考察してみたいと思ふ。（中略）この飲食店、バーを営業とし、或いは之に使用される朝鮮人男女は、決してその数少しとしないのである。単に札幌一都市に於いてすら、百有餘軒数百人を以て數ふべき朝鮮バー並びに使用人が居る。（中略）

朝鮮バーの内容が如何に通常のそれと軌を異にしてゐるかは、よく知るところである。端的に言ふならば、朝鮮バーは私娼窟である。而もそれは、生活化された強壓的な賣淫行為が繰り返されてゐる。」

「北海道の特殊な内容」とはなんであろうか。産炭地が近いということだろうか。今の時点では、解明できていない。また、「北海道女性史研究一八号」には「朝鮮バーのことですか？豊平から、遊郭までの大門通りに朝鮮バーが両側にズラリと並んでました。それこそ赤い灯、青い灯です。朝鮮服スタイルの女が立って、客を引いて、いわゆる私娼ですよね」（『北海道女性史研究』一八号「白石遊郭の女たち」五一ページ、谷川美津枝）。これは、戦後三六年間、札幌の遊廓地帯で美容師をしていた女性の体験談である。この記事によれば、戦後にも朝鮮人女性が私娼

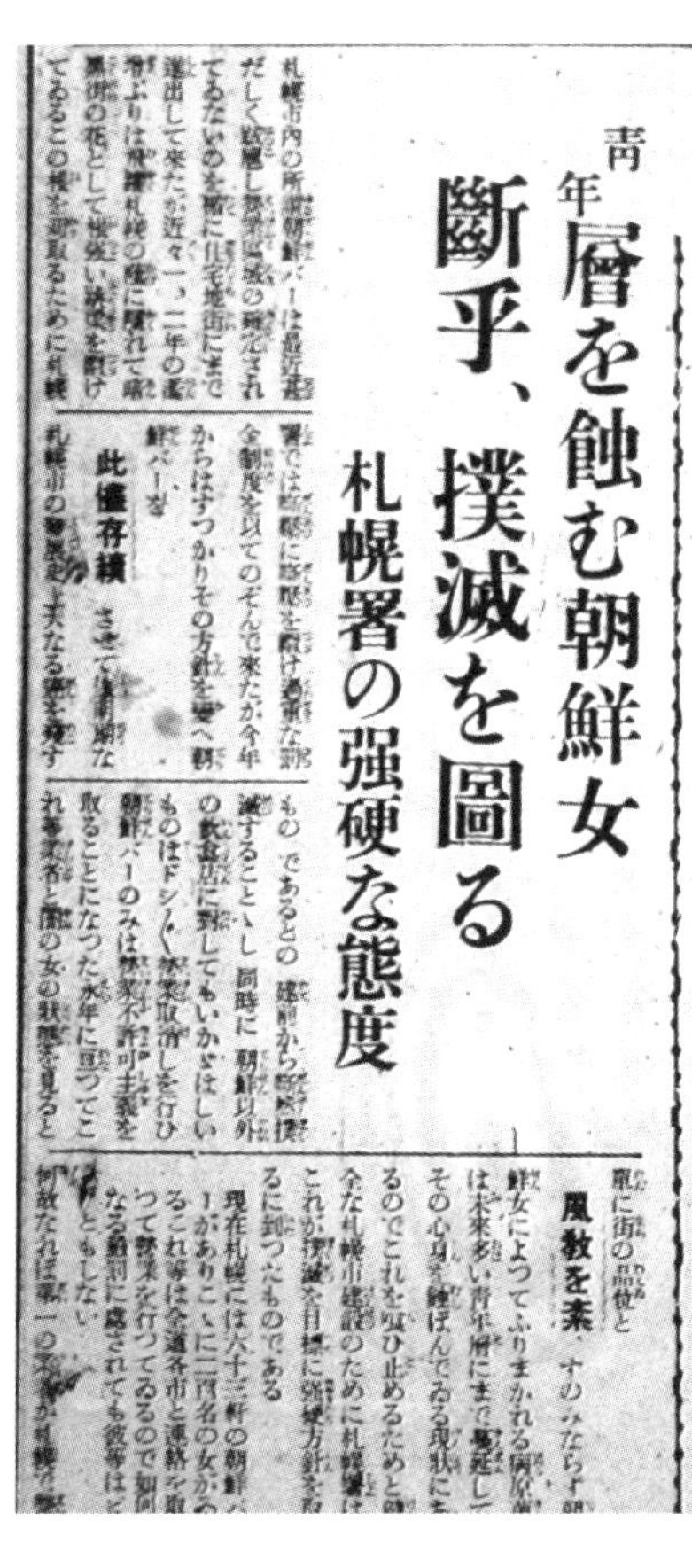

青年層を蝕む朝鮮女

断乎、撲滅を圖る

札幌署の强硬な態度

此儘存續

風教を紊

図３　『北海タイムス』（1935 年 1 月 27 日号）
青年層を蝕む朝鮮女
断乎、撲滅を図る　札幌署の強硬な態度
「札幌市内のいわゆる朝鮮バーは最近甚だしく跋扈し営業区域の確定されていないのを盾に住宅地街にまで進出」と記述されている。最近の隆盛ぶりは「暗黒街の花」「警察は撲滅を図っていたが」札幌はこの頃六三軒の朝鮮バーがあり二〇〇人の女性が働き、北海道各市と連絡をとりあって営業を行っているので厳罰にはびくともしないと書いている。

図４　『北海道社会事業　第 67 号』（1937 年 12 月、北海道立図書館所蔵）
施政二五周年を迎えた今日（中略）北海道に特殊なこの飲食店バーを営業し、これに使用される朝鮮人男女少なしといえず

として働く店があったようだ。

北海道には札幌ばかりでなく地方都市にも朝鮮料理店があったことがわかる報道がある〔図5、6〕。

「関東大震災以降、札幌に住む朝鮮人は次第に増加し、同胞の団結を呼びかけて特高警察の尾行をうけるようになった人が出現したり、（中略）一九三二年には朝鮮語劇団をつくり、朝鮮独立のコントを演ずるまでになった。

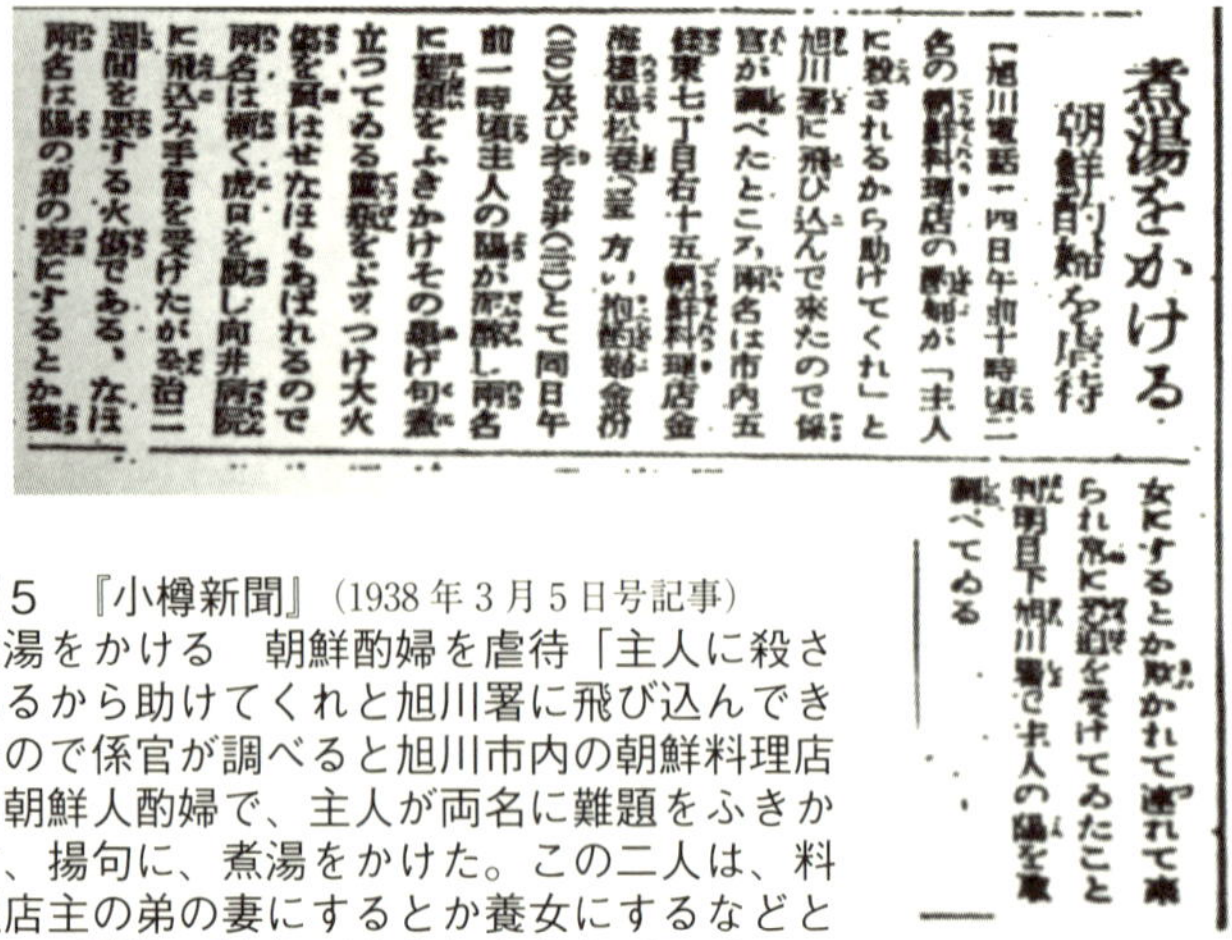
煮湯をかける
朝鮮酌婦を虐待

図5　『小樽新聞』（1938年3月5日号記事）
煮湯をかける　朝鮮酌婦を虐待「主人に殺されるから助けてくれと旭川署に飛び込んできたので係官が調べると旭川市内の朝鮮料理店の朝鮮人酌婦で、主人が両名に難題をふきかけ、揚句に、煮湯をかけた。この二人は、料理店主の弟の妻にするとか養女にするなどといって騙して連れてきた」と伝えている。

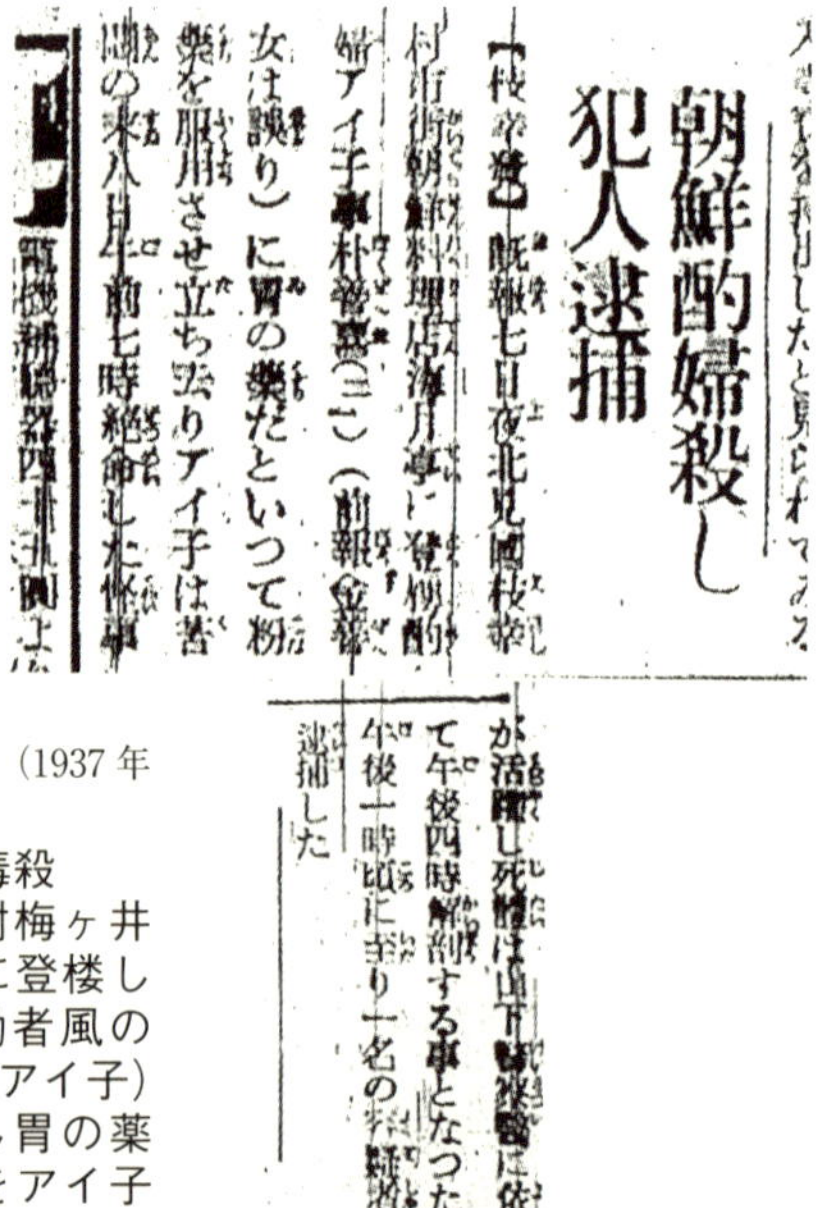
朝鮮酌婦殺し
犯人逮捕

図6　『北海タイムス』（1937年7月9日）
「胃の薬だ…と鮮女を毒殺
8日午前1時頃枝幸村梅ヶ井町朝鮮料理店海月亭に登楼した27歳位の一見労働者風の男が酌婦朴善喜（通称アイ子）（22）を相手に遊興し胃の薬だといって白い粉薬をアイ子に服用させ立ち去った」
という記事がある。
7月11日には「朝鮮人酌婦殺し犯人逮捕」の記事が掲載された。犯人として逮捕されたのは日本人男性だった。

札幌で働く朝鮮人のやすらぎの場になったのは朝鮮料理屋であった。白石遊郭ができて（一九二〇年開設）二〜三年後、朝鮮料理屋はこの遊廓の周辺に数軒が開店し、たちまち増加し、一九三五年には、全市で六十七軒になった（これは警察発表の届出数で、実際は百軒以上と言われていた）（中略）太平洋戦争が始まると朝鮮料理屋は稼ぎのよい夕張などに移転し、豊平の入口にあった朝鮮場は消滅した」と一九八七年発行の「内なる〝国際化〟を求めて―自治研さっぽろ号外」で記述されている。

この筆者は、子供のころに住んでいた家の隣が朝鮮料理店だったとも記述している。店で働く朝鮮人女性たちはよく豊平川で洗濯をしていた光景を覚えていて、店で日本人相手をするときは日本語、川で洗濯をするときは朝鮮語で話すなど、言葉を使い分けていたと述懐している。

これらの記事などで札幌では昭和初期から朝鮮料理店、朝鮮バーなどの店が多数あったことがうかがえる。また、札幌だけでなく、北海道の各地にも朝鮮料理店があった。このことが一九三九年以降、夕張や芦別など戦時体制下の炭鉱地域に朝鮮料理店を隠れ蓑にした産業「慰安所」設立につながっていったといえるのではないか。

3　立待岬から身を投げた「朝鮮人酌婦たち」

一九九〇年一二月、当時「韓国挺身隊問題対策協議会」（注8）代表の尹貞玉さんが北海道函館で「従軍慰安婦問題をめぐって」という講演会を行った。その頃、国会では社会党の本岡昭次参議院議員が「従軍慰安婦」について、日本で初めて質問をしている。日本では「従軍慰安婦」がどのようなものかを認識している人は少数だった。筆者が属していた「道南女性史研究会」では「従軍慰安婦」とは何かを知りたいと、函館滞在中の尹貞玉さんにお話を聞く会を設けた。尹貞玉さんは、その頃、アジア太平洋戦争中に日本軍「慰安婦」にされた朝鮮人女性たちの踏査を行っており、アジア各地を巡って函館にもその調査の一環でいらしていた。

その後、尹貞玉さんとは、道南女性史研究会として何度か手紙のやり取りをした。そのやり取りの中で「集団投身した崖は自殺の名所に」と題した韓国のハンギョレ新聞（注9）の記事を送ってきてくださった［図7］。

それらのことがきっかけで、一九二〇年代から三〇年代に朝鮮から遠い北海道の函館に朝鮮人女性が連れてこられ、朝鮮料理店で働かされていた事実を知った。しかも、料理店とは表向きのことで、内実は「性売買」に従事させられていたというのである。彼女たちの中には投身自殺をした人もいたことは当時の新聞記事から知ることになる。朝鮮料理店の朝鮮人女性たちが性売買に従事させられていたことは、多くの函館の人々の知るところだった。

なぜ、朝鮮から遠い北海道の函館に、朝鮮人女性が大勢いたのか。どういうルートで、誰が連れてきたのか。店は函館のどこに何軒あったのか。その店は日本軍の「慰安所」だったのか。しかも集団自殺までしているのだとしたら、これは大きな女性問題であるばかりか人권問題ではないのか。数々の疑問が沸き起こり、調査を始めた。

새해특집 5　1990년 1월 4일(목요일) [13]

집단투신한 절벽은 '자살의 명소'로

—— 이화여대 윤정옥교수 '정신대' 원혼 서린 발자취 취재기

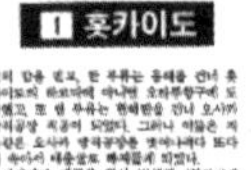
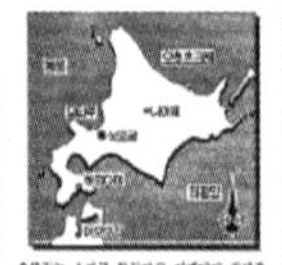

삿포로 개척땐 조선요리집 1백여곳 홍청

한국여성 1910년대 이미 도일 매춘 강요당해

"경찰, 조선녀 박멸 기도"

図7　『ハンギョレ新聞』（1990年1月4日）
集団投身した絶壁は「自殺の名所」
梨花女子大尹貞玉教授「挺身隊」怨魂こもる足跡取材記
札幌開拓時は朝鮮料理店100余軒　にぎわう
韓国女性1910年代　すでに渡日　売春強要該当

その結果、かつて料理店が集まっていた場所の近くに居住していた人が「朝鮮料理店があった」と証言していることが分かった。親戚がいるわけでもなく日本語がわからない朝鮮人女性が見知らぬ日本で「性売買」に従事させられ、やめることもできずに自殺をした、と報道した新聞記事。〔図8〕

この事件以前に一九二八年発行、函館の地元情報誌「ニコニコクラブ」〔図9〕には増加する朝鮮人酌婦の記事でこう書かれている。

「最近は著しく増加を示してゐるのは朝鮮婦人で殊に年端もいかぬ十四五才の可憐な乙女を多く見受けるに至っては驚くの外ありません。朝鮮女の出生地は朝鮮の都邑の者は殆どなく朝鮮でも極く片田舎の女が多いやうです」

これらの記事で朝鮮人女性達は韓国併合後それほど時間がたたずに函館に連れてこられていたことがわかる。北海道の中で早くから和人（日本人）が往来していた函館には、江戸時代にすでに吉原に倣った遊廓が作られていた。近代以降、国家が管理する公娼制度ができてからは性売買はますます盛んになり、一時は東北随一とまで言われる歓楽街が形成された。さらに、都市化とともに遊廓街は西部地区から次第に東部へと移動していった。新聞記事の女性たちは、投身自殺した立

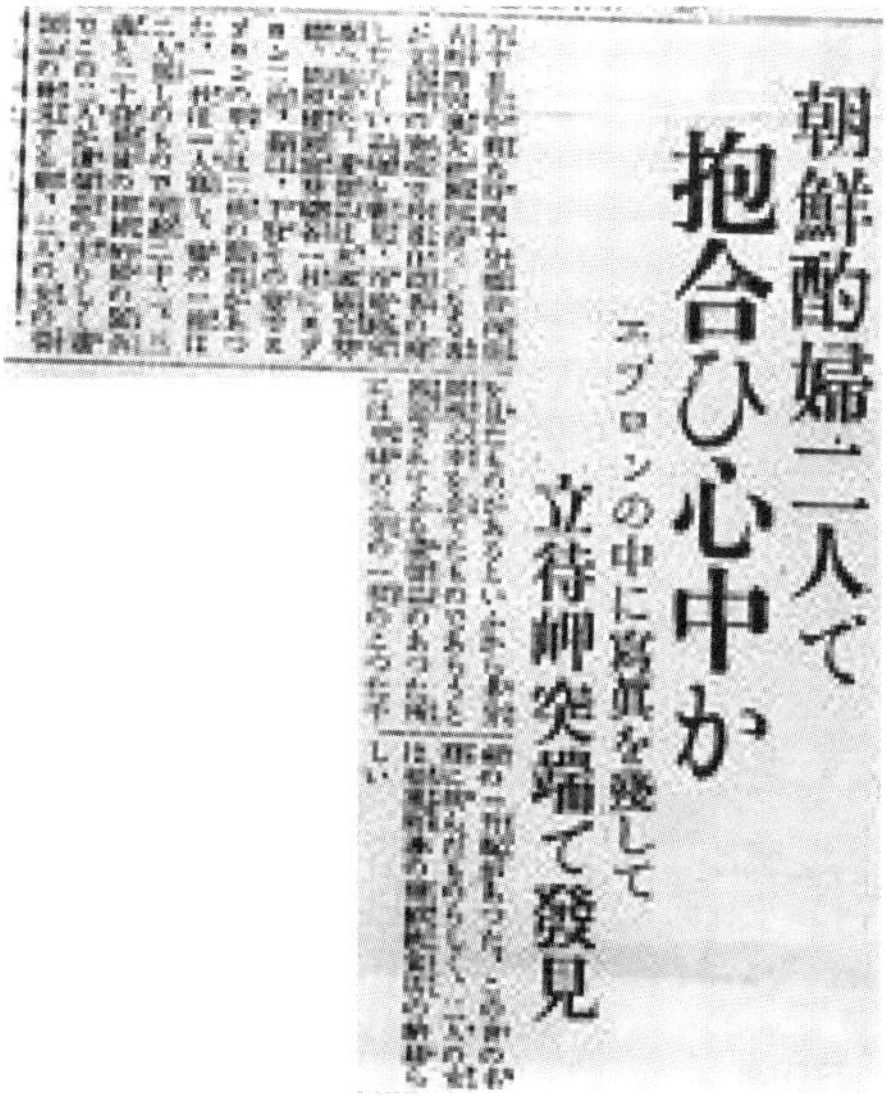

図８　『函館新聞』（1932年3月15日）
朝鮮人酌婦二人で抱き合い心中か

朝鮮酌婦二人で抱合ひ心中か
立待岬突端で發見

図９　『ニコニコクラブ』（1928年12月20日号、函館市中央図書館所蔵）

待岬から近い西部地域歓楽街の朝鮮料理店で働かされていたと思われる。その後、函館の遊廓街は移動していくが、それに伴って朝鮮料理店街も移っていったのだろう。

戦時体制がはじまった時期の一九三八年一月八日発行函館新聞には「白粉地獄に蠢く朝鮮女」という記事がある［図10］。

この記事には「函館市内に居住する鮮人は約七百人でこのうち三百五十人の女の大部分は賣笑婦となって白粉地獄の憂目を見ている。これらに対して函館署では風紀警察上から正業につかせるよう（中略）弁天町の店主が朝鮮に渡って鮮女をかりあつめ」と書いている。この記事が事実であれば、朝鮮料理店はかなりの軒数があることになる。一九四二年四月発行の『北海道割烹料理店組合員名簿』には市内鱈澗町に「鳳楽亭」など五件、仲町に「蓬莱家」など二軒、堀川町には九軒の朝鮮料理店名が記されている。当時、堀川町の近くには重砲兵聯隊があり、少し離れると「陸軍柏野演習場」という軍の施設があった。これによると兵士など軍関係者が利用したことが推察できるのではないか。軍施設のあるところには、性売買施設がつきものだからだ。

当時、朝鮮人女性は国家公認の公娼から排除されていたので、朝鮮料理店の女性は遊廓の娼妓ではないといえる。

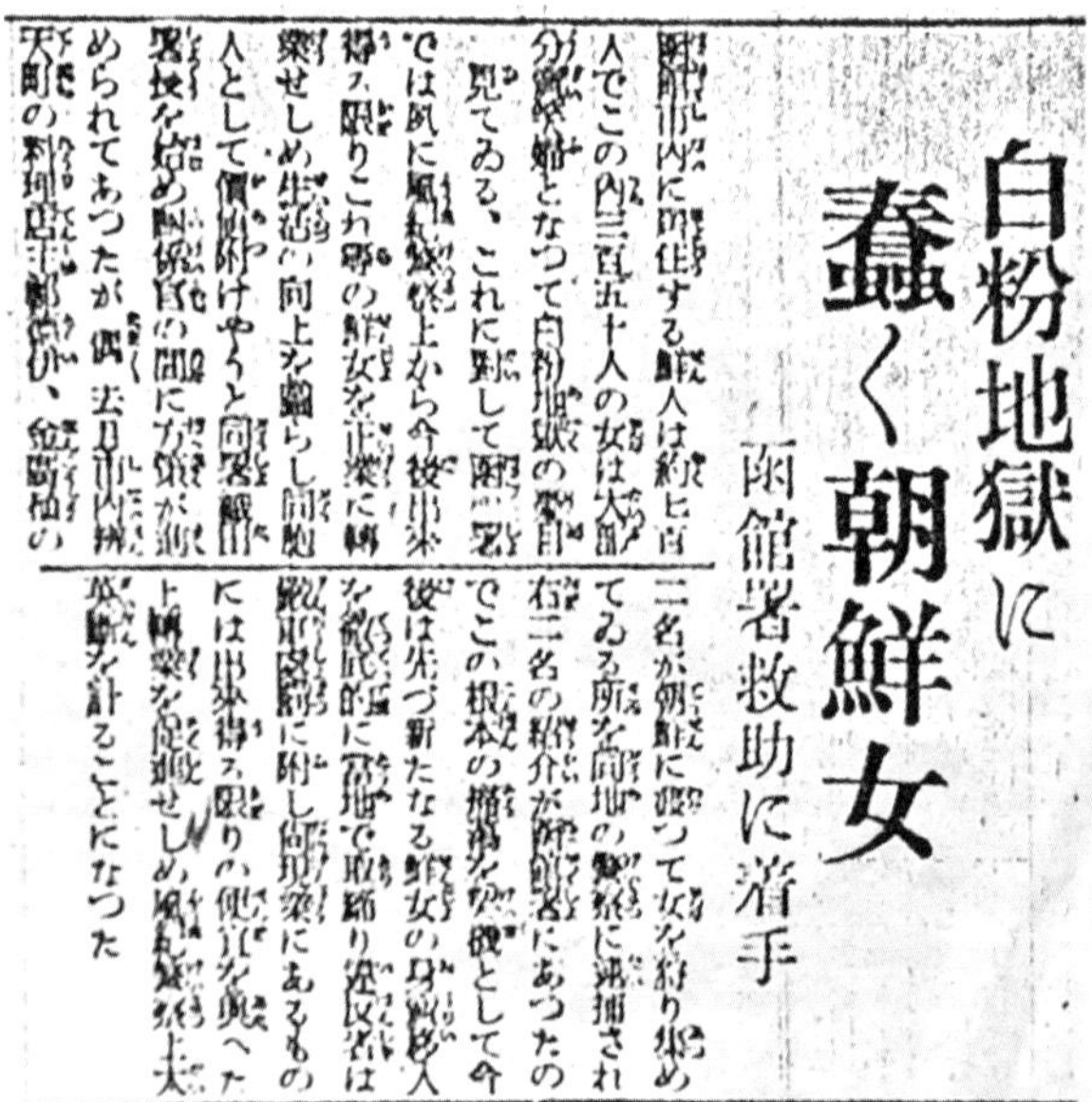

白粉地獄に蠢く朝鮮女
函館署救助に着手

図10 『函館新聞』
(1938年1月8日号)
白粉地獄に蠢く朝鮮女
函館署救助に着手

性売買の仕組にまで民族差別があったのだ。このことから、函館で性売買をさせられた朝鮮人女性は、ほぼ私娼ということになる。公認ではない私娼は取り締まりの対象であり、極めて弱い立場だった。公娼には年齢制限があるが闇で性売買をさせられる私娼には年齢制限がなく経営者の思いのままにできる。さらに性病の検査も行う必要もないなど、ここで働かされる女性たちは公娼よりもひどい環境のもとで虐待といってもいいような過酷な性労働をさせられたといっても過言ではないだろう。朝鮮人女性たちは、朝鮮で暗躍していた周旋屋たちが経済的に困窮していた家庭の娘たちを詐欺的手口あるいは拉致されるか、親から売られたいわゆる人身売買の犠牲者といえるのではないか。

一九二六年に五歳と三歳の子どもを連れて夫のいる函館に来た金時模さんは、当時のことを回想して「日本語がぼちぼち分かりかけた頃、新川町、大森町、堀川町等にかなりの数の朝鮮の商売女のいるのがわかった。彼女らは戦後帰国したものが多い。僅かだが解放を見ずに死んだ者、函館より奥地に売られて行ったものなどあり、今日その姿をほとんど見かけない。子供のような十六歳の子もいた。（中略）商売が嫌で将来を悲観して首をつったり、立待岬で投身自殺した何人かを知っている。商売女の全部が全部、朝鮮から騙されて売られた」と語っている。（出典：道南女性史研究第六号一九八八年）

金時模さんは一九八二年の北海道新聞で「彼女たちは戦争が終わると、不思議なことにみんないなくなった」とも証言している。

朝鮮から距離的に遠かった北海道。にもかかわらず、朝鮮人酌婦の人数は想像以上に多かった。これは何を物語るのか。戦争が終わった時、彼女たちはどこに行ったのか、本人たちの証言はおろか公的資料もほぼない。彼女たちの苦悩の真実を知るすべはまだ見つかっていない。

表2　1945年人口調査　朝鮮人男女及年齢別人口数（北海道函館市）
（1945年11月1日現在）

年齢	男	女	合計	年齢	男	女	合計
1歳	12	8	20	41歳	18	3	21
2歳	10	10	20	42歳	10		10
3歳	11	12	23	43歳	5		5
4歳	8	10	18	44歳	14	2	16
5歳	8	7	15	45歳	11		11
6歳	10	14	24	46歳	3	1	4
7歳	6	11	17	47歳	7	1	8
8歳	9	9	18	48歳	3		3
9歳	2	8	10	49歳	12	2	14
10歳	15	11	26	50歳	7	1	8
11歳	8	5	13	51歳	4		4
12歳	6	7	13	52歳	1	1	2
13歳	8	4	12	53歳	2	1	3
14歳	4	3	7	54歳	4	1	5
15歳	6	3	9	55歳	3		3
16歳	3	2	5	56歳	4		4
17歳	5	2	7	57歳			
18歳	25	4	29	58歳	3	1	4
19歳	14	4	18	59歳	2		2
20歳	29	5	34	60歳			
21歳	20	7	27	61歳			
22歳	28	12	40	62歳			
23歳	48	13	61	63歳	2		2
24歳	66	12	78	64歳	1	1	2
25歳	65	4	69	65歳	3	1	4
26歳	55	9	64	66歳			
27歳	64	3	67	67歳		3	3
28歳	42	2	44	68歳			
29歳	42	8	50	69歳			
30歳	35	2	37	70歳			
31歳	28	10	38	71歳			
32歳	24	5	29	72歳	1		1
33歳	25	4	29	73歳			
34歳	17	7	24	74歳			
35歳	29	2	31	75歳	2	1	3
36歳	8	9	17	76歳			
37歳	17	2	19	77歳	1	1	1
38歳	12	3	15				
39歳	14	6	20	計	976	282	1258
40歳	15	2	17				

（備考）調査ノ時期ニ陸海軍ノ部隊及艦船ニ在リタル者ヲ含マズ

4 樺太・千島占守島（しゅむしゅとう）・幌筵島（ほろむしろとう）の朝鮮人酌婦たち

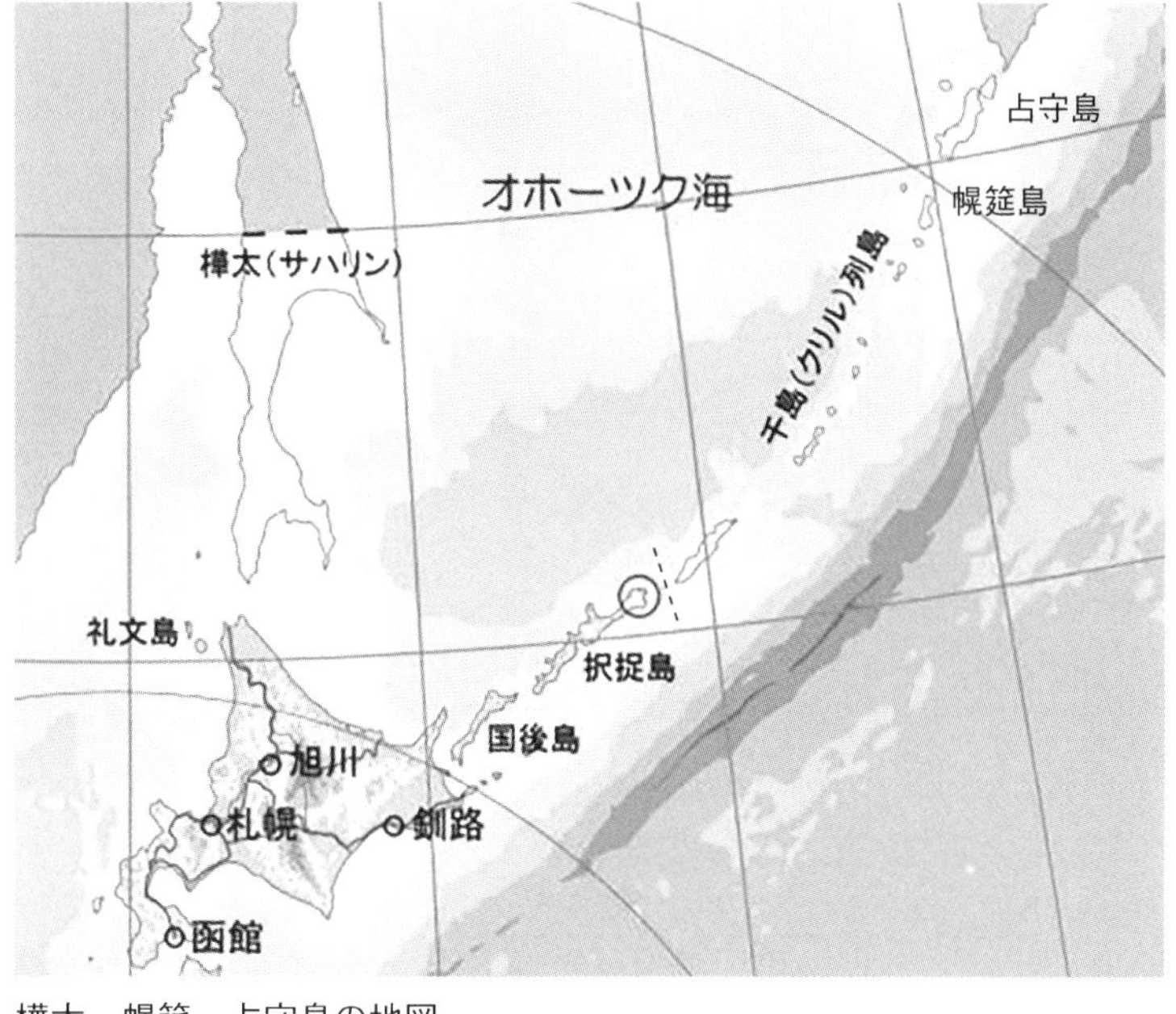

樺太・幌筵・占守島の地図
出典：国土地理院ウエブサイト（地理院地図を加工して作成）

樺太と千島列島は近代以前から日本とロシアで領土帰属の争いがあったところである。一八七五年に日本はロシアと条約を結び、樺太は千島と交換してロシアの領土となった。その後、南樺太は日露戦争に勝利した日本の領土となった。

樺太（南樺太）は、森林や石炭などの天然資源に加え水産資源が豊富なところから、政府は活発な開発を行っていった。資源開発や北洋漁業が活発になると、日本人の人口はもちろん朝鮮人移住者が増えていった。朝鮮人の人口は一九二二年、戸数七二戸人口六二五人だったのが一九二五年には戸数三八〇戸人口三五三三人となり、三年で約六倍も増加した。移住してきた朝鮮人の職業としては一九〇七年に三井鉱山株式会社川上鉱業所が朝鮮人一一〇人を募集し、炭山坑夫として雇い入れて以降増加していった。

「樺太在住朝鮮人中其の最も多きは労働者にして、労働者中日稼労働者最も多く杣夫、流送夫、坑夫、土工夫之に次ぐ。労働者以外には雑貨商、炭焼、理髪職、行商人等あるも何れも百人に足らず。農夫は本斗、恵須取方面の農耕地に入り込み居る関係上相当数に達す。以上の外に大正十五年十月末の調査に依るに、朝鮮人酌婦二〇二、娼妓五、芸妓三を有す」と記されている。朝鮮人移住者はほぼ労働者であって「朝鮮人の大多数は無学「文字を解し国語に通ずるもの約二百名（小学程度）。時事を解し、政治を批判する者又は排日思想を抱持する者は、数うるにすぎず」とする一方、「酌婦数相当多数を占むるは要注意を要す」としている。朝鮮人男性のうちの二人だけは学識があり朝鮮人指導者に足りうるとしている。この記録の中で注目するのは、酌婦二〇二人、娼妓五人、芸妓三人という数字である。移住初期でも料理屋で働く朝鮮人女性はかなりの人数だった。

樺太庁警察部『樺太在留朝鮮人一班』（警察研究資料第三輯昭和二年十月）には樺太各地の朝鮮人について詳細に記述している。

「大泊町に於ける朝鮮人は大別して土工、積取人夫、杣夫等の労働者と料理屋営業関係者の二者とす」というのは、労働者か接客業の二種類という意味であり、「留多加方面へ最も多数渡来したるは大正十三年三月頃（中略）西伯利亜、浦塩方面に於いて労働従事し居りたる朝鮮人約百四十名が函館を経由し渡来」「朝鮮人酌婦は目下留多加に五名あり、大正十三年中直接朝鮮より年期契約にて招致」と記されている。

この資料には「料理屋」という項目がある。そこには、樺太に料理屋が出現したのは一九二一年からのことで、以来樺太の好景気を伝え聞いて営業者が続出し、一九二四年には営業者が三七名、一九二七年には四九名、最も多いのは大泊で旭町料理屋町には、店が軒を連ねていたと記述している。料理店が多ければ当然朝鮮人女性たちも多数いるわけで、その人数は表3のようになる。この資料で注目すると

表3　樺太在住朝鮮人接客業人数

職種／年代	1924年	1925年	1927年
酌婦	118人	305人	230人
娼妓	12人	11人	4人
芸妓	3人	2人	0人

出典：樺太庁警察部『樺太在留朝鮮人一班』（1927年10月「朝鮮問題資料叢書第12巻「日本植民地下の在日朝鮮人の状況」アジア問題研究所　朴慶植　三一書房

ころは日本人営業店と互角に並んで、堂々とした経営ぶりだったということだ。日本の遊廓と異なり朝鮮人酌婦は娼妓のように張店はしないが、通行人が見ることのできる場所に出て客の登楼をまち、登楼すれば客は娼妓と同様に公然と買春行為をおこなうとしている。朝鮮人酌婦は日本人娼妓と比べて安価で日本人も多く利用し、日本の遊廓をしのいだと記録されている。

知取も大泊と同様の営業状態だった。但し許認可権を持つ警察はここでは一九二四年酌婦営業許可に対して制限を加えた。しかし、無許可の営業も多く取り締まりに困難を極めたとしている。

これらの記録をみれば、樺太では日本国内と違い、公娼外での朝鮮料理屋が多く、そこは何ら遊廓と変わらない状態で営業していた。しかも、遊廓よりも安価で美人が多いと朝鮮料理屋を日本人が利用していたという実態があった。樺太の朝鮮料理店は料理を提供する店ではなく明らかに性売買を目的とした店が主だった。

占守（シュムシュ）、幌筵島（ホロムシロ）の「慰安婦」たち

樺太よりも北にある占守島、幌筵島は、日本の民間人が住み、北洋漁業の拠点だった。この島の近海にはアジア太平洋戦争当時、米軍が毎日のように出没し攻撃をした激戦地であり、日本の艦船はことごとく撃沈されるという危険な地域だった。幌筵島はソ連に対する防衛のために千島要塞司令部がおかれ、一九四一年には将校七名、下士官二二名、軍属五八名からなる先遣隊が一五〇〇名の人夫を引き連れて要塞を作った。

幌筵島柏原は陸軍が使用し、占守島の片岡湾と幌筵島の武蔵湾は海軍が使用した。

占守島と幌筵島には漁業を行う民間人に加え日魯漁業の缶詰工場の従業員もいた。『北方領土悲しみの島々』（三田英彬著　講談社刊）には、幌筵島には軍が管理した「慰安所」に「慰安婦が五〇人いた」という記述がある。この「慰安婦は民間経営だが陸軍の要請で連れてこられた」「函館の朝鮮料理店の酌婦たちが、北方領土に行った」（道南女性史研究第一〇号一九九三年）という証言もあるが、「慰安婦」が軍専属の「慰安婦」であるかを確認できる

資料は見つかっていない。

5　日本各地の朝鮮人酌婦たち

大阪ではいつごろから朝鮮料理屋ができたのだろうか。

韓国併合前後から、大阪には、朝鮮人が多く居住していた。近代化を推し進めた政府は、鉱山開発から鉄道敷設工事まで多くの労働者を必要とした。併合によって耕作地などを失った朝鮮人農民は職を求め渡日し、日本では賃金の安価な朝鮮人労働者を必要としていた。職を求めていた朝鮮人にとって、先に日本に来ていた親戚や知人が多く居住している大阪は行きやすかった。一方で、日本人は生活習慣の違いや差別意識から朝鮮人には部屋を貸さないことが多く住宅難だった。こういう状況下では、日本ですでに住居を持っていた朝鮮人の部屋に同居するしかなかった。こうして、住まいの選択の余地のない朝鮮人たちは寄り集まって、お互いに助け合える集住地域が形成されていった。これは大阪に限らず、朝鮮人が多く居住する地域に起きた現象である。このような集住地区内に単身が多かった朝鮮人労働者相手に朝鮮の料理を提供する店ができ、さらに食事付きで居住もできる下宿も増えていった。これが徐々に変化していき女性が接客をする朝鮮料理店となっていったのではないだろうか。

料理を提供し女性が接待するという形態になると、朝鮮人だけではなく日本人も利用するようなった。大阪には北海道よりも早く朝鮮料理屋ができていたが、その成り立ちは北海道などとは違っていた。

職を求めて朝鮮人女性が大阪に来たという新聞記事がある［図11］。

この記事によると、病気の夫と子供を残してよい仕事があるからと大阪まで来た朝鮮人女性が、淀川付近で泣きながらたたずんでいたところを、巡回中の巡査が声をかけた。この女性の証言では見知らぬ男から紡績の仕事の口を紹介するとさそわれて行ったが、実は性売買の店で毎晩客を取らされていたがそこから逃げてきたのだった。この女性は警察に逃げ込んだ後は「朝鮮職業婦人救済会に送られた」と書かれている。この記事に従えばその仕事に就かせるために詐欺も横行していたのではないかと推測できる。併合からわずか一〇年余で、仕事を求めて日本にきた朝鮮人女性が性売買に従事させられていたことになる。地理がわからず日本語も解せない女性に声をかけ、性売買に誘い込む。そういったことが横行していたのではないだろうか。

一九三一年当時四〇万人が居住していた大阪の朝鮮人居住調べでは、朝鮮人町には三〇戸、およそ一五六人が生活したとされ、この大半の人々が朝鮮料理店や喫茶店で働いていたという。

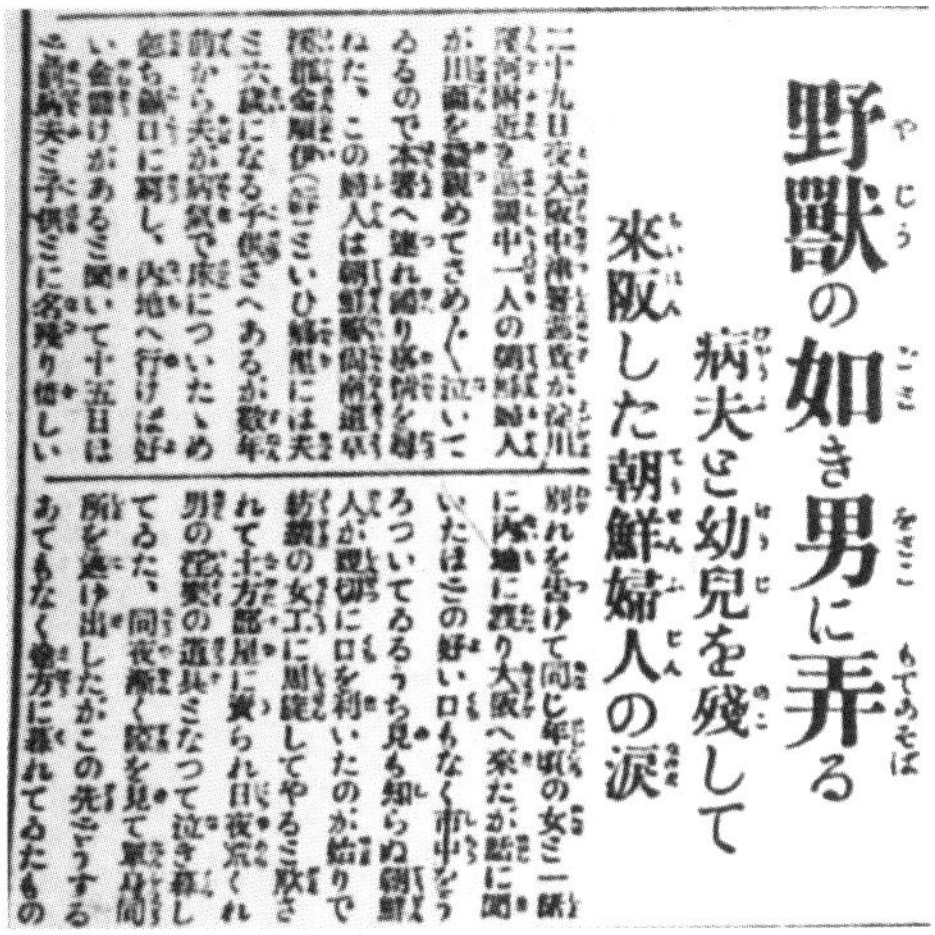
野獣の如き男に弄る
病夫と幼児を残して
来阪した朝鮮婦人の涙

二十九日夜大阪中津署巡査が淀川渡河附近を巡邏中一人の朝鮮婦人が川端を徘徊めてさめざめと泣いてゐるので本署へ連れ帰り事情を糺ねた、この婦人は朝鮮慶尚南道[illegible]金順伊（二十三）といひ同地には夫と六歳になる子供さへあるが数年前から夫が病気で床についたため忽ち糊口に窮し、内地へ行けば好い金儲けがあると聞いて十五日は病夫と子供とに名残り惜しい別れを告げて同じ年頃の女と二人連で内地に渡り大阪へ来たが[illegible]いた[illegible]好い口もなく市中をうろついてゐるうち見も知らぬ朝鮮人が親切に口を利いたのが始りで紡績の女工に周旋してやると欺されて土方部屋に売られ日夜荒くれ男の慰みの道具となって泣き暮してゐた、同夜漸く隙を見て其部屋を逃げ出したがこの先どうするあてもなく途方に暮れてゐたもの

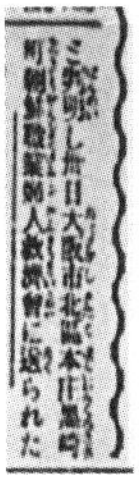

図 11 『大阪朝日新聞』（1922 年 7 月 1 日発行号）
野獣のごとき男に弄ばる
病夫と幼児を残して
来阪した朝鮮婦人の涙

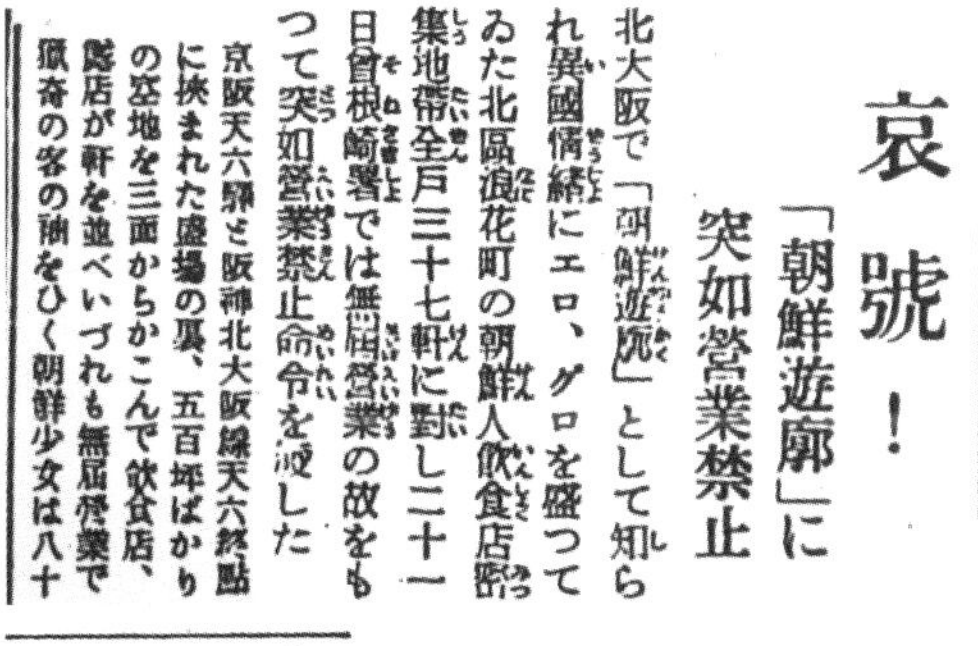
哀號！
「朝鮮遊廓」に
突如營業禁止

北大阪で「朝鮮遊廓」として知られ異國情緒にエロ、グロを盛つてゐた北區浪花町の朝鮮人飲食店密集地帯全戸三十七軒に對し二十一日曾根崎署では無屆營業の故をもつて突如營業禁止命令を渡した

京阪天六驛と阪神北大阪線天六終點に挾まれた盛場の裏、五百坪ばかりの空地を三面からかこんで飲食店、露店が軒を並べいづれも無屆營業で獵奇の客の袖をひく朝鮮少女は八十

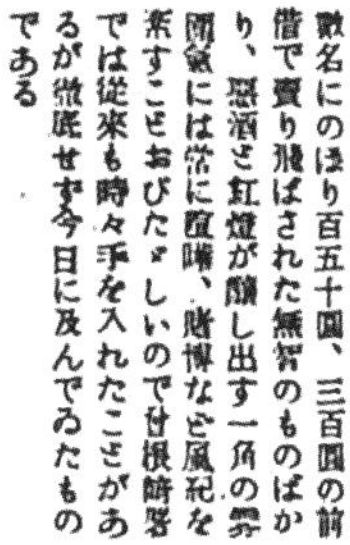
數名にのぼり百五十圓、三百圓の前借で賣り飛ばされた無智のものばかり、惡酒と紅燈が醸し出す一角の雰圍氣には常に喧嘩、賭博など風紀を紊すことおびたゞしいので曾根崎署では從來も時々手を入れたことがあるが徹底せず今日に及んでゐたものである

図 12 『大阪朝日新聞』（1932 年 12 月 22 日発行号）
哀号！「朝鮮遊廓」に突如営業禁止

そして一九三二年一二月二二日発行の大阪朝日新聞では『「朝鮮遊廓」に突如営業禁止』とした記事が掲載されている。「ここで働いていた朝鮮人女性は八〇数名、一五〇円、三〇〇円で売り飛ばされた無知な者ばかり」などとも書いている［図12］。

そのほかの地域では、

『新愛知』一九二六年七月二二日号「酌婦奉公で転々する鮮人の娘」［図13］、

『神戸新聞』一九三三年四月三日発行「酌婦に醜業強制　不届な朝鮮料理屋主」［図14］、四人の朝鮮人女性を前借七〇円ないし一〇〇円で雇い入れ、不景気のため正業では食べていけないので「醜業」を強いる、という記事。

秋田では『廓清』第一八巻　二〇号一九二八年一二月（注10）「虐げられた朝鮮娘解放せらる」［図15］「原籍朝鮮平安北道江界郡乾下洞現住所秋田縣土崎港町新柳町金時享事料理屋申泰壕（四二）は、大正十五年五月日本へ渡り、郡山、山形、盛岡等で開業し（中略）同家の下女を二〇〇円で雇い彼女らを酷使して賣淫を強い」といった記事がある。この店で虐待されて性売買を強要されていた女性たちは二〇〇円で売られ性売買を拒否すると暴行され、食事も抜かれたりしたので耐えかねて店から逃亡して警察に救いを求めたという内容である。逃げられなかった女性たちが多かった中で、この女性たちは逃亡の末廃業できた。

神奈川県の事例では、戦前発行していた現・神奈川新聞の前身である「横浜貿易新報」一九二五年発行の新聞では「朝鮮の美人が猫イラズで自殺す　元は有名な鮮人芸妓」と伝えている［図16］。

神奈川県はこの頃、横浜に三軒、川崎・横須賀・平塚に各一軒の朝鮮料理店があった。これらの店の特徴は、店の規模が小さく、利用者には日本人もいて、その店には接客女性がいた。新聞記事からうかがえるのは、この

酌婦奉公で
轉々する鮮人の娘
從弟に誘はれ内地へ來て
豐橋署員を手古ずらす

豐橋市船町飲食店島田屋方へ此程前借金五十圓で酌婦にすみ込んだ鮮人崔永山の娘崔秋蘭(一八)は滿三年前内地へ來て名古屋を始め諸所を轉々して最近豐橋市へ來たもの、であるが保護者の承諾を經なくしては酌婦の認可が得られないので豐橋署から原籍地へ照會した處[illegible]十日に至り實父が豐橋へ尋ねて來て相愛會員と共に豐橋署へ出頭し娘の說論方を願つたが前借金の解決がつかず秋蘭は實父に連れられて歸國するを欲せず保護を手古ずらした加藤鮮人係刑事が段々これんごろに内情を取調べると此の娘は從弟に當る目下碧海郡知立町に在住するものに誘はれて來た事が判つたが其の家庭には餘程深い[illegible]雜した事情が潜在して居るらしい

[illegible]田伊藏(二〇)は二十一日午後二時頃江川線尾張瀬戸北方十間の處で電柱から過つて墜落し後頭部に重傷を負ひ直に大學病院に收容したが生命危篤である

図 13 『新愛知』（1926 年 7 月 22 日号）
酌婦奉公で転々する鮮人の娘　徒弟に誘はれ内地へ来て　豊橋署員手古ずらす

酌婦に醜業強制
不屆な朝鮮料理屋主

[illegible]町三丁目一九[illegible]
[illegible]
[illegible]てけけぬので嫌がる彼女[illegible]に[illegible]
[illegible]ある

図 14 『神戸新聞』（1933 年 4 月 3 日）
酌婦に醜業強制　不届な朝鮮料理屋主

虐げられた
朝鮮娘解放せらる

原籍朝鮮平安北道江界郡乾下洞現住所秋田縣土崎港町新柳町金時享事料理屋申泰壕(四二)は、大正十五年五月日本へ渡り郡山、山形、盛岡等で開業し、本年三月から現住所で開業せるものなるが、同家の下女張端午(一九)同李香伊(一九)張晋殿(一七)の三人を、申泰壕が日本に渡る時各二百圓づゝで雇ひ、その後各地を經て金時亭に連れ來り、以來彼の女等を酷使し賣淫を強ひ、病氣の爲めこれを聞かぬと毆打したり、引きずり廻したりするので、彼の女等の體には生傷の絕ゆる事とてなく、三度の食物も充分與へず、貰つた金までも稼り取る暴虐ぶりに堪へかねた三人は、十月三十日泣叫びながら土崎署に救ひを求めたので、同署の取計ひで右雇女三人中の張端午は、豫てよりの馴染客なる鮮人秋田市川尻町飴賣金本一郎(一五)と結婚し、鐵砲町に新家庭をつくり、又張晋殿と李香伊の兩名は、前雇主申から前者へ十圓、後者へ五十圓づゝ與へ歸國せしむることゝなり、十一月三日午前八時三十分秋田發羽越線で二人は出發したが、今同土崎署の執つた態度は、町民全體から非常の好感を持たれ、岸谷署長は評判がよい。(岡村稿)

図 15 『廓清』（第 18 巻 20 号 1928 年 12 月）

女性は父を亡くして、家が没落し、母を助けるため身売りをした。はじめは福岡県八幡で芸妓となり、その後は静岡、神奈川と転々としていた。そんなさなかに、母が亡くなり、身売りしたため帰国もできず自殺したというもの。記事掲載当時、神奈川県は関東大震災の復旧工事などで働く朝鮮人が六千~七千人いた。朝鮮人男性相手の料理店の需要は高かったが、それればかりではなく、各地の料理店と同様に利用料金が安価な朝鮮料理店には日本人も利用したと推察できる。

『太陽のない街』などの小説で有名なプロレタリア作家徳永直の京浜工場地帯のルポルタージュ作品「大工場地帯を行く──川崎鶴見探訪記──九朝鮮人街」(『改造』一九三二年一〇月号)では、

「工場地帯のつゞく、潮田の潮見橋ちかくに、朝鮮の人が多く住む、朝鮮人街がある『街』といっても、いわば横丁だ。

朝鮮料理屋が沢山ある。朝鮮風の女が戸外にたって客をよんでいる。

『ここは朝鮮人の労働者が入るのかね?』する

朝鮮の美人が
猫イラズで自殺す
元は有名な鮮人藝妓

市内西戸部町御所一六七朝鮮料理朝鮮亭の女給朝鮮人金アサ子事金貴嬢(二〇)は二十八日午前九時頃家人の不在中猫イラズを嚥下し自殺を企て同正午頃苦悶を始めたので帰宅した家人が発見大騒ぎとなり戸部町六の細川医院へ入院加療中であるが生命覚束なし原因

貴嬢は 朝鮮の相当の家庭に生れ幼少の頃父に死に別れ母子水入らずに暮らして居る内同三年頃から母は兎角健康快れず亡父が残した財産も何時しか費ひ果たし生計にも窮するより母を思ふ孝女は昨年七月中国郷なる張仁の許へ四ヶ年千五百圓で藝妓に抱へられて其前借金全部を母に送り福岡県下八幡市にて藝妓稼業中朝鮮料理の

主家の 廃業が思はしからぬに今春廃業して静岡県下中泉驛前の藝妓屋へ主人から預けられて朝鮮藝妓で一時評判も高かつたが去る廿日主人張が前記御所へ朝鮮亭を開店したので一時女給となり何れは藝妓出稼の筈であつた處今回母が

病死し たさの電報が到着したが主人持ちさて帰国の出来ぬ其不孝を嘆ちつゝあつたが生き甲斐のない身は母の逝きし跡を追ふべく静岡県下で客に貰つた猫イラズを嚥下して自殺を企てたものであるさ

図16 『横浜貿易新報』(1925年8月29日発行号)

とK君は首を振った。『いいや、日本人ですよ、日本人も労働者は入る金がねえでさア』（略）どの路地を覗いても、朝鮮の御内儀さんや子供たちの泣き聲がする」。

この頃からすでに京浜地帯には朝鮮料理店が数多くあり、朝鮮人女性が客引きを行っている様子がリアルに描かれている。料理店を利用するのは朝鮮人だけではなく日本人が多かったこともわかる。

6 外国に行った女性たち

一九二四年の外務省記録では「外務大臣男爵松井慶四郎」あての文書（外務省記録四-二-二-二七『本邦人不正業取締関係雑件』第七巻）「多数朝鮮人婦女子の密航に関する件」ではハルピンの館主が朝鮮人女性を一二人同伴してハルピンに密航したという書類がある。この書類には密航したとされた女性たち一二人の名前が記されている。彼女たちの年齢はほぼ一〇代だった。彼女たちは、これから行く場所で何をするかも知らず、ただ雇い主に従って外国に渡航するところだったのかもしれない。しかし、雇い主と共犯の密航者として拘束されたのである。拘束されなければ、海外に売られる朝鮮人女性についての記録も残らず、実態がわからないというのは皮肉なことである。

一九三〇年五月二六日付の外務大臣宛の「売笑婦の実情調査に関する件」（買売春問題資料集成〔戦前編〕第19巻買売春管理政策編Ⅵ（一九二〇～一九三一年）不二出版、二〇〇三年）という書類には朝鮮人女性が人身売買で売られる状況が記されている。前借金により売られ年期は三年から五年であるが、実際には病気または身の回りの調度品の購入経費が加算され、拘束が解けない実態が見える。

おわりに

戦前、朝鮮料理店は日本各地に出現していた。朝鮮人が多い都市ばかりか、地方にも存在していたのである。彼女たちはどのようなルートで日本に来たのか。朝鮮料理店とは名ばかりの、実態は性売買所にどのようにして売られてきたのか。日本軍「慰安婦」にされた朝鮮人女性たちは名乗り出た人がいるが、朝鮮料理店で働かされた女性たちは皆無である。彼女たちを知り得る資料もほとんどない。事件になって初めて報道されてその存在を知るか、或いは密航という犯罪者となった記録からしか姿が見えてこない。これは、朝鮮料理店で働いていた女性たちの社会的処遇の現れなのである。正式な資料にも出てこない彼女たち。「彼女たちは戦争が終ると不思議なことにみんないなくなった」との金時模さんの証言が、名乗り出られない「朝鮮料理店の女性たち」の苦難の歴史を象徴しているように感じる。

注

（1）日朝修好条規
一八七六年日本が武力を背景に朝鮮に開国をせまり締結した条約。内容は①仁川、ほか二港の開港、②開港地に日本人商人の貿易と租界の設定、③開港地での治外法権、④関税免除特権、⑤日本貨幣の流入特権、などの不平等条約だった。この結果、日本への農作物の多量輸出によって、農民や手工業者の没落を招いた。

（2）独立新聞
一八九六年朝鮮で創刊された新聞。ハングルで書かれた初の新聞。徐載弼をはじめとする開化派により創刊された新聞。独立協会の機関誌。立憲君主制などの国政改革を訴えた。

（3）酒幕
朝鮮時代の（田舎の）街道筋にある宿屋を兼ねた居酒屋。旅籠屋。
（4）『日本食文化史年表』
西東秋男　楽遊書房　一九八七年　明治三八年東京下谷上野広小路に、韓国人李人植が韓山楼という朝鮮料理店を開業」と記述されている。その根拠は、一九〇六年七月八日発行の「都新聞」に韓山楼の広告が掲載されているところから。
（5）両班（ヤンバン）
高麗、朝鮮時代の支配層。世襲的な身分の特権階級。文官と武官とあり合わせて両班とした。
（6）萬朝報
一八九二年に黒岩涙香が創刊。ゴシップ記事の先駆者であり、権力者のスキャンダルなども追及した。
（7）周旋屋
売買・雇用などで雇い入れ側と雇用される側との間に入って世話をする人およびその職業。
（8）韓国挺身隊問題対策協議会
韓国で、一九九〇年七月「挺身隊研究会」が組織され、同年一一月に女性団体連合をはじめとした三七の女性団体が集まって韓国挺身隊問題対策協議会を結成。日本軍「慰安婦」問題の解決のために活動した団体。
（9）ハンギョレ新聞
市民が募金という形で出資して設立された韓国の新聞。一九八八年創刊号が発行された。
（10）廓清
キリスト教プロテスタントの一派で廃娼運動を先導した救世軍が発行した機関誌。

参考文献
外村大「戦前期日本における朝鮮料理業の展開」二〇〇三年
佐々木道雄『キムチの文化史』福村出版　二〇〇九年
道南女性史研究会『道南女性史研究八号』一九九一年
道南女性史研究会『道南女性史研究十号』一九九三年

内藤史朗『北千島日記—大戦下、北の最前線で従軍医師が見たもの』(株)STEP　一九九六年
ニコニコクラブ『身体も心も黄金に束縛された哀れな女性』ニコニコ社
樋口雄一『日本の朝鮮人・韓国人』同成社　二〇二〇年
玄武岩『北東アジアのコリアンディアスポラ』小樽商科大学出版会　二〇一一年
北海道割烹料理店組合『北海道割烹料理店組合員名簿』一九四二年四月
山下英愛『ナショナリズムの狭間から』明石書店　二〇〇八年
李建志『朝鮮料理「韓山楼」主人・李人植—日本最初の朝鮮料理屋の思想と属性』京都ノートルダム女子大学研究紀要第三二号　京都ノートルダム女子大学
樺太庁警察部『樺太在留朝鮮人一班』(警察研究資料第三輯　一九二七年一〇月)
鈴木裕子『フェミニズムと朝鮮』明石書店　一九九四年
自治研さっぽろ号外『内なる〝国際化〟を求めて』札幌市役所職員組合　一九八七年一二月

日本のほとんどの地域に朝鮮人の芸娼妓酌婦がいた

――在日朝鮮人を詳査した一九四〇年国勢調査をみる――

梁　裕河

日本政府は、一九四〇年に第三回国勢調査を実施した。この国勢調査では拡大・泥沼化する戦争へ、兵力や軍事力はもちろん、あらゆる人や物を「資源」として総動員することを目的に調査が行われている。在日朝鮮人もその対象であった。産業、職業、年齢、居住地、性別に在日朝鮮人の詳細な統計がとられ、「第三回国勢調査統計原表第二十一表」（以下「二十一表」と略す）としてまとめられている。在日朝鮮人へのこのような詳しい調査統計は、過去の国勢調査では前例のないものだった。

この二十一表によれば一九四〇年当時、日本「内地」在住の朝鮮人の性別、どれぐらいの人数が、どこでどんな仕事につき、どのような職分で労働し、その年齢はいくつだったのか、などがわかる。

本章ではこの二十一表をとおして、在日朝鮮人女性が従事していた職業のうち、同調査において第三番目に人数の多かった接客業への従業状況をみる。

はじめに

解放（一九四五年八月十五日）前、少なくない在日朝鮮人女性が接客業についていたことは、いくつかの先駆的研究（注1）により明らかになった。彼女らが日本で接客業につくに至った経緯には、朝鮮の植民地化によってもたらされた収奪と貧困、農村の破壊的状況、家族の崩壊、日本から持ち込まれた近代公娼制、失郷民の流出、朝鮮の家父長制などの原因が重層的に絡み合っていた（第一章五二頁参照）。

朝鮮の女性たちの大半は近代的な教育から疎外されていたし、とくに日本にわたってきた在日朝鮮人女性の場合、もともと識字率も低いうえ、日本語を習得しなければならないというハンディや、民族的差別待遇、封建的家父長制の影響などがあって、仕事につくといっても、働く場所はきわめて限られていた。したがって日本での朝鮮人女性の職業を見ると、最大数が無職であった。ただし、無職とはまったく仕事をしてないという場合もあったが、飯場での炊事担当など、家庭内で家内労働を務めていたケースも少くなかったと思われる。

この一九四〇年の国勢調査によれば朝鮮人女性の、いわゆる職業としてあげられるのは紡績工など、繊維関係従事者が最大であり、ついで稲作、豆作、薬草栽培などの農業従事者となり、三番目がここで取り上げる接客業である［表1］。

接客業で働いていた女性たちは、一九三九年以降、戦時労働動員で朝鮮からの労働者が増大し、炭鉱などで集団的に労働させられるようになると、彼らの逃亡防止や労働稼働率確保、再契約更新などに利用することを目的として作られた産業「慰安所」（注2）に動員されることもあった。彼女らの存在は最近になってようやく知られるようになったが、その人数や、どの地域で働いていたのか、年齢層はどうであったのかなどについては、明らかにされていないことが多い。本稿は産業「慰安所」が作られ、そこに女性たちが動員されつつある状況下の

表1　1940年国勢調査21表による在日朝鮮人女性のおもな職業

項目	総数	おもな職業	人数		人数
Ⅰ農業	6,661	稲作	3,054		
		麦作	195		
		豆作	242		
		蔬菜栽培	140		
		薬草栽培	200		
		その他の農作業	133		
		森林業	124		
		炭焼業	2,199		
Ⅱ水産業	524	漁労採取藻業	519		
Ⅲ鉱業	2,243	金属鉱業	180		
		石炭(亜炭を含む)	1,549		
		土石採取業	491		
Ⅳ工業	29,583	繊維産業	14,323	紡績及び撚糸業	4,456
				各種織物業	3,679
				裁縫業	3,153
				メリヤスおよび編立業	961
				精錬・漂白ほか	1,669
				その他の紡織品製造加工業	405
Ⅴ商業	9,359	古物商	3,135		
		接客業	3,772	旅館下宿業	264
				料理店・飲食店	3,440
				貸席・待合・置屋・貸座敷	68
Ⅵ交通業	571		571		
Ⅶ公務、自由業	785		785		
Ⅷ家事業	2,366		2,366		
Ⅸ其ノ他ノ産業	1,042		1,042		
Ⅹ無職業	443,704	無職者	68,805		
		無職者の家族	374,899		
合計	496,838				

注）農業、鉱業、商業はおもな職業を掲載し、工業のうち繊維産業、接客業については詳細を分類した。

1940年国勢調査の第10表では在日朝鮮人女性の人口は497,019人となっている。

一九四〇年の国勢調査をとおして、接客業に従事していた在日朝鮮人女性の実態を見ようとするものである。

1　一九四〇年国勢調査

(1) その特徴

日本の国勢調査は、一九二〇年一〇月に第一回目が実施された。戦前の調査は、朝鮮半島でも実施されている。戦前の国勢調査は、戦争遂行に必要な人的・物的資源の確保のための調査、との目的が色濃いものであった。とくに一九四〇年の国勢調査は第三回目の本調査であり、大規模なものであった。また戦時体制下という状況を反映して、それ以前の調査とは異なる特徴があった(注3)。総理府統計局の報告によれば「(昭和十五年の国勢調査は)各回の国勢調査のそれとはいちじるしい相違があり」、「重要国策の基礎資料の整備に主眼が置かれ、氏名、性別、生年月日、配偶、出生地、本籍地、民籍、国籍など人口の基本的属性に関するもののほかに、所属の産業および職業、指定技能などの経済活動に関する事項を調査している」ことに特徴があるという。これは指定の職業・学歴、兵役の関係についての調査が行われたことを指しており、戦争の激化にともなうものであろう。さらに、軍人人口を「帝国版図」内で調査し、全人口を、軍人人口(退役軍人、軍属、従軍神官など)と銃後人口にわけたことも特徴となっている。したがって全人口とは、軍人人口と銃後人口を合計したものとなる。すべての人口は、「軍人」と、「銃後人口」(戦闘行為には直接かかわらない人々)の二種類に分けられたのである。

つまり戦線拡大、戦争遂行を目的とした軍事力(人的資源、物的資源)の、まず兵力の把握を最優先とし、さらに戦争遂行のための工業部門の確認を重点的に行い、その調達を図るための調査という性格が強かったといえよう。

(2) 異例な二十一表

しかし、在日朝鮮人問題に関心を持つ者にとっては、この国勢調査の特徴は、何よりも二十一表、「産業（小分類）、職業（小分類）、年齢ニ依リ分チタル内地在住ノ朝鮮人」があることだ。これは日本の「内地」在住の朝鮮人を、産業、職業、性別、地域別、年齢別に調査したもので、北海道から沖縄までの各都道府県と、その主要都市に住む朝鮮人の職業、年齢、労働状況などが明らかになっている。筆者は、同調査以前も、またその後の国勢調査でもこのような分類が公表されているものを見たことがない。

同年の国勢調査の原票は一表から二十三表まであり、八万四二三八枚に及ぶ大部なものであるが、そのうちの九〇六六枚が二十一表にあてられている。これは同国勢調査原票のおよそ一一パーセントに当たり、各調査のうち四番目に分量が多い。在日朝鮮人のみの詳細な統計を「内地」人口統計の重要な一部分として取り上げているといえよう。二十一表は、小分類が「一項、農業＝稲作」から始まり「四九七項、無業」に至るまでの項目に分類され、それらがさらに各項目ごとに細分化されている。戦争の拡大と人的資源の枯渇に備え、朝鮮人をも「人的資源」とみなし、将来の戦線、銃後への動員を図ろうとしていたのであろう。なお、この国勢調査は、一九四一年に市町村別の「内地」人口数のみ公表されたが、その他の報告は戦後になって資料が刊行された。したがって二十一表も戦後の一九六一年に至って初めて統計局が公表したものである。同国勢調査によれば在日朝鮮人人口は総数一二四万一三一五人で、男性七四万四二九六人、女性四九万七〇一九人、男女比はおよそ一五〇対一〇〇となっている（注4）。

2　二十一表の接客業を見る

(1) 警保局統計による人数

さて、少なくない在日朝鮮人女性が従事していた接客業について、二十一表でその人数を見る前に、一九四〇年以前の統計も見てみたい。表2は内務省警保局の「内地在留朝鮮人職業調」による日本国内の朝鮮料理店・接客店の朝鮮人芸娼妓・酌婦数である。客商売と芸娼妓数が合計されていたり、接客業者数として統計されていたりするので、正確とは言えないものの一応の目安とはなろう。

警保局の調べでは一九三五年当時、五六二五人の接客業者がいたと記録されているが、同年の内務省社会局の調査では芸娼妓酌婦女給の数は一七三五人となっており、警保局統計には業者数が入っていることを勘案してもその差は大きい。なぜこの

表2　日本国内の朝鮮人芸娼妓数

年度	名　　称	人　数
1920	料理屋及下宿業と芸妓	52
1921	宿屋貸座敷業と芸娼妓及酌婦	90
1923	客商売と芸娼妓	776
1924	〃	906
1925	〃	1162
1926	〃	1477
1927	〃	653
1928	〃	2860
1929	〃	858
1930	芸娼妓	2129
1931	芸娼妓及酌婦	716
1932	〃	1192
1933	〃	986
1934	接客業者	5055
1935	〃	5625
1936	〃	4974
1937	〃	4650
1938	〃	4589
1939	〃	4645
1940	〃	4905
1941	〃	4751
1942	〃	4539
1943	接客業者並従業者	−
1944	−	−

出典：内務省警保局「内地在留朝鮮人職業調」より作成
注）1923～1928年は「神戸市在住朝鮮人の現状」より
　　1930年は国勢調査から女中を含む女性従業員のみ記載
　　1933年は「朝鮮人労働者内地渡航取締状況」より
　　「−」欄は記載・資料がなく不明

ような数字になるかは不明である。

この表では一九二〇年からの統計となっているが一九〇一年には内務省総務庁長官が「外国人ヲ誘致シ娼妓タラシメントスル者ノ取締方ノ件」という通牒(注5)を発し、朝鮮がまだ日本の植民地となる以前の一九〇〇年代にすでに日本国内に「娼妓稼ぎ」をさせられた朝鮮人女性がいたことがわかる。

また、一九一一年には、四人の朝鮮人女性が北関東から東北にかけて「稼業」したとの報告もあり(注6)、「韓国併合」により日本の植民地となった翌年には、接客業につく女性らが、朝鮮からやって来ていた。さらに一九一九年には福岡で「芸妓一名あり」(注7)という報道があり、すでに一九一〇年代には日本国内で朝鮮人女性を雇用した接客業が存在していた。一九二〇年六月には料理屋及下宿業三八、芸妓一四の合計五二人が記録され、一九二〇年代に入るとその数は増え、一九二三年を境に増減の上下はあるが芸娼妓の人数は着実に増えていった。

本稿で取り上げる一九四〇年の国勢調査の統計とくらべるため、表2の一九四〇年を見てみると、「接客業者四九〇五」となっているが、同年の国勢調査ではこのような数字は見当たらず、何をもってこうした数字の差が出るのかは、今後の研究課題である。国勢調査と内務省警保局＝警察の調査にはこのような相違があることに注意したい。

(2) 多数占める接客業女性

表2の内務省警保局の統計では「接客業者」として統計されているため、「芸妓・娼妓・酌婦」「女中」などの数が不明であった。では二十一表ではどうだろう。

二十一表では接客業関係のうち、性売買に関連すると思われる業種は、「四四〇項、旅館・下宿業」、「四四一項、料理店・飲食店業」、「四四二項、貸席、待合、置屋、貸座敷」の三業種で、それぞれに「芸妓・娼妓・酌婦」の職業欄が設けられている。すべて、性別、年齢別(一二歳以下から六〇歳以上まで)、職種別に統計がとられており、そのうち、もっとも人数が多いのは四四一項の「料理店・飲食店業」である。

その内訳を見ると、総数、営業者から女中等給仕人、芸妓・娼妓・酌婦、その他の作業者まで、二三項目に細分されている。

表3は二十一表に記された「旅館・下宿業」、「料理店・飲食店業」、「貸席・待合・置屋・貸座敷業」に従事する人数の「内地全体」の職業別統計である。三業の合計は六七六八人となり、男性＝二九九六人、女性＝三七七二人となる。その比は、男性が四四％で、女性は五六％を占める。当時の在日朝鮮人

表3　1940年国勢調査原表第21表
「産業（小分類）職業（小分類）年令ニ依リ分チタル内地在住ノ朝鮮人」

職　　業	旅館下宿業		料理店 飲食店業		貸席・待合 置屋・貸座敷業		合計		総計
性　　別	男	女	男	女	男	女	男	女	
経営者	48	15	129	35	2	3	179	53	232
一般事務者	55	17	121	46	3		179	63	242
販売仕入系事務者	1		20	3			21	3	24
通訳	1						1		1
簿記係事務			1				1		1
タイピスト筆耕				1				1	1
写真師、写真工			1				1		1
麺類・麩製造工			24	2			24	2	26
パン製造工			2				2		2
造園師、植木師	1						1		1
料理人・コック	96	69	1566	463			1662	532	2194
其ノ他ノ飲食料品、嗜好品、製造作業者	3	1	70	33			73	34	107
自動車運転手	1		1				2		2
荷扱夫、仲士、倉庫夫、運搬夫、配達夫	4						4		4
人力車夫、馭者、馬方			1		2		3		3
荷取扱夫、荷役人			9				9		9
其ノ他ノ医療従事者		1						1	1
理髪師、髪結・美容師			1				1		1
物品販売買業者、仲買人	1		78	18			79	18	97
店員、売子、注文取、集金人	25		79	44	1		105	44	149
旅館・料理店等番頭、女中、給仕人	110	86	306	1335	3	1	419	1422	1841
芸妓・娼妓・酌婦		7		1419		62		1488	1488
家事使用人	2			2			2	2	4
企画手	1						1		1
守衛、監督	1		1				2		2
機関士、汽罐士	3		2				5		5
火夫、油差	1		1				2		2
小使・給仕、雑役者	45	8	60	19	5		110	27	137
其ノ他ノ作業者	72	59	34	20	2	2	108	81	189
其ノ他ノ職業者		1						1	1
総数	471	264	2507	3440	18	68	2996	3772	6768

の人口比率は、男性一五〇対女性一〇〇で、三対二となっていた。この男女比と女性に無職が多かったことを考え合わせると、圧倒的に男性人口が多かったにもかかわらず、この分野の仕事では女性の就業率が異常に高かった。

このうち、とくに女性の数が多いのは「女中・給仕人」と「芸妓・娼妓・酌婦」であるが、「芸妓・娼妓・酌婦」と明確に分類されている人数は三業の合計が一、四八八人に過ぎない。注意したいのは「女中・給仕人」の項目である。二十一表の分類上では、正式には「旅館、飲食店等、番頭、女中、給仕人」となっており、性別が付されていて、この表3では女性のみを載せた。

当時、遊廓や待合とは異なり、手軽に遊興できる料理店、カフェー、バーなどが隆盛しており、そこで働く女給、女中などがこの項目に分類されていると思われる。彼女らが性売買をしていたかは明らかではないが、朝鮮人女性には公式的には娼妓となることが不許可であったため、このような料理店などの「女中、女給」と分類され、必ずしも全員とは限らないが、実際は多くの女性が性売買をしていた可能性が考えられる。したがって「芸妓・娼妓・酌婦」数だけではなく、これに「女中・給仕人」を合計した数値がより実態に近いのではないだろうか。

樋口雄一によれば、こうした区分は明確ではなく、「単なる手伝いや食事の給仕をすることのみの場合や、実質的に売春することもあった」としている。「在日朝鮮人女性の場合、こうした職業に法的に登録されて従事していることは日本人の場合に比べて極めて少なかったと思われること、彼女たちが働く料理店などはごく少数の女性で成り立っていて、それも朝鮮部落の中では料理店として公式に営業していたわけではなく、職業として統計に表現されない場合もあった」として、「公表されている数字は実際より少ないであろう」（注8）と、冷静に分析している。

3　都市から炭鉱地帯へ

(1) 日本国内各地で朝鮮人接客女性を確認

表4は一九三〇年と一九四〇年の国勢調査のうち、接客業者、芸娼妓酌婦、料理店の女中についての統計を各府県別にまとめたものである。一九三〇年に比べ、四〇年には業者数が四分の一以下に激減している。岩手県を除きほとんどの都市部で減少しており、北海道に次いで業者数の多かった大阪ではわずか五%ほどの業者しか残っていない。残った業者数が比較的多いのは北海道、福岡、山口といった炭鉱地域である。これらは朝鮮人労働者が集団的に労働していた地域であった。また、三〇年の調査では「芸娼妓酌婦」数が三六人であったのが、四〇年では同じく北海道、福岡、山口の三地域をあわせて、一、四八八人という、四〇倍以上にもなる激増を示した。接客業に従事し、性売買の可能性のある女性たちの人数は大幅に増えていたということがいえよう。業者数が激減したにもかかわらず、芸娼妓数は増えたので、女中の数は大差がないものの、総数としては千人以上もの人数が増えている。

その理由として考えられるのは戦争の激化により、増大する兵士たちの性病罹患と人口確保のための性病対策、性売買業への管理統制が強化されたことが考えられる。政府は国際的にも非難を浴びていた公娼制を廃娼などの名称で抑制し、私娼への統制を強化することで性管理をしようとした。そのため、廃娼県では娼妓を酌婦と名乗らせ、貸座敷は料理店などの名を名乗るようになっていた。また、料理店の新規設置は、軍事上重要とされた地域となり、その許認可は警察に一任されたのである。軍事上の重要な地域とは、当時の最重要エネルギー源であった石炭生産地区、軍需工場、飛行場や軍事基地などの土木現場を含む地域であった。いずれも朝鮮人労働者が多数戦時動員された場所である。

表5は道府県別に見た、接客業三種の女中・給仕、芸娼妓酌婦数である。日本中のどの地域にも接客店があり、「芸娼妓酌婦」「女中・給仕」と、形態は異なるものの、接客店に従事する朝鮮人女性がいたことがわかる。なお、沖縄については、二十一表では接客業としての統計がとられていないため不明とした。

従業者女性の人数の多い地域を見ると、料理店・飲食店女性の総数では北海道、福岡、山口の順で、女中・給仕数でみると東京、兵庫、大阪であり、芸娼妓酌婦数では北海道、山口、福岡の順である。炭鉱地帯といわれる北海道、福岡、山口などには芸娼妓酌婦をかかえる料理店が多く、女中・給仕は都市に多い。このような統計数字が出るのは当時、都市を中心にカフェー、バーが隆盛していて、カフェー、バー

表4　1930年、1940年の接客業者数、芸娼妓酌婦数、女中数

府県名	業者		芸娼妓酌婦		女中		府県名	業者		芸娼妓酌婦		女中	
年	1930	1940	1930	1940	1930	1940	年	1930	1940	1930	1940	1930	1940
北海道	128	32	5	335	328	70	滋賀			1	1	3	4
青森	3			9	5		京都	8	1		20	20	92
秋田	6	1		3	21		奈良	2	1		13	7	4
山形	7	1		2	13	6	和歌山	7	4		23	13	31
岩手	4	15		16	15	30	大阪	103	6	2	32	234	135
宮城	7	1	1		25	3	兵庫	36	16		115	86	174
福島	6			7	5	1	岡山	4			11	7	6
茨城	2			26	8	18	広島	6	5		12	20	51
栃木	2	1		5	8		鳥取	2			6	6	6
群馬	4				1	11	島根						4
埼玉				2	1	6	山口	28	25	4	307	70	92
千葉	6	2	1	26	6	40	徳島	3				2	1
東京	64	8	1	30	65	193	香川				2	4	1
神奈川	36	2		12	68	32	愛媛	7		4	3	14	6
新潟	5		3		7	9	高知	2	1			12	4
富山			1	3	3	6	福岡	93	27	2	244	276	122
石川	4		1	2	17	2	佐賀	2			13	12	2
福井	2				6	4	長崎	26	7	4	97	96	14
山梨				1	3		熊本	7	1	1	11	34	5
岐阜	3			8		10	大分	16	2		49	37	5
長野	5			2	3	2	宮崎	4	1			13	13
静岡	18	3		11	38	37	鹿児島	5	2	1	16	32	5
愛知	30	3	4	10	18	70	沖縄						
三重	4	1		3	11	8	合計	707	169	36	1488	1673	1335

出典：1930年、1940年の国勢調査から作成。「旅館・下宿業」の接客業者と女中は除外した
注）1940年の芸娼妓数は「芸娼妓酌婦数」、女中は「料理店、飲食店の番頭、給仕人、女中」のみを載せた。このほかに「番頭・客引・女中」として420人（1930年）、87人（1940年）がいる。

も分類上は料理店・飲食店であったが、こうした都市でのカフェー、バーなどに従事していた女給などの女性は、女中・給仕として統計上ここに含まれていたからであろう。

「内地」では朝鮮人女性は娼妓（公娼）になれないとされたと述べたが、実際は朝鮮人女性のうちにも娼妓となった女性がいたと思われる。先にも述べたが、内務省の一九〇一（明治三四）年の通牒「外国人ヲ誘致シ娼妓タラシメントスル者ノ取締方ノ件」は「貸座敷業者ニシテ清国人韓国人等ヲ誘致シ娼妓タラシメシ（ママ）ト画スル者有之哉ノ聞有之」と指摘しており、朝鮮が植民地となる以前にもすでに朝鮮人女性が「内地」の娼妓にされていたことを物語っている。また、当時の新聞にも、朝鮮人の貸座敷営業者がいて、娼妓である朝鮮人女性の存在が報道されている（第三章、福岡の項参照）。

業種	旅館・下宿				料理店・飲食店				貸席・待合・置屋・貸座敷			
県名	総数		女中	芸娼妓酌婦	総数		女中	芸娼妓酌婦	総数		女中	芸娼妓酌婦
	男	女			男	女			男	女		
滋賀	4	1	−	−	15	7	4	1	−	−	−	−
京都	11	4	3	−	137	151	92	20	1	−	−	−
奈良	2	7	3	4	11	9	4	4	−	5	−	5
和歌山	−	3	1	−	18	62	31	22	−	1	−	1
大阪	60	60	11	−	491	237	135	31	2	1	−	1
兵庫	20	8	3	−	248	327	174	105	2	10	−	10
岡山	4	−	−	−	49	22	6	9	−	2	−	2
広島	17	5	3	−	94	83	51	10	4	2	−	2
鳥取	1	−	−	−	3	15	6	6	−	−	−	−
島根	−	1	1	−	−	6	4	−	−	−	−	−
山口	132	48	16	−	177	444	92	300	1	8	−	7
徳島	−	−	−	−	1	2	1	−	−	−	−	−
香川	1	3	2	1	5	3	1	1	−	−	−	−
愛媛	1	−	−	−	8	10	6	2	−	1	−	1
高知	1	3	2	−	4	5	4	−	−	−	−	−
福岡	101	50	8	−	307	448	122	241	3	4	−	3
佐賀	2	3	1	−	8	15	2	12	−	1	−	1
長崎	6	17	5		38	122	14	96	−	1	−	1
熊本	4	4	2	−	3	17	5	10	−	1	−	1
大分	9	4	2	−	21	55	5	46	−	3	−	3
宮崎	2	2	1	−	7	15	13	−	−	1	1	−
鹿児島	2	3	3	−	5	26	5	16	−	−	−	−
沖縄	−	−	−	−	−	−	−	−	−	−	−	−
合計	471	264	86	7	2507	3440	1335	1419	18	67	1	62

注）貸席・待合・置屋・貸座敷の女性の総数は 21 表では 68 となっている。女中の項には給仕も含まれる。なお、沖縄については、21 表では統計がとられていないため不明である

これらの記事は、法律上は「朝鮮人は娼妓（公娼）としない」となっていたが、実態は娼妓＝公娼となっていた朝鮮人女性がいたことを証明している。

(2) 女性の大半は少女たち

二十一表では一二歳以下から六〇歳までの年齢層も統計がとられている。表6は接客業に従事する女中と芸娼妓酌婦の各年齢層をまとめたものである。まず、一二歳以下の少女がいることに驚かされる。最大数の年齢は一七歳の三六二人でおよそ一二％以上を占める。一〇代のみで一五二二人、およそ五二・三％となる。二〇代が一二五一人、およそ四三％で、一〇代と二〇代で合計二七七三人となり、九五・二％を占める。接客業に従事する女性のほとんどが一〇～二〇代の女性たちであったことがわかる。この数字から、比較的に性売買から距離がある女

表5　1940年国勢調査による在日朝鮮人の接客業従業者の各地の状況

業種	旅館・下宿				料理店・飲食店				貸席・待合・置屋・貸座敷			
県名	総数		女中	芸娼妓酌婦	総数		女中	芸娼妓酌婦	総数		女中	芸娼妓酌婦
	男	女			男	女			男	女		
北海道	30	18	10	2	153	480	70	333	–	–	–	–
青森	–	–	–	–	3	12	–	9	–	–	–	–
秋田	–	–	–	–	1	4	–	3	–	–	–	–
山形	–	1	–	–	3	10	6	2	–	–	–	–
岩手	1	–	–	–	26	60	30	16	–	–	–	–
宮城	–	1	1	–	8	6	3	–	–	–	–	–
福島	–	1	1	–	11	12	1	6	–	1	–	1
茨城	1	1	–	–	12	55	18	26	–	–	–	–
栃木	1	–	–	–	3	5	–	5	–	–	–	–
群馬	4	–	–	–	9	12	11	–	–	–	–	–
埼玉	–	–	–	–	10	9	6	1	–	1	–	1
千葉	3	–	–	–	15	70	40	26	–	–	–	–
東京	16	7	2	–	363	309	193	28	2	3	–	2
神奈川	6	1	1	–	42	65	32	11	–	2	–	1
新潟	2	1	1	–	6	14	9	–	–	–	–	–
富山	2	0	–	–	8	8	6	2	–	1	–	1
石川	–	–	–	–	9	3	2	–	–	2	–	2
福井	–	2	1	–	4	6	4	–	1	–	–	–
山梨	2	1	1	–	1	1	–	1	–	–	–	–
岐阜	3	–	–	–	16	17	10	1	–	7	–	7
長野	6	2	1	–	9	2	2	–	–	2	–	2
静岡	3	–	–	–	18	61	37	10	1	1	–	1
愛知	10	2	–	–	112	124	70	5	1	5	–	5
三重	1	–	–	–	15	14	8	2	–	1	–	1

表6　1940年国勢調査21表による接客業従事朝鮮人女性の年令

年令	旅館 下宿		料理店 飲食店		貸席・待合 置屋・貸座敷		合計	%
	女中	芸娼妓 酌婦	女中	芸娼妓 酌婦	女中	芸娼妓 酌婦		
12以下	1		14	1		1	17	0.6
13	3		30	6		2	41	1.4
14	4		72	24		4	104	3.6
15	3		106	56		11	176	6.0
16	14	2	124	108		5	253	8.6
17	6		142	202		12	362	12.4
18	2	1	132	167		7	309	10.6
19		1	108	148		3	260	8.9
20	2	2	85	149		4	242	8.3
21	4		80	141		2	227	7.8
22	2		63	84		4	153	5.2
23	1		69	86		2	158	5.4
24	6		48	68		2	124	4.2
25	1		52	70			123	4.2
26	3		43	54	1		101	3.4
27	4		24	19		1	48	1.6
28			25	15		1	41	1.4
29			24	9		1	34	1.7
30	2		8	3			13	0.4
31	4		14	4			22	0.8
32			6	4			10	0.3
33	4		9				13	0.4
34	2		8				10	0.3
35	3		2				5	0.2
36		1	6				7	0.2
37			8				8	0.3
38			1				1	
39	2		5	1			8	0.3
40	2		6				8	0.3
41			2				2	
42	2		4				6	0.2
43	1		4				5	0.2
44	1		3				4	0.1
45			2				2	
46								
47	1		2				3	0.1
48			1				1	
49	1						1	
50	1		1				2	
51	1						1	
52			1				1	
53			1				1	
54								
55								
56								
57	1						1	
58	1						1	
59								
60以上	1						1	
合　計	86	7	1335	1419	1	62	2910	99.4

注）年齢は満年齢。パーセント計算は小数点0.0の位までで四捨五入した。1、2人の数字はパーセント計算しなかったので合計が100にならない

性もいたとみられる旅館・下宿業の女中を除くと、さらに年齢層は若年化するであろう。

芸娼妓酌婦のみを年齢層でみると、最も人数が多いのはやはり一七歳の二二四人でおよそ一四・四％、一八歳が一七五人で一二％、一九歳が一五二人一〇・二％、一六歳が一一五人八％となり、その他の一〇代を合計すると、合計七六一人、五一・一％となる。日本国「内地」の朝鮮人女性の芸娼妓酌婦の半数以上が一〇代であり、まだ幼い少女ともいえるような女性たちであった。

当時、「内地」では一八歳以下の女性が娼妓となることは法律で禁じられていたが、貸席・待合・置屋・貸座敷にも一八歳以下の朝鮮の少女たちがいたのである（注9）。

さらに地方によっては芸妓・酌婦にも年齢制限を設けており、一八歳未満は酌婦不許可とする地域も多かった。いわゆる廃娼県とされる、富山や徳島などでは廃娼宣言がなされた後、遊廓は料理店に、娼妓は酌婦になることが広く見られた。つまり廃娼といっても、名前が娼妓から酌婦に、遊廓は料理店になっただけのことで、酌婦の実態は公娼＝娼妓と変わりがなかったのである。

西田秀子は、北海道での二十一表年齢分布を例にとり、芸妓・娼妓・酌婦の三三三人のうち、一八歳以下が一一六人で全体の三分の一に達していること、とくに一七歳以下が八六人という数字をあげ、「これは道庁の警察部が、一八歳未満の酌婦は認めないとした料理屋・飲食店取締要綱に明らかに違反するもの」（注10）と指摘している。

さらに金優綺は同じく北海道の三三三人のうち、二一歳未満が一八六人と全体の半数以上を占めていることに注目し、「国際法の視点を加えると、日本政府が一九二五年に加入した『婦人及児童の売買禁止に関する国際条約』など女性、児童の売買禁止に関する三つの国際条約（注11）に反していることになる。同条約は、本人の承諾の有無にかかわらず、二一歳未満の未成年女性に対して性売買に従事させることを全面的に禁止し、成年であっても詐欺や暴行などの強制手段をもって性売買に従事させた場合は行為者を処罰することを定めていた」と論じた。北海道庁警察部は一九三八年には朝鮮料理店経営者を対象に「朝鮮保全自治組合」を作り接客業者を組織し、強制的な性病検査を断行するとしていた。これらを通じて朝鮮人接客女性を管理下に置いていた道庁警察部が接客業従事朝鮮人女性の年齢を把握していないわけがなく、金優綺は「同部は企業慰安所の開設に許可を与えることによって、むしろ国際法違反を構成する朝鮮人接客業女性への性売買の強制に加担していたと言えよう」(注12)と指摘している(第三章、北海道の項参照)。

おわりに

一九四〇年の国勢調査は、戦争の拡大に伴い、「人的・物的資源の確保」のための調査であったことに大きな特徴があった。しかし二十一表という調査が行われたことで、戦争遂行の人的資源確保のための調査とはいえ、日本に在住する朝鮮人の人口、産業、職業、年齢など詳細に統計がとられ、図らずも当時の在日朝鮮人の実態を知る貴重な手掛かりとなっている。なお、二十一表を詳しく調査研究した木村健二によれば、在日朝鮮人の全職業にわたる経営者数は九四二人で、そのうち一位は料理店・飲食店業の一六四人であり、二位は土建業の八八人、三位が旅館・下宿業の六三人であった(注13)。接客業の範ちゅうに含まれる料理店・飲食店業と旅館・下宿業を合計すると人数は二二七人で、さらに、貸席・待合・置屋・貸座敷の経営者五人を含めると合計は二三二人におよび、全経営者数の二四・六%を占める。経営者のうちのおよそ四人に一人が接客業であったことは、いかに在日朝鮮人の職業が限られていたかを物語っていよう。

在日朝鮮人女性の数少ない就業先のうち、大きく座を占めていたものの一つが接客業であった。二十一表を見ることで、一九〇〇年代の初めから接客業が「内地」に入ってきていたが、一九四〇年には三千人近くが就業していたこと、「内地」のほとんどの地域に朝鮮人女性のいる接客店があったこと、ごく若い少女とも呼べる一〇代の女性たちが接客業従事者の中心であったことなどが読み取れた。

また、一九三〇年に比べ、四〇年には大阪、東京、名古屋といった都市の朝鮮人集住地区では接客店が減少し、北海道、福岡、山口など多数の朝鮮人が戦時動員された炭鉱などの地域で接客店が増大していることもよみとれた。このことは一九三九年からはじまる戦時労働動員と接客店が密接な関係を持ち、産業「慰安所」といわれる朝鮮人の「産業戦士」用の「慰安所」に、女性たちが動員された可能性を物語っていよう。戦時下、在日朝鮮人女性が、政府による「戦時労働動員、強制労働」対策にその「性」を利用されたことが浮かび上がってくる。

産業「慰安所」、産業「慰安婦」については、その存在は確認されているものの、直接体験者の証言を得ることができていないうえ、警察、企業の資料が公開されず、明らかにされていないことが多い。さらに調べていく必要があろう。

なお、国勢調査の在日朝鮮人への調査方法については、日本語への理解力、統計への意識、調査人の信用度など、種々の懸念があることを念頭においておきたい。

また、一九四〇年国勢調査資料は、木村健二により研究され、二〇一九年に『在日朝鮮人国勢調査資料：一九四〇』として緑蔭書房より出版されている。

＊本稿は在日朝鮮人運動史研究会の「在日朝鮮人史研究」第四九号（二〇一九年）に掲載したものに訂正、加筆した。本文中敬称は略した。

注
（1）樋口雄一「朝鮮料理店女性と「産業慰安婦」」（『海峡』一六号、一九九二年）、西田秀子「戦時下北海道における朝鮮人「労務慰安婦」の成立と実態」（『女性史研究ほっかいどう』創刊号、二〇〇三年）、金優綺「資料紹介　総力戦体制下の北海道炭鉱・鉱山「慰安所」」（『季刊戦争責任研究』七一号二〇一一年）、鄭鎮星『日本軍の性奴隷制』（論創社、二〇〇八年）、高麗博物館『朝鮮料理店・産業「慰安所」と朝鮮の女性たち』（二〇一七年）。韓国では朴貞愛『戦時下日本地域の「企業慰安所」と朝鮮人「企業慰安婦」に対する真相調査』（対日抗争期強制動員被害調査および国外強制動員犠牲者等支援委員会、二〇〇八年、原文ハングル）などがある。

（2）前掲、樋口雄一、西田秀子、金優綺、鄭鎮星

（3）総理府統計局『昭和十五年国勢調査報告』一九六二年

（4）内務省警保局の調査では総数一、一九〇、四四四人、男性七四二、四五二、女性四四七、九九二人で男女比は一六〇対一〇〇となっている。

（5）一九〇一年四月二七日、内務総務長官ヨリ廳府県長官宛通牒「外国人ヲ誘致シ娼妓タラシメントスル者ノ取締方ノ件」、荻野富士夫編・解題『特高警察関係資料集成、第二四巻〈特高関係例規集〉復刻版』不二出版、一九九四年

（6）「朝鮮人タル芸妓ノ現在調」内務省警保局『公娼と私娼』一九一二年、アジア資料センター、国立公文書館

（7）「福岡日日新聞」一九一九年三月二十四日号

（8）樋口雄一、前掲

（9）日本国内では娼妓は十八歳以上からとなっていた。

（10）西田秀子、前掲

（11）「醜業を行はしむる為の婦女売買取締に関する国際協定」、「醜業を行はしむる為の婦女売買禁止に関する国際条約」、「婦人及児童の売買禁止に関する国際条約」

（12）金優綺、前掲

（13）木村健二氏よりご教示いただいた。

国が要請した産業「慰安所」

梁 裕河

はじめに

産業「慰安所」とは、「産業戦士」用の「慰安所」という意味だが、日本人の「産業戦士」はもちろん、戦時労働動員された朝鮮人をも「産業戦士」として朝鮮人用の産業「慰安所」が作られていった。ここには朝鮮人女性が多数従事することになった。

その背景には、日本の近代公娼制度の存在と、日本の植民地支配と、それによる貧困で日本国内に朝鮮料理店などが作られていったという事情がある。産業「慰安所」は企業と国家、警察の連携の下に作られていったことは様々な証言や資料から明らかになっている。しかし、当事者の女性たちの証言は得られず、公的な資料もきわめて限られている。

本章では、樋口雄一、西田秀子らの先駆的研究、金優綺、鄭鎮星らの論文、朴貞愛の報告など（注1）に学びつつ、現在明らかになっている資料や証言をもとに、産業「慰安所」対策が企業の発案のみならず、国家（内務省、厚生省）の施策であったこと、これにそって各地域や労働現場で種々の方策がたてられ、戦時の銃後における「性売買」

のシステムとして産業「慰安所」対策を進めていったことを以下のような視点から取り上げる。

第一に、日本の近代公娼制の枠の中で接客業に従事する朝鮮人女性が どのような地位に置かれていたのか、公娼ではなくあくまでも私娼として劣悪な状況に置かれたこと。

第二に「内地」での接客業に働く朝鮮人女性が、いつからどれぐらいいてその生活はどうだったのか、日本人の同業女性との相違点など、また、これらの女性に対し統制機関である警察はどのように見ていたのか。

第三は、戦況が拡大、激化し、国家総動員法が布かれると性対策が変化し、性病予防対策と各種接客業の転業と管理統制が強まるなかで産業「慰安所」が生まれていくが、その過程と、戦時労働動員された朝鮮人への性対策としての産業「慰安所」がどのように国の方針として出されたのか、その理由付けはどのようなものだったのか。

加えて、これは私見だが、これらの産業「慰安所」布設政策をすすめたのには、「朝鮮人の男性労働者に対し、朝鮮人の女性をもって性売買の相手とさせること」という考え方があったと筆者は考え、「性の防波堤」論や優生思想との関連を想起させる問題として触れておきたい。

1　近代公娼制と在日朝鮮人接客女性

日本政府は、増大する在日朝鮮人の労働者に対し、「性問題」を掲げその対策をとってきた。これは日本人の多くの男性たちが「買春」を娯楽や息抜きとして「遊んで」きたので、単身の青壮年が大量に「移入」されれば、「性解決所」が必要であるとの発想からなったものだ。また、女性の性を利用して労働者を統制し、労働強化へとつながるであろうとのねらいがあった。その背景には近代公娼制といわれる、「国家管理売春」制度があった。

とくに、一九三九年から戦時労働動員により多数の朝鮮人青壮年の単身労働者の日本「移入」が始まると、彼らの「性的問題」の解決のために考案され、設置されたのが産業「慰安所」であった。こうした対策が、日本の政府や公的機関により取られたものであることはいくつかの公文書に明らかである。公文書についてはのちに述べる。

(1) 私娼の黙認

日本政府の性売買に対する政策は、娼妓による公娼制と、私娼の黙認によるものであった。

近代公娼制度は近代になってから一九四六年にGHQの覚書を経て廃止されるまで続いた国家公認の性売買制度である。性売買の場である遊郭、貸座敷などの管理は地方長官（道府県知事）が行い、その開設の許可権限は内務省下の道府県の警察が持っていて、取り締まりも道府県の警察が行った。前借金を負う娼妓が貸座敷業者から座敷を「借りる」という形で、性売買をする仕組みになっていた。娼妓とよばれる「性売業」の女性たちは、国家に登録金をおさめ、国家から性売買を公認された女性たちであり、税金を納付し、遊廓から貸座敷と名を変えた場所を借り、性売をするとされた。このように娼妓とは、公的機関が登録金を徴収し、「職業として売春することを公的に許可された女性」のことであり、娼妓以外の「売春」行為は「密売淫」として取り締まりの対象としたのである。また、芸妓とは芸を売る女性のことであり、酌婦とは料理店・飲食店などに雇用され、客に酒食を供し遊興させる接客女性のことであったが、実態はいずれも性売買であった（注2）。

のちに、戦時下の国民精神総動員運動で廃娼気運が高まると、地方によっては廃娼が実行された県もあったが、貸座敷は料理店となり、娼妓は酌婦と名称を変えただけで、「事実上は従来の買売春営業の継続が黙認」された（藤野豊『性の国家管理』一六五頁、不二出版、二〇〇一年）。

さらに、あらたに登場したバー、カフェー、などで働く女性たちは私娼とされ、女中、女給、仲居、雇女、給仕婦など、いくつもの名称でよばれているが、彼女たちも性売買に関与していた可能性がある。したがって花柳界とはこれらの公娼、私娼をふくめた接客業として存在していたといえよう

一方、性病の広がりに危機感を深めた政府は、性病の蔓延の主原因は私娼を含めた花柳界にある、として一九二七年に花柳病予防法を成立させ、公娼とともに私娼にも性病検査を義務付けた。この法律は性病の感染源を「性売女性」にのみ帰すもので、すでに公娼は娼妓取締規則によって管理下にあったので、公娼以外の芸妓、酌婦、その他の私娼の性病をも検査し、その感染を防ごうとするものだった。つまり、私娼も公娼と何ら変わることなく、国家の管理下で性売買を行わせていくためのものだった。芸妓・酌婦には、娼妓と同じように税金が徴収され、これらは地方税に収納された。元来、娼妓らの税金は、小学校の建築費、警察の探偵費などに使われており、花柳界の隆盛は経済的効果をも生むものであった。

朝鮮に日本からの近代公娼制が持ち込まれたのは一八七六年の日朝修好条約締結前後のころである。朝鮮での遊廓の開設には朝鮮駐屯軍（日本軍）の兵士のための花柳病対策という事情があった（注3）。

朝鮮では各地域によって施策が異なるが、「娼妓」や「貸座敷、遊廓」の名称が国際的な体面にかかわるとの理由から、その形態を料理店とし「特別、乙種、第二種」などの名を冠させ「娼妓」を「二種（乙種）芸妓」と称するようにした。このような用語を使ったのは、売春政策を隠蔽しようとの意図からであった。これらの料理店の内実は貸座敷、娼妓にほかならず、統監府統計年報などでは「料理店」「特別、乙種、第二種料理店」の統計上の名称には、「貸座敷、娼妓」の名が使われ、その本質を表していた（金富子・金栄『植民地遊廓』はしがきⅣ頁、吉川弘文館、二〇一八年）。

一九一六年に朝鮮で「貸座敷娼妓取締規則」が発布されると、朝鮮での統一的な公娼制度が法的に確立する（注4）。この規則制定により、日本「内地」での娼妓登録は一八歳以上とされていたが、朝鮮では一歳若い一七歳が下限とされた（注5）。

(2) 娼妓登録されなかった朝鮮人女性

朝鮮への日本による侵略と支配が強まると、貧困や生活苦からいわゆる接客業者や朝鮮料理店が増え、「接客婦」として日本国内で働く朝鮮人女性も増えていった。日本「内地」で接客業に従事する朝鮮人女性はいつごろから存在するのだろうか。

「内地」での朝鮮人接客女性の存在は一九〇一年四月には、内務省総務庁長官が出した通牒により確認されている。すなわち「外国人ヲ誘致シ娼妓タラシメントスル者ノ取締方ノ件」である。朝鮮がまだ植民地となる以前の一九〇〇年代にすでに日本国内で清国人や韓国人女性に「娼妓稼ぎ」をさせる者がいたことがわかる。

内務省が「内地」での貸座敷の娼妓名簿を許可しなかったのは朝鮮・中国・アイヌ・樺太・台湾人の女性たちである。その理由について内務省総務長官は同通牒で以下のように述べている。

「貸座敷業者ニシテ清国人韓国人等ヲ誘致シ娼妓タラシメシ（ママ）ト画スル者有之哉ノ聞有之候所外国人ノ娼妓タルヲ認ルニ於テハ将来醜業婦ノ渡来ヲ馴致シ風俗取締上不尠ル弊風ヲ生スベキニ付若シ外国人ニシテ娼妓名簿登録ヲ申請スル者アルモ之ヲ登録セサルノ方針ヲ以テ御取扱可相成」（秘甲第八一号内務総務長官ヨリ廳府県長官宛、一九〇一年）（注6）。

中国人や朝鮮人の女性を娼妓として雇おうとする貸座敷業者があるが、それらの外国人女性を娼妓として認めると将来「醜業婦」の多数の渡来を招き、風俗取締上に弊害があるので認めてはならない、というのである。この時はまだ、朝鮮が植民地となる以前であり、朝鮮人は「外国人」であった時の通牒である。

ところが一九一〇年に日本が「韓国併合」し、朝鮮を植民地とすると、朝鮮人は外国人でなくなった。もはや外国人でなくなったので、朝鮮人の娼妓登録が再び問題となった。同年九月一九日、大阪府知事は警保局長あてに以下のような照会文を送っている。

「朝鮮人ノ娼妓名簿登録支障ナキヤ差掛リタルコトアリ折返シ御回報乞フ」。

「差掛リタルコトアリ」というのは実際にそのような事例が起こっているということであろう。外国人でなくなった朝鮮人の娼妓がいて、「娼妓＝公娼」行為をしているようだが娼妓として名簿に登録してもよいか、と問いあわせているのである。

これに対する警保局長の回答は、「朝鮮人娼妓登録ノ件三十四年秘甲第八一号通牒ノ趣旨ニ依リ扱ワレタシ」であった。すなわち先の一九〇一（明治三四）年の通牒の趣旨にしたがって「朝鮮人の娼妓登録は許可しない」と回答した。

さらに同年十月二十日、警視総監が「外国人でない朝鮮人に対し娼妓名簿登録を拒絶するものとするならば今後台湾人、もしくは樺太人に対しても拒絶の取り扱いをすべきなのか」という問い合わせをしている。また、これと同時に「朝鮮人にして若し芸妓営業出願の場合にはこれを否認すべき限りのものにこれなく候や否や」と問い合わせた。

警保局長は二十五日に回答を出し、樺太人、台湾人娼妓も朝鮮人同様に娼妓は認めないとした。また同時に朝鮮人芸妓の件にも回答し、朝鮮人の娼妓については一九〇一年の通牒と同様に「娼妓不許可」とするが、「朝鮮人芸妓営業ノ儀ハ娼妓稼ト同一視スルノ限ニ無之」と回答している。これは、朝鮮人は外国人ではないものの娼妓稼ぎは不許可とするが、芸妓なら娼妓営業と同一視して不許可にすることはないという回答であった。つまり朝鮮人が芸妓として営業するのはかまわないということである（注7）。

どの回答にも朝鮮人女性への処遇を範例としてあげているのが目に付く。台湾、樺太、アイヌの接客業従業女性への処遇は、朝鮮人女性へのそれにならった扱いであったのだろう。こうした対応から受け取れるのは、植民地や異民族の人々が「内地」で「はびこっては困る」という、植民地やアジアの人々への蔑視や、あくまでも「私娼、密売淫」の地に朝鮮人女性を置いておこうとの意識も見える。

「韓国併合」直後の一九一一年の内務省の「朝鮮人タル芸妓ノ現在調」には、朝鮮慶尚南道出身の張香坡（二一）、李桃香（二〇）、金元桃（二一）、鄭季順（二〇）の四人の女性が、長野県松本市で稼業し、その後群馬県から福島県を経て、宮城県仙台市に入り約一月ほど滞留し稼業、その後ふたたび群馬県前橋地方に向かったとの記録がある（注8）。

また、福岡日日新聞は一九一九年には「福岡県に四千人の出稼ぎ朝鮮人がいて、その中に芸妓が一名あり」と報じた（福岡日日新聞　同年三月二四日）。

前出の一三六頁「日本のほとんどの地域に朝鮮人の芸娼妓酌婦がいた」の表2「日本国内の朝鮮人芸娼妓数」を参照していただきたい。それによると、一九二〇年以前の朝鮮人芸娼妓数の記録はないが、遅くとも一九〇〇年代初には、朝鮮人女性が日本に渡って接客業につくことが始まっていたのである。朝鮮人女性は前述したように、公娼とはされず、私娼として芸妓や酌婦、仲居、女給、女中などの中に存在することになった。

彼女たちは前借金を背負い、雇い主の下で売春を強いられ、性病検査も受けるなど、公娼と変わらぬ境遇に置かれていた。ただし、日本では公娼が一八歳以上であるのに対し、私娼は「芸妓仕込み中」などの名称でより幼い年齢で許可されている。たとえば富山県、石川県、沖縄県、香川県などは見習い、特例などとしてではあるが一四歳で許可されている（「富山県接客業改正取締規則」『廓清』一九三八年七月号二八頁、石川県「芸妓営業制度」同、一九三八年八月号二七頁、沖縄県「県令取締規則」同、一九三九年九月号三四頁、香川県「酌婦、酌婦置屋営業取締規則」同、一九四〇年九月号二八頁）。なかには「酌婦は無制限」（北海道、同、一九三九年十一月号三五頁）、「女給は年齢制限（一六歳未満不可）にかかわらず之に従業することを得」（「富山県接客業改正取締規則」同、前掲号三一頁）、「芸妓、女給の年齢の制限がなく若い子供が客席へ送り出されている状態」（熊本県、同、一九四〇年二月号三五頁）、として年齢制限さえない地方もあり、「一四歳以下の女児が五〇〇人もいた」（沖縄、同、一九三八年九月号三二頁）という地方もあった。また性病対策においても公娼に比して不十分なまま性売買を行わされている者が多かった。公娼制が人身売買であり、女性たちが奴隷状態に置かれているという意識が当時もあったが、私娼は公娼よりもさらに悲惨な状態に置かれていたといえよう。朝鮮人女性の接客業従事者は、このような私娼として存在したのである。

(3) 朝鮮人「公娼」の構想

一九二四年十一月十九日の東亜日報は「日本に朝鮮人公娼許可?」とのタイトルで以下のように報じた。「在日同胞の性的生活のためとの口実で日本内務省は朝鮮公娼を許可する方針」、続けて「内務省通牒を受けた総督府も賛同?」と副題があり、「日本では日本女子以外は公娼の許可が降りず、朝鮮女性も許可されなかったが近来になって朝鮮人が生活の途を求めて日本に渡る数が暫次増えているが、日本で我が同胞の様々な問題が生じるのは性的関係が原因であることが多いとして『性的生活』のためという口実のもとで、日本でも朝鮮女子公娼制を許可しようとの論が生じ、日本内務省では数日前、朝鮮総督府に意向をたずねることまであった」と報じ、総督府もこれに同意するようであると続け、これが実現されれば京城の新町（ソウルに造られた遊廓街）のように「惨酷で哀れな朝鮮女性が日本の都会地や山谷（地方＝筆者）に飛ばされていくことになろう」、と結んでいる（原文ハングル、筆者訳）。

日本の内務省が、朝鮮人労働者が増え始めた一九二四年には、早くも「朝鮮人のための『性解決所』の設置と対策を講じようと、朝鮮総督府に通牒を送った」、という報道である。それは、日本国内で増える朝鮮人の単身男性に対し、朝鮮人の公娼を認めて性的施設を作るために、朝鮮人女性を日本に送り込むように、という内容の通牒であったという。さらに翌年六月一二日の東亜日報は「日本に朝鮮公娼、警視庁ではすでに内定」との見出しで、要旨次のように報じた。

表1　在日朝鮮人男女人口（12月末現在　単位：人）

年度	計	男	女	女性の割合％
1910	2,246	2,023	223	9.33
1911	2,527	2,272	255	10.09
1912	3,171	2,846	325	10.25
1913	3,635	3,256	379	10.43
1914	3,542	3,167	375	10.59
1915	3,992	3,562	430	10.77
1916	5,637	5,020	617	10.95
1917	14,501	12,888	1,613	11.12
1918	22,262	19,744	2,518	11.31
1919	28,273	25,082	3,191	11.29
1920	30,149	26,683	3,466	11.50
1921	32,271	32,033	5,238	14.05
1922	59,744	50,874	8,870	14.85
1923	80,015	67,715	12,300	15.37
1924	118,192	100,429	17,763	15.03
1925	129,870	107,494	22,376	17.23
1926	143,798	116,415	27,383	19.04
1927	171,275	135,714	35,561	20.76
1928	238,104	184,300	53,804	22.60
1929	275,206	205,165	70,041	25.45
1930	298,091	215,633	82,458	27.66
1931	311,247	220,759	90,488	29.07
1932	390,543	265,498	125,045	32.02
1933	456,217	305,999	150,218	32.93
1934	537,695	348,081	189,614	35.26
1935	625,678	390,284	235,678	37.62
1936	690,501	426,551	263,950	38.23
1937	735,689	447,526	288,163	39.17
1938	799,878	485,401	314,477	39.32
1939	961,591	583,650	377,941	39.30
1940	1,190,444	742,452	447,992	37.63
1941	1,469,230	917,854	551,376	37.53
1942	1,625,054	1,032,718	592,336	36.45
1943	1,805,438	1,168,608	636,830	35.27
1944	1,901,409	1,216,247	685,162	36.03
1945	1,968,807	1,273,227	695,580	35.33

出典：田村紀之『内務省警保局調査による朝鮮人人口』（「経済と経済学」第46号、1981年）から

注）1910～1923、1926、1929、1930、1943～1945年は同氏の推計

「廃娼論が主張される現在にあっては問題のようだが、警視庁では朝鮮人公娼を貸座敷業とは異なる形での許可を内定しているもようだ。警視庁では日本に住む朝鮮人男子は増える傾向で一一万人を超えたが、女性はその一〇分の二にも満たない。その許否と方法については総督府と相談中であり、許可されたとしても日本の業者には助けにならない」（原文ハングル、筆者訳）。

単身の在日朝鮮人男子に比し、女性の数が少ないので朝鮮人女性にも「公娼制」を実施してはどうかと検討しているという報道である〔表1〕。遊廓や貸座敷などの「性解決所」が男子労働者には必要だとの発想から上記のような対策が考えられたのであろう。重ねての対策検討はかなり具体性をもって施策が進められようとしたのではないかと推測される。こうした対策が早くも一九二四年に検討されていることに驚かされる。この構想は結局実現することはなかったようだが、一九三八年の国家総動員法により、朝鮮人労働者が多数戦時動員されて来るようになると、彼らが動員された炭鉱や大規模土木工事現場、軍需産業、軍需工場などでの「性問題」解決にさまざまな対策がとられていくようになった。

2 朝鮮人接客女性の状況

在日朝鮮人女性の職業は、おもに紡績工などの労働者や、農業などに従事していたが、接客業はその二、三番目の位置を占めてきた（注9）（第二章一三三頁参照）。その人数はどれぐらいなのだろうか。戦前の在日朝鮮人に関する統計は内務省警保局が担当していた。しかしこの統計もいくつかの問題があり、正確に人数を把握するには困難さが伴う。いくつかのデータを紹介してなるべく正確な人数に迫ってみたい。第二章一三六頁の表2を見ていただきたい。

(1) 接客業に従事する朝鮮人女性の人数

まず、内務省警保局の統計によると、一九二〇年には五二人であった「料理屋及下宿業と芸妓」が一九二五年には「客商売と芸娼妓」として千人を超え、一九三四年からは「接客業者」として五千人台を数えるようになった。以後、一九四二年まで四千人台の数字が続いている。接客業者の項目には、営業者も含まれていると思われ、芸娼妓酌婦のみの数字は不明である。しかし、一九二三年、一九三四年を契機として三四年以降は一気に人数が増えていったことがわかる。一九二五年前後は関東大震災の復興工事などで朝鮮から多数の労働者が渡日したし、一九三四年は軍需産業などの景気の影響が考えられる。

同じ内務省の社会局の調査による統計「芸娼妓酌婦女給の本籍地並稼業地別人員調」(一九三五年)では朝鮮人女性は一七三五人となっている〔表2〕。警保局の同年調査では五六二五人と統計がとられており、警保局調査には接客業者が含まれているとはいえ、その差はあまりに大きく、正確さについては検証しなければならない。

現在、もっとも実態に近いのではないかと思われるのが、国勢調査での統計である。同調査の一九三〇年と一九四〇年を比較してみると三〇年の「内地」朝鮮人芸娼妓・女中数は一七〇九人、四〇年は二八二三人となる。とくに四〇年の統計では、その二十一原表に在日朝鮮人の職業、職種、性別、年齢、地域などが詳細にまとめられていて、内地のほとんどの地域に朝鮮人接客店があり、一〇代の年若い朝鮮人女性が従事していたことがわかる(第二章一四二〜一四四頁参照)。

内務省警保局は一九二五年から、接客業につく朝鮮人女性と接客業者の日本へ

表2　内務省社会局1935年調査による在日朝鮮人女性の芸娼妓酌婦女給人口

名　称	人　数
芸　妓	25
娼　妓	12
酌　婦	960
女　給	738
合　計	1735

出典:樋口雄一「朝鮮料理店と「産業慰安婦」(『海峡』16号、1992年12月)より

の出入国の統計もとっていた〔表3〕。統計がとられていない年度もあるが、これによれば一九三四年まで二桁の人数であったものが、一九三五年には百人を超えておよそ四百人に増え、翌年には入国者数が二千人を超す大幅な増大となった。以来、千人台を下ることなく増えていくが、とくに多いのは一九三九年から一九四一年にかけてである。三九年には八千人以上が日本に渡ってきた。ちょうどこのころに朝鮮人労働者の戦時強制動員が始まっている。また、一九四一年には、入国者数六六二三人に対し、出国者数は八〇五七人となっていて一五〇〇人余りも出国者数が多く、朝鮮から日本を経由しての日本軍「慰安婦」の移動とも無関係ではない可能性が推測される。いずれにしても戦時体制が強まり、朝鮮人労働者の戦時動員が始まっていく一九三〇年代後半から、多数の女性たちが朝鮮から来ていることがわかる。

表3　芸娼妓酌婦・接客業者の日本入出国

年	名　称	入　国	出　国	残　数
1925	客商売	5	14	-9
1930	酌婦	31	33	-11
1931	〃	10	9	-10
1933	芸娼妓及酌婦	44	23	11
1934	芸娼妓酌婦	17	27	1
1935	接客業者	388	563	-174
1936	〃	2072	1904	-6
1937	〃	2910	2563	341
1938	〃	3004	2419	926
1939	〃	8389	4811	4504
1940	〃	6393	5822	5075
1941	〃	6623	8057	3641
1942	〃	4013	4039	3615
1943				
1944				
1945				
合　計		33899	30284	3615

出典：内務省警保局「社会運動の状況」の「内地出入朝鮮人職業別調」から作成
注）1937年からは入国は「渡来」、出国は「出発」と表示されている

(2) 朝鮮から不法な連行も

では当時の朝鮮料理店の状況と、そこで「接客婦＝私娼」とされた朝鮮人女性たちはどのような状況に置かれていたのであろうか。

カラフトの例をとってみよう（第二章一一九頁参照）。資料は一九二七年一〇月に出された樺太庁警察部の『樺太

在留朝鮮人一班』（朴慶植『朝鮮問題資料叢書第十二巻』「日本植民地下の在日朝鮮人の状況」四四三頁、アジア問題研究所、三一書房、一九九〇年）である。

ここには一九二四年から一九二七年までのカラフト在住朝鮮人の職業統計が出ている。一九二七年統計によると、貸座敷三、料理屋四一に娼妓四、酌婦二三〇人で合計二三四名がいた。これは労働者八九一名に次ぐ、二番目に多い人数となる。また同資料の三節「料理屋貸座敷及芸妓娼妓酌婦」では、カラフトでの接客業の状況を詳述し、同地では労働者がもっとも多いが、つぎに多数を占めているのは料理店営業者及び芸妓、娼妓、酌婦でありその総数は二八五名になると報告している。一九二二年に大泊で料理屋が始まったのを嚆矢として以来「北樺太、北海道あるいは朝鮮内地より後続渡来し」たという。「彼らの営業方法の巧妙なると、酌婦の従順にして本邦人酌婦に比して美人多き結果」、「ついには朝鮮内地より盛んに酌婦を連れ来り。非常なる勢いを以て其の数を増加し」たと述べている。女性らが朝鮮から連れてこられていることを明らかにした。

さらに、「なおここに注意すべきは、彼ら酌婦はいずれも朝鮮人料理屋に寄寓し、その寄寓の場所において営業するものにして、その名義は酌婦なるもその行為はまったく娼妓と異なることなく、その客を遊興せしむる方法またまったく遊廓と異なることなし」として、彼女らは酌婦＝私娼であるが、娼妓とまったく変わりない行為をしていると報告した。

もっとも営業店の多い大泊では「軒を連ね、朝鮮料理屋なる看板を掲げ、本邦人営業者と相ならびて堂々たる経営ぶり」で、「その状あたかも遊廓のごとく、朝鮮人酌婦は娼妓のごとく、張店はなさざるも、いずれも通行人の見透し得る場所に出没して、客の登楼を待ち、登楼客のあるや、娼妓と同様、ほとんど公然売春行為をなすものなり。なんとなれば彼ら酌婦はその一、小部分を除くのほか、邦語を解せず、わが俗謡を知らず、三味線を弄せず、淫を売る以外に客を遇する方法を知らざるなり。しかしてその遊興費は最低三円五〇銭の安価なるを以て、本邦人労働者等に迎えられ、本邦人酌婦に比し、多数の誘客を吸収しおれり」と書き、遊興費の格安であることを隆盛の原因にあげた。「若い美人」多く、安価な朝鮮人女性のいる朝鮮料理店はおおいに繁盛したのである。

ところが豊原在住の朝鮮人料理店経営者が、朝鮮から二五人の女性を数百円で抱え来たところ、一九二五年七月の酌婦営業許可制限により酌婦営業許可が下りなかったことに対し「差別的取り扱い」として、豊原警察にあてて業者名による請願を同年八月二七日に提出した。これに対し豊原警察署長は「内鮮地方より渡来の稼業婦の身元はこれまで調査によれば成績不良にして許可条件に適合すべきもの少なし」と諭示した。

つまり、朝鮮料理店に従事した女性たちの多くが朝鮮から直接連れてこられていたこと、また、「成績不良・許可条件に不適合」との指摘は、女性たちの就業に際しては、詐欺や甘言、誘拐あるいは文書偽造や年齢条件無視などの不法行為が少なからず横行していたことを示唆している。

この後、朝鮮人業者側の陳情書と樺太庁や豊原警察部とのやりとりが重なるが、その中で「大正一一年に大泊に朝鮮料理屋を開業以来、業界では『薄利多売主義』をもって暴利乱費をいさめた、大正一四年まで、朝鮮婦人の酌婦は無制限に許可された、激甚なる大泊の発展に酌婦の需要が拡大し、酌婦不足に陥っている」と業者は陳情、樺太庁は「無許可酌婦の存在は町村の徴税にも支障あり（無許可の接客婦からは登録金などが徴収できない＝筆者）」と答えている。

「薄利多売」とは女性たちに対し物のような扱いを思わせる言葉だが、いかに朝鮮人女性らが人数の制限なく故郷の地から連行され、休む暇もそこそこに低賃金で、酷使されたのかをうかがわせる。また、樺太庁警察部が税金に関して触れているのは、料理店などが税金の貴重な財源であったことを物語るものだ。

この陳情の顛末に続いて同報告書は「酌婦」の項を設け、「彼らは朝鮮人料理屋の増加に伴いて増加し、いずれも醜業を営むを唯一の目的にするものにして風俗上支障あること言を待たざるところ」と、女性たちを「醜業婦」視し、「彼らはいずれも三年ないし五年の年期契約にて雇われ、…前借金は三百円乃至千円…いずれも性温順にして利欲の念を離れよく主人のために働く…彼らは一般に素養なく、無智の者多く現在の境遇に不満を抱き早く自由の身とならんことを希望するが如き者なくただ無意義に活動しおり、自然年期の至るを待つもののごとし」と、雇用主の下で「無為のままその日を過ごしている」と差別的に書きとめている（朴慶植、前掲書、五一二頁）。

一方、「内地」ではどうなのか、大阪の状況を見てみよう。大阪は戦前・戦後をとおして、在日朝鮮人人口がもっとも多い都市である。一九三〇年代には在日朝鮮人の集住地区としての「朝鮮部落」が形成されており、朝鮮料理店もこうした集住地区との関連の中で、次第に増えていったと思われる。

「…最近この性の問題に関して社会の注意を惹起したものに、北大阪天六交差点西北側にある活動常設館千代田館裏の俗に朝鮮人町と呼ばれている私娼窟があった。同所は約四百坪ほどの広場で…（中略）…これらのほとんど全部は朝鮮料理喫茶店などで曰く『釜山屋』曰く『豊島屋』等の看板を掲げ、一七～八歳の年若い仲居を二、三年の年期で百五十円乃至二百円程度で朝鮮から雇入れ、仲居の数も六〇名に達する程の繁盛振りで、表面は飲食店を開業していることになっているが、一歩この町に足を踏み入れると、これが大阪だろうかと疑われるほど扇情的空気を醸成していた。間口一間乃至一間半ばかりのバラックが両隣りに目白押しに立ち並び、その店頭には白い朝鮮服を着た朝鮮娘が黄色い声を張り上げ、怪しげな内地語を操って内鮮人嫖客の袖を引く。外部からこれらの建物をながめると総てが平屋建になっているが、内部に入ると何処に其うした場所があるだろうかと思われるような中二階が二間、それも一畳半か二畳敷位の小間に仕切られ、階下は入口が一坪乃至一坪半の土間に奥が三畳位の間取に造られ、そこに怪しげなサービスが行われていた。（「朝鮮人労働者の近況」大阪市社会部労働課＝社会部報告一七七号、一九三三年。朴慶植『在日朝鮮人関係資料集成』第五巻、八〇九～八一〇頁、一九九一年、三一書房）

大阪でもカラフトと同じように女性たちは朝鮮から連れて来られている。一九二〇年代の終わりには、料理店で売春させることを目的として朝鮮人女性を誘拐したり、騙したりする者がいて、朝鮮から連れてきた女性たちを「性売買業」へと送り込む組織や仕組みが形成されていたのではないだろうか。教育の機会から疎外された朝鮮の少女や貧困家庭の娘などが、甘言や詐欺による人身売買、誘拐などの手段で接客業に従事させられていた可能性が考えられる（第一章七七頁参照）。「怪しげな内地語を操って」とはいかにも差別的な表現だが、顧客に日本人がいたことを物語っている。

一九三六年六月の特高月報は、大阪在住朝鮮人の同化策実施と朝鮮料理店飲食店について触れ、これらの店舗は「諸悪の弊害多きをもって厳重取締を励行し、違反者には営業停止処分、悪質なものは送還する」と、送還まで含む厳しさで取り締まっていたことを記した。このころは、都市や、朝鮮料理店の集中している地方での統制と取り締まりはかなり厳しかったのではないかと思われる。

しかし、在日朝鮮人側からも、こうした人身売買や性搾取に抵抗する動きもあった。心ある在日朝鮮人の中には、人身売買を告発する言論も現れた。一九三五年から三六年にかけて大阪で発行された「民衆時報」（ハングル版）には、在日朝鮮人と思われる「扶桑雅夫」の名で、「人肉市場を撲滅しよう」との記事が掲載された。そこでは人身売買を「人肉市場」とよび、「ほとんど合理化されているが如き人身売買こそ、我々がいかなる方法をとろうとも一日も早く根絶しなければならない」と主張し、朝鮮人女性の人身売買が横行する日本社会に警鐘を鳴らした。

また、秋田県や福岡県などでは、料理店での虐待や営業者の横暴に抗議して警察に訴え出た朝鮮人女性の存在が確認されている（『廓清』九―一〇〇五、一九二八年一二月号、二二頁）。

(3) 朝鮮人接客女性の差別的状況―前借金、賃金、年齢、待遇

朝鮮料理店などで働かされた女性たちの待遇はどうだったのだろうか。女性たちは「性売業従事者」という蔑視の上に、朝鮮人であることで差別を受けている。「無智、教養がない、日本語も解せず、三味線もできないので淫を売ることしかできない」、「怪しげな内地語を操って」、「怪しげなサービスが行われていた」、などといった蔑視がついて回ったのは言うまでもない。

具体的には賃金を見てみよう。

内務省社会局が一九二四年に調査した「朝鮮人労働者に関する状況」（朴慶植前掲書、第一巻、四九六頁）に「内地人」と在日朝鮮人の賃金調査が載っている。それによると「朝鮮人労働者と内地労働者との賃金等比較調」で「大部分朝鮮人は内地人に比し一割乃至六割の差額を有し、各地平均せす内鮮両者において約二割は優に差異あるが如し」と自ら認めているように、男女、職種を問わず、多くの労働現場で差別的な賃金体系が横行していた。

統計数が少なく、男女別が明確でないが、表4は接客業に関してまとめてみたものだ。業種の名称は各地で異なっている。埼玉県の「料理店雇人」は朝鮮人の最高と最低が不明で普通のみ記され、岡山県の「旅舎飲食店業」はもっとも低賃金で、最高でも0・55円、最低0・3円（1・30円と書かれているが明らかな間違いであろう）であった。愛媛県（＊愛知県と誤記されている＝筆者）は比較的高賃金であるなど地域によって差があるが、いずれにせよほとんどの賃金が日本人労働者に比べて格差をつけられ、差別的に設定されていたことがわかる。

一九二七年五月に山口県警察部特別高等課がまとめた「来住朝鮮人特別調査状況」にも朝鮮人男性の労銀は日給1・00～1・80円が最多を占め、平均は1・40円で、女性は0・50～1・50円で平均1・00円弱と記録している。近い時期（一九二五年）の日本人の平均賃金は日雇いが2・10円、大工手間賃が3・50円であるから、それに比して朝鮮人の賃金はおよそ六六・六％から五〇％ほどに過ぎなかった。

前借金も朝鮮人女性は安く売られた。日本人の女性が千円から三〇〇円であっ

表4　1924年、日本の接客業における朝鮮人と日本人の賃金比較（単位は円）

県名		京都	奈良	愛知	埼玉	岡山	＊愛媛
最高	朝鮮人	1.50	0.80	2.00		0.55	2.50
	日本人	3.50	1.00	2.50	1.00	1.00	3.00
普通	朝鮮人	1.20	0.65	1.50	0.50	0.50	2.00
	日本人	2.00	0.80	2.00	0.70	0.70	2.25
最低	朝鮮人	1.00	0.50	1.00		＊0.30	1.50
	日本人	1.00	0.70	1.50	0.30	0.50	1.50

出典：内務省社会局調査「朝鮮人労働者に関する状況」による
注）地方により「旅宿飲食店浴場業」、「料理店雇人」など名称が異なる
統計は「＊愛媛」は「愛知」に、岡山の朝鮮人最低賃金は「1.30」とある

たのに、朝鮮人女性は一五〇円から二〇〇円で売られることがあった。一九二〇年代後半の朝鮮では、日本人女性は一七〇〇円、朝鮮人女性は四二〇円が平均であったという（『Q&A朝鮮人「慰安婦」と植民地支配責任』日本軍「慰安婦」問題WEBサイト制作委員会編、三八頁、お茶の水書房、二〇一五年）。

中外日報の一九二八年二月七日号には、長男の嫁を、たった一〇〇円で料理屋に売った義父の記事が載っている。長男が日本に行って留守の間に嫁を売ったのだが、さすがに一〇〇円で嫁を売ったので新聞記事になったようだ。

一九三二年六月一七日の大阪朝日新聞「南鮮」版は、打ち続く不況のために朝鮮の少女が売られていくと報道、生計のために難民階級の娘たちが工場や女中、子守り奉公などの仕事を求めてくるが、職業紹介所前で待ち構え、少しでも内地語のわかるものや美しい少女とみるとカフェーや食堂に連れて行く、その金額はたかだか五〇円から一〇〇円であると報道した。

「廓清」一九二六年の八月号で、奥村龍三（神戸基督教青年会主事）は朝鮮の京城と仁川の遊廓を訪ね、「朝鮮の公娼について」次のように記している。「私共日本人の眼には、鮮人売春婦が実に可憐に、無邪気に、子供子供しく見ゆるのであります。…そして大して粉飾して居るでなく、白い上下の着物を来て立って居る姿は、決して、日本の娼婦型の婦人とは云へないのです。…この辺の日本売春婦とは、較べものではないのです。それほど、可憐に感ぜられるのです。彼らは大体午後八時から、午前二時まで三円であります（日本娼妓は六円から七円）が其の前借金の低額には実に驚きました。…三ケ年前借二百五十円、三百円が多いのです。まれに四百円、五百円を見受けました、（日本娼妓の前借金は三年千円から二千円でした）しかも鮮人の年齢が、十六歳、十七歳、十八歳と云ふ処であった事です」。

朝鮮人女性は日本人女性に比べ、四分の一から八分の一、ひどい場合は一〇分の一にもならない値段で人身売買されたことがうかがえる。つまり朝鮮人女性は「若い」「安い」という特徴があった（金富子・金栄、前掲書、九六頁）。

楼内での暮らしはどうだったか。各地でのようすは本書の各稿に述べられているのでここでは秋田の例だけをあげてみる。

「虐げられた　朝鮮娘解放せらる　秋田県土崎港町新柳町金時亭こと料理屋申泰壕（四二）は大正十五年五月日本に渡り郡山、山形、盛岡等で開業し、本年三月から現住所で開業せるものなるが、同家の下女張端午（一九）、同李香伊（一九）、張音殿（一七）の三人を、申泰壕が日本に渡るとき各二百円づつで雇い、その後各地を経て金時亭に連れ来り、以来彼女らを酷使し売淫を強い、病気のためこれを聞かぬと殴打したり、引きずり回したりするので、彼女らの体には生傷の絶ゆることとてなく、三度の食物も充分与えず、もらった金までも絞り取る暴虐ぶり」（『廓清』九―一〇〇五、一九二八年一二月号、二二頁。第二章一二四頁参照）。

ここで注目するのはその前借金が低額であり、また、二年前から営業を始めたということは、女性らはそれぞれ一七歳と一五歳であり、幼い年齢で売春させられていたのである。

このように、接客業の朝鮮人女性らは「売春婦」としての虐待を受けたうえ、前借金や賃金、さらに「言葉が通じないので淫を売るしかない、無智、教養がない」など民族的な差別も受けていた。

3 政府の「特別慰安所の適宜処理」方針

(1) 国家管理売春の変容

一九三八年に国家総動員法が公布されると、管理売春制度も変容していった。

第一は性病予防策の強化策である。戦線からの帰還兵により性病が蔓延したことや、「人的資源＝兵と労働者」の確保のため、いっそう性病予防は重要な課題となっていった。日本政府は一九三八年に厚生省を設立、性病予防のため同年四月二〇日に勅令を出して花柳病予防法の全面実施を決定した。本来、花柳病予防法は一九二七年四月に公布され、翌二八年九月から第二条、第三条を除いて施行されていたのだが、この全面実施により二条、三条が新たに施行されることになった。二条、三条とは公共団体が「業態上、花柳病伝染のおそれがあるもの」を対象にした診療所を開設し、国庫で補助するという条項であったが、財政的な理由からそれまで施行されていなかった。

ところが日中戦争が勃発し、帰還兵士による性病が蔓延するのではないかという憂慮から厚生省はその施行を決定したのである。これは私娼の性病検査を義務付けるもので、私娼も公娼と同様に強制的に検査を受けることになった（藤野豊「日本ファシズムと性病―いわゆる『従軍慰安婦』の前提」五五頁、『季刊戦争責任研究』第二二号、一九八八年）。これにより各地の行政官庁は、軍事上重要とされた地域に性病診療所を開設し、診療費を補助した。また、業者らに自衛の保健組合を作らせ、性病検査の徹底と業者の自主管理による管理売春の統制をはかっていった。

第二には、戦時の国民精神総動員運動策として遊興業の取締りと統制の強化と転廃業を進めていったことだ。内務省警保局は「風俗に関する営業の取締に関する件」（一九三八年五月一九日）を発し風俗業への取締りを通牒した。新規営業の不許可などである。戦時下の非常時に遊興にふけるなどとんでもないということであろう。しかし実は、料理店、飲食店、宿屋などの名目上の貸座敷類似業態の存在を認めたうえ、「特別の事情があり」「必要やむを得ざる場合」は新設拡張を認める内容となっていた。その上、「斯る取締は動もすれば其の度を失し苛酷に流れ、非常識の譏りを招くの惧れ多く却って逆効果を生むが如き結果に陥るの虞尠からざるものあり」として、取締には「緩急宜敷きを制する取締」の必要が求められた（藤野豊『性の国家管理』一四四頁、不二出版、二〇〇一年）。つまり取締りには手心を加えよということである。

これに応じて各地の警察は、性病検査の徹底と性買売への管理統制を強化するという目的のため、接客業者らの組合作りを促進させた。政府や地方行政、警察が直接手を下さなくても、業者の組合を通じてこれらの管理売春を統制することができるからだ。
たとえば、北海道では一九三八年三月に業態別組合の保健組合を作らせたが、朝鮮人業者には「半島人の結束機関としての自治組合＝札幌保全自治組合」を作らせている（西田秀子、二〇頁。本書第三章一九一頁）。西田は「これで芸妓、酌婦、雇女を含む広範囲の検黴網が敷かれ、国家による安全な『管理売春システム』が総動員体制によってより強固な段階へ進んだ」、「警察や行政、ひいては料理屋を利用することで労務対策としたい企業も、業者によって酌婦らを管理し、性病の検査・診療を徹底さえすればよいということになるからだ」と指摘した。

さらに戦争が泥沼化していった一九四四年になると、「高級享楽停止に関する具体的要綱」（二月二九日閣議諒解）が出され、高級料理店や高級待合などの転廃業が指導されていった。しかし、同要綱は「下級待合については名称を排しその実質を慰安的のものたらしめ」、「芸妓置屋、芸妓にして慰安的営業に必要なるものはその名称を改めて営業せしむる」との規定を設け、「下級の慰安的」施設には営業を継続させたのである。高級・下級の区別の判断は地方長官に一任された。警保局長の町村金吾は「一般大衆の安価なる享楽娯楽をも払拭せしむるが如き、行き過ぎを厳重に戒め」て、取締りの行き過ぎにくぎを刺した。遊廓や料理店などでの贅沢な遊びは禁止となって、飲酒を禁じられた「集会所」に転業させられたが、その一方で、芸妓・酌婦など私娼による「下級」で「手軽」な「慰安」はその買売春の場を拡大していくことになった。

東京の最大の遊廓地であった江東区の洲崎遊廓は、一九四三年に石川島造船所の徴用工員用の宿舎とするため施設一切を引き渡し、立川の羽衣町に三〇数軒が移り住んだ（江東区女性史編纂委員会『江東に生きた女性たち』一五〇頁、ドメス出版、一九九三年）。警視庁は洲崎の休業にともない、娼妓たちにあらたな「売春の場」を推薦している。すなわち「軍需生産工場の多い、蒲田穴守および立川羽衣町の二か所に臨時慰安所を新設し、稼働させた」というのである。警視庁は、あきらかに遊廓を「慰安所」と表現している（警視庁史編さん委員会『警視庁史昭和前編』八二四頁、一九六二年）。同書は続けて「稼働させた結果が極めて効果的であったこと」から、芸妓のうち「比較的下級業態の地域に就業」する者で、「本人が希望すれば稼働を認め生産増強に寄与させる方針を決めた」と書き、「向島、大井、神明町、五反田、渋谷、新井、大塚、王子、尾久、平井、八王子、十二社（新宿＝筆者）、中野新橋、池袋、立川、調布の一七ヶ所に稼働」させた。この処置によりあらたに慰安施設として一四三七人の業者、一五三九人の「接待婦」が警視庁の新規営業として認められたのである。警視庁総務部が一九六八年に出した「警視庁年表」（一三七頁）にも「警視庁管下で休業した業者九、七七五娼妓、芸妓は徴用労務者の慰安婦などに転用、さらに勤労挺身隊を編成、生産面に活用」とある。ここでも女性たちを「慰安婦」と明記した。このような施設は「慰安所」であり、そこに働く女性たちは「慰安婦」であるという認識は、すでにこのころの警察にあったといえよう。

しかし、一方で性買売は「国民の乏しい生活の中で求める、唯一のうるおい」（警視庁史編さん委員会、前掲書、八二〇頁）とする方針は変わることがなく、その根絶がはかられたわけではなかったし、軍需景気の影響で、買春客はかえって増大していった（注10）。性問題に対する国の政策は、性病予防と、強力な性管理による国民の統制と戦争動員の両者を狙うものであったといえよう。

(2) 大きく扱われる朝鮮人労働者の性的犯罪

日本政府は、戦時労働動員された朝鮮人労働者の労務対策として、性問題を解決が必要な事柄として強調し、とりあげていった。多数の朝鮮人が炭鉱や鉱山などに動員されるようになった一九三九年になると、内務省の記録には朝鮮人の性問題や性犯罪に対する記述が多くみられるようになる。

在日朝鮮人を統制・監視していた内務省警保局の「内地在住朝鮮人運動」を見てみよう。

「不良分子は内地出征軍人遺家族婦女と種々好ましからざる関係を惹起し、銃後活動に障害を加えつつあるは誠に遺憾とするところにして、本年中検挙取締りを加えたるものは三十四件（各庁府県の申報の中主要なるものを合計

せるものにして実数はこれより多かるべし）に及びたり」（朴慶植、前掲書、第四巻、一二五三頁）
「更に移住朝鮮人労働者の性に関する問題は各業者共相当考慮を払いつつある模様なるが、朝鮮人労働者の移住せる地方に於いては近隣の内地人が婦女子の独り歩き乃至夜間外出等を差し控うる等これに対し相当警戒心を用いつつある模様（北海道夕張町）あり、斯かる傾向は協和事業の遂行上相当支障を生ずるところなるを以て、妻帯者にして妻の呼び寄せを希望する者に対しては可成希望を容るるよう事業主に対し住宅の設備方を督励する一面、娯楽設備等についてもそれぞれ設置すべく意を用いつつあり」（朴慶植、前掲書、第四巻、一二九九頁）

すでに一九三九年の時点で、朝鮮人「不良分子」や、戦時労働動員された朝鮮人の性問題を取り上げている。この文言は一九四一年まで変わることなく報告されていた。注意したいのは性問題解決のために「娯楽設備等についてそれぞれ設置すべく意を用いつつある」と書いていることだ。産業戦士とされた強制動員朝鮮人労働者を対象とする性問題解決のための娯楽設備の設置を内務省が指摘しているのである。ここにいう娯楽設備とは性問題解決のための、産業「慰安所」にほかならないだろう。

これ以降も朝鮮人の性問題がことさらに取り上げられていった。たとえば一九三九年の特高月報「在日朝鮮人運動」を見ると、風教上問題で検挙された朝鮮人の犯罪を列挙し、そのほとんどが検事局に送致されるか、本籍地への送還という厳しい罰則が科されている。

一九四〇年も前年同様、「移入朝鮮人」の性問題が多発しているとしているが、この年からは家族呼び寄せについて数字をもって触れるようになり、「本年一二月末までに妻子を呼び寄せたるものは五一〇七名（家族持四四二〇名）家族一万二六六四名なり」としている。この家族呼び寄せは内務省や厚生省、企業が朝鮮人労働者への「恩恵」や定着策として掲げたものであるが、十分に実行されたとは言い難い。一九四〇年一二月末までに妻子呼び寄せをしたものは九三〇九名（家族持ち六万四五四〇名中）、家族、二万四二二二名、と記録している（朴慶植、前掲書、第四巻、七一五頁）。家族を呼び寄せられたのはわずか一四％に過ぎなかった。

つづく一九四一年にも「娯楽設備等についてもそれぞれ設置すべく意を用いつつあり」と繰り返し、労働現場で「性的問題解決の設備」を設けるための施策が進められている、と述べた。

さらに一九四二年では、在日朝鮮人学生・知識人をとくに例としてあげながら、「さらに時局下の緊張心を失い、出征兵家族の婦女との関係を惹起し健全なる家庭の波乱を生ぜしむる等のものもある等、銃後国民として誠に忌むべき事端を醸しこれが指導取締りに相当留意すべきもののある実情なり」(朴慶植、前掲書、第四巻、八七〇頁)と、取締りへの留意を強調した。

指導取締りの状況に関しては

「更に移住朝鮮人労務者の性に関する問題は各業者共相当考慮を払いつつある模様なるが、既に内地人婦女子との間に風紀問題を惹起しおり、また農村山間地方に於いては近隣婦女子に対し相当脅威を与えつつありて、内地人婦女子の夜間外出等を差し控えおる地方もある現況なり。斯かる傾向は協和事業の遂行上相当支障を生ずるところあるを以て、妻帯者にして家族の呼び寄せを希望する者に対しては、従来の募集による移入朝鮮人労務者に限りこれを容るるよう、事業主に対し住宅の設備方を考慮するよう勧奨し、輸送関係食糧関係をも併せて考慮し一面娯楽機関等を設置する等彼らに対し相当意を用いつつあり」(傍線は筆者、朴慶植、前掲書、第四巻、九三九頁)。

一九三九年来、ほとんど変わらなかったこの文言が、この年になって初めて変化を見せた。傍線を引いた部分が以前とは異なるところである。日本人女性との風紀問題をより大きく取り上げ、問題とした。また、以前は風紀問題のある地方として北海道の夕張のみを取り上げていたが、ここでは夕張のみならず、各地の山間地域でも、朝鮮人労働者に警戒せよと指摘している。戦時労働動員が実施され、募集や官斡旋で多数の朝鮮人が、「内地」の各地方に広く渡日してくることに合わせてのものであろう。募集した強制動員朝鮮人には家族呼び寄せを勧めているが、あくまでも「募集」で来た労働者に限られており、「官斡旋(一九四二年二月から実施)」された者には家族呼び寄せの言及さえなかった。しかも募集者の家族呼び寄せも、住宅、輸送、食糧関係などの状況が厳しくなっていることから、実際には実現困難となっていたのである。

その一方で、性対策には、娯楽機関を設置するなどをしていて、「相当意を用いている」と記述した。戦時労働動員の始まる一九三九年から一貫して性問題について言及し、動員した朝鮮人労働者を管理・統制する上で性的娯楽機関が不可欠であるとの認識は変わらなかった。

(3) 厚生省、内務省の文書をみる

では、日本の政府は、戦時労働動員された多数の朝鮮人労働者への性問題解決のためとして、どのような対策を講じたのであろうか。明らかになっている公文書などをあげてみる。

まず、厚生省・内務省の連名になるものである。

「特別慰安所(性問題)は其の地方の実情に応じ事業主に於て警察当局と連絡の上適宜処理すること」(「移入労務者訓練及取扱要綱」厚生省発生第十八号一九四二年二月一三日、厚生省生活局長、同労働局長、同職業局長、内務省警保局長名。朴慶植、前掲書、第四巻、一二六五頁)。

同要綱は戦時動員した朝鮮人労働者を「有能なる産業労務者」に育成し、「皇国臣民」に仕立てるための訓練と取扱いを指示したものだ。その第四項「労務者処遇」の第五に、性問題解決のために特別慰安所を「適宜処理すること」を明示したのである。「移入朝鮮人」のために「特別慰安所」を設けよということである。

また、石炭統制会も同年にまったく同様の文書を出している。

「特別慰安所(性問題)は其の地方の実情に応じ事業主に於て警察当局と連絡の上適宜処理すること」(「移入労務者訓練及取扱要綱」長澤秀編解説『石炭統制会極秘文書、戦時下朝鮮人・中国人・連合軍俘虜強制連行資料集Ⅱ朝鮮人強制連行(文書編)』七七頁、緑陰書房、一九九二年)。

一方、いち早く朝鮮人労働者の受け入れに動き、朝鮮人用の産業「慰安所」設置に熱心であった北海道炭礦汽

船（以下、北炭）は、前記の厚生省・内務省通牒より二年以上も前の一九三九年に、すでに訓練要綱を定め、「特別慰安所は実情に即し当局の諒解を得て之を設くることを得」（〈北海道炭礦汽船株式会社、一九三九年〉、加藤博史『戦時外国人強制連行関係資料集』Ⅲ、朝鮮人二中巻、一一一三頁、所収、一九九一年）としていた。この文言は、厚生省・内務省のそれと酷似している。北炭は当初から朝鮮人労働者の管理を「慰安所」をもってあてることを明確にしていた（第三章二〇四頁参照）。

東京鉱山監督局、陸軍省も、「性慾問題」に焦点を当てた問題提起をしている。この文書によれば中国人労働者をも視野に入れた性対策を立てる予定であったことがわかる。

「性的欲望考慮　朝鮮人、支那人娼婦の誘致（棒線による抹消のあとあり＝筆者）」（「苦力管理要綱草案」陸軍省整備局戦備課、一九四〇年三月二二日。鈴木裕子・山下英愛・外村大編『日本軍「慰安婦」関係資料集成〈上〉』五一七頁、明石書店、二〇〇六年）。

「性欲問題　イ、実施鉱山の成果、ロ、結論…方策」（「朝鮮人労務管理研究協議会開催要項」東京鉱山監督局他、一九四三年六月七日、鈴木裕子・山下英愛・外村大編、前掲書、五六五頁）。

在日朝鮮人の統制組織であった中央協和会も厚生省の委嘱を受け同様の文書を出している。一九四二年ごろに出されたと思われる「移入労務者訓練実施の具体的研究」中の「その慰楽指導」の項で、「特別慰安施設は十分研究を要するものなること」とした（朴慶植、前掲書、第五巻、七三二頁）。

一九四四年一二月、内務省は「朝鮮及台湾同胞に対する処遇改善に関する件」を閣議決定し通牒を出した（内務省管理局、一九四四年一二月一九日、朴慶植、前掲書、第五巻、二三頁）。泥沼化した戦争状態の打開を、アジアの人々の「人的資源」をもってあてたいとの施策である。そこには朝鮮人に対する警察の「権力改善」や、一層の皇民化などがうたわれたが、「勤労管理」の項では労働者の定着と逃亡防止措置としての「適切なる慰安等の配慮」の文言は、消えなかった。

一九四四年四月、鳥取県知事の竹島一義が内務大臣あてに送った書簡には、同県の飛行機工場建設に動員された朝鮮人労働者向けに「性問題解決のため半島人酌婦二〇名を導入した」と報告している（「半島人酌婦移入とその稼働状況に関する件」、福井譲『在日朝鮮人関係資料解説』、在日朝鮮人資料叢書七、緑陰書房、二〇一三年）。明らかに行政が関与して朝鮮人労働者のために作った産業「慰安所」である（第三章二五九頁参照）。

このように、国家の「お墨付き」を得て、産業「慰安所」設置は、警察、行政、企業などが一体となって推進していった。

4 「朝鮮人の男性には朝鮮人の女性を」

特高月報などには、朝鮮人労働者による「性的犯罪」が誇大に書かれた。多くは「出征兵士の妻との恋愛関係」であるが、この問題が多数取り上げられているのは、日本人女性として朝鮮人との恋愛関係などあるまじき行為であり、日本人男性の多数が兵士として出征している間も日本人女性は貞節を守らなければならず、朝鮮人との性関係などあってはならないことで、朝鮮人には朝鮮の女を相手にさせるべきであるという性の防波堤論や、大和民族の純血にこだわる優生思想があったと筆者は考える。前述したように、朝鮮人労働者の移住した地域では「内地人婦女子の独り歩きや夜間外出を控えるよう」警察は繰り返し、「内地人」女性に朝鮮人が近づくことを警戒した。一方で、朝鮮人労働者に対しては「娯楽設備の設置」に言及（朴慶植、前掲書、第四巻、七一五頁）、朝鮮人女性のいる接客店などを利用させたいとしていた。ここにいう娯楽設備とは、日本鉱山協会や、労働科学研究所が統計、分析しているように、「性買売所」であり、朝鮮人女性のいる朝鮮料理店、産業「慰安所」のことを指しているといえよう。

また、米国との戦闘状態に入ると、日本の各地は空襲に襲われたが、その際に警察は「空襲の危険性が増大…朝鮮人が強窃盗或いは婦女子に対し暴行を加えるのではないか」と、非常時や災害時に朝鮮人が犯罪を犯すであろうと警戒をよびかけた（内務省保安局保安課〈治安状況について〉一九四四年一月一四日、朴慶植、前掲書、第五巻、一五頁）。

(1)「半島女子がいれば好都合」

大日方純夫は、「許可地への公娼の囲い込みと、私娼の取締り」を根幹とする警察の管理下による近代公娼制の成立の狙いについて次のように指摘している。

「『私娼ヲ禁スルノ術ハ一二ノ区域ヲ画シテ此汚辱ヲ駆集シ、良家ノ子女ト混同セサラシメ、無能ノ子女ヲシテ其貧困ヲ救ウヲ得、無頼ノ子弟ヲシテ其情慾ヲ洩ス所アラシムルニ如カス』（警視総監官房記録課編『警視庁史稿』上巻、一八九四年、八三頁）。公娼制の狙いと、娼妓への侮蔑をこれほどあからさまに語った言葉があろうか。警視庁が具体策として提案したのは、遊廓設置個所の増加、私娼業者の摘発と収贖の不適用であった。そして私娼撲滅策の利点として、第一に、『情婦ノ醜行』が『良家ノ姉妹』を汚染するのを防げる、第二に、梅毒検査によってその『惨毒』が府下にひろがるのを防げる、第三に、犯罪者を摘発するのに便利である（犯人が往々遊廓に潜伏しているからであろう）、などをあげた。警察にとっての公娼制の意義は、まさにここにあった」（大日方純夫『日本近代国家の成立と警察』二九一頁、畦倉書房、一九九二年）。

大日方は内務省警察局が、貸座敷の囲い込みと私娼取締りによる近代公娼制を確立するうえで狙いとしたのは、いわゆる「性の防波堤」として「無能の子女」を「醜業婦」につけて稼業させ、「無頼の子弟」の性のはけ口とさせ、「良家の姉妹」を「守ろう」ということだと指摘した。これは近代公娼制の重要な目的の一つであった。「無頼の子弟には無能の子女を」というこの方針は、戦時労働動員で朝鮮人労働者が大量に移入されてくると、「朝鮮人の男には朝鮮の女を」として適用されたのではないだろうか。

たとえば以下のような認識である。「…従来内地来住者の大部分は単身渡航者である関係上性的犯罪は更に多いようである。（中略）最近に於いては来住朝鮮の男女数の距離が大分接近してきたが従来は男の数が女に数倍する有様であったから、必然結果として一人の女を中心とする数人の男の葛藤または人妻を冒したる者と妻を奪われたものとの間に起こる殺生沙汰等血なまぐさい性的犯罪を頻出したのである。現在においても尚在留朝鮮人男子労働者に対する朝鮮女子の割合は小であり、その上内地人女子にして朝鮮人と結婚したいというような者は例外的にしか存在しないし売笑婦さえも朝鮮人を厭悪するという有様であるから、性的不満は勢い激化して種々の性的犯罪を重ねるに至るのである。」（大阪市社会部労働課、一九三三年、朴慶植、前掲書、第五巻、八〇九頁）

「朝鮮人労働者の性の問題にして、一般内地人花街に於ては朝鮮人労働者の出入を好まず之を拒否しつつある状況なるを以て其の結果は如何なる事端を惹起するやも計られずとなし、之が対策に関しても相等苦慮しつつある模様なり。」（「募集に依る朝鮮人労働者の状況」内務省警保局保安課一九三九年、朴慶植、前掲書、第四巻、一二二〇頁）

「特別慰安所―わかり易く言えば性解決所である。炭山の付近に特殊飲食店として存在する場合が多い。ここに半島女子がいれば好都合である。国語の十分使用できないものは半島女子でなければ気分が出ない」（「炭山に於ける半島人の勤労管理」一二五頁、石炭統制会九州支部、一九四五年五月、朴慶植、前掲書、第二巻、一九八一年、三一書房）

慰安娯楽の一環として「性的問題解決の設備」を設けるようすすめ、そこには朝鮮人女性を置くべきであるとしているのである。朝鮮人労働者に「内地」の女性が近づくことを警戒し、接客業に働く朝鮮人女性をもって性問題の解決を計ろうとの意思が読み取れる。

(2) 戦時期、朝鮮人女性に課された役割

河かおるによれば、戦時期に女性にもとめられた役割は、日本人と朝鮮人との間に明らかな差があったという。アジア・太平洋戦争が激化し、すべての人的・物的資源が戦争に総動員されると女性も戦争に動員された。だが、日本人の女性のうち「家庭の根軸となる女性」はこの総動員から除外された。それは、将来の兵士・労働者を生むための「産む性」として「産めよ、殖やせよ」という役割を担わされたためであった。従って、兵士を生み、労働者を生むための「生殖者」として、労働者よりも「母」としての役割をより重要に求められたのである。しかし、朝鮮ではこうした「多産」のすすめを政策的に奨励したとは考え難い、と河は指摘している（河かおる『総力戦下の朝鮮女性』歴史評論、二〇〇一年四月号、一二～一三頁）。

その背景には、日本政府は朝鮮人が増えることを奨励していなかったし、朝鮮民族をはじめ「外地人口」を抑制することで、「大和民族」の増殖を図ろうとする人口政策があった（高崎隆治編『十五年戦争極秘資料集』第一集、龍渓書房、一九七六年）という。したがって、人口増加につながるとされる「母子保護法」や「国民優生法」は日本では施行されたが朝鮮では施行されなかった。「植民地女性に対しては、産む母たることを奨励しない一方で労働者・娼婦として動員することとひきかえに、内地女性に対しては、産む母たること、良き妻たることを奨励していた」、朝鮮人女性には「労働力」、「娼婦」としての役割が求められたとして、近代日本の性と生殖に対する抑圧体制は「公娼制度→軍『慰安婦』は朝鮮人女性に対し、堕胎罪体制→極端な出生増強政策は日本人女性に対し集中的に発動した」と河はのべている（河かおる、前掲書）。

具体的な相違点を見てみよう。一九四一年一月の閣議決定「人口政策確立要綱」では、日本人女性に対しては婚姻年齢をおおむね三年早めること、一夫婦の出生数は平均五児とすること、積極的な結婚の紹介、学校制度と人口政策との関係考慮、母性の国家的使命の認識強化、多子家族などへの配給優先・経済的援助、妊産婦乳幼児

保護制度の樹立、避妊・堕胎の禁止などを決めた（赤沢史郎・北川賢三・由井正臣編『資料日本現代史 12』、三五七頁、大月書店、一九八四年）。結婚を奨励し、「産めよ殖やせよ」を推し進めていく政策である。

一方、朝鮮人女性への対策はどうか。植民地最末期に朝鮮統治に関する試案として書かれた内務省の文書を見ると、「朝鮮民族は可及的少数なるを適当」とするが、すでに多すぎるので「一部移住、増加抑制」するとし、具体的には「婚礼年齢をあげる、女子は三年、男子は五年上げる、二〇歳以下の結婚はさせない、女子勤労の奨励、男子の単身出稼ぎの奨励、抑制方策に即応する優生法の施行」などが掲げられた。明らかな人口抑制策である（「朝鮮統治施策企画上ノ問題案」水野直樹編『戦時期植民地統治資料』第七巻、一七九頁、柏書房、一九九八年）。日本人女性と朝鮮人女性への対策の違いがわかる。朝鮮人女性は労働現場へと誘導され、日本人女性は生殖のため、家庭へと導かれていくように企画されていたと、河かおるは指摘している。

(3) 兵力、労働力に「外地民族活用」策

この時期の日本の人口政策はどうか。前出の「人口政策確立要綱」では、どのように「日本帝国」内の人口構成を配分するかが述べられている。

それによれば「内地人口に就きては（中略）昭和三五年総人口一億を目標とす　外地人口に就きては別途之を定む」「東亜諸民族に対する指導力を確保するため其の適正なる配置をなすこと」などとされた（赤沢史郎・北川賢三・由井正臣編　前掲書　三五七頁）。しかし外地人口についての具体的な提案はなされなかった。つまり大和民族の「量的及質的の飛躍的発展」と「東亜」への送り込みが皇国の使命であるとされ、外地人口は増殖の対象外であった。そして兵力、労働力としての「外地民族の活用」が「我が人的国力の消耗を回避」する方策としてあげられている（高崎隆治編　前掲書）。「消耗」の激しい兵士や労働者には外地民族を使用することで、大和民族の消耗を減らし、人口を増大させようというのである。

女子に関しても言及がある。日本人の女性については「女子有業率の増加には相当の困難を伴うの事情を推測すべし」として、女子のこれ以上の動員は大和民族の「人的国力」上、好ましくないとの流れの中で、「外地民族就中朝鮮人をこの目的のため活用する」必要を力説している。また同文書は、朝鮮人が大量に「内地」に渡って来るようになると、「朝鮮が植民地でなくして、逆に内地の朝鮮の植民地化」が起きていると憂慮している（厚生省研究所人口民族部調「戦争の人口に及ぼす影響」四八四頁、一九四二年）。また内鮮通婚による混血増加は「過度の内鮮一体論及び創氏改姓（ママ）に基く悲劇的側面」であり、内鮮一体政策は是正すべきであるとした。

朝鮮人の同化のためには朝鮮民族の数をなるべく少なくするべきで、先に述べた人口抑制策など、様々な対策をとったうえで、それでも増加したらカラフト、南洋、大陸、など「内地」以外へ移住させる、といった方針が書かれていた（水野直樹編、前掲書、第七巻、一七九頁）。

日本政府が、植民地支配とアジアの盟主たらんとして大和民族の増殖を図り、外地人口である朝鮮人人口の増加を恐れ、その減少を図ろうとしていたこと、「内地」の朝鮮人が一定の勢力や人口を持つことに危惧を抱いていたことがわかる。朝鮮人の人口増加につながるので朝鮮人女性にはなるべく母となることを避けさせたかったのであろう。

日本政府のこうした施策が、朝鮮人労働者には朝鮮人の女性による性問題の解決を計るという方針による産業「慰安所」を生んでいった背景の一つにあったのではないだろうか。

(4) 朝鮮人は「出稼ぎ」

戦争の長期化と泥沼化のもとで兵力と労働力がひっ迫してくると、政府は植民地の人々を、兵力・労働力の「人的資源」とみなし、労働動員だけでなく徴兵制をも実施していった。いまや、朝鮮人は欠かせない労働力であり、さらに兵力の「源泉地」ともなった。政府は朝鮮人の「融和・同化」をはかるとして一九三六年来、各地に協和会を結成させていたが、協和会の実質は警察の特高刑事課が掌握しており、朝鮮人への統制、監視機関であった。また「同化・融和」策というのも、日本名を名乗らせ、朝鮮語を禁止して日本語を使わせ、服装や習俗など文化的要素の日本化を強制する「皇国臣民化」にほかならなかった。

政府は戦時労働動員に限り渡航制御を緩和したり、企業は労務管理や契約期間延長などのための福利設備の設置や家族呼び寄せをはかるなどの対策を迫られた。しかしこのような対策もほとんど実行されなかった（注11）。

朝鮮人労働者が産業に欠かせない労働力となったとは言え、政府当局はかれらの定着を嫌っていたし、あくまでも出稼ぎ労働者として一時的に活用するものであり、必要がなくなれば帰郷させる存在（外村大『朝鮮人強制連行』五〇頁、岩波書店、二〇一二年）ととらえていた。都合よく使い、要らなくなれば送還と考えていたのだ。

先に触れた「厚生省研究所民族部調」には「内地在住朝鮮人を内地に安住せしめず戦争終了後は送還する『出稼』としての観念を明瞭にせよ、朝鮮人をニューギニア島の不毛地の開拓に移住せしめ、過度の内鮮一体論は内地人が朝鮮人に圧迫されているので是正せよ」などの在日朝鮮人の定住をはばむための防止策が提示されている。

では、日本に渡ってきた朝鮮人労働者に対してはこのように「出稼ぎ」労働者として都合よく使う方針であったのに対して、「外地」に働く日本人にはどのような施策が提案されていたのだろうか。厚生省のこの文書の続きを見てみよう。

「なにより移植民に対し指導民族としての自負心を以て接触せよ」と、現地の人民に対する優越感を強調し、「配偶者を可及的に伴え、雑婚・混血児の防止、二世を日本留学させよ、慰安・衛生に特に気をつけよ」（厚生省研究所民族調『大和民族を中核とする世界政策の検討』二三四七頁、復刻版第七巻、文生書院、一九四三年）などといった対策が並べられた。戦時労働動員された朝鮮人には、家族呼び寄せも名目程度にしか実行しなかったが、外地に出る日本人には家族を伴っての渡航をすすめ、衛生に気を付けること、混血児を生んではならない、子弟には日本人としての教育を受けさせるため現地での学校に送らず、日本の地で学習させよ、とクギを刺しているのである。

「衛生に気をつけよ」とは、病気のこととともに、おそらく現地での買春行為を見込んで、性病への警戒を指しているのであろう。ここには植民地支配者として「大和民族の優秀性」による他民族への支配を当然視するおごりや差別感、ダブルスタンダードがありありと見てとれる。

おわりに

戦前、植民地支配された朝鮮から多数の朝鮮人女性が日本に渡ってきた。その数はおよそ八〇万を超えるといわれている。多くは教育の機会を持てなかった農村出身者であり、きわめて限られていた日本での職業のうち、朝鮮料理店などの接客業に従事する女性が少なくなかった。こうした接客店で働く女性は一九〇〇年代から見られ、三〇年代には急増する。年齢は一〇代の年若い少女とも呼べる女性が多かった。彼女たちは劣悪な状況下の私娼として扱われ、統制機関である警察からも「醜業婦」「無為な生活者」「淫を売るほかなし」などと賤業視されていた。日本名を名乗らされる場合が多く、賃金や前借金などでも差別された。戦時労働動員がはじまり、朝鮮人労働者の管理統制に利用するために産業「慰安所」が作られると、彼女たちもここに動員されていった。

産業「慰安所」が、日本政府の政策により、作られたものであることは厚生省・内務省の文書で確認できる。政府のこのようなお墨付きがあったから、各地の行政や企業も一体となって、安易な「娯楽、慰安策」として「慰安所」を作っていったといえよう。

さらに、朝鮮人男性には朝鮮人女性をもって性問題を解決させるという方針には、朝鮮人から日本人の女性を「守る」という「性の防波堤論」とともに、植民地民族への差別感、大和民族の優越性を誇示しようとする優生思想もあったのではないかと筆者は考えている。

注

（1）樋口雄一「朝鮮料理店女性と『産業慰安婦』」（『海峡』16号、一九九二年）、西田秀子「戦時下北海道における朝鮮人『労務慰安婦』の成立と実態」（『女性史研究ほっかいどう』創刊号、二〇〇三年）、金優綺「資料紹介　総力戦体制下の北海道炭鉱・鉱山『慰安所』」（『季刊戦争責任研究』七一号、二〇一一年）、鄭鎮星『日本軍の性奴隷制』（論創社、二〇〇八年）、高麗博物館『朝鮮料理店・産業「慰安所」と朝鮮の女性たち』（二〇一七年）。韓国では朴貞愛『戦時下日本地域の「企業慰安所」と朝鮮人「企業慰安婦」に対する真相調査』（対日抗争期強制動員被害調査および国外強制動員犠牲者等支援委員会、二〇〇八年、原文ハングル）などがある。

（2）西田秀子「北海道の産業『慰安所』を調査して―戦時下北海道における『労務慰安所』の成立と実態」高麗博物館歴史講座、二〇一七年一一月二八日

（3）宋連玉・金栄『軍隊と性暴力』一六六頁、現代史料出版、二〇一〇年

（4）朝鮮で「貸座敷娼妓取締規則」が発布され、性売買に関する宿泊所、料理店、飲食店、貸座敷の区別、芸妓、酌婦、娼妓の区別を明確にし、朝鮮での公娼制度を法的に確立した。

（5）朝鮮では一歳若い一七歳が下限とされ、台湾ではさらに若い一六歳とされた。

（6）荻野富士夫編・解題『特高警察関係資料集成、第二四巻、二八八頁、〈特高関係例規集〉復刻版』不二出版、一九九四年。一九〇一年の内務省総務長官名による通牒「外国人ヲ誘致シ娼妓タラシメントスル者ノ取締方ノ件＝秘甲第八十一号内務総務長官ヨリ廳府県長官宛」。

（7）荻野富士夫、前掲書、二八九頁

（8）内務省警保局編『公娼と私娼「朝鮮人タル芸妓ノ現在調」』二七五頁、一九三一年

（9）一九四〇年に行われた国勢調査では、在日朝鮮人の女性の職業人口のうちもっとも多いのは「無職」、有職としては繊維産業、農業、接客業の順であった。無職はまったく仕事をしていないのではなく、夫の飯場の賄い、古物商の手伝い、不定期な「土方」などさまざまに働いていたと思われる。

（10）小野沢あかね『近代日本社会と公娼制度』三〇九頁、吉川弘文館、二〇一〇年

（11）　労働科学研究所の「労働科学」一九四二年一〇月号、七四頁。九州地方の炭鉱労務管理者の座談会では、風呂場、食堂など福利設備が不十分なうえ、「朝鮮将棋、朝鮮太鼓などは備えていない」と娯楽関係も極めて貧弱なことが語られている。

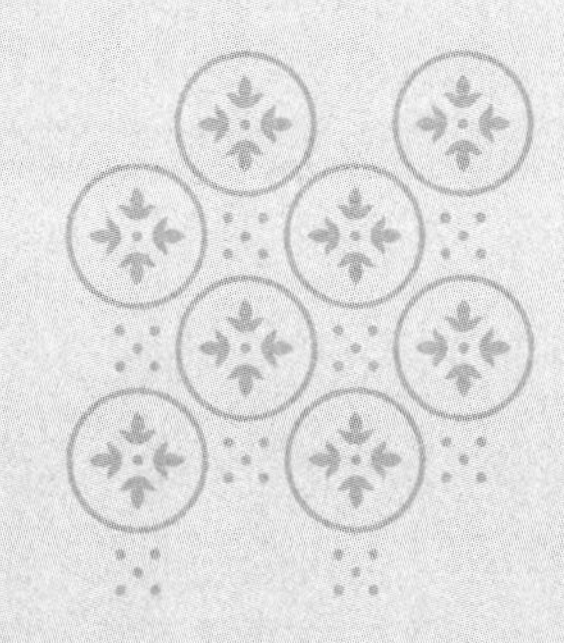

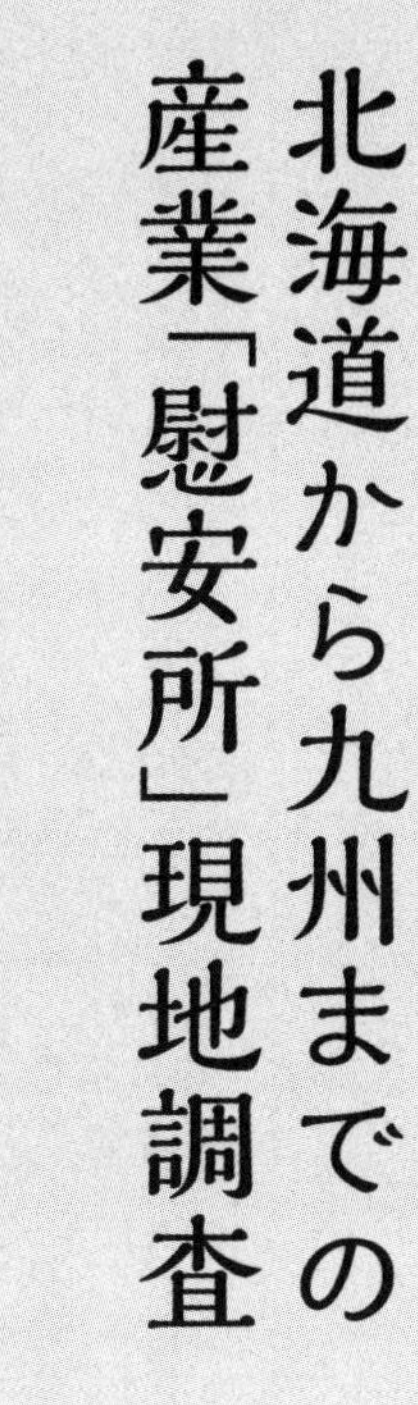

第三章　北海道から九州までの産業「慰安所」現地調査

朝鮮人女性のいた産業「慰安所」MAP一覧

番号	事業所名	業種	道府県名	市町村名
1	昭和電工豊里炭鉱	炭鉱	北海道	赤平市
2	住友赤平炭鉱	炭鉱	北海道	赤平市
3	雄別炭鉱	炭鉱	北海道	釧路市
4	三井芦別炭鉱	炭鉱	北海道	芦別市
5	三井砂川炭鉱	炭鉱	北海道	砂川市
6	北炭空知炭鉱	炭鉱	北海道	歌志内市
7	北炭神威炭鉱	炭鉱	北海道	歌志内市
8	住友歌志内炭鉱	炭鉱	北海道	歌志内市
9	静狩鉱山	鉱山	北海道	長万部町
10	春採炭鉱	炭鉱	北海道	釧路市
11	豊羽鉱山	鉱山	北海道	札幌市
12	三菱美唄炭鉱	炭鉱	北海道	美唄市
13	日曹天塩炭鉱	炭鉱	北海道	豊富町
14	北炭幌内炭鉱	炭鉱	北海道	三笠市
15	住友奔別炭坑	炭鉱	北海道	三笠市
16	大盛鉱山	鉱山	北海道	茅部郡森町
17	住友鴻之舞鉱山	鉱山	北海道	紋別市
18	北炭平和炭鉱	炭鉱	北海道	夕張市
19	北炭夕張炭鉱	炭鉱	北海道	夕張市
20	三菱大夕張炭鉱	炭鉱	北海道	夕張市
21	三菱鉱業細倉鉱山	鉱山	宮城	栗原市
22	入山採炭（常磐炭鉱）	炭鉱	福島	いわき市
23	松代地下大本営	地下工事	長野	長野市
24	海軍藤枝飛行場工事	飛行場建設	静岡	焼津市
25	(静岡二丁町の慰安所)	遊郭	静岡	静岡市
26	久野協発電所	発電所工事	静岡	川根本町久野脇
27	日本鉱業尾小屋鉱山	鉱山	石川	小松市
28	日本冶金大江山鉱山	鉱山	京都	宮津市
29	海軍柳本飛行場建設	飛行場建設	奈良	天理市
30	日産輸送機湖山工場工事	建設工事	鳥取	鳥取市
31	海軍観音寺飛行場	飛行場建設	香川	観音寺市
32	八幡港運	港運	福岡	北九州市
33	日炭高松炭鉱	炭鉱	福岡	水巻町
34	大正鉱業中鶴炭鉱	炭鉱	福岡	中間市
35	貝島大之浦炭鉱	炭鉱	福岡	宮若市
36	麻生赤坂炭鉱	炭鉱	福岡	飯塚市庄内町
37	飯塚所在炭鉱	炭鉱	福岡	飯塚市
38	明治鉱業平山鉱業所	炭鉱	福岡	桂川町
39	明治鉱業赤池鉱業所	炭鉱	福岡	福智町
40	三菱方城炭鉱	炭鉱	福岡	福智町
41	三井山野炭鉱	炭鉱	福岡	嘉麻市
42	新山野炭鉱	炭鉱	福岡	嘉麻市
43	橋上炭鉱	炭鉱	福岡	嘉麻市
44	東邦筑紫炭鉱	炭鉱	福岡	嘉麻市
45	猪之鼻炭鉱	炭鉱	福岡	嘉麻市
46	麻生吉隈炭鉱	炭鉱	福岡	桂川町
47	古河大峰炭鉱	炭鉱	福岡	川崎町
48	豊州炭鉱上田坑	炭鉱	福岡	川崎町
49	豊州炭鉱古長坑	炭鉱	福岡	川崎町
50	古河峰地炭鉱	炭鉱	福岡	添田町
51	三井田川炭鉱	炭鉱	福岡	田川市
52	明治鉱業豊国炭鉱	炭鉱	福岡	田川市
53	鞍手炭鉱	炭鉱	福岡	鞍手町
54	杵島炭鉱大鶴鉱業所	炭鉱	佐賀	肥前町
55	三菱崎戸炭鉱	炭鉱	長崎	西海市崎戸町
56	三菱高島炭鉱	炭鉱	長崎	長崎市高島町
57	三菱端島炭鉱（軍艦島）	炭鉱	長崎	長崎市
58	健軍工事	建設工事	熊本	熊本市

網掛け部分は当研究会がフィールドワークした産業「慰安所」

竹内康人著「戦時朝鮮人強制労働調査資料集（増補改訂版）」2022年 による

30番は福井譲編纂『在日朝鮮人警察関係資料１』緑蔭書房 2013年による

31番は浄土卓也著『朝鮮人の強制連行と徴用』社会評論社 1992年 による

33番と42番は朴貞愛「対日抗争期強制動員被害調査および国外強制動員犠牲者支援委員会」報告2008年による

53番は毎日新聞1939年６月26日

産業「慰安所」は、戦時体制下の一九三〇年代後半から敗戦まで、日本国内に多く作られた。「慰安所」が作られた主な地域は、炭鉱、鉱山、土木工事関係などの国策企業や軍需産業の労働現場付近で、このマップでは朝鮮女性史研究会がフィールドワークを実施した場所と、資料などで確認できた産業「慰安所」を掲載した。なおここでは、朝鮮人女性が働いていた、企業と関連の深い接客店も含め、産業「慰安所」とした。

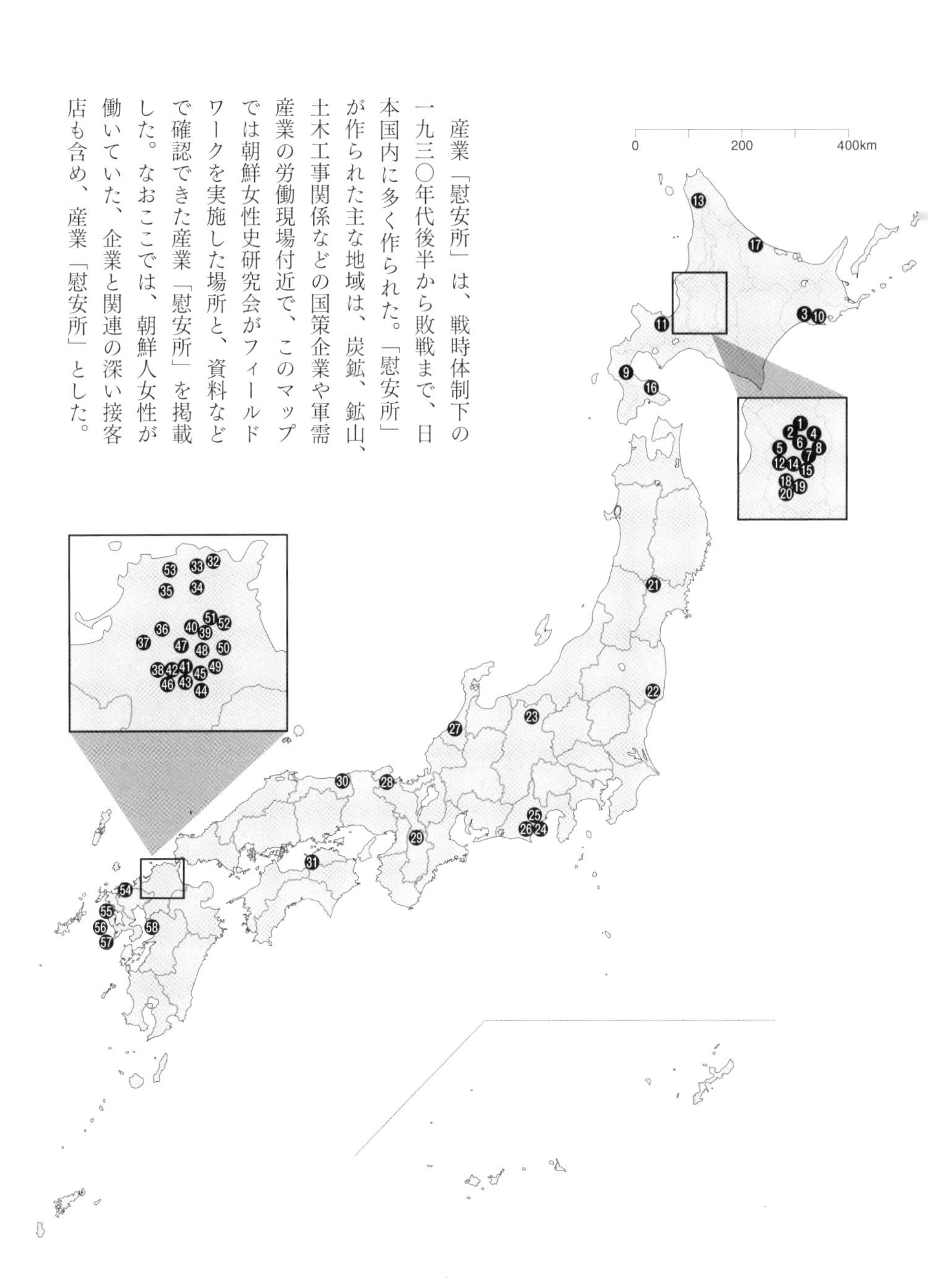

産業「慰安所」を可能にした北海道の状況について

朝鮮人産業「慰安婦」の姿を追う

渡辺泰子

はじめに

北海道の産業「慰安所」を考えるとき、まず取り上げられるのが二〇〇三年に発表された北海道在住の西田秀子の「戦時下北海道における朝鮮人『労務慰安婦』の成立と実態―強制連行との関係性において―」（札幌女性史研究会『女性史研究ほっかいどう創刊号』）（注1）〔図1〕の論文である。この論文は女性をつなぐ総合情報サイトの「ウィメンズアクションネットワーク（WAN）」のミニコミ図書館にも掲載されているのでぜひ読了いただきたい。

女性史研究 ほっかいどう
Women's history in Hokkaido
創刊号　2003年8月

【論文】
[illegible]
戦時下北海道における朝鮮人「労務慰安婦」の成立と実態
―強制連行との関係性において―　西田秀子
[illegible]

【研究ノート】
[illegible]

【活動の記録】
札幌女性史研究会[illegible]年の歩み　札幌女性史研究会　141

札幌女性史研究会

図1
札幌女性史研究会『女性史研究ほっかいどう創刊号』、2003年
出典：「ウィメンズアクションネットワーク（WAN）」のミニコミ図書館 https://wan.or.jp/

西田秀子の論文は北海道の産業「慰安所」の成立からそのシステム・実態などすべての北海道の産業「慰安所」の歴史を調査し、とても重厚なものになっていて、現在もこの論文を超えるものはないと考える。

高麗博物館で二〇一七年企画展「朝鮮料理店・産業「慰安所」と朝鮮の女性たち」の準備段階から西田秀子には全面協力をいただき、成功を収めることができたことは感謝にたえない。企画段階では二〇一六年七月八日から一〇日に、札幌市、夕張市、芦別市のフィールド・ワークの案内をしていただき、聞き取り・資料調査などを実施することができた。

同じテーマで金優綺が二〇一六年に発表した『北海道における朝鮮人強制連行・強制労働と企業「慰安所」』（『大原社会問題研究所 №687』）（注2）がある。

私たちは産業「慰安所」・産業「慰安婦」という言葉を使うことにしているが、西田秀子は「労務慰安所」・「労務慰安婦」という言葉を使っている。これは用語自体が決まっていないということである。

西田秀子は論文の「はじめに」のなかで「なぜ『労務慰安所』が容易に開設されたのか……以下のような軸を据えて考察する。」と三点のことを述べている。①北海道の明治初期。開拓移民招致政策の一つとする官営「遊所」により、移住者たちの定着を図った（歴史的・社会的背景を基盤に持つ）、②日中戦争開始直前の一九三七年には日本人、朝鮮人を合わせた北海道内に全酌婦三三五七人の存在（札幌だけでも五〇業者、一〇〇人前後の朝鮮人酌婦）、③戦時下、企業と国家が強制連行された朝鮮人労働者の定着、逃亡防止など労務対策として、朝鮮人女性を「慰安婦」として活用した。まさに西田秀子の論文のとおりだと私も考える。研究者でない私は戦時体制下での朝鮮人労働者と姿なき産業「慰安婦」の実態をできるかぎり表現していきたいと考えている。とくに、現在も企業の社会的責任（役割）は同じだと思うが、企業の朝鮮人労働者や産業「慰安婦」たちを人間として扱うことがなかった企業「責任」を少しでも紹介できればと思う。

1 戦時下の朝鮮人労働者の状況

戦前の北海道の在住朝鮮人の人数（全国も含む）［表1］

は、戦前の在道朝鮮人数の推移を示したものであるが、一九一六年までは人数がわずか二桁にすぎなかったが、翌年の一九一七年には一七〇六人と急増。一九三〇年には七六七二人と約五倍の数字を示している。『北海道統計書』によると一九二四年時点では在道朝鮮人の居住分布によると空知支庁管内に七五・二%が集中している。これは石狩炭田（全道で石炭生産トップ）が支庁内に存在していたためである。すでに朝鮮人労働者が炭鉱労働者として多数働いていたことが推測できる。しかし、昭和恐慌期（一九二〇年から一九三〇年）には朝鮮人労働者の比率が低くなる。だが戦時体制の進展により、一九三九年からは戦時体制遂行のために朝鮮人労働者の戦時強制労働動員が始まり、ふたたび朝鮮人労働者の比率が高まっていく。

北海道在住朝鮮人の職業別推移（一九三四年〜一九四二年）［表2］をみると、一九三四年から四二年まで在住朝鮮人の職業構成は大きく変化し、鉱業は激増（四二年人口が四四倍）。

表1　戦前の北海道の在住朝鮮人の人数（全国も含む）

年	全国	北海道			年	全国	北海道		
		女性	男性	計			女性	男性	計
1910	2,246			26	1928	238,104	1,194	5,252	6,446
1911	2,527			29	1929	275,206	1,620	5,464	7,084
1912	3,171			36	1930	298,091	1,993	5,679	7,672
1913	3,635			41	1931	311,247	2,203	4,992	7,195
1914	3,542			40	1932	390,543	2,270	5,475	7,745
1915	3,992			84	1933	456,217	2,538	5,507	8,045
1916	5,637			95	1934	537,695	3,097	5,879	8,976
1917	14,501			1,706	1935	625,678	3,345	6,069	9,414
1918	22,262			2,480	1936	690,501	4,491	7,138	11,629
1919	28,273	121	2.177	2,298	1937	735,689	4,236	7,013	11,249
1920	30,149	138	1,572	1,710	1938	799,878	4,710	7,353	12,063
1921	37,271	114	1,142	1.259	1939	961,591	5,011	16,703	21,716
1922	59,744	218	2,327	2,545	1940	1,190,444	7,869	30,401	38,273
1923	80,015	222	2,521	2,743	1941	1,469,230	9,192	35,559	44,751
1924	118,192	245	2,850	3,095	1942	1,625,054	10,951	56,036	66,987
1925	129,870	342	3,286	3,628	1943	1,805,438	12,216	70,734	82,950
1926	143,798	560	3,456	4,016	1944	1,901,307	13,623	79,157	92,780
1927	171,275	783	4,283	5,066	1945	1,968,807	14,276	81,930	96,206

出典：田村紀之著「内務省警保局調査による朝鮮人人口（Ⅰ）『経済と経済学』第46号 1981年2月
注）1945（昭和20）年は8月20日現在

2 北海道の産業「慰安所」はどのようにつくられたのか

西田論文には、「前史」として札幌中心に在住朝鮮人の人数が増え、並行して、「朝鮮バー」などといわれる朝鮮料理店ができ、一九三八年三月一九日の『小樽新聞』によると朝鮮料理屋が五二軒、酌婦が八〇人になっている。一九三九年には札幌に「半島人だけの結束機関としての自治組合」ができ、性病対策などをおこなっていった。これらの組合は西田論文によれば「一方で、『慰安所』開設をより容易に、円滑に進める基盤をも整備したことになる」と書いている。

(1) 産業「慰安所」は朝鮮料理店の転廃から生まれる
—企業による産業「慰安所」設置の要請と回答

北海道石炭鉱業会が労働動員の朝鮮人労働者の「慰安」を目的として、朝鮮料理店の新設（＝産業「慰安所」開設）を一九三九年一〇月、北海道庁保安課に朝鮮料

表２　北海道在住朝鮮人の職業別推移（1934～1942年）

職業 年次	有識的職業	商業	農業	漁業	労働者			児童生徒学生	その他	合　計
					鉱業	土建業	工業他			
1934	14	202	1,041	6	761	1,027	1,833	684	3,408	8,976
1935	15	273	1,300	6	539	930	1,794	803	3,754	9,414
1936	19	472	1,658	3	724	1,065	1,720	1,120	4,848	11,629
1937	19	586	1,714	7	787	897	1,436	998	4,805	11,249
1938	18	823	1,890	14	746	1,142	1,400	1,449	4,581	12,063
1939	45	975	1,845	6	8,384	2,193	1,233	1,717	5,318	21,716
1940	73	986	2,012	15	17,159	4,457	1,910	2,320	9,341	38,273
1941	95	761	1,624	–	22,294	5,969	2,070	2,787	9,151	44,751
1942	168	738	2,194	34	33,764	11,231	2,558	4,503	11,797	66,987

出典：『北海道と朝鮮人労働者―朝鮮人強制連行実態調査報告書』1999年
注）内務省警保局『社会運動の状況』各年より作成。統計数値は各年とも12月末現在。

理店二六店の開設要請した。『小樽新聞』の一〇月一三日の記事には「入道の半島労務者たちに同郷女性の慰めを各地に朝鮮料理屋新設」というタイトルで年内に八千人の朝鮮人労働者を受け入れるため一八の炭鉱の具体的な名前をあげている。

入道の半島労務者たちに　同郷女性の慰めを
各地に朝鮮料理屋新設

生産拡充線上を驀進して我が世の春を謳歌している殷賑産業の膨張により、労力は殆どその方面に吸収されて鑛山方面では未曽有の人力飢饉を現出、冬を前に増炭計画と逆行の雲行きを見せ、家庭用炭にさえこと欠くといつた人生悲劇の哀話縮図を描きだしているが、この減炭策を乗り切る最後の切り札として道庁では労力の救援隊を半島人に求める事となり、年内に八千名の半島人が海峡二つを渡つてはるばる道内各鉱山を目指して乗り込んで来るが、これ等半島労働者の慰問方法が俄然問題化し結局半島女性群の救援が要望化して来たので北海道石炭鑛業会から道庁保安課に対し半島人を使用する事になった十八炭山に二十六個所の朝鮮料理屋開設を認めてくれる様にと要望して来たので近く札幌鑛山監督局と協議の上全面的な許可は出来ぬとしても或る程度の認可をあたえる事になる模様である

料理屋設置要望数は

▲炭鉱汽船夕張五ヶ所
▲三菱美唄、雄別、各三ヶ所宛
▲住友歌志内、同奔別、各二ヶ所宛
▲茂尻、平和、眞谷地、登川、幌内、三菱大夕張、三井美唄、昭和、朝野雨龍、新幌内、東幌内、各一ヶ所宛

（小樽新聞　一九三九年一〇月一三日）

また、「労力の救援隊を半島人に求める事になり」と同時に戦時体制のなかでの産業「慰安所」の必然性も訴えている。

要請を受けた道庁保安課は、要望通りの二六店の開設は難しいと、その理由は時局下（戦時体制）で「享楽」を目的とした料理店・カフェー、貸座敷、ダンスホールなど新設、拡張、移転などを原則として認めないの

で（三九年一〇月には「料理屋・飲食店取締要綱」設置）結局同庁は「全面的に許可はできぬ」としながら、朝鮮料理店と「酌婦その他の雇入」を許可した。許可した理由として西田論文は「あえてあげるならば、先の『風俗ニ関スル営業ノ取締要綱』の中に、原則として許可しないが、『人口の急激な増加等の土地で、この種営業を特に必要と認められる』『止む得ない場合』は許可するという一項があり、警察部と道庁保安課は、この条件に該当すると解釈したと思われる。」と分析している、戦時体制でまったなしで手段も選ばない判断だったろうか。

(2) 企業による産業「慰安所」の開設経過
―各炭鉱の産業「慰安所」、続々と開設

一九三九年には朝鮮人労働者移入予定が八〇〇〇人のうち、第一陣三四〇人が、元山から一〇月三日には函館に到着し、三一〇人は三菱鉱業手稲山へ到着。炭鉱では一〇月七日、北炭夕張・平和・空知に計三九八人が入山し、その後も続々と到着する。〔図2、3〕

保安課から許可されてから半年後に、産業「慰安所」が設置されていく。緊急の要請であることから朝鮮人酌婦たちを朝鮮から送り込むのは難しいと考え、戦時体制で閉店を余儀なくされた道内等の朝鮮料理店の転業を伝えている。

都市の朝鮮女を　各鉱山に移動!!
新設の料理店にふりむける

【札幌発】　昨報本道労力、救援部隊としては近く道内各鉱山に移入される半島人労働者八千に対し慰安機関として朝鮮料理屋の新設はある程度までみとめるという道庁保安課の意向であるがこれに働く女性群を適当現地から送りこむことは困難であるため全道六市その他町村に散在する約百三十軒の既設料理店に働く三百人の女性群をこの新設料理店に振向ける計画がたてられこれを実現せば都市から朝鮮料理店は姿をけすわけである。

（旭川新聞　一九三九年一〇月一四日）

資料として、開設の記事は新聞記事以外にないが当時の産業「慰安所」設置の期待の高さに驚く。

朝鮮料理屋　都市から炭山へ異動

観光都市の美観を保つ上から一つの大きなる癌となっている半島料理屋が明年春から全部姿をかくす事となった、現在道内六市を初め各地に散在している半島料理屋は百三十軒で、そこに働いて居る女給、酌婦等は約三百名に上つているが都市の体面を保つ観光北海道としては朝鮮料理屋の浄化が大きな問題とされていたが増炭計画の波に乗って海峡を二つ越して朝鮮から約八千名の労力救援隊が年内に道内の炭山を目指して遥るばる乗り込んで来る事となった、この半島労働者の慰安機関として北海道石炭鉱山会では郷土香○最も高い同郷女性群お手盛りの料理でサービスするという建前から半島労働者の入り込む道内十八炭山に対しご法度の朝鮮料理屋二十六ヶ所を認めてもらひたいと申し込んで来たので渡りに船と或る程度これを認め道内に散在している従来の料理屋を炭山方面に振り向ける方針をたて今後必要に応じてはどしどし都市の半島料理屋を移動させて漸時都会からその姿を解消せしめる事になった。

半島勞務者第一陣
職場の夕張各礦に入山

元氣で室蘭上陸

内鮮融和を圖る
全道一協和會を結成

図２
夕張駅に到着した朝鮮人労働者
出典：『北海タイムス』1939年10月9日

（小樽新聞　一九三九年一〇月一四日）

観光都市には相応しくない「半島料理店」（百三〇軒）で働く酌婦、女給（約三〇〇人）をすっきりさせるために増産のために多くの朝鮮人労働者（八〇〇〇人）が朝鮮から北海道に来るのでちょうど同郷の朝鮮人女性でサービスをするために朝鮮料理屋（二六ヵ所）を振り向けることで問題が解消するという記事が書かれている。

前段の記事と同じであるが「慰安所」としての役割を配置したことには微塵も表現せず、朝鮮料理屋の郷土料理のことを盛んに記事にしているのはなぜなのか。「慰安所」で労働者たちにだされた「郷土料理」はどういうものだったのか。

3　資料から読む朝鮮人労働者と産業「慰安所」の実態

北海道の産業「慰安所」の実態を知るには『半島人労務者ニ関スル調査報告』（社団法人日本鉱山協会

図３
三菱美唄炭鉱自啓寮の独身朝鮮人労働者と日本人賄婦―着山記念―（1939 年）
出典：『美唄市百年史』

一九四〇年刊）と『半島労務者勤労状況に関する調査報告』（労働科学研究所 一九四二年刊）の二冊を中心に考えてみたい。これら二冊は戦時下の一九四〇年代に入り、戦争のためのエネルギーをどれだけ生産していくかが至上命令であった。これを実行しなければいけなかった産業関係者はこの時期になると朝鮮人労働者を「産業戦士」として働かせ、日本に植民地「臣民」として同化させて生産をあげたいという目的があった。北海道から九州までの調査をした報告書であるが北海道は筑豊に次ぐ朝鮮人労働者の数が多いので産業「慰安所」でいえば明快な回答が多くあり、その実態も見え隠れしている。

『半島人労務者ニ関スル調査報告』（日本鉱山協会）は「待遇に関する事項」のなかで、「娯楽及慰安」の項目に産業「慰安所」もしくは朝鮮料理店の利用が記述されている。［表3］（「慰安」の項目を原文ママ掲載）九事業所のなかで二ヵ所に事業所が関与している産業「慰安所」設置、他は朝鮮料理店などの利用で朝鮮人労働者には朝鮮人女性を対応させている。また、利用券の切符制度もあるが、性病対策には言及していない。

表3　労働者定着を目的とする北海道の炭鉱・鉱山の「慰安」対応に関する記述
（原文ママ）

鉱業所名		「慰安」及び「慰安所」についての記載
札幌管内	歌志内炭鉱	最近半島人専用の料亭が郊外に開かれたる為め切符制度を以て之を利用せしめつつあり。
	空知炭鉱	性問題に関しては適当なる半島人を選定し、会社より建物其他の設備を提供して朝鮮料理店を経営せしめ半島人慰安所たらしむ（半島人酌婦五名）。
	雄別炭鉱	半島人料理屋構所隣接部落にあり、之を利用
	春採炭鉱	性的問題に対しては当鉱市内に所在するを以て特に考慮せず。
	夕張炭鉱	性問題に関しては朝鮮料理屋三軒在り、酌婦総じて十数名にして現在の処之にて満足なりと認められ不平を耳にせず。
	大盛鉱山	性問題に付ては特に山としての施設はなけれども、一ヶ月二回の公休日に森町又は函館方面の外出を許可し、適当に性問題を解決しつつあり然れども本問題は今少しく真剣に考究し可成下山せざる様になるを可とす。
	豊羽鉱山	性的慰安に関しては現在何等の設備なく、公休日を利し付近の施設を利用す。
	静狩鉱山	性問題に関しては市街地に料理屋カフェー等ありて、特に半島料理屋は無きも各人適当に気分の転換緩和を図り居り、性に関する難問題なきものと思料す。尚家族持に対しては家族呼寄を奨励しつつあり。
	鴻之舞鉱山	性の問題は内地人同様なり。

出典：朴慶植『朝鮮問題資料叢書』第二巻所収、日本鉱山協会編『半島人労務者に関する調査報告』1940年刊により作成。

表4　「半島労務者勤労状況に関する調査報告」産業「慰安所」を中心に記述

A 礦業所厚生施設「三井鉱山(株)砂川鉱業所」朝鮮人労働者数(1,036 人)・酌婦数(朝鮮人酌婦 16 人)
＊10円の小遣い主な使途→飲食費や賭博等……昭和15年11月現在平均1人当たり貯金高42円10銭・送金高23円93銭

調査項目	各事業所回答（要旨）
（1） 教養施設 （訓練方法）	半島独身者寮は講堂の設備あり、着山してから3ヵ月間の訓練をここで受ける。毎週1回3時間国語教育を受ける（大体作業には困らぬ程度）毎回24～25人（最初は協和会読本だったが適当な教本に苦労している）出席。 訓練→毎公休日（月3～4日）1時間から2時間軍事訓練実施（各寮ごとに国民学校校庭で青年学校指導員が行い、終了後は遊戯）240～250人参加 初着山後1週間現場での安全教育、作業訓練等を行う／衛生思想の普及、団体訓練教化及臣民義務の涵養等の訓練（各寮長の指導）／宗教的訓練は毎朝神棚に朝礼→いろいろ厳しく教えているがほんとんど半島労務者には理解できていない／寮には企業の「○○川新聞」など配布しているがほとんど読まない。
（2） 寄宿舎、 運営、 訓育状況	渡航3ヵ月の訓練期間中全員寮に収容し、家族呼び寄せは許さない、昭和15年12月末6寮で651人収容／寮長は原則日本人職員（助手）軍隊出身者より選ぶ（指導は労務課主任で月3回の寮長会議） 寮の構造→社宅改造（10戸 →1棟）・部屋（8畳→3人・11畳～14畳→6人以下）・浴場終日 寮費→食費1人45銭のみ(実費は65～67銭で会社が全寮に年8500円～6000円補給) 賄い→日本人から苦情が出るので朝鮮風調理はしない（唐辛子は自由にとらせる)・飲酒配給（出稼ぎ奨励の意味で2日に1／2の割　比較的潤沢）・米は1日1人3合6勺余の配給（それで足りず米と同量又はそれ以上の豆類の混入混食）献立表あり・炊事人はすべて日本人 給料→寮長の手で支給（1人1月10円以上渡さず）（残金は貯金または送金　会社貯金は年利7分5厘）2年契約終了後最高1300円を貯え帰国した例あり 小遣い10円の主な使途→飲食費、賭博等　昭和15年11月現在1人当たり貯金高42円10銭・送金高23円93銭
（3） 社宅施設	渡航3ヵ月後に家族呼び寄せ許可・家族もちは社宅1戸8畳か11畳（台所付）無料貸与（日本人と同じで日本人の社宅の間にバラバラに住む） 隣保班なども差別なく、日常生活の世話などを日本人主婦が朝鮮人家庭を世話をしてる（ただ朝鮮人は住宅を傷めるので困る） 社宅家賃→無料、電灯代は1燭につき2銭、冬季暖房用燃料は月1円10銭徴収 社宅居住地における施設→浴場・会社直営日用品供給所（市価より平均1割8分引き）販売（朝鮮人通訳なし）
（4） 慰楽に 関する施設	寮→朝鮮将棋／朝鮮楽器（太鼓・鐘）踊り唄い利用あり　公休日以外許可せず 蓄音器・ラジオ・半島レコード常備（すぐ壊す）　朝鮮人対象の映画会年4回開催（ホームシックにさせる恐れあり）／朝鮮人だけで各寮で演芸会年4、5回開催／体育はピンポン、綱引きなど消極的／賭博は厳重禁止だがやめない
企業「慰安所」 （原文ママ）	性問題に対しては衛生的道義的指導を興へ、妻帯者に対しては出来るだけ呼寄せしむる様勧奨中、又市街地に料理屋カフェー等あり、特に半島料理屋あり各人適当に気分の転換緩和を図りつゝあり。半島料理屋につきては会社指定にて3軒を経営せしめ半島人酌婦16名を置く。遊興費につきては会社にて価格を定めているが、酌婦に対する検診は治療の責任を免るゝため会社の医局にては行はず、町医にこれを委ねている。
（5） 其他―逃亡 防止方策	①寮では月1人10円以上の小遣いは手渡さない②鉱区一帯の出入は許す③汽車利用者は寮または労務課より証明書許可制④列車警戒員体制は他の鉱業所に準ず。逃亡者数月平均20人（3，4，5月増加傾向）
定着（再契約）促進策	契約満了者に対する定着策で再契約者にはトランク1個を与える等々、他の鉱業所と同様の処置がとられている

B礦業所厚生施設「三菱鉱業（株）美唄鉱業所」朝鮮人労働者数（947人）・酌婦数（朝鮮人酌婦7人）

調査項目	各事業所回答（要旨）
（1） 教養施設 （訓練方法）	到着＝入坑前の基礎訓練→3日間・今年から1ヵ月間の精神訓練実施・国語教育は寮長や室長が随時教える 作法指導、敬神指導・国語教育等は寮長に委ねる 訓話→保安関係―坑務技師、防犯関係―警察署員、衛生関係―医務課員、一般精神訓練―労務課員
（2） 寄宿舎、 運営、 訓育状況	渡航当初は全員寮（家族呼び寄せ6ヵ月後）・独身寮6ヵ所、各400～100人位現在634人（他に社宅居住者313人） 寮→寮長は日本人職員、助手各寮に3～4人（内通訳1人）及び日本人給仕2人配置（月2回寮長会議）・毎月布団貸与料1人30銭、食費1日1人45銭徴収・各寮に7～17人の日本人炊事婦を配置（唐辛子などは出さない）飯には約3割の豆類を混入、酒は働かない者には配給しない 給料→寮長から手渡す、各人の貯金額送金額を本人と話し合い決めて、残額を手渡すことになる（昨年暮れに渡航したものには5円小遣いを渡す） 某寮の場合→昭和15年平均月1人送金額44円30銭、平均月貯金額1人29円23銭 寮には新聞雑誌などの備付なし
（3） 社宅施設	社宅に入るのはすべて日本人同様に扱うことを原則で隣保班なども日本人と差別ないことを強調　現在社宅4.5畳＋6畳及び6畳＋6畳の2種類（他に8畳＋8畳あるが朝鮮人は住んでいない） 社宅→4戸建長屋、便所は1棟に1、共同物置も同じ、浴場は各部落に1～2ヶ所設置（日本人と混浴）・家賃無料、ただし畳修繕料月45銭、電燈料35銭徴収、入浴料は無料・冬季の暖房は1トン2円で石炭を配給 隣保班組織・朝鮮人婦人のみ月1回外勤詰所で懇話会開催→生活指導―火防、貯蓄、物資節約、衛生等指導（参加者毎回10～30人） 朝鮮人の社宅居住者は極めて清潔にし混住する日本人に劣ることはない
（4） 慰楽に 関する施設	相撲、かけ足等好むので動作矯正のため計画中。映画会→半島人対象に月1回開催（協和会または会社主催）
企業「慰安所」 （原文ママ）	なお性的解決策としては市街地に半島人銘酒屋1戸の開業を許し（開業の時内諾を与えただけで公式指定ではないと言う）半島人酌婦7名を置く。予防具は各寮に備え付け各自無償にて使用せしめつつあるも利用者は少なし。検診は警察署のそれに委ぬ。市街地の他○○澤、○○方面に出て行くもの多少あり。性問題解決については勿論家族呼寄が最上策にてその方に指導せんとしている。
（5） 其他―逃亡 防止方策	労務課員数名を専門に警戒にあたらせ、特に停車場と列車中を警戒（ただし逃走は川沿いに徒歩で下り、渡航後半年ぐらいの者が多い） 平均逃走率は15％ぐらい・日常の外出地域を定め、列車を利用するものに対しては寮長より証明書交付
定着（再契約）促進策	契約期間満了後、再契約願書を提出させる（「成績不良なものは再契約を許可せず」と記載） 再契約者には各50円の奨励金を給付（貯金に繰り入れ）と実費8～9円の写真帖を与える。一時帰国者には往復の旅費弁当代支給（一時帰国しない者にはその実費等を貯金に繰り入れる） 満期帰国者には土産として日の丸の額（実費3円）を与える。 定着には家族呼び寄せが最も有効な策

C 礦業所厚生施設「北海道炭礦汽船(株)夕張炭鉱」朝鮮人労働者数(2,572人)・酌婦数(朝鮮人酌婦16人)

調査項目	各事業所回答（要旨）
(1) 教養施設 (訓練方法)	着山3ヵ月間の訓練期間、その後は寮長より適宜訓練、教連を受け、国語教育は協和解読本（10銭で頒布）で随時1週間に2回位実施（これがルーズになっている）
(2) 寄宿舎、 運営、 訓育状況	単身独身寮（協和寮）18ヵ所、各第1～18協和寮と呼ぶ。各寮は10～17室、各室5～20人を収容。 寮→寮長（日本人、社員）―助手（日本人、準社員但し兼務もあり）―通訳（朝鮮人、優秀な経験学歴を考慮）の下に室長、副室長（寮長が指名し、室長月2円、副室長1円を支給、寮長は寮に居住し毎朝労務課に集合して事務上の連絡打ち合わせをやる。毎月1回公休日に室長会議開催（年1～2回労務課員も出席） 食費→1日1人55銭＋布団代15銭徴収、但し寮における諸経費は実費で直接費90銭、間接費25銭位で差し引き約60銭を1日1人当たり会社が補給。炊事婦→日本人（寮収容人数100人以下5人、200人以下8人、300人以下10人の割合)、賄い責任者月3円支給、その他雑夫（各寮1～2人拭き掃除)・風呂番（各寮1～2人）を置く。 献立→全寮同じで使用米や物資は労務課で管理、大蒜与えずもの日には、朝鮮風漬け物あり、飯は盛切り1人1日7合位、10割中、4～5割豆かドウメンを混ぜて配給米量を補う、酒は一人月1ℓ足らず（公休日またはその前日支給） 給料→寮長の手渡しでこづかいは原則月10円以下で、他は貯金、送金（原則20～30円）にあてる。会社貯金（給料天引き・年利5分）と郵便貯金。こづかいの主なる使途は煙草、酒、洋服等。外出の制限は午後9時まで 寮生活→賭博の取締（労務課の夜警2名が1夜に2～3回見廻る）発見した場合4～5回になると警察に引き渡す 清心寮→付属施設で寮の朝鮮人労働者中、逃走、扇動、喧嘩、賭博など秩序を乱すものを収容するところ。収容日は60日以下（労務課で決定）ほとんどよくなるが善導しがたい場合は朝鮮に送還。
(3) 社宅施設	社宅→福住4区、86戸、人口男194人・女149人計343人（1棟4戸建―各戸6畳＋6畳・6戸建―各戸8畳）の2種の長屋。便所と洗場は1棟に2ヵ所、浴場も朝鮮人専用が1ヵ所 家賃→無料（但し畳は各自持)、電気料は1ヶ1ヶ月20銭、入浴料家族は5人以下月20銭、その他町会費は一季20銭、冬季暖房費→月9／10トン、1トンにつき約90銭の石炭を購入し使用。 家族呼寄は3ヵ月の訓練期間後になり、社宅―日常の生活の一切の面倒は出身協和寮の寮長が当たる。昨秋から新たに世話役をおく 事務所→日用品分配所で米、味噌、醤油、酒などを扱う。福住4区町内会編成（隣保制をしき、組織図あり）
(4) 慰楽に関する施設	各寮に慰安娯楽施設を備える→ラジオ、蓄音器（半島、内地レコード)、新聞雑誌、内鮮両将棋、金棒など
企業「慰安所」 (原文ママ)	また彼らの気分転換、性欲解決策として、半島労務者居住地域（寮、社宅）の中心に慰安所を設く。建物を無償貸与する他労務課にて物資を配給監督し、且つ契約書により遊興費を定む。現在銘酒屋4戸、他にそば、酒の飲食店1戸、半島酌婦16人を置く。毎月1回炭礦病院にて検診をなすと共に予防具を各寮に備へつけ無料にて使用せしむ（但し利用するもの少し)。
(5) 其他―逃亡防止方策	警察と連絡をとり講演等の啓蒙に努め、寮の夜警巡回、日本人が昼夜の別なく14～15人巡回（列車内警戒員を配置） 外出範囲を○張町に限定（それより先の外出は寮長か労務課発行の旅行証明書が必要） 逃亡率は平均2年間で15%以上（多くは4～5人で17人の集団逃亡もあった）捜査は困難で発見するのは稀である。
定着（再契約）促進策	契約満了前に、結盟挺身隊の結成を行う（皇国のためにつくす決意の者を集め結成）昭和16年4月29日第一次結成式以来公休日を利用して同年9月の第7次まで隊員356人（8月再契約期成大会開催） ＊昭和14年10月以降入山→昭和16年度未満期者入山者1007人中逃亡者160人141人送還、9人死亡

D礦業所厚生施設「住友本社(株)奔別鉱業所」朝鮮人労働者数(365人)・酌婦数(朝鮮人酌婦2,3人)

調査項目	各事業所回答（要旨）
(1) 教養施設 (訓練方法)	入山1週間坑外指導訓練期間（訓練内容詳細に掲載）→8日目入坑→3ヶ月間作業訓練 着山後親友会館に入り、労務課関係者が挨拶、訓示、警察官の査証がある、
(2) 寄宿舎、 運営、 訓育状況	朝鮮人独身寮2ヵ所（第一、二協和寮）、第一協和寮（205人、職員4人、補助員8人）・第二協和寮（136人、職員1人、補助員6人）→寮長には多くの巡査出身者や労務係の熟達者 寮懇談会→室長懇談会、寮懇談会。食費1人1日45銭、給料からの引き去りで寮費（電気代も含む）50銭、入浴料30銭、協和会費10銭、親友会費10銭、銃後後援会費6銭など徴収 食事→朝鮮人炊事人8～6人、にんにく、唐辛子減量、飯量の不足は豆類で補う、酒配給は月1人5合（公休前日配給）、寮内で賭博禁止に苦労 外出時間の制限→外出範囲の制限も人数が多くなると守られないが汽車利用だけは外出証を発行
(3) 社宅施設	家族呼び寄せは3ヵ月の訓練後許可。朝鮮人労働者365人中現在24人が世帯（家族数約70人)。日本人と混住 1棟6―8―10戸長屋、1戸当たり6畳＋4畳、便所・洗場等各棟1ヵ所、負担は日本人とまったく同じ（家賃無料・電灯料30銭・入浴30銭・衛生費5銭・親友会費10銭、協和会費10銭、銃後後援会費6銭→給料引去金、朝鮮人のみ主婦懇談会開催
(4) 慰楽に 関する施設	慰安のための施設なし、年2回寮内で素人演芸会開催（大いに喜ばれる） 3ヵ月の訓練期間の優秀な労働者には10～20人の班で公休日を利用して札幌に見学（会社負担）
企業「慰安所」 (原文ママ)	次に性問題解決策として、市街地に半島銘酒屋1戸（半島酌婦2～3名）経営せしめているが、他に内地人銘酒屋も数戸あり、特に半島労務者によって利用せられているとも見えず、近隣同業者によって組織されている懇談会席上に於てもその特設の必要なし、設置するも発展しないとの意見が多い。
(5) 其他―逃亡 防止方策	2年間で平均20%逃走 同業者と三笠山会を組織して、共同で逃走警戒し詰所で出入取り締まる（結局日常の管理訓練にまつよりほかない） 三笠山会→○○駅前に詰所を設置警戒員1人駐在、警察署詰・列車なども警戒（取り締まり困難)、逃走のためには警察の一層の協力が必要
定着（再契約）促進策	契約期間満了前→警察、協和会と協力し再契約奨励のための懇談会開催・朝鮮総督府派遣の朝鮮人を中心とした座談会も開催（効果はあげられず）再契約期間原則2年間（実際30%ぐらいの再契約)、契約料2年135円、6ヵ月30円を支給、帰鮮は不許可

E 礦業所厚生施設「昭和電工（株）豊里鉱業所」 朝鮮人労働者数（314 人）・酌婦数（朝鮮人酌婦 6 人が 3,4 人に減少）

調査項目	各事業所回答（要旨）
（1） 教養施設 （訓練方法）	入山後、普通の作業に入るまでの訓練行事、3 日目に作業体制に入る、3 ヵ月間の訓練期間。寮では簡単な軍事教練・協和会主催による講演会など
（2） 寄宿舎、 運営、 訓育状況	朝鮮人単身寮 2 ヵ所（第一・第二英星寮、慶尚北道英陽郡、星州郡出身）収容者 150 人。1 室 20 畳に 10 人、各部屋を班別に日本人の班長を置く（班長手当月 3 円）、日常の掃除や火災予防に努める 食費 1 日 1 人 55 銭（実費は 60 ～ 65 銭で残りは会社負担）各寮に日本人・朝鮮人の賄い婦を 12 ～ 13 人を置き、日本風の料理（にんにくなどは使わない）米 10 に対して豆 5 麦 1 の割合で混ぜ、1 人 1 日 7 合を与える（日本人の寮より朝鮮人寮の方が倍近く手間がかかると言われている）、酒は公休日の前日、記念日、祝祭日などに限り飲ませる。 昨年度から遠足実施（好評）50 人 2 班で札幌の神社に参拝（経費会社負担）
（3） 社宅施設	朝鮮人と日本人混住、構造は乙（8 畳と 6 畳台所付き／便所屋内 1 棟 1 ヶ所／家賃 120 銭）丙（8 畳／便所屋外 1 棟 1 ヶ所／家賃 60 銭）の 2 種類で水道洗濯場は屋外、浴場は 2 ヵ所（内鮮混浴）現在 73 世帯、家族数 258 人
（4） 慰楽に 関する施設	娯楽施設見るべきものなく、唯々素人演芸会あるのみ（朝鮮人労働者に歓迎を受ける）
企業「慰安所」 （原文ママ）	彼らの性問題解決、気分転換のための施設として「太陽館」がある。建物を会社より無償貸与し、指定商人をして経営せしむ。半島人酌婦 6 名いたが、近来漸次営業不振のため現在 3 — 4 名。寮に余りにも近く、又最近税額値上等により高価となりしため利用者少く近く閉店の予定。検診は一般医師に委ねている。
（5） 其他—逃亡 防止方策	停車場警戒員として労務課員 2 人置く（労務課員の半数は警官出身）発車ごとに監視、列車内を巡視（日本人の勧誘員も監視）朝鮮人で怪しい者には訊問、尾行す。朝鮮人が列車に乗る場合は寮より証明書発行） 朝鮮人には会計は 15 円以上渡さないようにし逃走防止策に役立つ
定着（再契約）促進策	

F礦業所厚生施設「北海道炭礦汽船(株)幌内鉱業所」朝鮮人労働者数(506人)・酌婦数(朝鮮人酌婦4人)

調査項目	各事業所回答（要旨）
（1） 教養施設 （訓練方法）	入山後、3ヵ月間訓練期間、協和会や寮での訓練は随時あり
（2） 寄宿舎、 運営、 訓育状況	朝鮮人用の寮は4ヵ所（第一～第四協和寮）管理運営は寮長（日本人・寮に泊まり込み）助手兼通訳（朝鮮人）各部屋毎に班長1人、月1回労務課員出席班長会議開催 各部屋は原則として同面出身者、1日1人食費47銭、布団貸代3銭徴収 食堂→収容人員10人つき1人の割合の炊事婦(日本人で3分の1は住み込みの配置、原則日本風料理 酒は正月、大みそか、祝祭などで与え公休日前には販売し各自飲む 飯は豆類を半量混ぜ米で補う（各自で入れさせる)、食費は47銭徴収（その差額は会社で負担) 小遣いは寮長の許可で適額渡す（使途は市街地に出て飲食､映画観覧など主なもの) 外出時間制限なし、罰則なし
（3） 社宅施設	朝鮮人のみ一画に居住させる、その管理は第三協和寮長が兼ねる。 社宅住居→1棟10戸建、6畳及び4畳と1坪半の物置で現在24戸、共同便所、洗場1ヵ所、浴場（日本人混浴）1ヵ所、無料貸与で畳は自分持ち入浴料1世帯20銭徴収
（4） 慰楽に 関する施設	朝鮮語・日本語の各新聞、アサヒグラフ、写真ニュースなど置くが間もなく紛失するのが常、企業内新聞「炭光」も置く、朝鮮将棋や朝鮮楽器なども置く
企業「慰安所」 （原文ママ）	また彼らの性欲解決策として半島銘酒屋1軒を指定、建物無償貸与の上半島人をして経営せしむ。半島人酌婦4名毎月炭鉱医局にて検診をなす。
（5） 其他―逃亡 防止方策	警戒員（労務課員）4人を置き（うち1人朝鮮人）列車内の警戒と日本人の勧誘員を警戒。警戒詰所駅前に1ヵ所 汽車を利用する朝鮮人は寮長の証明をうけ、駅前案内所に帰山時刻を共に届ける 逃亡者、昭和14年10月移入のもの211人中2年間で14人（発見はまれ)
定着（再契約）促進策	契約期間満了前に､面接や警察､協和会の講演で説得。再契約者には賞与金支給（一時帰国してそのまま帰らない人30%)

出典：労働科学研究所「半島労務者勤労状況に関する調査報告」より作成
注）事業所名は原資料ではアルファベット表記で具体的な事業所名は西田秀子「戦時下北海道における朝鮮人『労務慰安婦』の成立と実態」28頁に記載

次の『半島労務者勤労状況に関する調査報告』（労働科学研究所）は現在も労働科学分野のシンクタンクとして活動している労働科学研究所の調査報告である。はじめに、日本鉱山協会と同様に戦時下での労働力確保や「半島労働力の本質、半島人管理の本質に対する理解」という理由で朝鮮人労働者を質的にかえていくために各事業所へ聞き取りや事業所名を記述しないで（アルファベットで記載）報告書をまとめている。［表4］「半島労務者勤労状況に関する調査報告」の産業「慰安所」を中心に記述した［表4］は、五つの調査票（事項）のなかで朝鮮人労働者の生活面の待遇と厚生施設（産業「慰安所」を含む慰安施設）を抜粋した表である。実態が詳細にわからないがやはり日本人との差別が賃金や労働条件だけでなく存在していたことがはっきりわかる。

北海道全体の炭鉱等で朝鮮人労働者対象に慰問演芸会や映画会などが開かれていた。演芸会は「漫才、漫談」、歌謡、朝鮮民謡などで各事業所を巡回する。［図4］夕張炭鉱では「……彼等に対し絶大なる喝采を博し定着指導に其の他増産志気に寄与する処甚大」と自画自

図4
住友歌志内炭鉱で 1942 年 6 月に上映された映画のポスター（錦銀座において北海道協和会主催慰安会開催）
所蔵：北海道立図書館

賛し、志気の高揚より逃亡防止に大いに役に立つと考えているのだろう。

北海道は極寒の冬季も含め企業側の逃亡防止策が強固であったこともわかる。強制連行された朝鮮人労働者は就労期間二年という「約束」を取り交わすが、「再契約」という名のもとで就労継続がほとんどであった。

「半島労務者勤労状況に関する調査報告」産業「慰安所」を中心に記述〔表4〕によれば産業「慰安婦」（酌婦）の人数は約五二人で性病対策は記載されていない事業所が多いが北炭夕張炭鉱は炭鉱病院で月一回検診、予防具を各寮に常備するが利用が少ないと記載。ほかの事業所は一般の病院などに委託しているようだ。

4 積極的に産業「慰安所」を取り入れた北炭
——産業「慰安所」に対する慰労金支給

北海道炭礦鉄道は一八九二年に夕張と室蘭を結ぶ鉄道を建設し、一九〇六年の鉄道の国有化により同社が北海道炭礦汽船株式会社（以下「北炭」とする）となる。このときの利益で炭鉱の開発と製鉄・製鋼も担い大きく発展していった。

北炭は朝鮮人鉱夫をもっとも多く募集し、募集された朝鮮人鉱夫も北海道で最多であった（一九二九年には一一八九九人いた、この人数は北海道の朝鮮人鉱夫の三四％余りを占めていた）。

もうひとつ北炭で忘れてはならないことがある。それは一九三九年に厚生省・内務省「移入労務者訓練及取扱要綱」と同名で、ほとんど同じ内容の訓練要綱を制定（制定時期からすると北炭が早いようだ）。食事の仕方など軍隊的な秩序を押し付け、朝鮮人労働者に対する訓練のなかで皇民訓練は徹底的に随時行われていた。

このようにみると、北炭の労務管理政策は軍事と同様な力で支配し、慰安に関する政策は産業「慰安所」には他の炭鉱よりも北炭の関与は徹底していた。

西田論文（三二頁・三四頁）に掲載されている「敗戦後の……『慰安所』の顛末……」を考えてみたい。一九四五年一二月二七日付で、北炭の労務部長から、北炭各鉱業所長宛に次のような文書がだされた。

半島人慰安所ニ対スル慰労金支給ノ件
主題ノ件別紙ノ通リ十二月二十四日附決済相成候
間此断御通知申上候

「昭和二十年十二月二十四日決済　労務部
半島人慰安所ニ対スル慰労金支給ノ件
夕張鉱業所ニ於テ昭和十四年十月半島人労務者移入以来之等労務者ノ収容スル協和寮ノ殆ンドハ上層地域ニ在リテ環境ニモ恵マレザル処ヨリ半島人慰安所トシテ協和寮中央部ニ食堂並料理店ヲ設置営業セシメ居リ候処今般結成セラレタル朝鮮労働組合側ヨリ酌婦等五名の解放ヲ強要セラレタル結果其ノ後ハ営業継続不能ト相成リ且又之等女ハ前借一人二千円（一万円）ノ回収モ不能トナリタルノミナラズ組合側ヨリ女一人ニ対シ三百円（但シ女方ニテ男ト一緒ニナリタル時ハ百円）ノ慰労金ヲ請求セラレ居リ候就而業者ヨリ右ニ関シ損失金ノ補助方再三陳情アリ之事情亦洵ニ同情スベキモノ有之且半島人労務者ノ石炭増産ニ対スル功績ハ慰安所ニ負フベキ処甚大ナルモノ有之候就而右慰労金トシテ左記金額支出ノ儀御承認賜度此段相伺候也
尚慰安所閉鎖ニ伴フ業者所有ノ畳建具什器類等一切ヲ売却致度旨申出有之候処物資不足ノ折柄相当価格ヲ以テ買ヒ上ケ他用途ニ使用致度併セテ相伺候也

一、支出総額　九千六百円　也
　内訳　慰労金　八千円　也
　　畳建具什器類買上額　一千六百円　也
一、負担費目　夕張鉱業所原価」

（「戦時下北海道における朝鮮人「労務慰安婦」の成立と実態」三二～三四ページ転載
出典：北海道炭礦汽船株式会社「本店往復
昭和二〇年度含一九年度」一九四五年）

このことは敗戦後の一〇月九日、夕張で約四〇〇〇人が参加し朝鮮民衆大会が開かれ、朝鮮人労働組合が結成され、敗戦後も営業していた産業「慰安所」に対し組合は産業「慰安婦」の解放を要求し、解放させた。

北炭の労務部長の文書は朝鮮人労働組合のために産業「慰安婦」を解放したために、「慰安所」経営者が「慰安婦」の前借金（一万円―五人分）を踏み倒された結果、北炭は業者から「損失金の補助」陳情を受け、「半島人労務者ノ石炭増産ニ対スル功績ハ慰安所ニ負フベキ処甚大ナルモノ有之候」を理由に業者に「慰労金」九六〇〇円を支払ったという内容である。西田は「企業の中でも労務対策として最も積極的に慰安所を採り入れた会社の自己評価であった」と、「『慰労金』は一九四六年になってから、石炭統制会を通して『鮮人送還ニ要セシ特別費用』として国家補償されたものと推察される」と前出論文に書いている。

北炭は朝鮮人労働組合と「慰安婦」解放について、どのような交渉内容で、経営者に「慰労金」支給するにいたったのか、また、組合は「慰安婦」の「慰労金」は請求しなかったのだろうか。

5 フィールド・ワークからみえた産業「慰安所」
—北炭夕張と三井芦別炭鉱

二〇一六年に朝鮮女性史研究会で行った北海道のフィールド・ワークでは、空知支庁の地図［図5］にあ

図５
北海道の炭田
出典：https://hokkaidofan.com/sekitan/

るように石狩炭田（北海道空知支庁管内）にあった北炭夕張炭鉱と三井芦別炭鉱で歴史と朝鮮人労働者、産業「慰安所」の足跡を追った。

石狩炭田は北海道のほぼ中央部に位置。一八七九年に始まる官営幌内炭鉱の開発に始まり、次々と炭鉱が作られていった（北炭夕張は夕張炭田地域、三井芦別は空知炭田地域に分けられる）。

(1)「炭都」北炭夕張炭鉱

北炭夕張は石狩炭田の南部にあり、一八九〇年に最初の炭鉱となる北海道炭鉱鉄道会社の夕張採炭所の設置により夕張に三井系、三菱系などの財閥系も進出し、急速に拡大し、夕張最後の炭鉱は三菱南夕張炭鉱が一九九〇年まで、およそ一〇〇年にわたり、「炭都」と呼ばれるように華やかに栄えていった。

夕張の地域は中央に夕張川が流れ、夕張山地のやまひだに沿った谷の中に、集落（炭鉱開発により形成された）や鉄道、道路が発展した。（一九六〇年代の夕張住宅街はほとんど戦前と変わらない）［図6］

北炭は事業拡張に伴い、戦時体制以前から朝鮮人労

図6
1960年代の夕張炭鉱住宅街（福住炭住地区）風景

写真の中の住宅等は戦前から同じ配置にある。写真のほぼ中央、谷間状の住宅がない位置に朝鮮料理店があった。

山頂近くの階段状に見える炭住地区は戦前までは協和寮（朝鮮人寮）だったところで、手前の選炭工場に並ぶ、石炭貨車の後ろに見えるのが国鉄夕張駅。

その後ろが、夕張第二小学校、戦前までは夕張第二国民学校だった校舎。

炭鉱の閉山後は住宅も消え自然に戻った地域。

写真提供：夕張地域史研究資料調査室

働者の募集を行い、一九二八年までに北炭の各炭鉱で一五〇〇人近くを採用している。夕張炭鉱では、戦時期の増産と兵役による労働者不足で一九四五年六月で新夕張炭鉱も含む七〇三六人となり、北海道でもっとも多くの朝鮮人労働者が働き、この時期は強制連行の労働力確保で増員が具体化していった。［図7］

フィールド・ワークでは時間も制限され、夕張をすみずみまでは行けなかったが夕張山地は社宅などの家々はあともなく、草木で覆われていた。坑口や対面の峠から昔の炭鉱と施設の概要を渡津澄夫さん（夕張在住）からお話を伺った。［図8］

福住には協和寮と産業「慰安所」があった
—渡津澄夫さんの聞き取り調査

「私は、一九三九年八月に生まれた。北炭夕張炭鉱に来たのは、祖父が倶知安に入植し、父親は炭鉱の仕事なら食う心配がないだろうということで北炭夕張の一坑に入った（入った年不明）。

自分は小学生だったが、一九四三年にまた夕張に帰って来て、住んだのは福住の協和寮（朝鮮人労働者

図7
戦力増強安全期間（横看板には日本語と朝鮮語）出坑後の湯茶接待
写真提供：夕張地域史研究資料調査室

図8
写真の頂上付近が北炭夕張炭鉱福住にあった産業「慰安所」跡地
2016年6月のフィールド・ワークで「慰安所」付近に居住していた渡津澄夫さんの現地案内時による撮影。

の独身寮）で父親と姉で寮の炊事係（賄）をした。寮に住んでいたのは全員朝鮮人労働者だった。朝鮮人の寮協和寮は助手、寮長は全員朝鮮人で、そこの通訳が朝鮮人かどうかはよくわからない。協和寮は全部で三〇ぐらいあった。全部朝鮮人ばかり。寮のなかは一部屋の広さが一〇畳ぐらいで、寮の炭鉱夫は一〇人ぐらい。布団は支給されていたが各自が敷いてタコ部屋のような印象だった。布団が十分だったかどうかはわからない。

寮の食事はよくない。あてがいぶち。不自由していた。麦の混ぜ飯だった。日本人は食堂じゃないところで食事していたが、朝鮮人は食堂のあてがいぶちで、盛り切りだけ。日本人はおかわり自由だった。小学生の自分が見てても、朝鮮人は可哀想だと思った。食べるものが一番不自由で可哀想だなあと。着るものは、今思うと、ずいぶん薄いものだった。下着が十分だったかどうか。給料は十分じゃなかった。寮から町には行けた。町には映画館が一軒あった。二交替で働いていたのは覚えているが、三交替だったかは不明。

怪我をしたときは目に見えるので別だが、内科系の病気の場合、仮病だといって、叩かれたり、蹴とばされたりしてたのを直接見た。「顔を見ればわかるんだ、ズル休みだ」と言われてね。直接暴力を使うのは通訳をしてた朝鮮人。朝鮮人を使って暴力をさせてた。北炭夕張の主な坑口は四つで、それぞれ「北上」「千歳」「最上」「長良」と川の名前がついていた。

自分はまだ子供だったので、朝鮮人の鉱夫とはあまり話したことがなかったが、日本語のわかる二二〜三歳ぐらいの若い鉱夫が町に連れて行ってお菓子を買ってくれたことがあった。高田さんといったかな。この人は盲腸で亡くなった。四〜五日苦しんでいたが、腹痛の薬をただ飲ませただけ。手術なんてとんでもなかった。

私が小学生で通ったのは丁巳小学校で一学年に一〇〇人ぐらい児童がいた。福住の子どもたちは第二小学校に行っていた。朝鮮の子は炭住に住む家族持ちの家の子たちが学校に来ていたが、沢山はいなかった。近くの朝鮮の子とけんかもしたが、それがきっかけでその子の家に遊びに行ったりもした。うちが賄で、俵から米を移すときに零れ落ちる米を拾うのを、黙ってあげていたので、ありがたく思っているようだった。家に遊びにおいで、と言ってくれて行くとご飯を出してくれたが、辛くて食べられなかった。「いつも世話になっているから」と呼んでくれたようだ。唐辛子が好きだったんだね。

（北炭の当時の写真を見ながら）写真の左側の（一番高いところ）に「慰安所」があった。四棟ぐらいだったか。大人や親からは、近寄るなと言われていた。若いお姉さんたちが四人ほど「カフェー」というのか、そこにいた。日曜になると、うちの前を通って行くことがあった。その人たちはちょっと派手なチマチョゴリ姿で、家族持ちの朝鮮の女の人は白っぽい朝鮮服だったからちょっと違っていた。この女の人たちは業者が雇用していたようで、「慰安所」は昭和二八年には一般住宅になっていた。業者は朝鮮人だったか、責任を持っていたのは日本人だったように覚えているが。

北炭夕張は山に沿って寮があったし、「慰安所」も寮のすぐ横にあった。冬になると、一面真っ白な中を、ぞろぞろと細い山道を連なって坑口に降りて行く鉱夫たちの黒々とした姿が、蟻の行列のようで忘れられない光景だ。

冬は真っ暗いうちから労働。朝六時から夕方六時まで。昼飯は盛り切りの弁当。風呂は会社の風呂、暖は石炭ストーブでとり、寮はガラス一枚だから冬はほんとにつらかっただろう。鉱夫は主に一〇〜四〇代で、皆日本式に名前を改名させられていた。夕張の町の入り口には監視所があったし、逃亡しても三日もあれば捕まった。自分が知ってるだけでも五人ぐらい逃げたかな。駅には警察の派出所が置かれていて、警部が詰めていた。逃げるのは甘言にのせられて来た人たち。家族持ちは募集できた人たちだった。

寮では日本語を教えたりもした。まったく話せない人もいたが、若い人ほど日本語ができた。秋になって近所の畑から芋（ジャガイモ）を盗んで殴られているのを見た。手錠をかけられて食堂に並ばされ、水だけしかやらなかった。鉱夫たちは博打はやっていた。第一七協和寮にいたときに博打をしているのを見た。銅銭を投げてた。

一番の楽しみは年に一回の運動会。神社の所に会社が作ったグランドでやったが、朝鮮人は走るのも早かったし一番楽しかったんじゃないか。とても活気があった。年に一回、朝鮮の演芸団みたいのが来て、食堂でやった。芸人も全部朝鮮人。珍しいので自分も見に行った。みんなすごく喜んでいた。

小学校二年の時に、朝鮮人の鉱夫たちの暴動も見た。

一九四五年八月一五日に玉音放送があって、会社は戦争に負けたことに箝口令を敷いたが、翌日にはみんな知ってた。木刀を持って、「オレをいじめたやつを半殺しにしてやる」と騒いでいる人もいた。しかし悪いことをしたやつはさっさと逃げていた。取れるものだけ取ってね。朝鮮人は炭鉱にあった米で白米炊いたり、牛を解体したり。牛の生血を飲むのでびっくりした。一時は不穏な空気もあったが、朝鮮人の朴トウショクという人がリーダーになって、退職金の支払いの交渉などしていた。朴トウショクは屈強な朝鮮人で、戦前でもリーダー格だった。交渉したお金をどう分配したかはわからない。

駐留軍が来て、落ち着いたが仕事には出て行かなかった。雪の降るころにはほとんどの人たちが帰国して行った。お別れ会みたいのもやって、どこから支給されたのか帽子から靴まで、軍隊の服を着て帰って行った。彼らが帰った後に、復員してきた人たちが住んだ。」

（梁裕河の録音（記録）より渡辺がまとめる）

以上が渡津さんの聞き取り調査であるが、聞き取りができることを予定していなく、まだまだお聞きしたいことがあったが内容はとても当時の朝鮮人労働者がおかれていた状況が子どもながらにリアルに見つめていて大事な証言だと思う。今後、リーダー格の「朝鮮人の朴トウショク」のことも調べてみたい。

夕張炭鉱の産業「慰安所」は「憩いの家」と呼ばれ、協和寮（朝鮮人の独身寮、家族の場合は日本人と一緒の社宅に住む）、次の新聞には「美しい妓生部隊」として明るくなったと記事にしている。

郷愁忘れのサービス嬉し　美しい妓生部隊を迎へ
夕張礦協和寮地帯に明朗色

躍進夕張礦の新偉力として採炭戦線に活躍している半島人労務者は現在千数百名に垂んとしているが、その宿舎である協和寮地帯にこの程朝鮮料理店憩いの家三軒が開設され明朗な郷土美人妓生部隊の第一陣十名が配属されているが従来までは殺風景であったこの一画もために和やかな笑声を撒き終日和気藹々として花に魁け微笑しい話題を咲かせている

（夕張タイムス　一九四〇年三月二四日）

(2) チマ・チョゴリ姿の産業「慰安婦」の姿が見えてきた

―三井芦別鉱業所

二〇一六年の芦別（あしべつ）のフィールド・ワークは、星の降る里百年記念館館長（現在顧問）の長谷山隆博さんに案内をしていただいた。歴史のなかに眠っている朝鮮人労働者と朝鮮人女性を追って山深いところに彼らの足跡を訪ねた。（芦別市地図参照）〔図9〕

芦別炭鉱には一九四二年に最初の八〇人が到着し、以後年々増え、一九四五年六月末時点で一九〇五人の朝鮮人労働者が働いていた。八月時点で中国人労働者七六〇人、連合国軍捕虜六〇九人が三井芦別鉱業所の管轄下に置かれていた。主に、朝鮮人労働者は、西芦別町大曲町地区の芦別川そばの河川敷に急増された木造一部二階建ての寮八棟に一六〇〇人ほどが収容され、戦時下の厳しい生活を強いられた。〔図10、11〕

一九四四年に芦別市東頼城町（ひがしらいじょうちょう）の炭鉱社宅街に産業「慰安所」が設けられた。開設に関与したのは三井芦別炭鉱㈱（本社・東京）である。一九三八年に芦別市の高根川上流で高根第一炭鉱を開坑し、翌年五月には東頼城町にあった上芦別炭鉱を買収して、その土地一帯を「高根第二」又は「二坑」と称した。

芦別川をはさんで東頼城町の対岸は西芦別町である。ここには、政府の石炭増産要請を受けた三井鉱山㈱が一九三八年に開坑した三井芦別炭鉱の一大社宅街が形成され、「三井芦別鉱業所」が置かれていた。

一九四四年一二月、三井鉱山㈱が高根第二地区の土地建物、職員を含むすべてを買収する。戦後の土地利

図９　芦別市地図

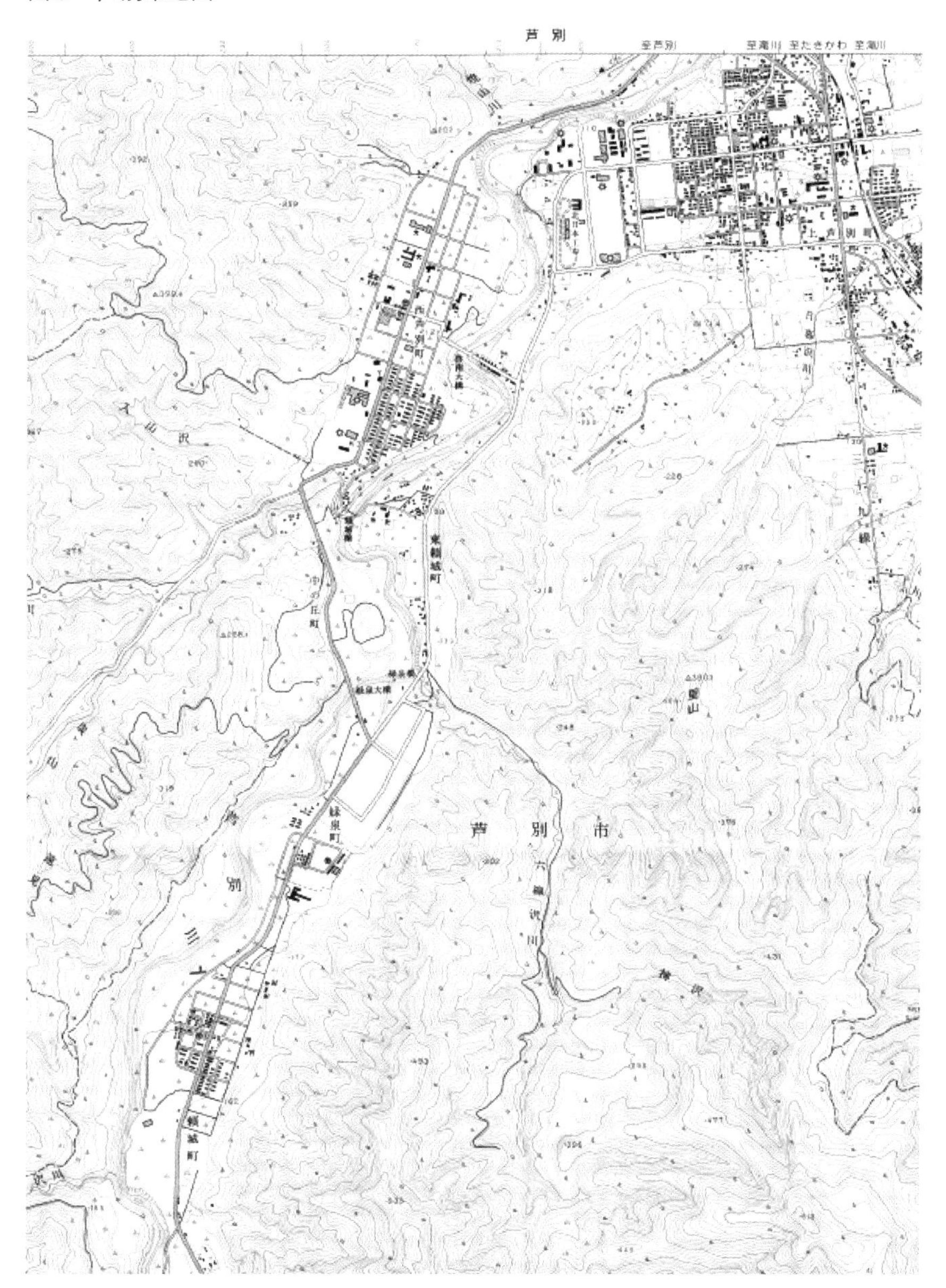

出典：パンフレット「芦別炭鉱遺産秘話―炭鉱に学ぶ近代史」見学先位置図　星の降る里百年記念館

用を見ると、買収の目的は不足する社宅と寺院用地の確保にあったと考えられるが、産業「慰安所」は三井芦別鉱業所公認の産業「慰安所」として敗戦時まで経営が続けられた、というのが長谷山さんの証言であった。当時、日本人に「慰安所」は朝鮮ピーと呼ばれていた。

三井芦別炭鉱で「使役」したのは中国人や朝鮮人の労働者、社有地内に置かれた連合国軍捕虜収容所の捕虜であったが、芦別市東頼城町に朝鮮人女性を雇用していた産業「慰安所」(特殊飲食店)が存在したと『芦別市史』に収録されている。

「三井芦別鉱業所には(中略)朝鮮人労務者のために、戦時中鉱業所の近くに特飲店街を設け、作業能率優秀な朝鮮人にそのつど利用券を出して利用させていた。終戦後かねて差別待遇に不満をいだいていた華人労務者の中の高官に属する者が、部下二、三人と東頼城にある特飲店に(慰安所と呼ばれていた)行ったところ、朝鮮人たちに『お前たちの来るところではない』と靴をかくされたうえ追い出された。これが原因となって昭和二十年九月二十二日の夜、

図 10
朝鮮人寮跡(1942 年～ 1945 年)(1961 年撮影)

芦別川をはさんで朝鮮人労務者と華人労務者が総出動の月夜の合戦となり、石や棒などを持ち二時間あまりにわたり乱闘を続け、両方とも死者一名、負傷者数十名を出すという紛争があった。」と記載。

もうひとつの証言は同じく長谷山さんがかつて芦別工業高校で社会科を教えていた杉山四郎さんから一九七八年二月に深川市在住の松原利雄（本名・金鐘錫）さんから核心を突く証言を得ている。金さんは、一九二四年に朝鮮南部に生まれ、朝鮮北部で育った。一九四二年に三井芦別鉱業所労務係の募集に応じ渡道し、敗戦まで三井芦別炭鉱での過酷な労働を耐え抜いた。

「会社が作った慰安所が川向かいにありました。慰安婦は五人ほどいたと思います。全部朝鮮の女です。稼ぎのいい坑夫には割り引き券が出ました。稼ぎがいいとは、たとえば一カ月休まず働くことをいいます。（中略）割り引き券は一円の値打ちがありました。慰安婦を一回抱くのに六円です。私は三回ほど行きました。」（注3）

図 11
朝鮮人寮跡（渡辺泰子撮影）

金さんは実際に利用していたので具体的な証言である。一回の利用には六円支払い、会社から一円の割引券がでる。朝鮮人労働者の「産業戦士」として働かせるという炭鉱側の意図が露骨にでているような気がする。産業「慰安所」の運営は九州の筑豊炭鉱と同じである。

私たちの朝鮮女性史研究会の会誌（第七号）に長谷山さんに寄稿していただいた文章にあるもうひとつの証言も紹介したい。

次に、一九四四年四月に一八歳で三井芦別鉱業所に就職した前田良光さんが、二〇〇三年九月二日に星の降る里百年記念館で語った証言を紹介する。前田さんは一九八一年に三井芦別鉱業所を定年退職した。後年、札幌市に転居したが、この証言をしてくれた時は、芦別市で露天掘り炭鉱を経営していた平野重機鉱業㈱札幌事務所に勤務していた。

「三井芦別炭鉱に就職して間もなく、通称『白紙』と言われた召集令状を受け取った。『赤紙』は徴兵を拒否できないが『白紙』は会社都合で拒否ができた。当時、三井鉱山は軍需会社に指定されていて、石炭増産に欠かせない要職にあるという理由で、徴兵を逃れることができた。東頼城に朝鮮人女性を置く『慰安所』が確かにあった。『慰安所』のすぐそばに広場があって、夏には盆踊りで賑わった。もし赤紙が来ていたら、独身最後の思い出にそこに行って遊んだかも知れない。」

前田さんは、「慰安所」の存在は認識していたが、詳細は知らないという立場である。

朝賀しづゑさんの証言
—まだ残っている産業「慰安所」跡

芦別で私が一番印象に残った場所が産業「慰安所」跡とここで紹介する朝賀さんの話である。長谷山には会誌でも書いていただいたのを中心に紹介したい。〔図12〕

二〇〇六年五月二一日に、長谷山さんと西田の聴き取り調査に話をされた朝賀しづゑさんは現在も芦別市東頼城町に居住。朝賀さんは一九二七年に芦別村字東頼城一四番地において雑貨・食品を扱う朝賀商店の長女として生まれる。頼城尋常高等小学校卒業後、一九四一年に札幌静修女学校（当時四年制、現札幌静修高等学校）へ進学し、札幌で下宿生活に入った。

一九四四年三月の春休み、実家に帰省した朝賀さんが、家のすぐ裏手にある炭鉱の独身寮がいつの間にか朝鮮料理屋（産業「慰安所」）になっていて、そこにはチマ・チョゴリ姿の若い女性四～五人がいた。そのうちの一人に着物を縫ってほしいと身振り手振りで懇願され、それを引き受けたという。長谷山が朝賀さんの証言をまとめると次のようになる。

①「慰安所」に利用された建物は高根炭鉱鉱員の独身寮であった。

②「慰安所」は一九四四年四月頃に設置されたと思う。その業務を担当したのが高根炭鉱労務係の佐藤米蔵さんで、管理人が同係の村松丑昭さんだった。

③朝賀商店隣に住んでいた門馬キミさん（一九二五年生まれ）も、「慰安所」の開設後間もなく、朝鮮人女性に頼まれて着物を繕った経験がある。

④一九四五年三月に女学校を卒業し実家に戻ったが、まだ「慰安所」はあった。終戦後、いつの間にか管理人も朝鮮人女性もいなくなった。

図12
朝賀しづゑさん
わずかに写る左の建物が朝賀商店、背後の建物が元産業「慰安所」
（2006年5月21日撮影）

当時の産業「慰安所」に触れることが少ないなかで朝賀さんのお話で朝鮮人女性に近づいたような気がした。ご病気で入院されてとても残念だった。

6 朝鮮人労働者の闘い

最後に、敗戦の年一〇月八日に朝鮮人が大きな闘いを始めたことに触れていきたい。敗戦まえにも石炭の増産運動のために厳しい労働のなかで会社の徹底した労務管理に抵抗する朝鮮人労働者はみられたが敗戦後の朝鮮人活動家の闘いを紹介したい。

一九四二年春、労働者を装って安先浩という若い活動家が朝鮮から三菱大夕張に来た。土工帳場として働きながら四三年一〇月に逮捕されるまで三菱大夕張の朝鮮人労働者や石狩炭田の炭鉱の労働者、朝鮮料理店の経営者たちを次から次へとオルグ、ストライキを指導しながら、朝鮮独立思想を広めていく。さらに、北炭夕張炭鉱の孫邦柱（朝鮮料理屋を経営）と連絡して、これらの組織を全国に拡大していく。北炭夕張炭鉱で朝鮮人寮の通訳をオルグし、組織網を構築していった。危機感を感じ、夕張の警察署から北海道警察部特高課が治安にあたることになる。北炭夕張炭鉱では労働者のなかに憲兵がスパイで潜入調査を行い、安たちの逮捕にあたる。

一九四四年になると、大規模な組織網の活動により、各炭鉱とも朝鮮人労働者の闘いが活発になってくる。長澤秀の『第二次世界大戦の朝鮮人の闘い―北海道石狩炭田を中心に』（第二次世界大戦末期、北海道石狩炭田の諸炭鉱での朝鮮人のさまざまな闘いをまとめた論文）に詳細に事件が記載されている。

しかし、朝鮮人の闘いは広がりを見せたが、戦後、鉱業会社は強制連行に関わっての被害を主張し、政府から補償金を得た。北炭も補償金を得ているが、強制連行されてきた労働者に未払金を払うことはなかった。「慰安所」経営者に給付金を支払うことなど北炭にとって何の躊躇もなかった。

おわりに

本書の中で「産業『慰安所』とは何か」の問いに具

体的に答えられる数少ない地域が北海道だと思う。西田論文に学びながら取り組んできたがそれほど進めることができなかったという思いが強い。そのなかで私が学んだことをまとめたい。

①朝鮮人労働者の移入には募集、官斡旋、徴用と方法があるが北海道でいえば圧倒的に戦時体制下で強制連行した労働者たちをどのように朝鮮人労働者を「産業戦士」として働かせるかの一番の方策の一つが産業「慰安所」を作り出すことで可能になったこと。

②渡津澄夫さんのお話にもあったように日本人労働者との待遇や食事など生活面の差別などをみると、朝鮮人労働者を日本人以上に働かせるという「奴隷制」に似た運営システムであったことがわかる。

③残念ながら、産業「慰安婦」（朝鮮人酌婦）の実像が漠然としか描けなかったが、産業「慰安所」は企業の論理で考えたもので公娼制度などを超えたものではないかといま強く思う。企業は彼女たちを人間としてみないで日本鉱山協会や労働科学研究所の調査報告書にも彼女たちを朝鮮人労働者に「慰安」をあたえてくれる者として見ている。それは現在企業の中でもセクハラ・パワハラなど人権を無視した現状と同じである。産業「慰安婦」制度は人間を人間としてみない政策で当時は戦争に勝ち、企業の利益をあげることが至上命令だった。

一九四五年八月一五日以降、「慰安婦」たちは解放された。その後の彼女たちの人生はどうだったのか。

＊新聞記事は読むのが不明のものついては「〇」で表示。

注

（1）西田秀子「戦時下北海道における朝鮮人「労務慰安婦」の成立と実態―強制連行との関係性において―」札幌女性史研究会『女性史研究ほっかいどう創刊号』、二〇〇三年

「ウィメンズアクションネットワーク（WAN）」のミニコミ図書館 https://wan.or.jp/

（2）金優綺「北海道における朝鮮人強制連行・強制労働と企業「慰安所」」法政大学大原社会問題研究所『大原社会問題研究所 No.687』、二〇一六年
（3）夕張働くものの歴史を記録する会編『わが夕張—知らざる炭鉱の歴史—』煉瓦社、一九七七年

資料

朝鮮人強制連行真相調査団編『朝鮮人強制連行・強制労働の記録—北海道・千島・樺太篇』現代史出版会、一九七四年
長澤秀編／解説『復刻版　戦時下強制連行極秘資料集Ⅰ』緑陰書房、一九九六年
朝鮮人強制連行実態調査報告書編集委員会・札幌学院大学北海道委託調査報告書編集室『北海道と朝鮮人労働者—朝鮮人強制連行実態調査報告書—』札幌学院大学生活協同組合、一九九九年
竹内康人『調査・朝鮮人強制労働①炭鉱編』社会評論社、二〇一三年
竹内康人『調査・朝鮮人強制労働②財閥・鉱山編』社会評論社、二〇一四年
樋口雄一「日本国内の朝鮮料理店と産業慰安所」日本の戦争責任資料センター『季刊戦争責任研究第90号』、二〇一七年
樋口雄一「朝鮮料理店女性と「産業慰安婦」」朝鮮問題研究会『海峡16』、一九九二年
桑原真人「北海道における在日朝鮮人史」小沢有作編『近代民衆の記録—在日朝鮮人』新人物往来社、一九七八年
『芦別市史』芦別市、一九七四年
杉山四郎『語り継ぐ民衆史』北海道出版企画センター、一九九三年

三菱鉱業細倉鉱山・朝鮮人経営の産業「慰安所」

望郷と逃亡の狭間

平野由貴子

はじめに

細倉鉱山は宮城県西北部、栗駒山の麓の栗原市鶯沢町にあり、鉛、亜鉛、硫化鉄鉱を主に産出した鉱山である。鉱山は北上川水系迫川（はさまがわ）支流に当たる二迫川（にのはさまがわ）の更に支流となる鉛川沿いの谷を中心として、東西約五キロメートル、南北三キロメートルの範囲に広がっていた。

細倉鉱山は九世紀に発見されたとの説があるが、根拠は定かではない。文献では一六世紀の後半に発見、採掘が開始されたと考えられている。当初は銀山であったが、一七世紀後半から鉛の産出が始まり、停滞した時期もあったが、やがて仙台藩一の鉱山となった。

1 細倉鉱山の歴史と朝鮮人

近代に入り、一八九〇年に細倉鉱山株式会社が設立されたが、やがて経営が困難となり、一八九九年四月、高田慎蔵が鉱山を引き取り、一九一七年に高田鉱山となった。鉱山では鉛や銀を産出し製錬していたが、亜鉛の生産・精錬が中心におこなわれるようになった。それは第一次世界戦争の激化に伴いイギリスが亜鉛の禁輸に踏み切ったため、日本での亜鉛精錬が必要になったためである。戦争は亜鉛需要を拡大した。亜鉛は自動車部品、ケーブル、ダイカスト、メッキ、トタン、バッテリー、ヒューズ、ハンダなどに利用され、軍需品としての需要がたかまった。[図1、2]

細倉鉱山資料館には高田鉱山期の地図[図3]（注1）がある。秋法付近には朝鮮人飯場と朝鮮人合宿所、荒町付近には朝鮮人社宅などが記されている。このことから、早くから高田鉱山が朝鮮人を朝鮮から募集して使用したことがわかる。館内には「朝鮮人募集要項」が展示されている。要項には坑夫、車夫、雑夫の職種で、賃金は最初の三か月は一日六〇銭以上だが、その後には七〇銭以上を支給と記されている。この要項は一九二〇年代のものとみられ、朝鮮人労働が強制連行の前史としてあった事が分かる。

一九二八年、共立鉱業株式会社に経営権が移り、同時に鉱山名も元の細倉鉱山に戻った。折りからの昭和恐慌で経営困難が続き、一九三四年三月、三菱鉱業が経営を引き継いだ。三菱鉱業は感天・一貫目での竪坑、浮遊選鉱場、亜鉛製錬工場、鉛焼結工場、中央竪坑、川口発電所などを次々に設置し鉱山設備の充実を図っ

図1　旧細倉鉱山全景
出典：竹内康人著「調査・朝鮮人強制労働②財閥・鉱山編」社会評論社 2014年

図2　細倉マインパーク・坑道内の写真
(2020年10月12日 筆者撮影)

た。その結果、日本有数の鉛、亜鉛の鉱山に成長した。
一九四〇年代になって労働者数は二千人を超えた。この頃から鉱山の労働者の中には応召される者が増えて人員不足が目立つようになった。そこで不足する労働力を朝鮮半島からの強制連行によって補った。朝鮮人は計一〇〇〇人ほどが連行され、連合軍捕虜（注2）も二八〇人ほどが連行された。しかし一九四五年八月一〇日、米軍の爆撃機の空襲により鉱業が停止した。

細倉鉱山には感天坑・二貫目坑・冨士坑の三つの竪坑があり鉱山正門近くの通洞坑と繋がっていた。社宅が柳沢、秋法、荒町などにあった。

戦時には、連行された朝鮮人は金剛寮（管理人は日本人）に収容され、後に家族の来た者は家族と共に社宅に住んだ。日本人の社宅は縦に一列に並んだ長屋であったのに比べ、朝鮮人家族が居住した社宅は一棟が十家族を収容できる棟割り長屋が多かったようである。上荒町にあった朝鮮人用の社宅は「ベコ長屋」と呼ばれたが、当時、採掘した鉱石を積んだトロッコを引いていたベコ（牛）が休んだ場所であったことからその名が生まれた。

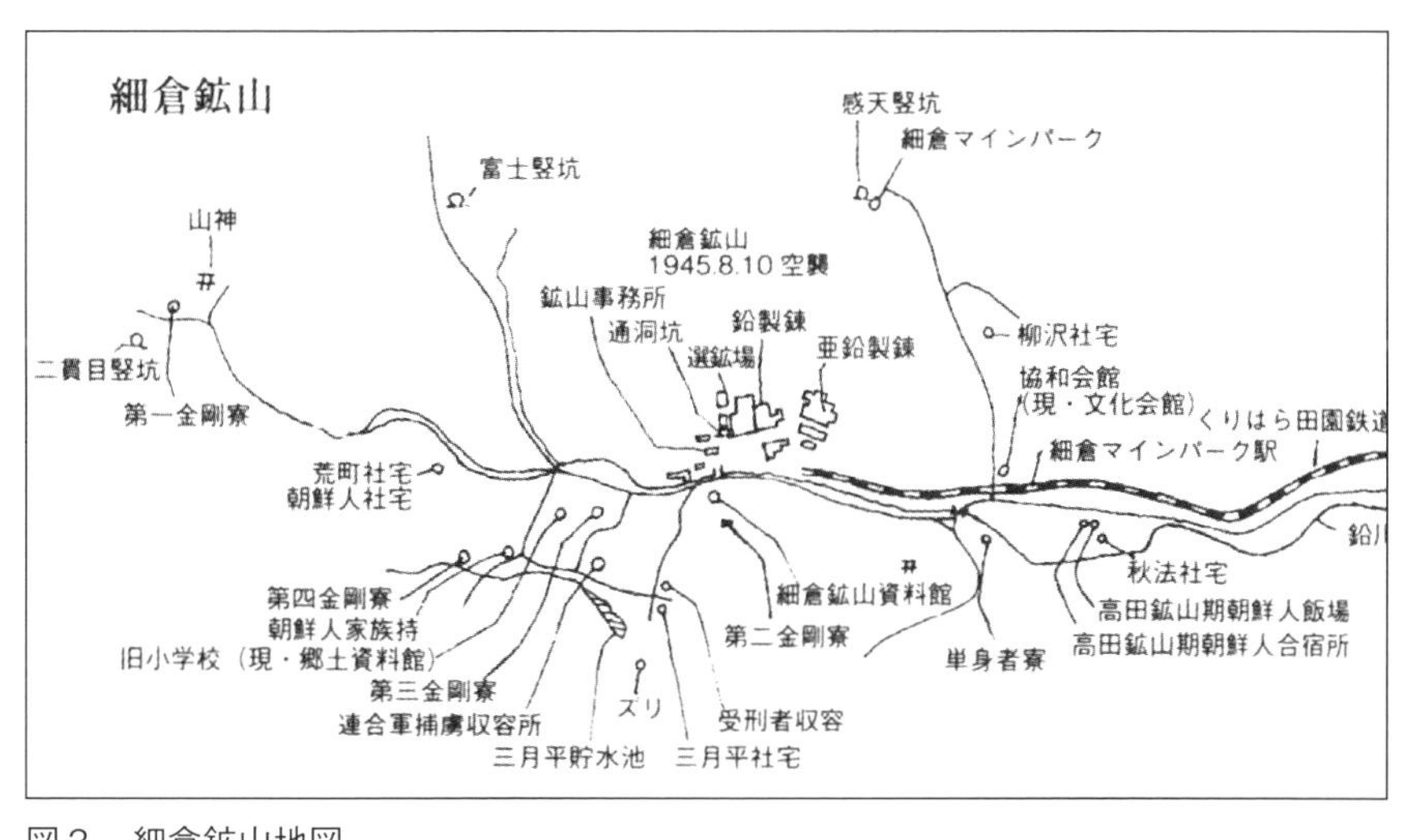

図３　細倉鉱山地図

出典：竹内康人著「調査・朝鮮人強制労働②財閥・鉱山編」社会評論社　2014年

日本人用社宅

朝鮮人用社宅

連合軍捕虜は中学校の跡地に、受刑者は三月平の社宅近くに収容された。協和会館は現在の文化会館の所にあった。

2　細倉鉱山への朝鮮人連行

厚生省勤労局名簿［表1］（注3）には九六三人分の氏名・本籍地・連行年月日・連行後の動向などが記載されている。この名簿によると集団的連行は一九四〇年に全羅北道任実郡や慶尚北道軍威郡から二三五人、一九四一年は慶尚北道軍威・英陽郡から一八〇人、一九四二年には軍威郡から一四六人が連行された。一九四三年は安東郡や佐渡鉱山からの転送者（扶余郡出身）、全羅南道咸平や忠清南道扶余などの各地から約一六〇人が連行された。一九四四年（昭和一九年）［*］には軍威郡から約五〇人が連行され、さらに連行地が

表1　細倉鉱山への朝鮮人強制連行（年度別）

年度	募集	官斡旋	徴用	計	8.15前帰国	死亡	逃亡	8.15時在籍
1940年	10	247	0	257	2			
1941年	5	180	0	185	4			
1942年	6	143	0	149	3			
1943年	5	150	0	155	37			
1944年	5	97	115	217	16			
1945年	0	0	0	0	29			
計	31	817	115	963	91	9	593	270

出典：厚生省勤労局調査、細倉鉱山名簿・第2表から作成

＊朝鮮人ノ移動防止ニ関スル件
国民動員計画ニ依ル移入鮮人労務者ノ逃走ハ各種方面ノ指導取締ニモ拘ラズ依然トシテ減少スルニ至ラズ生産増強上又ハ治安上相当憂慮セラルベキ現況ニアリ
本県下在住ノ鮮人ハ六四〇五名ナルガ其ノ内国民動員計画ニ依ル移入労働鮮人ハ菅原組多賀城出張所七二八同矢本出張所一一五、三菱細倉鉱業所三六五、西松組塩釜出張所三四九、小原出張所四四名計一六〇一名現住シ居ルガ現在迄一三七名ノ逃走者ニシテ相当之レガ防止策ヲ講ズル要アリ依テ近ク内務省通牒ニヨル逃走移住労働鮮人取締要綱ニ基ク県下一斉取締ヲ実施シ以テ生産増強ニ寄与シ反面其ノ動態ヲ究明シテ治安上ノ不安ヲ除去セントス
出典：『宮城県・昭和一九年二月二十五日（前任内田信也知事　後任丸山鶴吉知事）知事事務引継書』（抜粋）

江原道にまで拡大されていき、江原道寧諶郡や江原道春川郡からは一四一人が連行された。名簿によれば九六三人のうち死亡者は九人、八月一五日解放前の逃亡者は五〇〇人以上である。解放後の逃亡者数と合わせると六〇〇人近い逃亡者数になる。連行者の四割が軍威郡からの連行者である。

3 細倉鉱山にあった二軒の「飲み屋」

「日朝協会仙台支部学生班・東北大学朝鮮研究会編集『宮城県朝鮮人強制連行の調査報告　太平洋戦争中の細倉鉱山における朝鮮人労働者の実態』の調査報告書(注4)は一九六〇年代の調査であり、会社と行政での史料調査を踏まえて報告されている。

この調査報告書には慶尚北道英陽郡からの連行朝鮮人の聞き取りが記されている。その証言をまとめると次のようになる。

一八歳のときに慶尚北道英陽郡から一九四一年一二月に連行された。役場から日本に行けと言われ、役場の人に無理やり連れてこられた。そこには英陽郡から集められた一〇〇名位の人がいた。逃げて捕えられて連行された人も数人いた。下関につくと監視が厳しくなり、十人に一人の割に監視がついた。青い服に胸には名札、地下タビ、戦闘帽姿で列車に押し込められた。疲れ切って細倉鉱山に着いた。十二月二十日に第四金剛寮に入れられ、私のような少年と年寄りは製錬に回され、体の丈夫な人は坑内に入った。八畳に八～一〇人が居住したが、寮の隙間からは冬には冷たい風が入ってきた。

来たばかりの時は侍映画を見せられ「もしお前らが逃げたら、捕まえて皆この様に切られるんだ」と言って脅かされた。

軍隊訓練をさせられ、動きが鈍いと殴られ蹴られた。職場で呼びつけられるときには番号で呼ばれた。製錬所で鉱石を運ぶエレベーターの綱が切れて怪我をしたが、十分に治らないうちに働かされた。連行されて四週目のころ、会計用紙と賃金があわずに全員が起ち上がって寮長を交代させたが、指導した二人は朝鮮に送還された。

夜、寮で「故郷の家族へ送金ができない、どうしたら良いか、今頃家族はどうして命をつないでいるんだろう」そう思うと心がしめつけられ、逃亡したくなる。酒も飲みたくなる。朝鮮人の経営する飲み屋もありましたよ。二軒ですがね。そこへたまに行った。その飲み屋に行くにも寮長などがついて来た。（調査報告書四五頁）

私達は英陽郡、軍威郡から二〇〇名で来たが終戦まで残ったのは二〇余名で、他の人は皆逃亡した。私も逃亡し日本人がトラックに乗せてくれたため、逃げることができた。

この証言者は、厚生省名簿の一九四二年の官斡旋による連行者のひとりである。（注4）

4 細倉鉱山の産業「慰安所」

姜徳相（カンドクサン）（滋賀県立大学名誉教授）は、一九四五年五月、宮城県立佐沼中学校へ転校、母親は三人の子を連れて宮城県栗原郡（現・栗原市）細倉鉱山に疎開した。

高麗博物館朝鮮女性史研究会員は姜徳相に当時の様子について聞き書きを行っている。（二〇一六年一〇月十三日実施）その時、姜は次のように語っている。

「佐沼に下宿していた時、細倉にいる母を訪ねていった。六月の中旬ぐらいかな。一泊か二泊くらいしたと思う。佐沼、登米（とめ）、瀬峰（せみね）を経て、石越まで行き、そこから細倉に行く鉄道（くりはら田園鉄道線）の小さな機関車（腰ふり電車）に乗って行った。途中の若柳駅で写真を撮った。細倉は大きな鉱山町で山がはげて荒れた感じがした。母の住んでいた所には、若い女の子が沢山いた。年齢は私とそれほどかわらない女の子たちと山菜採りに行った。若い女の子たちは山菜採りに慣れていて、半分は遊びみたいな感じで出かけました。その時どんな話をしたかは忘れてしまいましたが……細倉の母がいた所は、部屋がいくつもあって女性たちはそこで寝泊まりをしていました。そこでは料理を出していたと思います。」

吉見義明、川田文子は、在日朝鮮人の戦中体験と戦後体験について姜徳相からの聞き取りをしている。（注5）

その中で姜徳相は次のように述べている。

「私の母親は何人か（生まれたばかりの妹ともうひとり小さい子）を連れて、宮城県の栗原郡の細倉鉱山の慰安所の一部屋を借りるんです。細倉鉱山に朝鮮人労働者がいっぱいいるでしょ。そのための慰安所です。私はそこへ行ったことがあるんですよ。かわいいきれいなお姉さんが、たくさんいましたよ。それで、部屋がいっぱいある、その部屋の一室を借りるんです。まあ、あんまり環境よくないんですぐ移動しますけどね。その営業は、親父の友だちの娘さんがやっていました。

（じゃあ、朝鮮の方？）

そうです。親父の友だちというのは、同じ「姜」だからっていうんで、親戚付き合いをしていた人ですけど、その人の娘が嫁に行ったところです。その家が営業主でした。私が行った時が、ちょうど山菜が芽吹く時なんですね。山菜を採りに行ったことを覚えていますから。

そのお姉さんたちといっしょに行ったんですよ。そしたら、米軍の捕虜がいるんです。捕虜が女の人を見たっていうんで、キャアキャア、キャアキャアいって大騒ぎしていたのを覚えています。

後で、気がつくわけですが、そこは慰安所だった。母親はあんまり環境がよくないということで、ひと月いたか、いないくらいで陸前高田に移るんです。

（女性は何人ぐらいいたんですか？）

僕がいっしょに行ったのはね、五、六人のお姉さんでしたね。家はかなり大きい家で、だから、部屋が空いていたんですよ。

（いくつぐらいの人たちですか。）

若かったですね。

（一〇代ですか。）

いやあ、それは聞いていていない（笑）」

まとめ

細倉鉱山は戦後も採掘が行われていたが、一九八七年に閉山した。閉山に伴い、くりはら田園鉄道線は、貨物輸送の廃止、乗客の減少などで経営が悪化、二〇〇七年に廃線となった。現在は感天坑跡地が観光坑道「細倉マインパーク」となり坑道の見学が出来る。鉱山正門近くにあった鉱山資料館は細倉マインパークの隣にリニューアルオープンされた。細倉マインパークや鉱山資料館の展示には連行されて来た朝鮮人労働者について記述された資料等は何一つ無い。鉱山の歴史の一頁に朝鮮人労働者、その家族の存在に触れることを願っている。

朝鮮料理店の存在については、慶尚北道出身者の証言や姜徳相の聞き書きから知ることが出来た。逃亡を防ぐ為に朝鮮料理屋があり、細倉鉱山の産業「慰安所」が存在したことは明確化されたと考えていいのではないだろうか。

注

(1)竹内康人『調査・朝鮮人強制労働②財閥・鉱山編』二巻　社会評論社　二〇一四年

(2)一九四二年五月、日本政府は労働力不足を補う手段として捕虜の一部を「満洲」、朝鮮、国内に移して使役する方針を決定。一九四四年十二月一日、東京俘虜収容所第三分所として、宮城県栗原郡鶯沢村（現・栗原市鶯沢町）に開設。四五年四月一四日、仙台俘虜収容所に移管、第三分所となる。使役企業は三菱鉱業細倉鉱業所。敗戦時収容人員二八一人（米二三四、英四五、蘭二）収容中の死者（一九人）

(3)厚生省勤労局「朝鮮人労務者に関する調査」宮城県分・細倉鉱山名簿　一九六四年

(4)日朝協会仙台支部学生班・東北大学朝鮮研究会編『宮城県朝鮮人強制連行の調査報告　太平洋戦争中の細倉鉱山における朝鮮人労働者の実態』日朝協会仙台支部　一九六三年一〇月一九日

(5)吉見義明・川田文子「姜徳相氏からの聞き取り第一回―ある在日朝鮮人の戦中体験と戦後体験―」中央大学商学部研究会　二〇一二年

常磐炭鉱の「売春宿」＝産業「慰安所」

渡辺泰子

はじめに

本州最大の規模であったのが常磐炭田である。炭田とは、炭層が広域にまたがっている場所、複数の炭鉱が集まった地域をいう。

常磐炭田は、明治・大正・昭和を通して京浜工業地帯に一番近い炭鉱として重要な位置を占めてきた。戦時中は二万人を超える朝鮮人労働者が強制労働動員させられた。

ここでは、常磐炭田のなかで最大の炭鉱、戦争中の一九四四年に磐城炭鉱と入山採炭（常磐炭田で二番目に古い炭鉱）の合流できた常磐炭鉱で戦前・戦中・戦後に労務係の仕事をしてきた木山茂彦のオーラル・ヒストリー（注1）のなかの朝鮮人労働者の労務管理に関する部分（産業「慰安所」も含む）を紹介していきたい。

1　常磐炭田の特徴

常磐炭田は、阿武隈山地にそって福島県富岡町から茨城県日立市まで広がっている。一部を除いて、質的には低品質な石炭であったが京浜工業地帯に近いということもあり、一八七七年中央資本の進出をうけ、戦後の一九八五年の閉山まで大きく発展してきた。北海道や九州の石炭より品質がおちるが、鉄道（一八九七年に常磐線開通）で輸送できることも開発を加速させた要因であった。

入山採炭は湯本にある大倉財閥系の会社で、隣接した内郷町には浅野系の磐城炭鉱、好間町には古河財閥の古河鉱業所、勿来（なこそ）には大日本炭礦（財閥系ではない）。常磐炭田にはその他、中小の炭鉱が常時一三〇前後はあった。

朝鮮人労働者は北海道・九州より規模も人数も少なかった。まず一九三九年九月の時点では四炭鉱（磐城・入山・古河好間・大日本勿来古川）で一二〇〇人働いていた。

ところが戦時中の常磐炭田には一時は一〇〇を超す炭鉱が稼働していたが、そのうち一五炭鉱（財閥系炭鉱がほとんど）が朝鮮人を強制労働動員し、働かせていた。一九三九年一〇月以降ほとんど毎日送りこまれてきた総数は二万人前後といわれている。（注2）中でも危険な採炭労働の半分以上は朝鮮人労働者だったという。

長澤秀は「戦時下の常磐炭田ではその地理的特殊性

表1　五大炭鉱朝鮮人労務者数（1944年）

炭鉱名	人員
旧入山採炭	2,000
旧磐城	2,000
古河好間	1,500
大日本	1,000
日曹赤井	500
	7,000人

出典：大塚一二著「常磐炭鉱を中心とした戦中朝鮮人労働者について」（福島大学東北経済第64号1978年）

から他炭鉱以上に労働強化を伴う増産増送が強行されたこと、一九四五年八月一五日敗戦以降、朝鮮人の闘いが日本共産党と結成直後の朝連（在日本朝鮮人連盟）中央の直接指導を受けて展開した全国で唯一の例であったこと等の特色があり」（注3）と記述している。

2 木山茂彦（きやましげひこ）氏の「わが炭礦労務管理を語る」

オーラル・ヒストリーを読む

木山茂彦の回想録は、福島大学経済学部常磐研究会が木山茂彦の口述をもとに一九七六年九月四日と一九七七年三月二五日、九月一六日の三回の聞き取り調査でまとめたものである。

木山の口述の中心は戦前・戦中期の「朝鮮人特殊労務管理（いわゆる木山「労務管理」の基本部分）にあたる、同じく戦後の労務管理についてはやや未展開の部分を残すことになった」としている。福島大学は現在も常磐炭田資料を多く保存しているといわれている。この回想録の特徴は木山の「一点の曇りのない」職業生活での炭鉱労務管理を取り組んだ自負というか、自信というか、多くを語っている。たぶん研究に役にたつ資料だと考えるが、とくに朝鮮労働者に対する労務管理を「率直」に語っているところが貴重な証言ではないだろうか。

回想録の構成は、

目次

はしがき（常磐研究会）
1 私の経歴
2 戦前の常磐炭田
3 募集係のころ
4 朝鮮での募集活動
5 朝鮮人管理の苦心
6 入山・磐城の合併
7 終戦―俘虜労働者の戦後帰還
8 朝鮮人労働者の戦後帰還
9 中村御大の実物教育
10 終戦の混乱のなかで
11 習技生制度

12　集約合理化・重装備
13　全面閉山へ
14　系列会社について
15　常磐炭礦と常磐興産
付　木山社長インタビュー関係メモ（大久保洋氏提供）
（「わが炭鉱労務管理を語る」『福島大学東北経済』第六四号　四二〜四三頁）

になっている。

木山茂彦は一九一一年熊本県天草生まれで一九三七年に中央大学法文学部（当時）を卒業し、入山採炭に就職し、ただちに本社からいわき市（現在）の入山採炭に赴任。戦前、労務担当、戦中も労務課長職、戦後も常磐炭鉱が一九七一年四月の閉山まで労務関係の仕事をする。調査当時は常磐興産（常磐炭鉱株式会社の親会社）常務取締役と約四〇年間の会社員生活であった。

なお、二〇〇六年、炭鉱で暮らす少女がフラダンスに魅せられ、プロのフラダンサーになっていく映画『フラガール』の舞台となったのが、常磐興産が設立した常磐ハワイアンセンター（現・スパリゾートハワイアンズ）で石炭採掘時に大量に排出される温泉水を利用した温泉施設である。

3　募集係からの出発

木山は、戦前・戦中・戦後の三つの時期に労務関係の仕事をしているが社会の情勢の変化に応じて仕事をするのが「炭礦の労務担当者というのは社会への窓口ということがいえる」と話している。現在の会社組織のなかでも労務関係がその組織にとって会社を左右する上で重要だと言われている。木山はエリートのポストを歩いてきたようだ。

日中戦争勃発で軍需産業の第一位は石炭産業だった一九三七年に入山採炭に就職したころは採炭夫の不足で労働者を確保するのに命がけだったようでいくつかのエピソードを語っている。それでも確保できず、三八年に「政府の要請で」朝鮮人募集に踏み切る。ここから終戦まで、木山にとって朝鮮人労働者との関わりが始まる。入山採炭は、戦争捕虜や中国人はおらず、朝鮮人労働者のみであった。

鉱員不足は解消されず、戦争直前には炭鉱の労務係も徴用できるようになり、芸者たちも徴用された。

最初に、朝鮮（「半島」と呼んでいる）に募集に行ったのは一九三九年になり、敗戦まで朝鮮人の「募集・移入・二ヵ年の契約期間中の管理・帰国まで」にたずさわっていた。日本人労働者の不足が深刻で朝鮮人の「労務管理が大きなウェイト」を占めていた。

第一回の募集人員は五〇〇名予定で現地では朝鮮総督府社会課を中心に整理されていくので村・面などに行くが失敗に終わったようだ。その後もさまざまな困難の中で募集作業を行った。

4 「アメと鞭」の労務管理

朝鮮人労働者の労務管理は、当時のはやり言葉の「一視同仁」で全く日本人労働者と変わりなく労務管理を行ったというが、労働者たちの飲酒や賭博や寮でのけんかなどで稼働率は二〇％。そこで労務課員に言葉がわからないなか夜泊まり込みや引率などを行なわせ、班長格には朝鮮での役人だった人を当て、巡査上がりに寮の管理や入坑の誘導や逃亡防止の役目を手伝わせ、監視体制を強化させた。

一方で、最盛期で四五〇〇人の朝鮮人労働者を数班に分け、班ごとに野球大会や演芸大会、運動会を開くなど「右手は父母のごとく、左手に剣を持ち」と「アメと鞭」の労務管理をおこなっていた。これらの管理体制の結果、稼働率は九〇％となったそうだ。

5 「売春宿」という名前の産業「慰安所」

内郷青葉地区に複数の朝鮮人労働者専用の寮があったが［図1］、労働者の八割が独身であり、木山は「アメ」の一つの経験として、

「それから、こんなことも一つの経験ですが、やはり年令的にも二五、六才前後の諸君ですから、今にしていえばまことに乱暴な話ではありますが、会社が売春宿をつくってやったわけではありませんが、指定の売春宿をつくりまして、そこで判コを押してその処理ができるようにしました。大体一週間

図１　福島県　常磐炭田（戦前）

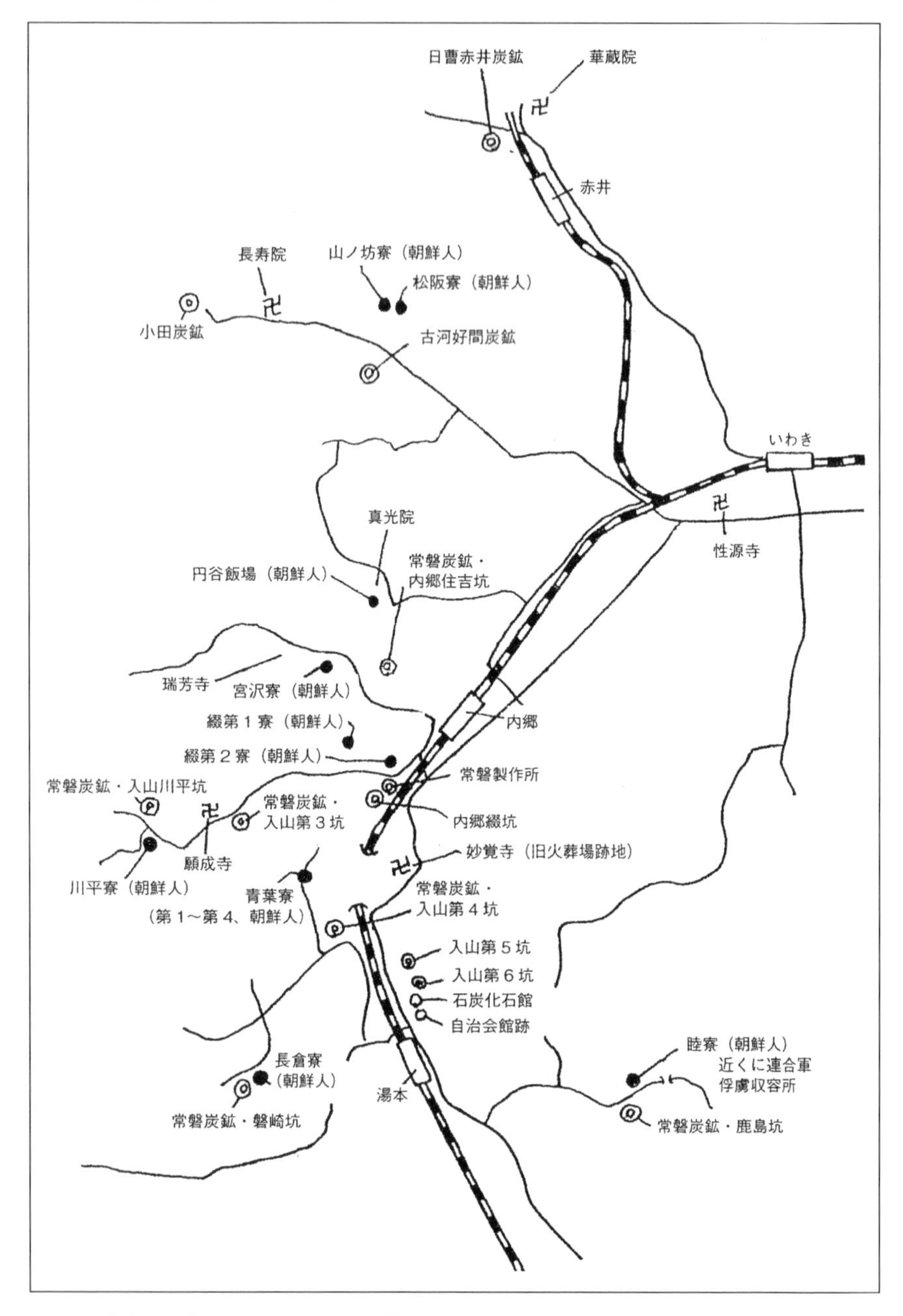

出典：竹内康人著『調査・朝鮮人強制労働①　炭鉱編』社会評論社　2013年

に一度くらいでしたが、宿の方でも朝鮮の女の人がきて相手をしていたようです。これも思いやりのある労務管理だと思います。やや成功といいましょうか、したんであります」。（原文ママ）

この木山の話はまさに産業「慰安所」の持つ本質を端的に表しているのではないだろうか。一つは植民地朝鮮の労働者たちに対する差別、二つは「売春宿」＝産業「慰安所」を「労務管理」の福利厚生だと語る（福利厚生とは健康の増進や生活の充実のこと）、三つは会社は「売春宿」を作ってまで男性の性の問題を処理する。日本軍「慰安所」の状況と同じで女性の人権の蹂躙と男性を「性」という道具で支配するにほかならない。何の衒いもなく話をする木山に怒りを覚える。

「半島人労務ニ関スル調査報告」（一九四〇年）の中で入山採炭は娯楽及慰安の問いに「音楽会、映画会、競技会等の開催、其他海岸保養所の利用等なり、性問題に関しては相当考慮し、時々係員をして其の衛生的道義的指導を加えつつあり、現在のところ『慰安所』等の開設の計画なし」と回答（注4）。ほぼ木山の話とあっている。

まとめ

常磐炭田の産業「慰安所」については確実に資料としても残っているのは入山採炭の「指定の朝鮮人売春宿」との契約という間接的関与をしたという木山氏の回想記しかなく、残念ながら、場所の特定や産業「慰安所」に関する証言も解明されなかった。

しかし、会社側の朝鮮人労働者を管理（支配）していくための手段としての産業「慰安所」だったことは明らかになった。

注

（1）木山茂彦「わが炭礦労務管理を語る」福島大学東北経済研究所『東北経済』第六四号　一九七八年

（2）大塚一二「戦中朝鮮人労働者について」福島大学東北経済研究所『東北経済』第六四号　一九七八年

（3）長沢秀「戦時下常磐炭鉱における朝鮮人鉱夫の労働と闘い」立教大学史学会『史苑』第四七巻第二号

一九七八年

（4）『半島人労務ニ関スル調査報告』日本鉱山協会資料第七八号　一九四〇年

松代大本営と産業「慰安所」

アリランの心悲しい歌声

平野由貴子

はじめに

長野市松代町に、アジア・太平洋戦争末期の本土決戦に備えて、陸軍が主導して造営した地下壕が残っている。この地下壕には、天皇・皇后や軍、政府中枢が入る計画があった。強固な岩盤をくりぬく過酷な工事には多くの朝鮮人労働者の動員があり、そのすぐそばには、大本営（注1）造営に伴い、朝鮮料理店が作られ朝鮮人女性が「慰安婦」として住まわされた建物もあった。しかし、戦後日本はこれらの存在を黙殺し、工事で犠牲になった人数や女性達の処遇についても明らかにしていない。

1　松代大本営地下壕工事が始まるまで

大本営移転計画は、戦況が悪化し、日本全土への空襲が避けられなくなってきた一九四四年初め、陸軍省軍事課の井田正孝少佐から陸軍次官へ提言された。陸軍省は一九四四年五月初旬に信州で移転先となる適地を探した。その結果、次のような理由で、松代が大本営移転先の最適地とされた。

①信州は日本の重心（海岸線から遠い）であり、「神州」

に通じる。

②岩盤が頑丈で十トン爆弾に耐え得ること。

③地下施設の近くに飛行場があること。既設でなくても場所があればよい。

④平地が多く工事がしやすいこと。

⑤土地柄に風格や品位が感じられること。

一九四四年七月中旬、東条英機内閣最後の閣議で「松代大本営」の建設を決定した。

「松代大本営」には、宮城、政府の諸官庁の主要部、日本放送協会など天皇制国家を支える中枢機関や大本営がすべて移転する計画であった。

同年九月に陸軍大臣から施工命令が出た。

十月には、約百人の地元住民の山林、桑畑、田畑が軍に買い上げられ、住民は立ち退きをいそがされた。道路が整備され、朝鮮人労働者用の飯場が出来て事実上の工事が始まった。

一九四四年十一月十一日、地下壕を掘削する第一号発破がかけられた。岩盤を砕くために使われたダイナマイトの爆発音が昼夜を問わずとどろくようになった。

図１　松代全景（1947 年 11 月 27 日撮影の航空写真より）

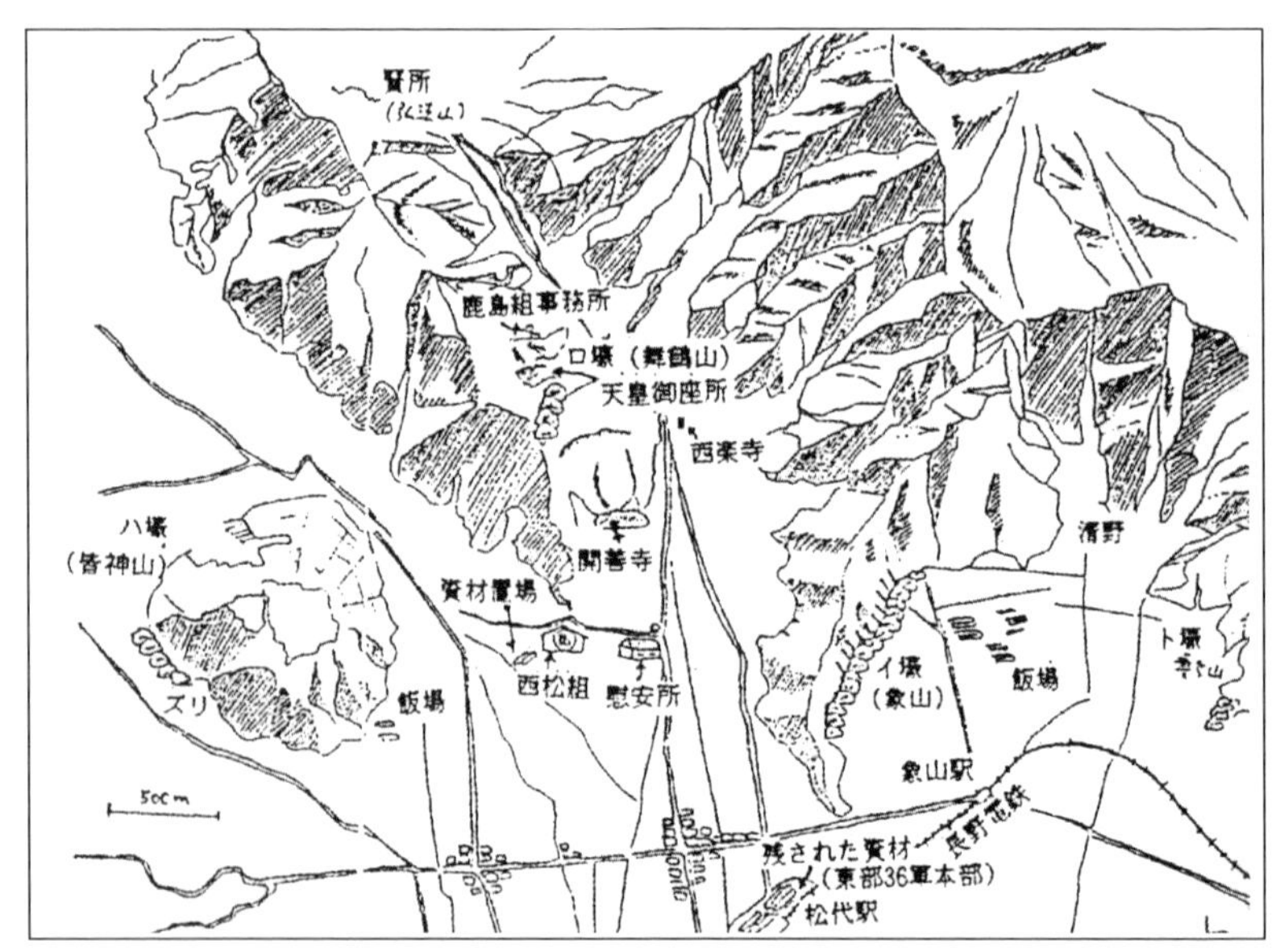

出典：『マツシロをあるく』「もうひとつの歴史館・松代」運営委員会

2　松代大本営とは

アジア・太平洋戦争末期、現・長野市松代町の三つの山を中心に善光寺平一帯に分散して作られた地下軍事施設群のことである。軍関係者の証言や幾つかの研究によれば、敗色濃厚だった当時、軍部は本土決戦によって連合国側に「最後の打撃」を与え、「国体護持」などのよりよい講和条件を得ようと考えていた。その決戦のためのシェルターとして「松代大本営」が計画された。

「松代大本営」の中枢をなす地下壕は、三つの山、象山、舞鶴山、皆神山の地下に掘られた。さらに松代を含む善光寺平一帯〔図1〕に、関連する通信施設や賢所（注2）皇太子・皇太后の居住施設などの建設が進められた。

建設については、秘密事項で陸軍省、東部軍の一部の人が知るだけで「松代倉庫」と呼ばれていた。

注1　大本営
戦時に設けられた天皇直属の最高統帥機関で、日清戦争時に初めて設置された。一九三七年からは、戦争時だけでなく「事変」でも置けることになり、以後敗戦まで存続した。

注2　賢所
皇位の象徴として伝えられる三種の神器の鏡の複製を天皇家の祖先神とされる天照大神の御本体として祀る場所。

図2　松代象山地下壕　入口と地下壕
2016年8月28日松代フィールド・ワークで撮影

◇象山地下壕・イ地区［図2］

総延長約六キロメートルで最も規模の大きい地下壕。政府省庁の一部と日本放送協会、中央電話局が入る予定だった。敗戦時には八割まで完成しており部分的に内装もされていた。発破を仕掛けた穴やトロッコの枕木の跡があちこちに残っている。

現在、五百メートルのみ長野市により公開されている。

イ地区で西松組の社員だった金錫智氏の証言によると「イ地区だけで三六〇〇人の朝鮮人労務者がいた」という。

◇舞鶴山地下壕・ロ地区

大本営の参謀本部、作戦室、事務室や天皇・皇后の地上・地下御座所、宮内省が入る予定だった。地下壕の延長は約二・六キロメートルで御座所は地上部と地下壕部とからなり、いずれも特別の内装が施されていた。現在は、気象庁の地震観測所として使用されている。

◇皆神山地下壕・ハ地区

当初、皇族の住居用に使う予定だったが、岩盤が悪いので食料庫に変更された。総延長約一・九キロメートルで、敗戦時にはほぼ完成していた。現在は崩壊が激しく、内部は見ることができない。

3 「松代を歩いて」

二〇一六年八月二八日「松代フィールドワーク」に参加した朝鮮女性史研究会の三浦恭子は次のように記している。

> 八月末の一日、「もうひとつの歴史館」のスタッフの案内で「松代大本営関連の跡地」のフィールドワークに参加。高麗博物館（二〇一七年に開催）の企画展示のために、朝鮮女性史研究会によって計画されたものだった。
>
> 象山地下壕見学。ヘルメットをかぶり懐中電灯を持って坑内の説明を受ける。沖縄に修学旅行に行った高校生が「ガマ」を体験して「あれなら松代にもある」と調査をしたのが契機となり、地域の住民や研究者を巻き込んでの保存運動が始まった。長野市によって公開される様になった際、市の整備によっ

て随分変わってしまったそうだ。

地下壕のそばの「中野次郎」さんのお墓は創氏改名のため朝鮮名は不明のまま、遺骨はすでに韓国の「望郷の丘」に埋葬されている。

その後、「御座所」跡の見学は地震研究所の閉鎖に伴い、外からしか見ることができなくて残念だった。部厚い屋根を太い柱が爆撃に耐えられる頑丈さで残されていた。

ダイナマイトで発破作業をした崔小岩さんのお墓や山の飯場跡を見学。軍や「組」のあったところは、現在は警察学校になっていた。そのそばの元「慰安所」のあった所はアパート建設のために建物はすでに無く、当時のおもかげは全く無かった。

最後は象山地下壕の飯場跡を見学。現在は市営住宅や田畑になっている。「もうひとつの歴史館」で見た「三角兵舎」が並んでいたことから、着のみ着のままで強制連行されてきた朝鮮の人々が信濃の雪や寒風にさらされた重労働を強いられたことを想像すると何という人権無視した…と怒りがこみあげてきた。

4 「松代倉庫」と朝鮮人労働者たち

地下壕の現場作業は、強制連行されたり、日本各地の工事現場から動員された朝鮮人労働者や、勤労動員された日本人が当たった。硬い岩盤を相手に発破を使う、昼夜二～三交替の最も過酷な労働を強いられたのは朝鮮人労働者たちであった。その数は定かではないが、六千人とも七千人ともいわれている。

七千人前後という数が有力視されるのは松代大本営工事の主任であった吉田栄一元大尉の回顧録（一九八三年）に「七千人の朝鮮人労務者が三交替で」との記述による。元西松組社員・和智正則氏の証言によると「加藤少佐が富山から三千人を、四五年二月頃に西松で二千人を、もともと東北地方で働いていた朝鮮人が早い時期に二千人。合計で七千人くらい」という。青木孝寿氏（著書『松代大本営―歴史の証言』）もまたこれらをふまえたうえで、「六千人台から七千人前後」と推定している。

東北地方などのダム工事での経験を持つ朝鮮人労働

者たちは、飯場の親方ぐるみで移動した。清野地区の飯場（イ地区）は、もと田んぼで湿地帯にあり、住環境は劣悪であった。「松代倉庫」の工事は西松組、「御座所」の建設は鹿島組が担当した。過酷な労働を強いられた朝鮮人労働者の実態について証言者は次のように述べている。

◇故・崔小岩さん（チェ・ソアム、朝鮮・慶尚南道出身）の証言

「昭和一九年の十月頃松代の町で日本一の防空壕の工事があるから、そっちへ行ってくれないかと言われました。その日の夜に出て松代に着いたのは朝の四時頃です。その朝、仕事に行くと履物と作業服をくれました。地下足袋は普通の足袋ではなくて、下は鉄板なんです。それをひと月一足しか配給をくれない。飯場の中でも、誰の飯場で人が死んだとか、発破で怪我をしたという話は絶対出来なかった。ご飯はコーリャン七割、米三割の粗末なもので結局米が少ないから、大豆や大根を刻んでいれたりした。おかずは塩辛い大根を薄く切ったものが二、三切れだけだった。だから、年とった人たちはみんな栄養失調になり、手足がふるえ、鼻水がたらたら出てきて、いつもふらふらしていました。

朝鮮人の中で、ほんとにせつなくて死んだ人間、穴の中でもって発破かけて死んだ人間色々みてきました。穴の中で四人死んだ。もうこれは木っ端みじん。四人とも人間の姿がなんにもない。全部鉄板の上へあっちからこっちから肉、骨、みんな集めて、よく見るとどうしても頭が一つ足らない。矢板の下へ行くと何か頭にぽちゃんと落ちてきた。それは真っ赤な血だった。鉄板が発破かけて飛ぶときちょうど首のとこ飛んで、その人間の首が飛んで矢板のとこはさんじゃった、という壮絶な日々だった。

総監督の番頭は入れ替わり立ち替わり入ってきても殴るのが仕事だった。ちょっとでももたもたしていれば、何やってんだと、もう踏んだり蹴ったりする。朝鮮人が七、八千人いる中でいい思いした人間は一人もいないでしょう。みな死ぬ思いで暮らしていました。」

（出典：『マッシロをあるく』「もうひとつの歴史館・松代」運営委員会　二〇一八年）

5 松代大本営の産業「慰安所」

大本営工事のために「朝鮮料理屋」が設けられ、年若い朝鮮人女性が連れてこられた。

西条の児沢聡さん方の敷地内にあった建物が借り上げられ、「慰安所」［図3］とされた。児沢さんの証言によると、開設した一九四四年の秋までに三〜四人の女性が「慰安婦」として連れてこられた。この建物は以前、製糸工場「本六工社」の娯楽室や蚕室として使われていたものだったが、やってきた警察官に「国策に協力できないのか」と脅かされ、借り上げられたという。

連れてこられたのはいずれも二十歳の若い女性で、客は比較的高い地位にいた工事関係者だったという。関係者の証言では、このうち「金本順子」という日本名をつけられていた女性は慶尚南道の農村出身で、「役場の人に特殊看護婦になれると言われて」強制的に日本に連れて来られたと語っていたという。日本の敗戦後、女性らは母国へ引き上げていったらしく、その後の消息は知れない。

図3　当時の「慰安所」の見取り図

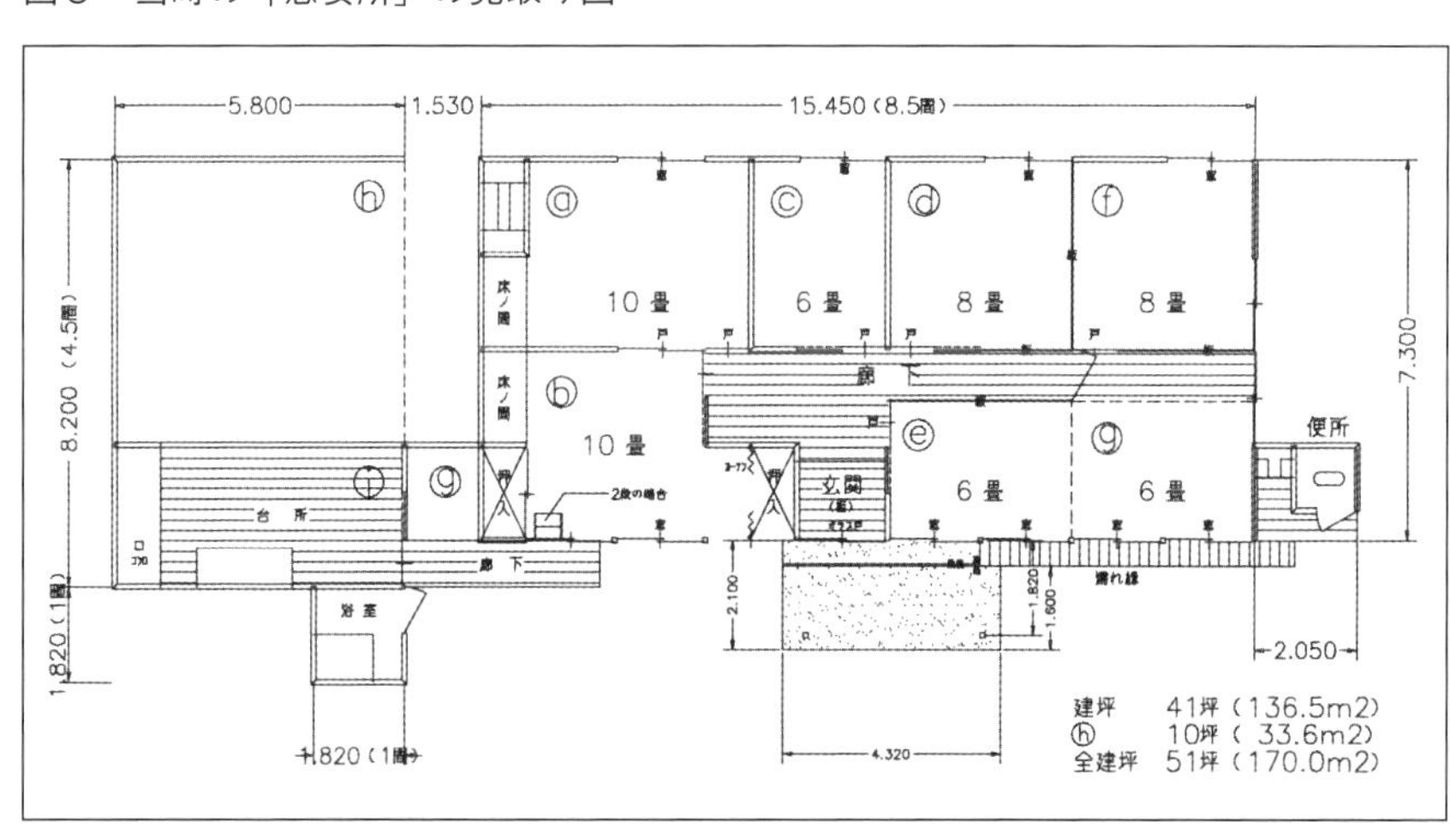

ⓐ・ⓑ親方一家の部屋　ⓔ待合室　ⓒ・ⓓ・ⓕ・ⓖ女性たちがいた部屋

出典：『マツシロをあるく』「もうひとつの歴史館・松代」運営委員会　2018年

◇三橋庄吉さんの証言（一九二七年生まれ／故人）
――松代の飯場で働く

「慰安所には四人の朝鮮人慰安婦がいました。朝鮮人の親方はハルヤマ夫妻で男一人女二人の子供がいた。雑用をする朝鮮人の男も一人いた。ここでは売春だけでなく宴会や接待などサービス業のような事もやっていました。広間で宴会をやった後、各部屋に別れていく風でした。来た客は日本人の軍人、飯場の親方、帳付け（経理担当者）らで、朝鮮人の飯場の親方がとりもちのため歌ったり踊ったり、女の子たちもお酌したり踊ったり、宴会兼慰安所というような状態のところだったようです。お客への性的サービスは多くても一日四名、一人二円で自分が四、親方が六（そこから食費・経費を引いて実質三対七）で親方に支払っていました。宴会の後泊まる人もいたみたいですがショートセックスだけで済ませて帰る人、夕方きて泊まる人、夜だけ泊まる人に分かれていたみたいです。泊まると五〜六円。

彼女たちは「ここであったことは喋ってはいけない」と口止めされ、余り目立つ行動はしないように言われていたようですが、外出はできました。K（金本順子）さんの部屋にはチマチョゴリ（上がグリーンでチマがピンク、鳳凰の刺繍がしてありましたが）がかけてあり、夜の仕事の時、たまに着たと言っていました。普段はかすりのモンペに木綿のシャツ。戦争が終わってからは「商売」は全然しなかったと言っていました。私たちのいた飯場にも時折遊びに来たことがあり、若い男が冷やかしたりもしていました。「父母のところへ帰りたいが、日本に来てこういう商売をやっていたとはいえない」と話していました。

生きているなら会ってみたい、そして強く抱きしめてあげたいという気持ちもありますが、どうか幸せに暮らしてほしいと思います。戦争は残酷で無慈悲なもの。文章や言葉では表現しきれないが、後に残った人が飾らない証言を遺して、将来同じ轍を踏まないようにしなくてはなりません。」

（出典：『マツシロをあるく』「もうひとつの歴史館・松代」運営委員会　二〇一八年）

◇児沢聡さんの証言（当時の家主・故人）

「一九四四年十月初め、二人の警察官が来て、建物の借り上げを依頼された。断ったが、二日目には「朝鮮人労務者が大勢来ているから付近の婦女子がいたずらされたり、強姦なんかされたら困るから、朝鮮人の慰安婦を連れて来ることになったんだ」と。私は「絶対嫌だ」と強硬にはねたよ。三日目にまた来て「あんたは国策に協力できねえか」と脅迫された。あの当時国策に協力しないって言えば国賊扱いですから。泣く泣く私は貸したの。

その代わり、私は息子や娘だっていたから、「家(本宅)から見える側のガラス戸を何かで覆って中を見えないようにしてくれ」って頼んだら、薄いベニヤ板のようなものを張り付けてわが家のほうからみえないようにしたよ。それから垣根を作って、本宅の方には入ってこれないようにした。

売春宿[図4]なんかに貸したくねえが、最初、朝鮮の女が五、六人盛岡方面からやってきた。一か月百円の家賃は西松組が支払った。春山という親方が女房子どもと一緒に住んで、女たちはそれぞれ一部屋を持った。大体、娯楽室は広い板床で、それをベニヤ板で小さい部屋に区切ったからね。ご飯は女たちが炊事場で勝手に作って食べていた。軍隊でいえば従軍「慰安婦」

図4 「慰安婦」のいた家(解体前)
出典:『マッシロをあるく』「もうひとつの歴史館・松代」運営委員会 2018年

でここは西松組の慰安所だ。日本人の男は女買いには来なかった。西松組がわざわざつくったのだから、客は朝鮮飯場の親方が主だった。

強制的に連れてこられた朝鮮人には、飯場から自由に出ることは出来ないし、女を買う金は渡しませんからね。親方連中がやってきては、何人か囲んで石を並べて朝鮮賭博をやっとった。

朝鮮の女たちは、モンペをはいて、二十二、三歳の若い者ばかりが五、六人だった。昼間は客が来なかった。真夜中頃になると親方連中が酒に酔って暴れて、ガラスは割るし騒々しいものだった。

女が少ないから奪い合いになって、悲鳴は聞こえるし教育的に困った。女たちが一杯酒を飲むと、アリランとか連絡船の歌とか朝鮮のうら悲しい歌声が聞こえてきてやっぱり故郷のことを思っているのかと同情した。

正月には、女たちがご馳走を両手に抱えて持ってきたもんだ。朝鮮料理とあんこ入りのヒシモチをね。作って持ってきてくれた。

長男は四年生だし、男と女の関係は分かる年頃で困ってしまった。

村の連中にとっても慰安所で何が行われているか興味があることだし、垣根からのぞきながら息子に「ダルマきてるのか？」と聞くんだ。

長男は子どもだし、ダルマの意味がわかるはずがない。ダルマは転んでも起きるからダルマというし、転ぶ女の商売だからダルマなんだ。ダルマって何だと息子が私に聞くから、説明してやるわけにもいかねえ。

敗戦になると、慰安所の女たちを春山が引率して、下関へと出発したが、手荷物といったら風呂敷包み一つだった。

慰安所の春山親方は、下関からハガキをよこしてお世話になりましたと書いて、釜山の住所を書いて朝鮮にくることがあったら家によってくれとね。

彼らが全員帰国するまでは、どうも三ヵ月はかかったような気がする。」

（出典：『松代地下大本営』林えいだい　明石書店　一九九二年）

◇内田美也子（旧姓　児沢）さんの証言
―児沢さんの妹さん―

「（松代）で立ち退きさせられた方（西条地区）の人た

ちは（慰安所が）なんで出来たのか分からなくて、なんか私の実家が儲け仕事を始めたみたいに思って、それで、「児沢の家に行けば、鬼がいて、何とかされるから寄り付くな」なんてね。

（中略）私の実家も大きな被害者ですよねえ。」

（出典：『もうひとつの歴史館・松代』建設実行委員会ニュース　二〇〇六年九月一六日）

◇和田幸子（旧姓　児沢）さんの証言

―児沢さんの娘さん

「（中略）（私は、）余りにも幼い年齢でした。しかし父が菊ちゃんの家には勿論の事、その建物の裏に近づく事さえ固く禁じておりました。ガラス窓のガラス凡てに和紙が張られており中の様子は全く見えませんでした。でも夜になると部屋々々に明かりがつき、油とニンニクの香りが漂い何があの家で始まるのかなと思っていました。（中略）

女の姉妹のいない私は三人娘の一人になった気持ちでした。

（中略）ある時は、父の目を盗んで菊ちゃんの家で手作りした麦芽糖のアメを頂きその一片を舌にのせた時の美味しさは今でも忘れられません。甘味に飢えた時代でした。」

（出典『松代でなにがあったか』龍鳳書房　二〇〇五年）

（企画展図録より重引）

6　「もうひとつの歴史館・松代」の役割と課題

二〇二〇年九月二〇日、高麗博物館朝鮮女性史研究会では「もうひとつの歴史館・松代」のスタッフ、水戸洋子さん、新谷ちか子さんの話を聞く会を実施した。その時の内容は次の通りである。

◇松代大本営に関わるようになったきっかけは？

水戸さんは一九八九年頃に山根昌子さん（注3）との出会いを話された。那覇の海軍壕に行った時、山根さんが「これは松代と同じだわ」の一言で、松代地下壕を訪ねることになった。一九九〇年に崔小岩さんの聞き取りをした。「慰安所」の話がでてきたのは九一年、山根さんが児沢聡さんを知っていて、「慰安所」があったことがわかり、それも取り壊すという話もでてきました。

　新谷さんは、もともと知り合いだった水戸さんの活動の様子を聞き、千葉の学習会のメンバーで松代の見学に行ったのが最初だった。崔小岩さんが亡くなった直後で、慰安所の話が持ち上がっていた時だった。

◇「松代・朝鮮人『慰安婦』の家を残そう実行委員会」の立ち上げ（一九九一年六月）

　道路の拡張と同時に「慰安所」の建物をみんな取り壊すという話があり、それは家主の児沢聡さんの考えだと知り、これをなんとか残したいと思いました。

「松代大本営の保存をすすめる会」（注4）もありましたが、私たちは私たちで行くしかない、わが道を行けばいいという感じでした。児沢さんは取り壊すというのでこれを復元しようということで解体費用を全国にカンパを募ったら七〇〇万円集まりました。解体は地元の業者が引き受けてくれて、釜ヶ崎からは作業補助員という形で応援に来てくれました。この取り壊しがきっかけで「松代・朝鮮人『慰安婦』の家を残そう実行委員会」を立ち上げてやってきました。

　追悼碑をつくる会（一九九五年八月、象山地下壕入口脇

注3　山根昌子（一九四〇年〜九三年）
　父（朝鮮人）母（日本人）の娘として誕生。国民学校入学の前年の秋、秋田から父母に連れられてイ地区の朝鮮人飯場で育つ。一七歳の時上京。一九歳の春、家族と合流して父の祖国に渡ることになった。長野駅を列車が出る直前、彼女だけホームに飛び降りた。父母と妹との永い別れとなる。再び東京での孤独な生活。プラモデル店を開く。一九八三年ラジオから朝鮮人、強制連行、松代大本営の言葉が流れて来る。それが和田登氏の作品『キムの十字架』との出会いとなり、それがきっかけで全精力を費やして松代の真実を追いかけ始める。手記『遥かなる旅』（銀河書房）がある。

注4　松代大本営の保存をすすめる会
　一九八五年、篠ノ井旭高校の生徒が沖縄修学旅行を通して松代大本営に関心を持ち大本営跡をみずから調査して、松代大本営の真実を追求すると同時に、平和のための地下壕として保存・公開するよう積極的に国・県・市に働きかける。
　一九八六年一〇月、長野市は象山地下壕を測量調査。保存公開の結論を出す。「松代象山地下壕検討会」発足、保存にむけての第一歩を踏み出す。一九八六年十二月、市民が集まって「松代大本営の保存をすすめる会」を結成。

に「松代大本営朝鮮人犠牲者追悼平和祈念碑」完成）とは友好的な関係で、いろいろ紹介してもらい、ノウハウを教えてもらったりしました。

児沢聡さん、三橋さんから聞き取りをしました。後から児沢さんの娘さん息子さんからも聞き取りをしました。解体の時の写真、パネル作り、断絶があった地元の人たちとの関係作りなど根気強く、なんとかやってきました。山根さんは九三年に亡くなりました。

◇今後の課題

地元のスタッフの人たちが、どうやって繋げていくかなんですよね。今後あそこをやっていく人をどうやって育てていくか、だから新しく松代のスタッフの募集、公募を始めようという話もでています。

どう続けるかですよね。続けていくことが、どんな形であれ、続けていきたいです。私たちはすごい地元の反対があってもやってきたのに、なんか今は地元のほうが先に力尽きちゃったみたいな感じです。寝た子を起こそうと思えばいくらでも起こせるかもしれないけど、長く続けてきたから逆転現象みたいなことが起きているんだと思います。原点は、やっぱり、「慰安所」の跡を残そうっていう思いね。建物が残っているのは残そう、国会議員が言っているように無かったことにされてしまうからという思いもありました。かえって今バッシングが強いから、バッシングにあわないように、ほどほどに気を遣いながらやっていこうと思っています。

7　まとめ

大本営造営に伴い、朝鮮料理店がつくられ朝鮮人女性が「慰安婦」として住まわされていた建物の中まで記録にとって残し、解体と二二年間の保管の末、二〇一三年に「もうひとつの歴史館・松代」が作られた。その中に「歴史を語る空間」としてかつて「慰安所」として使われた建物をよみがえらせた歴史館の存在は貴重であり、日本国内でも先駆的な存在だと思う。

朝鮮人労働者が入ってきて、付近の婦女子にいたずらをしないように「慰安婦」を連れて来るといった論理は、南京大虐殺直後、日本人兵士による強姦事件が頻発した為に強姦防止の一策として日本軍「慰安所」

が作られたのと同じ論理である。それ故に松代大本営の産業「慰安所」は歴史的事実として明確に存在している。

今後、松代大本営と産業「慰安所」の事実が語り継がれ、さらに地域に根付き、次代の若者たちにバトンタッチされていく事を期待したい。

参考文献

「松代大本営」和田登　岩波ブックレット　No.207　一九九一年
「マッシロへの旅」松代大本営の保存をすすめる会　一九九四年
「松代大本営跡を考える」山根昌子編　新幹社　一九九四年
「地図にないアリラン峠―強制連行の足跡をたどる旅―」林えいだい　明石書店　一九九四年

戦争末期、朝鮮の統営から連れてこられた女性たち
奈良県「柳本飛行場」

大場小夜子

一八〇〇年代後半から日本は国の近代化を目指して、鉱山開発、鉄道敷設など様々な工事を行った。それらの工事には早くから朝鮮人労働者が雇用されていた。奈良県でも国策による開発が行われ、そこでも朝鮮人労働者が雇用されている。日本各地で労働環境の厳しい工事現場などでは朝鮮人を雇用するのは当然のこととなり、朝鮮人を雇用することによって労働力不足を補うことは常態化していた。その状況が、一九三九年に始まる多くの朝鮮人労働者の強制動員につながっていったといえる。

奈良県で戦時労働動員をして行われた工事は、①大和水銀鉱山での水銀採掘作業②大和海軍航空隊の大和海軍航空基地建設③中部軍管区燃料弾薬貯蔵庫建設④航空総軍第十九地下施設隊による地下トンネル建設工事⑤吉野郡野迫川村金屋渕銅山での採掘作業、などである。

それらのうち大規模な朝鮮人労働動員が行われたのが②の大和海軍航空隊の大和海軍航空基地建設で通称「柳本飛行場」と呼ばれている工事であった。

1　太平洋戦争下の天理

奈良県天理市［図1］には一九四一年一二月から一九四三年一〇月頃まで奈良中部第六七部隊（陸軍）が、

五〇〇～六〇〇人ほどの兵士を引き連れ駐留した。この部隊が兵士たちの宿舎として、天理教関係施設を利用した。これが天理での軍利用の始まりである。一九四三年一二月一日には、三重海軍航空隊奈良分遣隊が開隊し天理教名東詰所に本部を置いた。ここでは海軍飛行予科練習生通称「予科練」（注1）の教育を担当し、一五～一八歳の男子を一万一六〇一人あつめ訓練を行った。一九四五年三月一日には三重海軍航空隊から奈良海軍航空隊となった。これとは別に、一九四五年二月一一日、柳本飛行場を持つ「大和海軍航空隊」が開隊した。

　飛行場を持つ大和海軍航空隊のすぐ北に常時一万人の予科練をかかえた奈良海軍航空隊があったということになる。天理市は数多くの軍施設をかかえ、それにより多くの兵士が駐留するところとなった。当時、日本各地に軍施設があり国策産業がフル稼働する中で、奈良県も例外ではなかった。国策をフル稼働するためには労働者が必要であり、兵士として召集された日本人男性の代替として、朝鮮人男性の労働動員が行われた。

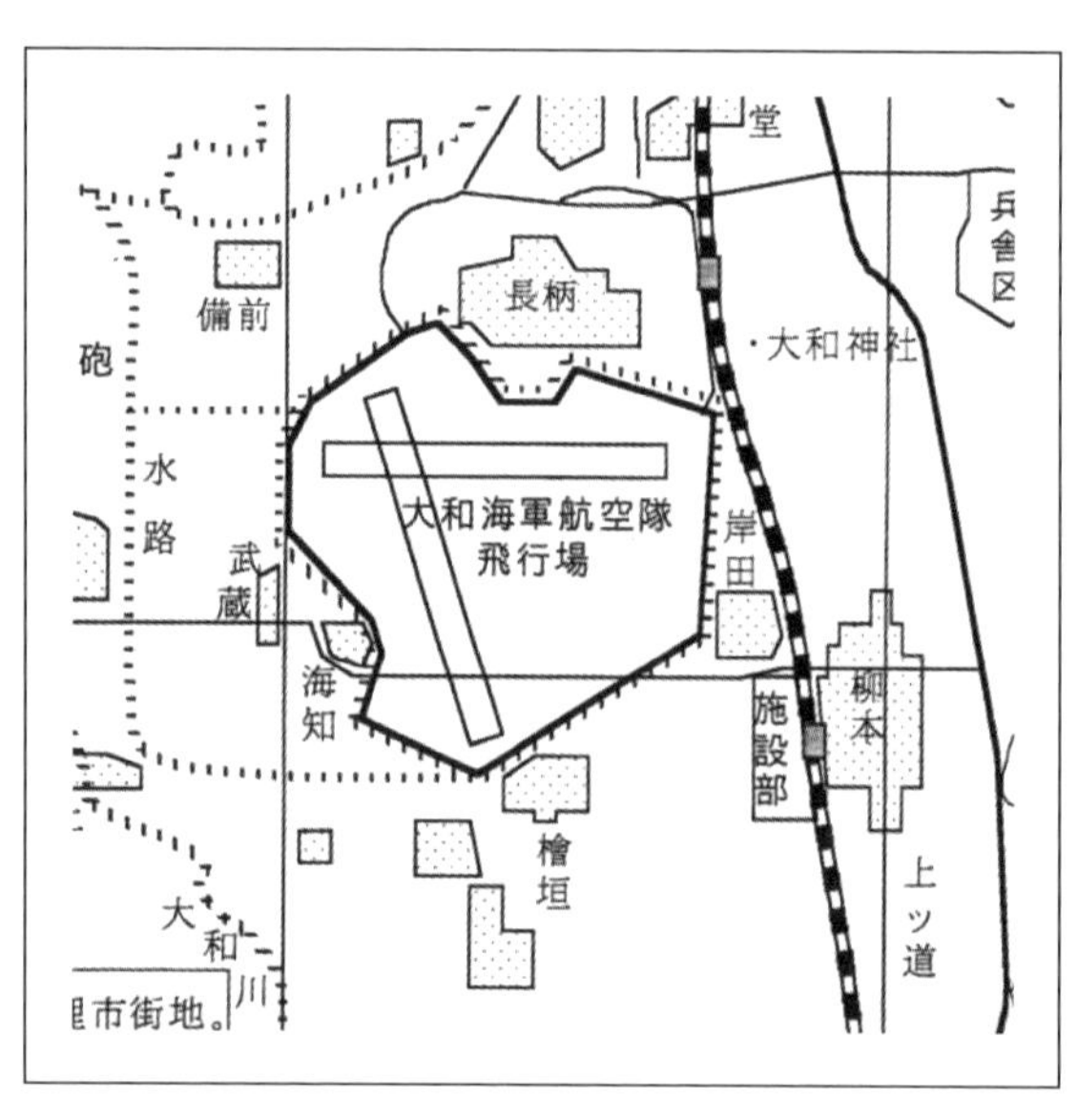

図1
天理市柳本市街地図 1945 年当時
出典：「戦争と奈良県—天理を中心に—」奈良県での朝鮮人強制連行等に関わる資料を発掘する会刊

2　柳本飛行場と「慰安所」

一九四三年秋、天理市柳本で飛行場の建設が始まった。正式名称は「大和海軍航空隊大和基地」といい、海軍施設部による工事だった。『天理市史』では一九四四年九月一五日から建設が始まったと記録されているが、防衛庁文書『航空基地施設吏貨調査資料表』では一九四四年六月となっている。この建設に労働動員され現在韓国在住の金永敦(注2)さん、宋将用さん(注3)は「一九四三年秋に二年契約で日本へ連れてこられた」と証言している。この証言から四三年秋から工事がはじまったと推察できる。動員された朝鮮人労働者たちは、契約といっても拒否はできなかった。[図2]

大和海軍航空隊大和基地は鳥取の美保海軍航空隊が解隊され移転してきている。ここでは、第二美保航空隊から連れてきた予科練に「特攻」(注4)の訓練を行っていた。大阪海運部が大林組に工事を発注し、九州、四国から進攻する米軍の本土上陸に備えて、関東より地理的に近い奈良県天理市柳本に大和航空隊を構想し

図2
柳本飛行場建設飯場跡
1945年当時飯場として使われた建物。2016年にフィールドワークで訪れた時には、まだ居住している人がいた。通路を挟んで両側に部屋があった。
(2016年筆者撮影)

航空基地を建設することを考えた。大和航空基地は戦争末期の特攻を養成し訓練するための航空基地だったのだ。

飛行場建設用地として、朝和村では全耕地面積の六割の田畑が接収され、学徒動員や一般人からの勤労奉仕も加わり、土地に砂利を運ぶなどした。さらに、用地内の神社や寺も移転させられた。埋葬されたばかりの墓も明け渡さなければならないなど、国策遂行のため地域住民も犠牲となった。

3 朝鮮から労働動員

一九四三年に軍属として徴用され強制労働についた趙敬済さんは（柳本飛行場の工事には）朝鮮から朝鮮人徴用工が来たようだ」と話し、朝鮮から来た徴用工とは話ができなかったとも証言している。

朝鮮から動員された労働者は「忠清南道二〇〇〇人、慶尚南道一〇〇〇人の計三〇〇〇人」と金永敦さんが証言しているが、これだけの人数の労働者がなぜ必要だったか。それは、飛行場建設を急がなければならなかったからだろう。柳本飛行場は特攻隊養成基地として、建設を急いだのである。一九四四年と言えば、日本の戦況は厳しかった。そのため多くの特攻隊が体当たり攻撃したのは、だれもが知るところだ。その特攻隊を養成することは急務だった。

急いで造らなければならない特攻基地。そのためには過酷な労働を強いらなければならず、多くの朝鮮人労働者が動員された。厳しい労働に不満をもたせないようにするために、「慰安」が必要とされた。その「慰安」として、朝鮮人女性たちが「挺身隊」と称して動員された。女性たちは慶尚南道晋州や統営から二五人が連れてこられた。村の区長を通じて「家事の手伝い」といわれ日本まで連れてこられて、柳本飛行場建設飯場近くの「慰安所」におしこめられた。彼女たちの中には出産したばかりの人もおり半数が既婚者だったという。彼女らを連行する計画を立てたのは特高警察（注5）で、奈良県知事が会長である奈良県協和会の幹部である朝鮮人で特高警察官である日本名「池田」という人物が朝鮮半島を訪れ、女性たちを詐欺的手口で集めた。［図3］

柳本飛行場建設場には一九四三年から二カ所の「慰

安所」ができた。一カ所は兵士用、もう一カ所は朝鮮人労働者用だった。各「慰安所」には合計四〇人の朝鮮人女性がいたといい、朝鮮人男性用の「慰安婦」は、朝鮮慶尚南道統営から連れてこられた女性たち二〇人だった。年齢は一七歳から二六歳の若い女性たちだった。彼女たちは、「慰安所」で働かされるとも知らず、日本まで来たが現実は違っていた。性搾取されるとも知らず日本の見知らぬ土地に連れて来られて、言葉もわからずやめる自由もなかった。

「一九四三年から『慰安所』はあった」という、現在、韓国在住で強制動員された韓国人男性の証言と、「慰安所は飛行場完成直前につくられた」という在日男性の証言がある。一九四三年とすると「女子挺身勤労令」公布以前のことになるが、柳本飛行場については「慰安所」の朝鮮人女性の動員は、特高警察が主導し、それに協和会が協力したということと、海軍施設部の管理地につくられたということを考えると、民間人が勝手に商売として行ったと言い切るには無理がある。

女性たちは一部屋ずつ部屋があてがわれ、チマチョゴリを着て接客をした。「慰安所」周囲は逃亡防止の

図３
「慰安所」跡　現在は空き地。戦後ここの近くに朝鮮人が開設した「国語講習所」があった。(2016年筆者撮影)

ための金網で囲われたが、「昼間は自由だったようだ」との証言もある。

女性たちは、戦争終結後すぐに帰国できず、しばらく柳本に留まっていたが、奈良県桜井市に住む朝鮮人男性に救出され、一時桜井市の一軒家を借りて約半年暮らした後に、肺炎により死亡した統営出身で最年長の二六歳の女性を除いて全員が故郷にかえったという。

4 金屋渕鉱業所の「慰安所」

奈良県金屋渕鉱業所は一九三八年に設立され、のちに住友鉱業が買収した銅山である。朝鮮人の動員は一九四三年に一九人を雇い入れたのが始まりだった。その後一九四四年に四六人を雇用し、計九五人を動員した。金屋渕銅山は厳しい労働で知られ、強制動員の体験者やその他資料で九五人中六四人が逃亡したことが明らかになっている。［図4］

その金屋渕銅山には、北海道の住友鴻之舞鉱山（注6）から金山閉山により一九四三年四月に「奈良・金屋渕」に転鉱させられた朝鮮人強制動員労働者がいた。

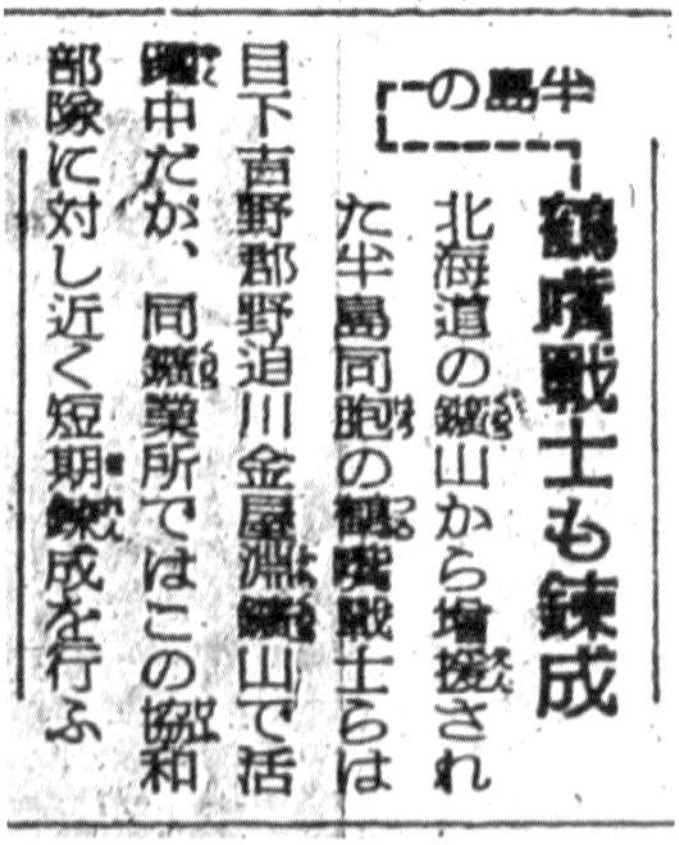

半島の
鶴嘴戦士も錬成
北海道の鑛山から増援された半島同胞の鶴嘴戦士らは目下吉野郡野迫川金屋淵鑛山で活躍中だが、同鑛業所ではこの協和部隊に対し近く短期錬成を行ふ

図4
「半島の鶴嘴戦士も錬成
北海道の鉱山から増援された半島同胞の鶴嘴戦士らは目下吉野郡野迫川金屋淵鉱山で活躍中だが、同鉱業所ではこの協和部隊に対し近く短期錬成を行う」
強制動員された朝鮮人労働者たちが北海道の住友鴻之舞鉱山から奈良県の金屋渕鉱山へ二重徴用させられることを報道している新聞記事
（大阪朝日新聞 1943年7月11日号）

北海道も厳しい労働を強いられたが、金屋渕銅山も厳しい環境には変わりなかった。彼らは、北海道に強制動員された際の労働二年という契約は守られず、敗戦時においても解放されなかった。「一九三七年八月戦争遂行のために産金法を制定し、五か年計画で金産出を推進し、そのため朝鮮人を労働動員したが、戦局の変化により兵器資材、弾丸、砲丸などに使われる銅資源の消費が急増、同鉱山に労働動員された朝鮮人労働者は転属させられたのである」（「金屋渕鉱業所と朝鮮人強制連行」から）。一九九六年に来日し北海道の鴻之舞鉱山と金屋渕銅山で働かされた羅昌燮さんは「毎日毎日、人が死んだ。仕事が終わってからも自由はなかった。鉱山では、人間扱いされなかった。日当は九十五銭。現金は渡してもらえなかった」（奈良新聞一九九六年一〇月二九日号から）と実態を証言している。

一九四三年にこの金屋渕銅山で働いた朝鮮人労働者や日本人坑夫が「慰安所」があったという証言をしている。日本人の元坑夫は「朝鮮人坑夫には利用券が月一回ほど支給されていた」「日本人はなるべく利用するなといわれた」と証言している。

「慰安所」は宿舎近くにあり酒を飲むこともできた。「土間にテーブルが二つあり、奥が部屋になっていた」という証言もある。「慰安所」にいた女性たちは日本人で、奈良や和歌山から来ていたとも証言している。

柳本の「慰安所」は朝鮮人労働動員の労働者向けに設けられ、働かされたのは動員された朝鮮人女性であるが、金屋渕銅山の「慰安所」で働いていたのは日本人女性たちだったようだ。金屋渕銅山の「慰安所」は、既存の料理店が金屋渕に移転してきたのだろうか。資料が残されていないので詳細がわからない。今後の課題といえる。

柳本には現在の駅近くに歓楽街があり、天理市に配属された兵士たちはこの歓楽街を利用したのかもしれない。大和航空基地建設現場に作った「慰安所」は強制動員された朝鮮人労働者向けのものだった。このようにして、戦時体制下の軍事産業現場には多くのところで「慰安所」が設置されている。柳本で他の地域と違うのは、「慰安婦」動員のために朝鮮に赴き新しく朝鮮人女性たちを連れてきているということであり、日本の敗戦後、女性たちは故郷に帰れたということである。「慰安所」設立に関して、さまざまなケースがあることの一例と思われる。
柳本の「慰安所」について、奈良県の朝鮮人強制動員に関して研究されてきた「奈良県での朝鮮人強制連行等に関わる資料を発掘する会」の高野眞幸さん、川瀬俊治さんには貴重な研究資料を提供いただき、またフィールドワークでは多くのご教示をいただきました。この場を借りてお礼申し上げます。

注

(1) 予科練　海軍飛行予科練習生の略称。一九三〇年創設の飛行搭乗員養成制度で、旧制中学校四年一学期終了者、高等小学校卒業者による志願制。
(2) 金永敦さん　一九九一年天理市で行われた集会での証言。雇用期間は二年ということだった。下関で身体検査をうけた。柳本の「慰安所」には朝鮮人女性が四〇人いたとも証言している。
(3) 宋将用さん　一九九一年の証言。朝鮮忠南道論山から釜山まで列車で運ばれ、下関からトラックや貨車で天理まで連れてこられ、宋将用さん在住の村から四人が強制動員されたと証言。
(4) 特別攻撃の略。特攻隊。特にアジア太平洋戦争中、敵機に体当たりの攻撃を行った日本陸海軍の兵士。
(5) 特別高等警察の略。戦前にあった、思想犯罪を取り締まるための警察。内務省の直轄で社会運動などの弾圧に当たった。アジア太平洋戦争後廃止。
(6) 北海道紋別市鴻之舞にあった鉱山。金・銀・銅を産出。一九三九年政府の労務計画により朝鮮人労働者の動員が始まった。

参考文献

川瀬俊治　朝鮮人強制連行と天理　柳本飛行場　奈良県での朝鮮人強制連行等に関る資料を発掘する会　一九九二年
高野眞幸・編　幻の天理「御座所」と柳本飛行場　奈良県での朝鮮人強制連行等に関る資料を発掘する会　解放出版社　二〇〇三年
高野眞幸　戦争と奈良県―天理を中心に―　奈良県での朝鮮人強制連行等に関る資料を発掘する会　二〇一六年
金屋渕鉱業所と朝鮮人強制連行　奈良県での朝鮮人強制連行等に関る資料を発掘する会　一九九六年
高野眞幸編　朝鮮人強制連行・強制労働　ガイドブック資料集／奈良編①　みずのわ出版　一九九八年

鳥取県庁斡旋の産業「慰安所」
公文書からみた朝鮮人酌婦たち

渡辺泰子

はじめに

私が、鳥取県の産業「慰安所」が存在していたことを知ったのは、『在日朝鮮人警察関係資料』(注1)に収録されていたからだ。『資料』のなかに戦前の鳥取県の警察署によって作成された公文書に在日朝鮮人に関する資料が多数収められていた。[図1]

原資料は、戦後、連合国総司令部によって接収されたのちアメリカ議会図書館に移管され、『日本政府各機関及び各研究機関文書(Japanese Documents of Various Government Agenrnment.Research Institutions,etc.)として収められている。そのなかに八橋警察署編『昭和十九年　朝鮮人関係書類綴』のなかにある産業「慰安所」に関する公文書二点があった。産業「慰安所」の研究で貴重な行政側の資料といえるので紹介していきたいと思う。

また、二〇一七年一一月三〇日付朝日新聞(朝刊二二面)に掲載された特集「慰安婦問題を考える」シリーズで植民地での女性の動員がどのように行われたかの事例として、鳥取県の産業「慰安所」斡旋の資料を紹介しているが同じ年に、高麗博物館企画展「朝鮮料理店・産業「慰安所」と朝鮮の女性たち～埋もれた記憶に光を～」の準備過程で十分な調査ができず、産業「慰

安所」の存在を示す鳥取県の公文書のみを紹介した。（同図録三七ページ参照）（注2）

二〇一八年七月一二日～一五日に鳥取市へのフィールド・ワークを行い、鳥取県立博物館、鳥取県立図書館、そして、鳥取県立公文書館の西村芳将さん（当時）にたいへんお世話になった。

大方の産業「慰安所」の成立過程は朝鮮料理店から産業「慰安所」というケースが多いと思うが、鳥取県の場合は戦時下軍需工場建設のため知事が産業「慰安婦」（酌婦）を斡旋し、その詳細を各方面に公文書で報告していることだ。証言や調査の不足もあるが産業「慰安所」研究に大いに役に立つと思われる。

1 戦前、鳥取県の在日朝鮮人の状況

鳥取県在住の朝鮮人は、一九一〇（明治四三）年の三人に始まり、一九二〇年には一七八人に増え、戦時体制下の一九四五年には七三八五人になる。［表1］

在住朝鮮人の増加はやはり一九四二年までは原則的に渡航管理がされていたこともあり、一九三〇年代か

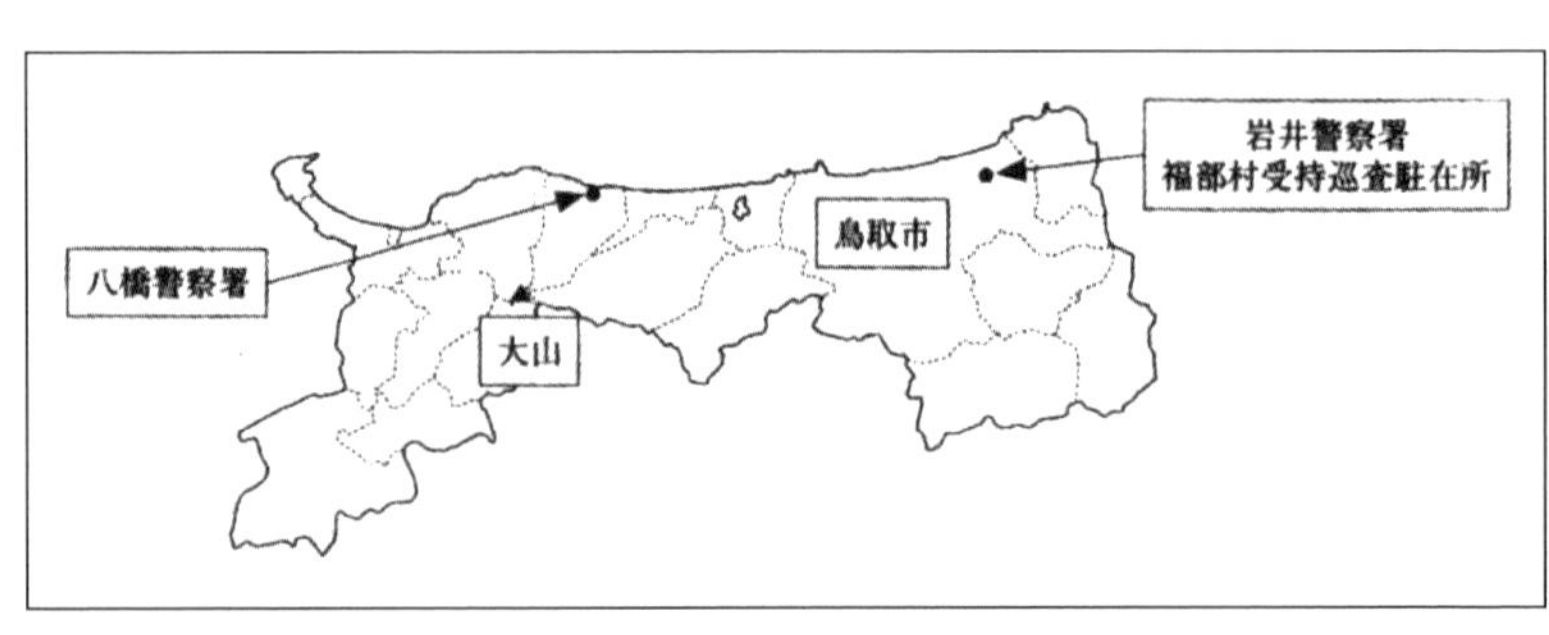

図1
鳥取県の地図（注意：市町村境界は 2013 年現在のもの）
出典：福井讓編集『在日朝鮮人警察関係資料 1』緑蔭書房　2013 年

らの増加は鳥取県の場合には水力発電所建設や鉄道建設など携わる土木工事の就業が圧倒的だと言われている。

一九三七年の一六〇一人が一九四四年には約四倍に増えて七一二二人となっているが紹介する飛行場など軍事施設建設工事への徴用による戦時労働動員が主な人数となる。〔表1〕

2 鳥取県の公娼制度の展開

鳥取県における公娼制度の始まりは、一八七四年(明治七)「貸座敷並ニ娼妓取締規則」が制定され、座敷以外の営業禁止等を条件に貸座敷営業が許可となり、一八七七年に、鳥取衆楽園・米子灘町・西郷港・境港遊亀町四ヵ所に遊廓が許可される。鳥取駅の近くにある衆楽園は、江戸時代の池田家下屋敷で、明治維新後に荒廃していたところを、鳥取市内の桶工、豊國孫四郎が購入し娯楽場に転換し、芸娼妓が許可されると貸座敷業が繁栄し、瓦町新地とも呼ばれるようになる。(注3)

一九二三年県議会で衆楽園移転の建議が提出された

表1　戦前の鳥取県の在住朝鮮人の人数(全国も含む)

年	鳥取県	全　国	年	鳥取県	全　国
1910	3	2,246	1928	479	238,104
1911	3	2,527	1929	772	275,206
1912	4	3,171	1930	836	298,091
1913	4	3,635	1931	1,022	311,247
1914	4	3,542	1932	1,078	390,543
1915	7	3,992	1933	1,209	456,217
1916	29	5,637	1934	1,321	537,695
1917	58	14,501	1935	1,516	625,678
1918	51	22,262	1936	1,505	690,501
1919	179	28,273	1937	1,601	735,689
1920	178	30,149	1938	2,333	799,878
1921	85	37,271	1939	2,403	961,591
1922	97	59,744	1940	2,678	1,190,444
1923	122	80,015	1941	3,055	1,469,230
1924	234	118,192	1942	3,744	1,625,054
1925	217	129,870	1943	6,399	1,805,438
1926	241	143,798	1944	7,122	1,901,307
1927	199	171,275	1945	7,385	1,968,807

出典：田村紀之著『内務省警保局調査による朝鮮人人口(Ⅰ)『経済と経済学』第46号1981年2月
注)1945(昭和20)年は8月20日現在

が実現しなかった。

一九〇〇年に「娼妓取締規則」が制定されると、娼妓の地域外居住の禁止、集娼主義、検黴制度と娼妓の年齢一八歳以上などが規定された。県内娼妓数は二〇〇人前後で一九二五年に入ると減少していく。

すでに一九一八年に「鳥取県酌婦取締規則」を定め、「宴席に侍し、杯盤の斡旋をなすことを業とする婦女」を酌婦と定めて営業許可したが、酌婦による売春行為を黙認した。［注4］

一九二四年には廃娼案が議会を通過し、キリスト教団体の運動もあり、酌婦も週一回の性病検診を実施するなど形を変えて公娼制度の維持のために「廃娼県」として展開していった。（一九二七年に「娼妓取締規則施行細目」を改正し、娼妓の昼間外出の許可を国に先行して実施）。［注4］

3 官斡旋の産業「慰安所」をつくる

「半島人酌婦移入ト其ノ稼働状況ニ関する件」

「半島人酌婦移入ト其ノ稼働状況ニ関する件」［注1］

という題名の公文書が一九四四年（昭和一九年）四月四日付に鳥取県の当時の武島一義（たけしまかずよし）知事（在任一九四三年～一九四五年）より内務大臣、近府県の知事、朝鮮総督府警務局長、あとは県内の各警察署長宛てにだされた。全文を掲載したい。

昭和十九年四月四日

鳥取県知事　武島一義

（警察部長）

内閣大臣安藤紀三郎殿

近 府 県 知 事 殿

朝鮮総督府警務局長殿

（県下各警察署長）

半島人酌婦移入ト其ノ稼働状況ニ関スル件

管下気高郡湖山村ニハ日産輸送飛行機工業株式会社鳥取工場新設工事ノ為全国各地ヨリ半島人独身労務者約一千名蝟集シ来リ集団生活ヲ営ミツヽアルガ、同地ハ鳥取市郊外ノ一寒村ニシテ娯楽施設殊ニ性生活ニ関スル施設ナキ為治安上憂慮スベキ

要

旨

事態発生ノ虞アリタルヲ以テ、当庁ニアリテハ之レガ解決方策トシテ客年九月以降二十名ノ半島人酌婦ヲ移入稼動セシメタルガ、其ノ結果ハ良好ニシテ酌婦一人一ケ月平均四百九十二円六十銭（税別）ノ収益ヲ挙ゲ極メテ順調ニ推移シツヽアリ

管下気高郡湖山村ニハ客年五月以来日産輸送飛行機株式会社鳥取工場建設工事開始セラレタル為、全国各地ヨリ半島人労働者約一千名来住シアルガ、彼等ノ大部分、独身者ナル為村内ニハバラックヲ建築シ集団生活ヲ為シ居レリ、然ルニ同地ハ鳥取市郊外約四粁ノ一寒村ニシテ何等ノ慰安娯楽施設ナク、殊ニ性問題ノ解決方策ナキ為附近住民ハ相当恐怖心ヲ抱キツヽアリ為ニ治安上憂慮スベキ事態発生ノ虞ナキヲ保シ難キ状況ニアリタリ、又一方鳥取市瓦町新地遊廓ニ於ケル酌婦ノ状況ヲ観ルニ□賑産業ノ泡沫的余波ヲ受ケ庶民階級ノ収入増加ニ依リ酌婦トシテ身売スル者漸増シ一時百名ニ垂ントセル酌婦モ五十余名ニ減ジ内地人遊客ノ需要ヲ充タスニ足ラザル状態ニアリ、従ッテ之等多数半島人ノ需ニ応ズルヲ得ザリシ為之ガ打開策トシテ半島人酌婦移入ヲ認メ客年九月来数次ニ亘リ二十名ノ酌婦ヲ移入シ鳥取市新地遊廓ニ於テ稼働セシメタルガ、之等酌婦ハ何レモ鮮満方面ニ於テ稼働セル者ナル為内地語及内地生活ニ通ジ居リ何等不都合ナク推移シ居レルガ其ノ詳細左記ノ通ニ有之右及申（通）報候也

（県下各警察署長ニアリテハ参考ニ資セラルベシ）

記

（一、見出し不明）

昭和十八年					
十一月	一二	二六八四□	四八	□□□	
十二月	九	四三八三	八四	四八七	○九
一月	一一	六九一○	四八	六二八	二二
二月	二○	七六○○	八八	三八一	五四
四ヶ月平均		二四五○九	六八	四九二	六二

二、半島人労務者ノ意嚮

○吾々ハ内地ニ金儲ケニ□□□ルノデ遊ンデ許リハ居ラレナイガ、斯ウシタ施設ガ出来、遊バウト思ヘバ何時モ遊バレルカラ生活ニ潤ヒガ出来タ

○吾々労務者ノ中ニハ内地語ノ判ラナイ者モ相当アルガ、同ジ半島ノ女ガ来テ面白ク遊バレル様ニナッタ
○内地人遊客ハ内地人、半島人何□ノ酌婦トデモ遊バレルガ吾々ハ内地人酌婦ヲ呼ンデモ来テ呉レナイ
○吾々労務者ノ為該ル施設ヲ設ケテ頂イタ当局ノ親心ニ感謝スル

三、**楼主側ノ意嚮**

○内地人酌婦ヨリ前借ガ安クテ良イ
○内地語ニ通ジ且ツ生活様式モ日本化サレテ居リ礼儀等ハ内地人酌婦ヨリ寧ロ正シイ
○衛生的観念ガ欠除シテ居ルデハナイカト懸念シタガ杞憂ダッタ
○内地人酌婦ト折合モ良イ様ダガ少シ遠慮気味ガアル様ダ
○金銭ニ関スル計算ハ実ニ徹底シテ居ル
○半島人ノ御客ヨリ内地人ノ御客ヲ歓待スル傾向ガアル
○食物モ内地人同様ダガ唐辛子ヲ沢山食フノデ之レヲ買フノニ苦労スル、先般モ約一斗買ッタガ瞬ク間ニ食ベテシマッタ
○内地人酌婦ヨリ身体ハ頑健ダ
○内地人酌婦ヨリ従順デ御客ニ対スルサービスモ良イ様ダ
○逃走シテモ関門海峡ガ渡ラナイト信ジテ居ルカラ逃走ノ心配ハナイ

四、**半島人酌婦ノ意嚮**

○半島デ働クモ内地で働クモ同ジ事ダ吾々ハ一日モ早ク年ガ明ケテ帰ルノヲ待ッテ働キ続ケル考ダ
○内地ノ御客サン許リと思ッテ来タノニ半島ノ御客サンガ多勢来ラレルノデ気易ク働カレル
○内地ノ姐サント折合ガ旨ク行クデアラウカト心配シテ居タガ親切ニシテ呉レルノデ安心ダ
○切符（衣料）ガ足ラナイノデ衣類ヲ買フ事ガ出来ヌ、着物ヲ沢山持ッテ居ル内地ノ姐サンハ良イガ吾々ハ朝鮮服ダケシカナイノデ困ル
○石鹸ガ全然配給ガナイノニ一番困ル、又半島デハ雨ガ降ラナイノデ下駄ナンカ無クテモ良カッタガ鳥取ハ雨ガ多イノデ下駄ヲ買ハウト思ッテモ下駄ガナイ

○朝鮮デハ一夜泊リノ御客サンガ多カッタガ鳥取デハ時間ノ御客サンガ多く且ツチップヲ呉レル様ナ御客ハ一人モ居ラナイ

八橋警察署『昭和十九年　朝鮮人関係書類綴』(了)
(『在日朝鮮人警察関係資料一』)

工場建設の始まり

文書に記載されている日産輸送飛行機工場鳥取工場は一九四三年五月から気高郡湖山村(現鳥取市)での建設が開始され、約一〇〇〇人の朝鮮人労働者が働くことになった。[図1]これが武島知事の文書にある根拠となる事項になる。翌年には日産輸送機湖山工場(現在の湖東中学校の敷地)となり、引き続き、新工場の建設が行われてた。工場は軍用グライダーを製造する軍需工場であり、隣接地に湖山飛行場があった。[図2]

武島知事は厚生省の官僚、そして、中央協和会成立の担当だった

県庁の産業「慰安所」の公文書は歴史研究にとって

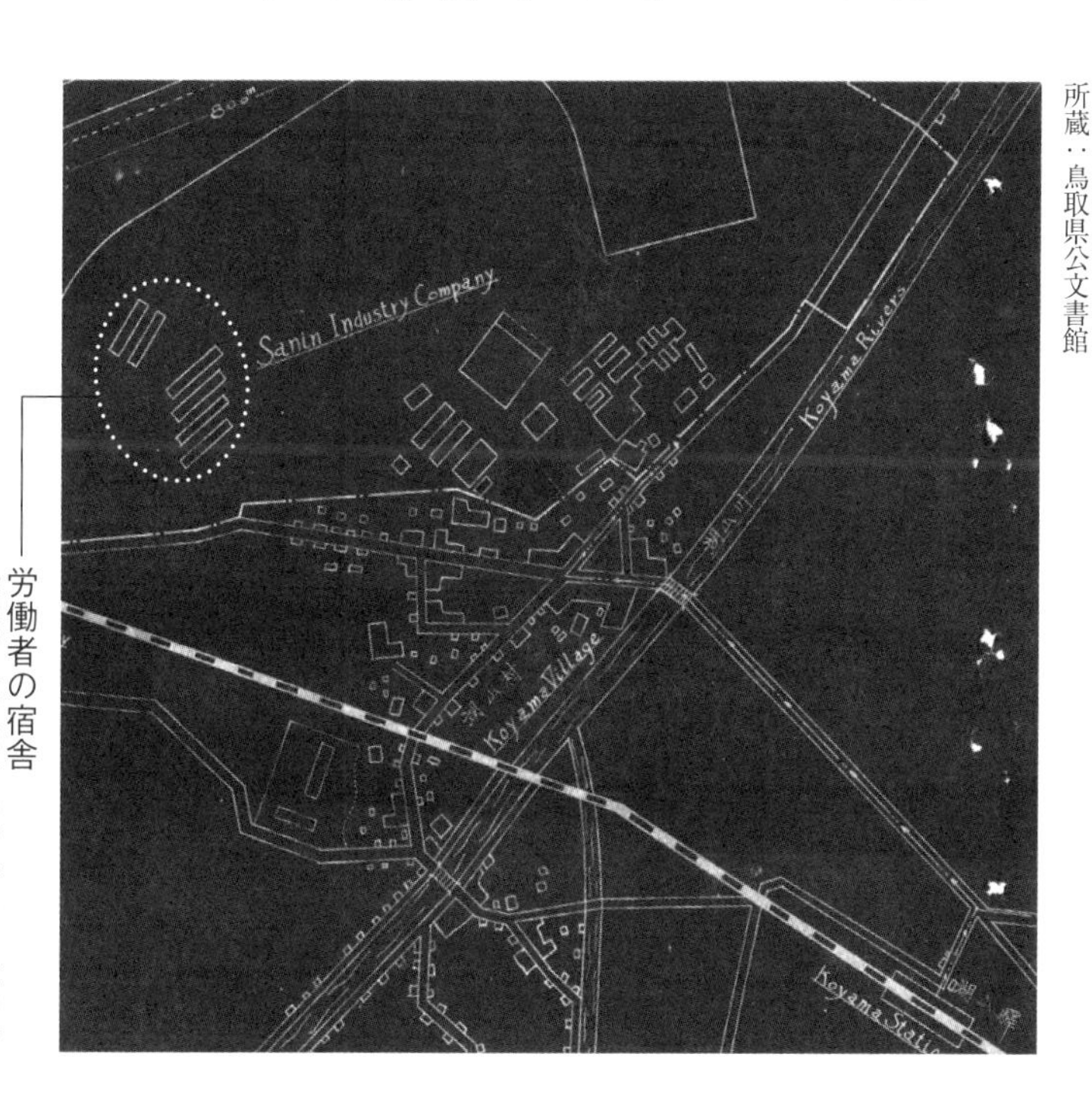

図2　日産輸送機湖山工場敷地図
所蔵:鳥取県公文書館

も貴重なものだろうし、そういう意味で戦前のエリート官僚の武島知事は稀有な存在であると考える。

武島知事は福岡県の出身で内務省に入省。沖縄県、茨城県、長野県などをへて、厚生省生活課長を歴任。戦時体制が強まる一九四三年七月に鳥取県知事に就任し、この年に発生した鳥取地震の復興に尽力し、一九四五年四月に退任。戦後は公職追放となる。彼の履歴をみると厚生省生活課長時代をみてみる必要があるだろう。

樋口雄一は「協和会は戦時下に二百数十万に達した在日朝鮮人を抑圧・統制した組織である。」（注5）また戦時体制で労働力不足からくる朝鮮人労働者動員の必要からもできたのであると書いている。武島知事は協和会設立の担当者の（厚生省生活課長、中央協和会（民間団体）参事）ひとりであった。地方の協和会設置や協和会事業を展開し、協和会を通じて、朝鮮人の治安対策や皇民化をはかるための施策を実施した。一〇〇〇人あまりの労働者を働かせるための手段として、同じ朝鮮人酌婦を集めることで戦争の総力戦を全国にアピールをしたと思われる。

武島知事の文書は建設現場からの地理的環境で周辺には娯楽施設もなく、週末ともなれば朝鮮人労働者は鳥取市内の遊廓へと繰り出し、その結果遊廓関係者より苦情が出されるようになった。工場の遂行のみならず朝鮮人労働者の「性問題」や治安上にも問題があることから、衆楽園（瓦町新地）遊廓に一九四三年九月より朝鮮人酌婦二〇人を移入し、「性問題」や治安の問題も解決し、朝鮮人酌婦にとっても一人当たり平均四九二円六〇銭稼ぎ、「極メテ順調ニ推移」しているという。文書の各項目について記述したい。

①「（一、見出しが不明）」、この表がどのような数字であるか知りたい。

②「二、朝鮮人労働者の意見として」、金儲けにきているがこのような施設ができ、生活に潤いができた。日本語ができないので同じ朝鮮人酌婦で面白く遊べる（朝鮮人が日本人酌婦を呼んでもきてくれない）。このような施設を作ってくれた当局に感謝。」

日本社会に浸透している朝鮮人に対する民族差別をよく表している意見である。産業「慰安所」の最大目的は朝鮮人労働者に、朝鮮人酌婦を与えるということかもしれない。

③「三、楼主側の意見として」、この楼主は日本人である。日本人酌婦より前借金が安くてよい。日本語に通じ生活様式も日本化され、日本人酌婦より行儀がよいし、うまくやっている。金銭に関してはシビアである。唐辛子を使った食物をよく食べ、日本人より頑強でお客にサービスがよい。最後に、「逃走シテモ関門海峡ガ渡レナイト信ジテ居ルカラ逃走ノ心配ハナイ」と。楼主の意見では二〇人の朝鮮人酌婦を事実上強制的に囲いこんでいたことが理解できる。

④「朝鮮人の意見として」、朝鮮でも日本でも働らきは同じで早く年季明けたい。日本人が客かと思っていたが朝鮮人の客がたくさん来て気安く働ける。日本のおねえさんが親切なので安心だ。衣料品が足りない、自分たちは朝鮮服しかないので困る。配給品に石鹸がないのが困る。鳥取は雨が多いので下駄がほしい（買うことができない）朝鮮では一夜泊りが多かったが、鳥取では時間のお客が多い（チップをくれる客は一人もいない）。

朝鮮人酌婦の切実な意見が胸に迫るが戦時下での生活で石鹸もない生活の厳しさは深刻である。朝鮮人酌婦たちは朝鮮でも酌婦として働いていたこともあり、植民地朝鮮における公娼制度との連続性を感じる。

同年の知事の報告をもう一つ紹介したい。四月一一日付で題名は「集団鮮人ノ配給米詐取事件検挙ノ件」だ。湖山工場朝鮮人労働者は当時、数百名から千名が就労。そのなかで朝鮮人労働者四九名が配給米を詐取してそれをためこんで売買していたという事件を起こしていたと、一九四三年五月から一九四四年三月までおよそ一〇ヵ月売買行為をしていたと検挙された。この検挙によって、朝鮮人労働者は湖山よりももっと食糧事情のいいところに作業場所を求めて移動する恐れがあると当局側は心配して、そのために労働者の確保策として重労働者特配用干甘藷を配給するとか、協和会を通じて朝鮮労働者の食生活をもっと指導させるとか、そういうような対策をとるようにしていったと報告もしている。

戦争末期、朝鮮人労働者の労働力を最優先にすることで工事を完成させたことがわかる。

4 朝鮮人酌婦「朝鮮ピー、朝鮮ピー」と言われ、日本人女性と大立ち回り

「侮辱的言辞ニ激化セル朝鮮人酌婦の暴行事件発生ノ件」

これも同じく武島知事の文書で宛先も同じで一九四四年五月に起きた事件で「侮辱的言辞ニ激化セル朝鮮人酌婦の暴行事件発生ノ件（1）」という題名。事件の内容は朝鮮人酌婦二〇人のうち四人が鳥取市内で日本人女性（車掌）の差別発言を発端による暴行事件で取り調べを受けた顛末の報告である。

□月□日

鳥取県知事　武島一義
（警察部長）

内務大臣安藤紀三郎殿
近　府　県　知　事　殿
朝鮮総督府警務局長殿
（県下各警察署長）

侮辱的言辞ニ激化セル朝鮮人酌婦ノ暴行事件発生ノ件

管下気高郡湖山村ニハ日産輸送飛行機工業株式会社鳥取工場新設ノ為メ工事進捗中ナルガ、全国各地ヨリ朝鮮人労務者約一千名蝟集シ来リ集団生活ヲ営ミ人夫トシテ就労セルモ、同地ハ鳥取市近郊ノ一寒村ニシテ誤（原文ママ）□施設殊ニ性生活ニ関スル施設ナク但治安上ノ観点ヨリ考慮ノ必要アリタルヲ以テ之ガ対策トシテ貸座敷業者ヲシテ客年九月以降二十名ノ朝鮮人酌婦ヲ移入稼業セシメツヽアルガ、其ノ結果ハ良好ニシテ関係各方面ヨリ等シク観迎（原文ママ）サレ推移シツヽアルタリ状況ニ付テハ既ニ本年四月四日附発特高秘第二六五号ヲ以テ申（通）報シ置キタル処ナルガ、偶々本月二日不良性ヲ有スル内地人女車掌ノ侮蔑的言辞ニ基因シ朝鮮人酌婦四名ト右女車掌トノ間ニ暴行事件発生シタルニ依リ所轄警察署ニ於テ関係者ヲ取調ベタル処、事犯軽微ナルヲ以テ夫々厳戒ヲ加ヘタルガ状況左記ノ通リニ有之

右及申（通）報候也

記

一、事件発生年日　　昭和十九年五月二日

（二、見出し不明）

本籍　慶尚北道盈徳郡〈以下筆者により略〉
住所　前記同
　酌婦　千代美事　金城奉伊　当二十二年
本籍　慶尚北道迎日郡〈以下筆者により略〉
住所　前記同
　酌婦　笑大郎事　高山貴得　当二十八年
本籍　京城府鐘路区〈以下筆者により略〉
住所　前記同
　酌婦　静子事　和田仁淑　当十九年
本籍　鳥取市川下町番地不詳
住所　本籍ニ仝
　自動車車掌（内地人）安田敏子　当二十年

三、事件発生ノ遠因

前記安田敏子ハ鳥取市駅前日ノ丸自動車株式会社車掌ニシテ平素ヨリ兎角素行不良ノ聞ヘアルモノナル処、去月二十三日夜鳥取劇場大黒座に於テ同僚ノ岩田春江（当二十二年）ト共ニ観劇ノ帰途、予テ顔見知リノ某（男子）ヨリ誘ハルヽ侭ニ同市内遊廓風月楼、（原文ママ）斉木専太郎方）ニ発楼飲食シタルガ其ノ際酒席ニ侍ベレル同楼抱朝鮮人酌婦（娼妓）初美ハ某トハ予テ馴染ナリシ関係上、右酌婦初美ヘ某ニ同伴セラレタル安田、岩田ノ両車掌ニ対シ、嫉妬心ヨリ反感ヲ抱クニ至レリ

四、事件ノ概況

然ルニ本月二日午後六時三十分頃前記酌婦初美［以下不明］メタルヲ以テ酌婦等ハ安田敏子ニ対シ某トノ関係ヲ問［以下不明］呼止メタルモ安田敏子ハ酌婦ニ対スル侮蔑観ヨリ『行ク必要ハナイ朝鮮ピー朝鮮ピー』ト連呼シツヽ逃走シタルヲ以テ朝鮮人酌婦ハ其ノ侮蔑的言辞ニ憤激シ安田敏子ヲ追跡シ附近ノ飯食店ニ之ヲ追結（原文ママ）メ互ニ論争ノ結果殴合ヲ為シ暴行沙汰ニ及ビタリ

五、処　置

所轄鳥取警察署ニ在リテハ即日関係者ヲ同行シ取調タルニ暴行原因ハ痴情ヲ根底トスルモ偶発的感情ノ激化ニ因ルモノニシテ、而モ其ノ暴行ノ程度傷害ニ至ラザル軽微ナル事犯ナルヲ以テ内鮮人雙方ニ対シ夫々個別的ニ厳戒ヲ加ヘタリ

八橋警察署『昭和十九年　朝鮮人関係書類綴』

（福井譲編『在日朝鮮人警察関係資料 一』）

（原文ママ）

なぜ、知事が内務大臣や朝鮮総督府に報告をするのか？　やはり県主導で行った朝鮮人酌婦の「移入」、その運営上の問題点を報告したものであると思う。私たち朝鮮女性史研究会での産業「慰安所」の調査でも北海道から九州まで日常的に蔑視の対象として「朝鮮ピー」が広く使われていたことを把握することができるが、大半は言われればなしで抗議もすることがなかった。鳥取の朝鮮人酌婦四人は「朝鮮ピー」と連呼した日本女性を追っかけて大喧嘩をしたことを「侮辱的言辞ニ激化セル」と表現したことはなぜだろうかと考える。やはり戦時体制のなかで朝鮮人酌婦が日本人女性に負けないぐらい元気だということを示し、武島知事は軍需工場を完成させたかったのではないだろうか。

5　戦後公娼制度廃止にともなう朝鮮人酌婦たちの処遇

「朝鮮人娼妓登録ニ関スル件」（照会と回答）

一九四六年一月にGHQによって公娼制度が廃止されるが、二月には内務省（四七年一二月廃止）警保局の通牒で公娼制度廃止しても私娼の存続を認める。四六年一一月には買売春行為も認める（いわゆる「赤線」が成立）。

一九四五年一二月二七日付鳥取県警察部長より内務省警保局長宛に「朝鮮人娼妓登録ニ関スル件」が照会される。内容は朝鮮人酌婦を娼妓として登録しているが、「終戦ニ伴ヒ国際的急変ニ依リ朝鮮人女子ノ雇入ハ国交上紛議ヲ醸成スル虞レ無シトセザル如ク思料シ居ル実情ナルモ本件ニ関シ何分ノ御指『導』示賜度」。

翌年一月一七日付で警保局公安課長より回答。内容は「朝鮮人芸妓、酌婦、女給其ノ他之ニ類スル女子ノ雇入及就職認可ニ関シテハ既往ノ経緯及目下ノ情勢ニ鑑ミルトキハ国際情勢ノ変転アリタルト雖今俄カニ之ヲ阻止スルハ至難ト被認ル点有之ニ付当分ノ間ハ直従来ノ方針ニ依ルコト」という当分の間従来どおりせよと回答。しかし、前年の一一月一五日には「娼妓稼業免許取扱」については警保局長の貸座敷業者の自発的転廃業を促す通牒の趣旨を「考慮シ措置」するように指示していた。

同年一月二五日付」にさらに鳥取県警察より警保局公安課長宛に「朝鮮人娼妓登録ニ関シテハ公娼制度廃止セルモ過渡的措置トシテ貸座敷業者ヲ料理屋ニ娼妓ヲ酌婦名義トシ私娼ヲ黙認シ居リ右前借ニヨル年期契約トシテ朝鮮人婦女雇傭ノ可否指示セラレ度」と照会。翌日公安課長名で「朝鮮人婦女雇傭ノ件当分可否指示セラレ度」として回答案を作成。警保局では日本人娼妓と同様に私娼と黙認するという判断で「当分ノ間差支ナシ」という結論とした。（注6）

これらのやりとりは「公娼制度廃止関係起案綴」内務省保安係（国立公文書館所蔵二〇一一年三月公開）〔図3〕にあり、起案文であり、そのまま通牒されたとは限らないが、そこには警察当局の公娼制を「温存」したいという考えが鮮明にでている。また、朝鮮人酌婦や娼

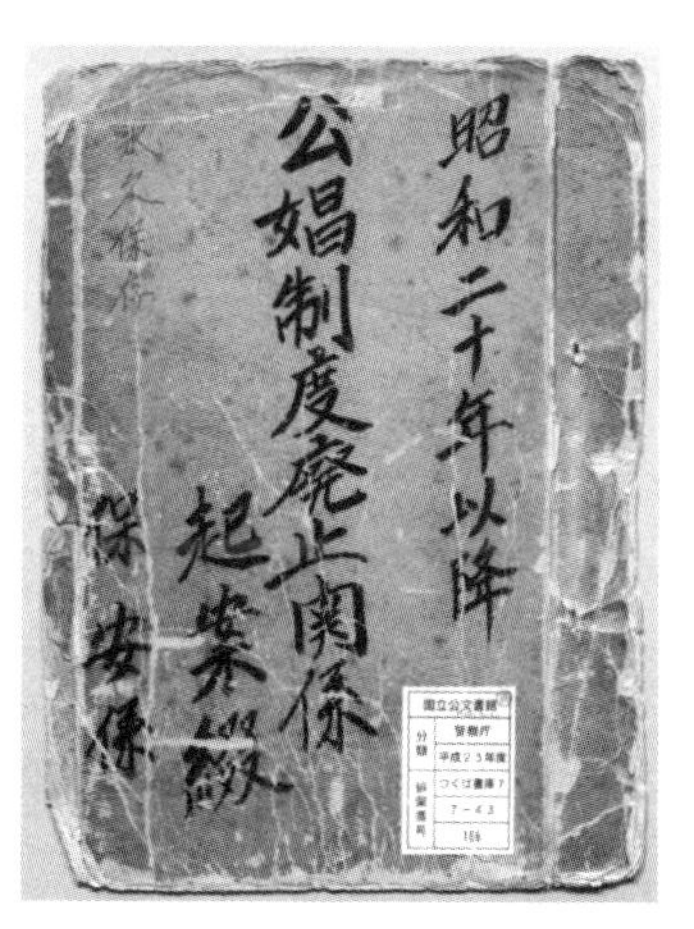

図3
「公娼制度廃止関係起案綴」表紙
内務省警保局保安係　2011年3月公開
所蔵：国立公文書館

妓についての問い合わせなどが公文書で発見できたのは鳥取県だけだった。

まとめ

鳥取県の産業「慰安所」を県知事の公文書で取り上げたが戦争に総力をあげて軍需工場を仕上げていることを朝鮮人酌婦を移入させることで成功させたいという意味と考えてよいと思う。もう少し、公文書の内容について、多方面からの検証ができなかったことが悔やまれる。

ただ、県が朝鮮人労働者の労働力をあげるために朝鮮人酌婦二〇人を「移入」したが、日本の公娼制度の範囲のなかで運営されていたことがわかった。これは他の産業「慰安所」とまったく同じである。遊廓のなかに朝鮮人専用の「慰安所」を設置。戦時下ということもあり、朝鮮人料理店の酌婦でなく、直接朝鮮から酌婦を移入したのは特異性がある。

もうひとつは、「侮辱的言辞ニ激化セル朝鮮人酌婦の暴行事件発生ノ件」の公文書である。私も在日二世の女性にお母さん（オモニ）のお話を聞き取りしたときに子どものころ「朝鮮ピー」と言われ、オモニが日本人の家に「朝鮮ピーで何が悪い」と抗議に行った話を聞いたことがある。「朝鮮ピー」ほど差別意識を表現している言葉はないような気がする。鳥取の朝鮮人酌婦の金城奉伊さん、高山貴得さん、和田仁淑さんは「朝鮮ピー」と言われ、激しく抗議する姿はいまもなおヘイト・スピーチのなかで使われ、差別と偏見がなくならないことを思うと民族差別に対する抗議する朝鮮酌婦たちの声を公文書に作成されたことは貴重と思われる。

注

（1）福井譲編纂『在日朝鮮人警察関係資料一』（在日朝鮮人資料叢書七）緑蔭書房　二〇一二年
（2）高麗博物館朝鮮女性史研究会『朝鮮料理店・産業「慰安所」と朝鮮の女性たち』高麗博物館　二〇一七年
（3）「衆楽園の沿革」『鳥取県之歓楽境』田村停雲編集・発行　一九三六年
（4）鳥取県編集『鳥取県史 近代第四巻 社会・文化編』

鳥取県　一九六九年

（5）樋口雄一『協和会―戦時下朝鮮人統制組織の研究』天皇制論叢五　社会評論社　一九八六年

（6）戦後日本の公娼制度廃止における警察の認識～内務省警保局保安係「公娼制度廃止関係起案綴」藤野豊編『戦後初期人身売買／子ども労働問題資料集成　第1巻』六花出版　二〇一三年

福岡、筑豊地方の炭坑（ヤマ）に残る接客店あと

梁　裕河

はじめに

九州や福岡県でも朝鮮人女性のいた接客店が確認されている。これらの接客店は、比較的に早い時期から炭鉱や工場などの付近に「料理店」、「三等料理屋」などの名称で作られていることが多く、俗に「じごくや」「あいまいや」「いんばいや」「ピーや」などと蔑称で呼ばれてもいた。こうした接客店の中から、のちに朝鮮人労働者を対象とする産業「慰安所」が作られていくことになった。九州・福岡地方の特徴は北海道の北海道炭礦汽船（以下、北炭）夕張炭鉱などに見られるような、企業が直接介入して作られた産業「慰安所」というより、労働現場近くに存在していた店舗や料理屋を企業が利用して産業「慰安所」化していった場合が多いようだ。作られた時期も戦時労働動員期より以前から存在していた場合も少なくないと思われる。ただし、資料を見ていくと、一九四一年に、朝鮮人労働者の「性的問題を考慮して作った」と述べている企業の労務管理者（注1）もいて、単純には分類できない。従来の店舗を利用する場合、新たに施設を作る場合、また従来の施設に対する統制を強めて「慰安所」化していった場合など、いくつかのケースがあると思われる。従事していた女性たちも朝鮮人と日本人がともにいた

料理屋もあり、朝鮮人女性のみの「慰安所」が多かった北海道との違いがみられる。

本稿では、在日朝鮮人にとって福岡県の占める位置について、また筑豊などの炭鉱付近に産業「慰安所」化する接客店が作られた背景には大量の朝鮮人の戦時労働動員があったこと、「売春王国」(注2)とよばれた福岡県の性売買業の特徴、同県において一九三〇年代後半を境に料理店・接客業が産業「慰安所」化していく過程、県下での朝鮮人女性を雇用した料理店・接客店の存在と女性たちの人数や年齢などについてわかる限りで述べていく。また、筑豊に今も残る朝鮮人用の接客店あとについても紹介していく。

1 福岡の近代化・産業化と朝鮮人労働者

玄界灘をはさんで朝鮮半島や大陸と向き合う玄関口である福岡県は、日本に渡る朝鮮人がまず最初に一歩をしるす地であり、「朝鮮人労働者の移住処女地」(注3)と言われてきた。また、在日朝鮮人の人口分布において、京阪神地区や、京浜、中京地域と同じく、常に多数の朝鮮人が住む多住地域であった。門司港や若松港は石炭の積出港であったし、福岡から間近い下関港は釜山—下関間を往復する関釜連絡船の出発・到着港であった。福岡県には、早くから朝鮮人が渡って来ており、とくに大炭田である筑豊では、いち早くその存在が確認されている。確認できるうちでもっとも早い記録は、朝鮮がまだ植民地となる以前の一八九八年、古河鉱業所の「下山田炭鉱に於て、朝鮮労働夫を雇入れたる事…」(門司新報、一月二〇日)という記事である。下山田炭鉱に雇われたのはポンプ方として二十九人の朝鮮人で、石炭採掘のカギを握る坑内排水に、体力のある朝鮮人が雇用されたことがわかる。新藤東洋男によれば同年には「外国人労働者入国制限法が公布されていたので、このころの朝鮮人労働者は密航により運ばれた」(注4)という可能性も指摘されている。

一九一〇年の「韓国併合」で日本が朝鮮を植民地とすると、故郷での生活手段を失った朝鮮人が働く場所を求めて関釜連絡船に乗り下関港に降り立つようになった。そのようすを福岡日日新聞(一九二一年三月一

表1　福岡県在住朝鮮人人口

年度	総数	男	女	女／総数　%
＊1910	335			
＊1911	377			
＊1912	474			
1913	549			
1914	591			
1915	541			
1916	894			
1917	1,386			
1918	3,414			
1919	6,704	＊6,360	＊344	5.13
1920	6,798	＊6,405	＊393	5.78
1921	5,914	＊5,434	＊480	8.11
1922	8,304	＊7,497	＊807	9.71
1923	10,377	＊9,200	＊1,177	11.34
1924	12,543	11,145	1,398	11.14
1925	13,357	11,318	2,039	15.26
＊1926	14,788	12,163	2,625	17.75
1927	16,073	12,941	3,132	19.48
1928	21,042	16,719	4,323	20.54
1929	23,855	＊18,090	＊5,765	24.16
＊1930	25,838	＊20,006	＊5,832	22.57
1931	25,126	18,128	6,998	27.85
1932	27,660	19,043	8,617	31.15
1933	31,510	21,878	9,632	30.56
1934	36,115	24,135	11,980	33.17
1935	39,865	25,821	14,044	35.22
1936	46,347	29,771	16,576	35.76
1937	50,565	32,261	18,304	36.19
1938	60,105	39,054	21,051	35.02
1939	83,520	50,310	33,210	39.76
1940	116,864	77,762	39,102	33.45
1941	136,436	90,836	45,600	33.42
1942	156,038	106,740	49,298	31.59
1943	172,199	＊119,003	＊53,196	30.89
1944	198,136	＊140,567	＊57,569	29.05
＊1945	205,452	＊146,684	＊58,768	28.60

田村紀之「内務省警保局調査による朝鮮人人口（Ⅰ）」から作成
＊は田村による推計値

日）は以下のように書いている。「白衣を纏った鮮人、関釜連絡船の入港毎に朝の船で平均二百名内外、夕の船で四、五〇名宛下関市に流れ込んでくる」。ここから朝鮮人たちは阪神方面へ、そして筑豊の炭鉱地帯へと散っていった。日本政府の渡航政策の変化はあるが、福岡の朝鮮人労働者は年ごとに増加していった。〔表1〕

その多くは筑豊の炭鉱や、北九州地域の工業地帯、あるいは港湾での沖仲士などの労働者であった。とくに炭鉱には多数の朝鮮人労働者が働くこととなった。〔図1〕

一九二八年、日本政府が「大正デモクラシー」の影響や国際世論におされて幼年者・女子の坑内作業と深夜業を禁ずる（注5）一方、水平社運動の広がりで「被差別部落」の人々の炭鉱労働に影響が出てくると（永末十四雄「石炭鉱業と部落問題」九二頁、『福岡の部落解放史・下』福岡部落史研究会、一九八九年）、女子労働者なみに低賃金の労働者への需要を増加させ、筑豊の炭鉱は朝鮮人の雇用を増やしていった。福岡地方職業紹介事務局は、その理由を以下のようにあげている。

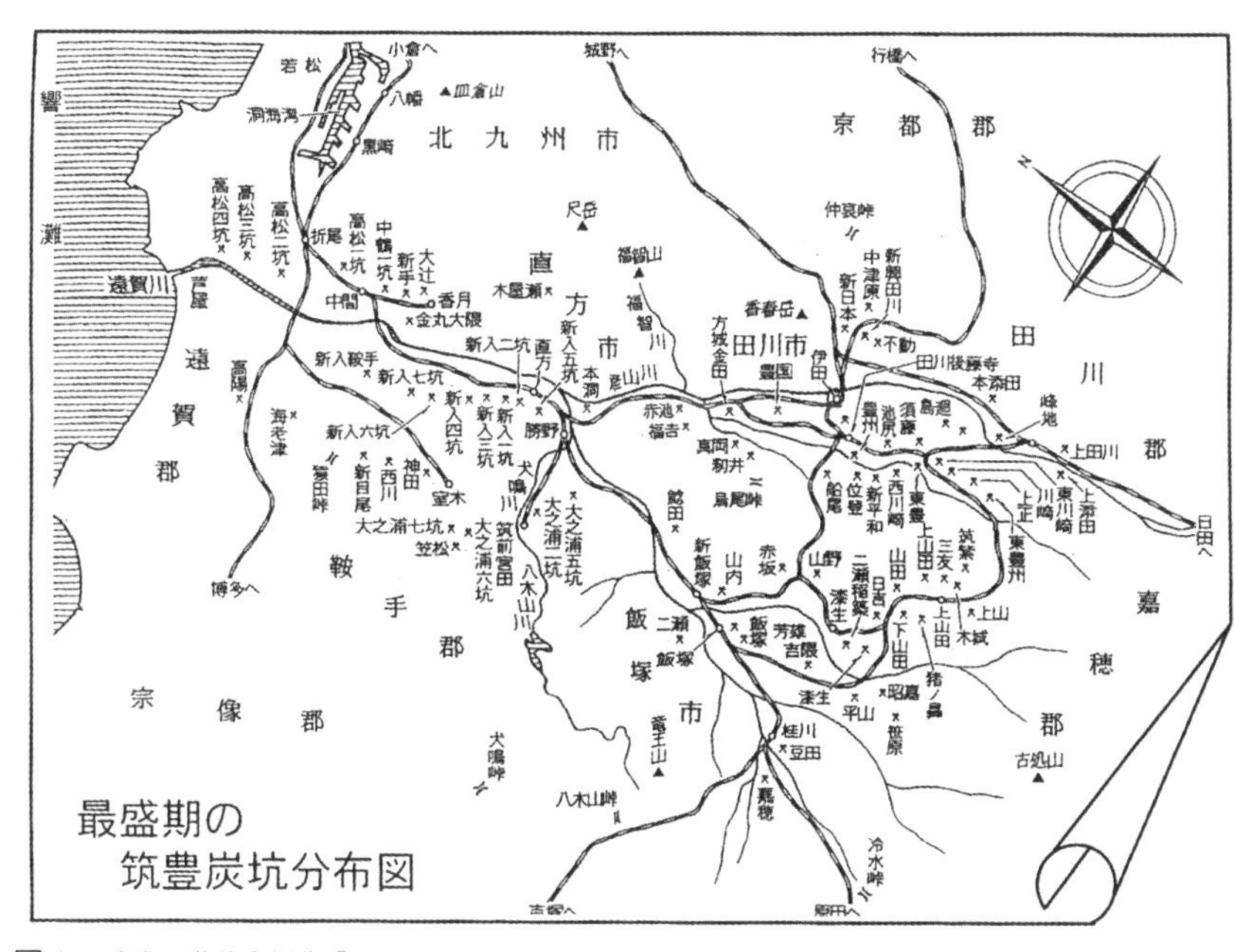

図１　出典：芝竹夫編著『フィールド・ガイド　炭鉱と強制連行』「筑豊」塾刊 2000 年

1、第一次世界大戦後の好景気の中で、生産量の激増と労働力不足の補充策として
2、内地人の先山夫の求人困難
3、内地人より従順で稼働率も優ること
4、独身者多く住宅供給面などで簡単かつ経済的なこと
5、内地人に比し募集費がかさまない
6、体力旺盛で寒暑の区別なく作業（中略）し、よく露天掘りの作業に堪える
7、朝鮮人求職者の増大
8、内地人に比し貸金少額にて済むこと
9、他山廃業による失業朝鮮人の雇用
（福岡地方職業紹介事務局「管内在住朝鮮人労働事情」一九二九年、朴慶植『在日朝鮮人関係資料集成第二巻』一一二六頁、三一書房、一九七五年）

ようするに「内地」人に比べ安い経費で、「内地」人の嫌がる坑内夫など危険な仕事につかせ、寒暑の区別もない労働環境で苛酷な重労働に使えるという理由である。

2 前史としての福岡県の性買売

⑴「売春王国」として

福岡は「売春王国」と呼ばれるほど、遊廓や貸座敷、接客業が盛んであった。『光をかざす女たち―福岡県女性の歩み』（福岡県女性史編纂委員会、西日本新聞社、一九九三年）と、『女と男の時空Ⅴ―鬩ぎ合う女と男』（藤原書店、一九九五年）のいずれも森崎和江による論文などを参考に福岡県での性売買業のようすに触れてみよう。

福岡県で性売買業が盛んになったのには近代化、産業化の中で、筑豊という大炭田を抱えていたこと、八幡に官製の製鉄所が築かれたこと、また同県が大陸や朝鮮半島に向かって開かれた港を有し交通の要衝であったことが関係している。急激な産業化は労働者の増大を生み、彼らを対象とする貸座敷や遊廓などの接客店が新設されていった。

さらに、アジアへの軍事侵略が遊里を生むことになる。一八九四年三月、朝鮮で甲午農民戦争がおこると日本は

鎮圧を口実に門司港から出兵、門司港は兵士や軍夫で活況を呈した。戦線は同年八月に日清戦争へと広がっていき、貸座敷や遊里、あいまい屋などの料理屋が増加していく。遊里の出現は兵営の設置と大いに関連があった。日清戦争後には小倉、福岡、久留米に兵営が新設され、国民皆兵下の青年たちを近づけた。つづく日露戦争を経て軍事国家への道を強める日本にとって福岡は大陸侵略への足がかりとしての役割を高めていく。

門司港は海外進出の拠点で日清戦争、日露戦争、義和団事件を経て大いににぎわい、接客店も多かった。また、海外へ「からゆき」とよばれる女性たちを売る人身輸出港でもあった（『門司風俗志』八二頁、門司郷土叢書刊行会、一九六〇年）。

門司の馬場遊廓では朝鮮人の客が多かったため、大正時代の半ばには「朝鮮人の娼妓だけを集めた妓楼が計画された」という。さらにここでは、「切り店」という経営方式をいち早く導入している。「切り店」とは、本来なら一部屋分の広さを三部屋ほどに切り分け、お茶も出さず、会話も交わさず、用がすんだらさっさと客を帰す（下川耿史・林宏樹、『遊廓を見る』一一八頁、筑摩書房、二〇一〇年）というやり方である。「下層労働者」相手に安価で行為のみを行わせる方式であり、のちの日本軍「慰安所」や産業戦士・朝鮮人相手の産業「慰安所」の一つの原型を見る思いである。

(2) 朝鮮料理店と朝鮮人女性

こうした接客店の中に朝鮮料理店も開かれるようになった。

一九〇一年と一九一〇年の内務省通牒により、朝鮮人女性が公娼になることは不許可としたと、第二章で述べた。福岡でも一九一〇年の内務省通牒が出た同年に、この通牒と同様の趣旨を明らかにし、朝鮮人の公娼は不許可としたが、ただし、芸妓であれば許可とする決定をした（福岡県警察法規類典第二巻、「朝鮮人娼妓名簿登録申請ニ関スル件」一九一〇年一〇月一三日、保秘収第九七九号、同九九八号）。

このため、福岡では朝鮮料理店はいわゆる「三等料理屋」とされ、ここで働く女性たちは芸妓・酌婦とされた。同地でも朝鮮人女性らは私娼の地に置かれたのである。

また、福岡県の警察は朝鮮人の経営する料理店や飲食店、席貸業には特別な注意を払っていたことが確認できる。すなわち一九二二年一〇月十二日に、県の警察部長名で各警察署長・分署長あてに出された「朝鮮人ニシテ料理屋、飲食店及席貸営業ヲ出願シタル場合取扱方」（規保訓第三二号）である。そこでは今後、朝鮮人が飲食店・貸席の営業を出願した場合、営業方法その他を詳細に調査したうえで稟議すべきである、としていた。朝鮮人の料理店営業出願が実際にあって、県はその許認可には日本人のそれよりも特別な検討が必要と考えていたことが読みとれる。

朝鮮料理店で働く朝鮮人女性たちの存在は早くから確認されている。現在、もっとも早く確認できるのは一九一九年三月二四日の福岡日日新聞の記事である。この記事では、県下に四千人の「出稼ぎ」朝鮮人がいてその中に「一寸目先の変ったもの」に「芸妓一名あり」と紹介した。［図2］

以下、福岡日日新聞の報道記事から、同県の朝鮮料理店、酌婦の存在を見てみよう。

一九二五年になると、若松市の新地三丁目の朝鮮料

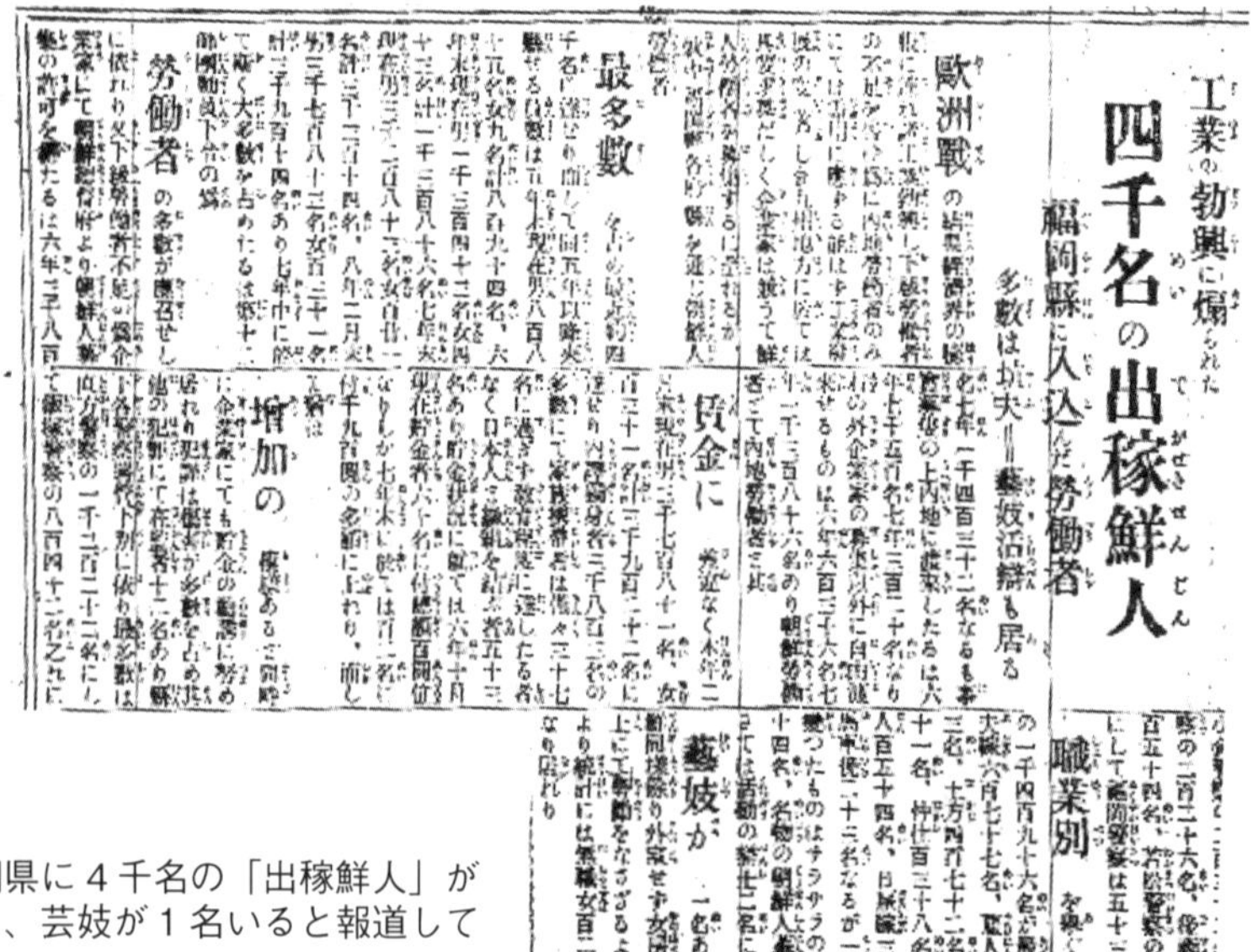
工業の勃興に煽られた
四千名の出稼鮮人
福岡縣に入込んだ勞働者
多數は坑夫＝藝妓活躍も居る
歐洲戰
最多數
勞働者
賃金に
增加の
藝妓か
職業別

図２
福岡県に４千名の「出稼鮮人」がいて、芸妓が１名いると報道している
（福岡日日新聞 1919年3月24日）

表2　日本国内と福岡県の朝鮮人芸娼妓酌婦数・福岡県の順位

年度	名称	全国	福岡県	順位
1920	料理屋及下宿業と芸妓	52	13	−
1921	宿屋貸座敷業と芸娼妓及酌婦	90	50	−
1923	客商売と芸娼妓	776	−	−
1924	旅宿飯食浴場業	906	134	−
1925	客商売と芸娼妓	1162	86	−
1926	〃	1477	140	−
1927	芸妓酌婦	653	85	−
1928	客商売と芸娼妓	2860	−	−
1929	〃	858	207	1
1930	芸娼妓	2129	371	3
1931	芸娼妓及酌婦	716	220	1
1932	〃	1192	205	1
1933	〃	986	169	2
1934	接客業者	5055	297	3
1935	〃	5625	393	4
1936	〃	4974	405	3
1937	〃	4650	378	5
1938	〃	4589	370	5
1939	〃	4645	355	5
1940	〃	4905	502	3
1941	〃	4751	415	6
1942	〃	4539	437	4
1943	接客業者並従業者	−	437	−
1944	−	−	−	−

出典：内務省警保局「内地在留朝鮮人職業調」より作成
1923 〜 1926、1928 年は「神戸市在住朝鮮人の現状」より
1927 年は福岡地方職業紹介事務局「管内在住朝鮮人労働事情」による
1930 年と 40 年は国勢調査から女性従業者のみ記載（女中を含む）
1933 年は朝鮮総督府警務局「朝鮮人労働者内地渡航保護取締状況」より
1943 年は「福岡県県政重要事項昭和 19 年 3 月」による
「-」欄は記載がなく不明

理屋李春根方に酌婦の梁立非（一九）、田業非（二一）が従事しており（二月一二日付）、小倉市大正町の料理屋金桂順（李春根の妻）方に酌婦の鄭蓮花（二五）がいた（七月四日付）。一九二七年には一一月二九日に嘉穂郡飯塚町鯰田山浦に「鮮人」料理屋李三鳳があると報じ、一二月三日付では小倉市大正町に盧信根が経営する三等料理屋朝鮮楼があって、酌婦の金生女がいた。戸畑市の築地町にある三等料理屋山海楼の主人は李鳳瑞で、金西粉（二一）が酌婦として働いていた（一九三三年二月一九日付）。筑豊の嘉穂郡稲築村の鴨生にある許日順の朝鮮料理屋では、一九三七年の二月九日に殺人事件が起こり、酌婦の趙良林（二七）、崔日順（二一）、李端彦（二五）、朴加毎（二〇）ら四人が犠牲となる悲劇がおこっている（二月一〇日付）。犯人は事件直後には朝鮮人が疑われたが、のちに日本人であることが判明、朝鮮料理屋を日本人も利用していたことが確認できる。これらはいずれも事件などがあって報道されたものであり、これ以外にも多くの接客店が存在し、一九一〇年代から朝鮮人女性が働いていたと推測される（「料理屋」などの表記は記事のママ）。

福岡県にどれぐらいの接客業に従事する朝鮮女性がいたのか、統計を見てみよう。［表2］

表によれば一九二〇年来、その人数は増え続けたが、一九二一年には日本全国で百人近くになった。三四年から統計は「接客業者」となるが、一九三五年にピークを迎え五千人を超えると、その後は一九四二年まで四千人規模で推移していった。福岡県では一九二四年に一〇〇人を超え、つねに全国でも一〜六番目に接客業が多かった。一九四〇年には、福岡県に五〇一人、全国で四、九〇五人の接客業者が確認されている（内務省警保局、各年の「内地在留朝鮮人職業調」、その他による）。筑豊炭田や八幡製鉄所など、国策企業や軍需産業に深いかかわりのある産業現場の周辺に作られ、のちに産業「慰安所」化していく性売買所で産業「慰安婦」とされた女性たちの中には、これらの朝鮮料理店で働いていた朝鮮人女性が少なくなかったと思われる。

(3) 炭鉱と花柳界の強い結びつき

福岡の花柳界は筑豊の炭鉱なしでは存在しない。「三等料理屋街は県下のあらゆる市町に軒を並べ、炭鉱では鉱夫による酌婦の揚代は通帳に記載させ給料から落とした。または鉱業所が発行する金券とか炭券とかの鉱業所内だけの通用券で娼楼に支払い、月末に鉱業所が換金した」（『女と男の時空Ⅴ』、一七五頁）との森崎の指摘は、炭鉱が花柳界と密接な関係にあったということだけではなく、鉱夫らの「性管理」が炭鉱を営む企業により統制されていた可能性を物語っていよう。〔図3〕

　また福岡県の遊廓経営者は県の行政にも暗然たる影響力を持っていた。彼らは日本国内の同業者の中でも中心的な役割を務めている。なかでも、池見辰次郎は福岡県の貸座敷業界の代表となり、のちに全国遊廓同盟の会長を務めるようになる。池見は福岡市の議員にもなり、福岡市議会の第二五代副議長をつとめるなど、いくつもの公職や複数の企業を経営し、貸座敷業の営業権をめぐって全国的な活動をした人物である。遊廓経営者らは、公娼制の維持のために県の行政に働きかけ、三等料理屋を貸座敷地区に改め、酌婦を公娼化させようとし、酌婦への検黴を開始した。

　一九二〇年代に入って、国際連盟が「女性児童の売買禁止に関する国際条約」で女性たちの管理売春年齢

図３　古河鉱業所峰地炭鉱の金券
出典：林えいだい『闇を掘る女たち』明石書店 1990 年

を二一歳からとした。日本はこの条約を批准したが、年齢条項を留保、さらに植民地では条約そのものを適用外とした。その後国際的な体面上、日本も留保条項の撤廃に応じざるを得なくなり、一九二七年には年齢条項の留保を撤廃したものの、植民地での条約の適用外は変えなかった。条約を批准したにもかかわらず、日本の「内地」では娼妓年齢は一八歳から、朝鮮では従前どおり一七歳としたままであった。

しかし、国際的にも、また国内でも廃娼論は高まっていて、もはや日本も国家の体面上、「廃娼」を考慮しなければならなくなっていた。こうした廃娼論の高まりに池見らは危機感を強め、県に働きかけている。県は池見らの主張を盛り込み具体化させ「貸座敷娼妓取締規則」（福岡県令第百十三号）と「料理屋飲食店貸席営業取締規則」（同第百十四号）を一九二六年八月に公布した。そこでは雇用年齢は現行の一八歳から一四歳に切り下げ、娼妓営業期間は二四ケ月から六〇ケ月に延ばし、さらに二年の延長を付した（福岡県警察法規類典、第二巻六四六頁）。一方、三等料理屋の酌婦女給年齢は一四歳から一六歳に引き上げた（前掲書、六五八頁）。年齢制限が公娼よりも緩いため年若い女性を置いて集客力にまさっていた三等料理屋の力をそいで、貸座敷に若い女性を集め、集客しようとのねらいであろう。

池見ら業者たちは、廃娼論の高まりの中で公娼制度の温存とともに、酌婦と呼ぶ私娼を黙認させ、私娼の「準公娼化」を図り、将来の「廃娼実施」に備えていたのであろう。森崎は「『売春王国』を公文化させ、謳歌したのだ。『娼妓の自由』など眼中にない」（前掲『女と男の時空V』一七二頁）と書いている。

「私娼窟に於ける営業者数及私娼年齢別調」（『公娼と私娼』内務省警保局編、一七四頁、一九三一年二月）によれば「密売淫を為さしむることを常業とするものの戸数」も、「従業婦」の総数も、福岡が抜きんでて一位で、戸数は全国四五一三戸のうち一一四七戸（二五・四％）、「従業婦」総数は一万二一八一人のうち四二一八人（三四・六％）を福岡が占めている。さらに注目するのは二〇歳未満の未成年者の多いことだ。全国では四四四五人であり、そのうち福岡は一七一六人（三八・六％）を占める（同一七一頁）。未成年女性「従業婦」の四割近くが福岡の少女たちであった。

日本国中、どの地域に行っても公娼制による貸座敷があり、あるいは廃娼県となった地方でも酌婦とよばれる私娼を黙認する接客店があった。なかでも福岡県の性売買の状況はこのようにきわめて隆盛しており、業者の力が強く、至極当たり前に接客店が身の回りに存在する環境であった。一九三三年に内務省令「娼妓取締規則改正」が出され、娼妓の外出制限の削除がうたわれても、福岡では池見らがこれに抗議して県の保安課に陳情、内務省へも長文の抗議電文を送った。福岡の業者らの管理売春制度への固執はこのように強固なものであった。

3 朝鮮人労働者の急増と高い逃走率

一九三八年に国家総動員法が成立すると、それにもとづく労務動員計画に沿って、一九三九年から四五年にかけて朝鮮人が大量に動員され、炭鉱や工場、土木現場などに送られた。当初は募集方式だったが、やがて官斡旋方式、さらには国民徴用令を適用しての動員が行われた。その総数は七〇万から八〇万人と言われる。初期、朝鮮人が集中して送られたのは炭鉱だった。

(1) 筑豊炭田に多数の朝鮮人労働者を「移入」

当時、石炭は最重要エネルギー源であり、炭鉱は軍需産業並みに扱われるようになり、多くの労働者を必要とするようになった。しかし炭鉱労働は危険な重労働なうえ、それに比して低賃金で、福利対策も進まず、社会的な蔑視などもあり、日本人労働者の獲得に失敗し、労働者不足は深刻であった。そこで考えられたのが朝鮮人労働者の「移入」であった。筑豊の中小炭鉱主の団体である筑豊石炭鉱業互助会は、日中戦争直後から政府が朝鮮人戦時労働動員を決定するまでに、七回も朝鮮人の動員を陳情した。筑豊の大手炭鉱主団体も一九三七年八月には同じく朝鮮人の動員を要請、全国団体の石炭鉱業連合会もこれに続き、土木工業協会も政府に朝鮮人動員を訴えた（山田昭次・古庄正・樋口雄一『朝鮮人戦時労働動員』七六頁、岩波書店、二〇〇五年）。政府と企業は、「移入」朝鮮人を優先的に炭鉱に従事させた。全国一の産炭を誇る福岡でも多数の朝鮮人が炭鉱に動員されている。

一九四四年の人口を見ると、福岡県在住の朝鮮人は一九万八千余を数え、戦時動員された数は延べ一七万人に及ぶ。これは日本でも最大の朝鮮人動員数であった（福岡県事務引継書、昭和二〇年一〇月二七日）。

福岡県下の朝鮮人は「韓国併合」以前から数えられ、地理的に近いこともあって年々増加してきたが、一九三九年以降は急激に増加し、三八年に六万一〇五人であった県内の朝鮮人は、一九四三年には三倍近くの一七万二一九九人に激増した。毎年二万人以上増加したことになる。その職種を見ると、鉱山労働者、土建労働者、工場労働者が上位三位で、筑豊炭鉱などでの鉱山労働者は三八年には七八二八人だったが、四三年には四万九一一〇人と六倍以上に膨らみ、戦時下の石炭増産に多数の朝鮮人が炭鉱に送られたことを示している。

労務動員計画による「移入労務者事業場別調査表」によれば、四四年一月現在、朝鮮からの「移入」者数は県内七九の事業所に一一万三〇六一人、そのうち、炭鉱への動員数は一〇万五七八四人で九三・六%を占める。

福岡の炭鉱において朝鮮人労働者の占める割合は、一九三九年には一四%であったが翌年から増え続け、一九四三年には二五%までを占めるようになった。［表3］

表３　福岡県炭鉱の朝鮮人労働者の割合

年度	日本人	朝鮮人			朝鮮人比率%
		坑内	坑外	計	
1939	159,955	16,471	6,251	22,722	14
1940	166,311	20,602	4,417	25,019	15
1941	171218	24,643	5,671	30,314	18
1942	172,578	33,780	7,192	40,972	23
1943	195,575	41,934	7,176	49,110	25

出典：「福岡県県政重要事項」1944年7月特別高等警察極秘文書より

福岡県警察の特別高等課は「管下に於ける半島人は…筑豊炭礦地方並に北九州工業地帯を中心として居住、県下労働力の根幹的存在として鉱工業生産上欠ぐ（ママ）べからざる要素を形成しつつある」と、朝鮮人労働者抜きには生産が成り立たない状況にあることを指摘する一方で、「（移入朝鮮人は）時局認識なく且追利流転の移動性に富むが為め労務管理上、治安維持上指導取締りを強化」（福岡県特別高等課「移入半島人労務者に関する調査表」、県政重要事項、一九四四年七月）することが重要としていた。

(2) 朝鮮人は「代用品」、逃走防止と契約期間延長

企業はこうした見解のもとで朝鮮人対策をとっていった。その労務管理の基本は「相当長期間厳格なる軍隊式」（朴慶植編『朝鮮問題資料叢書I』三〇六頁アジア問題研究所、三一書房、一九八二年）、「スパルタ式」（同二六七頁）であり、「真に服従するを確かめて…内地同化を企画」（同三〇九頁）とし、温情はかえってつけあがるとして「温容を以て接すれば却って組し易しと見て増長」する（同、三〇六頁）というものだった。彼らの認識は朝鮮人労働者はあくまでも「代用品」であり、「これらの代用品をどう使いこなして行くか」（北炭社友会刊『社友』一七巻第五号、一九四〇年五月号）という考え方だった。

朝鮮人は、皇民化の強制（注6）、慣れない坑内労働（注7）、危険も伴う重労働に比し低賃金、軍隊式訓練、賃金格差や強制貯金などによる現金所持への統制（注8）、民族差別、寮による隔離、治安上の監視強化、劣悪な食事や住環境と備品など、苛酷な労働条件と、暴力的労務管理の下で働かなければならなかった。

こうしたなかで炭鉱を悩ませたのは朝鮮人労働者の逃亡であった。朝鮮人炭鉱労働者の多くが労働の現場から逃走をはかっていたことを福岡県の特高が明らかにしている。前掲した「県政重要事項一九四四年七月」の調査表によれば、炭鉱への動員数は一〇万五七八四人で、そのうち逃走者数は五万四二四四人となり炭鉱への動員合計数の五一・二％になる。およそ半数の労働者が逃走したのである。「発見再就労」、つまり見つかって再び労働させられた数は七〇〇九人で逃走者合計の一二・九％となり、ほとんどが逃走に成功したことがわかる。［表4］

事業場別	移入者数	逃走者数	逃走率%	死亡	発見再就労	不良送還
九恒	622	310	49.8	10	46	21
古河下山田	2,292	1,383	60.3	18	235	151
田籠昭嘉	275	40	14.5	2	12	5
明治赤池	3,061	1,309	42.8	13	135	42
明治豊国	1,466	839	57.2	11	95	18
三菱方城	3,217	1,223	38.0	20	166	26
三井田川	2,652	746	28.1	11	73	5
真岡	263	160	60.8		7	2
野上豊州	830	225	27.1	4	38	2
川崎	99	10	10.1		2	1
明治高田	1,486	906	61.0	10	120	32
三菱勝田	1,923			12	182	
旭大勢門	49	37	75.5		23	
西戸崎	661	230	34.8	7	74	4
東邦亀山本坑	612	476	77.8		39	5
東邦亀山三坑	386	206	53.4	1	56	
海軍燃料廠	1,656	572	34.5	2	9	4
早良	1,689	1,096	64.9	9	88	10
三井三池	2,376	743	31.3	15	105	30
古河大峰	4,124	1,798	43.6	47	283	119
日鉱宝珠山	934	422	45.2	9	45	11
小倉	108	36	33.3		9	
太平笹原	290	30	10.3		5	3
高陽	42	22	52.4		1	
樋口	48	1	2.1			

炭鉱総計移入者数	逃走者数、逃走率	事業場総計移入者数	逃走者数、逃走率
105,784 人	54,244 人　51.2%	113,061 人	58,471 人　51.7%

＊総計数は「福岡県県政重要事項」1944 年 7 月による。「半島労務者」などの用語は資料のママとした。
逃走率％は福岡県田川地区人権センターの計算と一部筆者の計算による

表4　福岡県各炭鉱における朝鮮人労働者の逃亡率

「1944 年 1 月現在　移入半島労務者に関する調査票／ 3 月 13 日半島人労務者定着指導協議会に提出
1944 年 7 月県政重要事項として記録／特別高等警察　極秘」

事業場別	移入者数	逃走者数	逃走率%	死亡	発見再就労	不良送還
麻生	7,996	4,919	61.5	56	643	107
三菱飯塚	3,127	1,641	52.4	11	225	23
三菱鯰田	3,313	1,393	42.0	27	136	68
住友忠隈	3,081	1,631	52.9	27	148	4
東邦天道	1,303	993	76.2		73	4
明治明治	2,181	1,192	54.7		136	73
明治平山	2,487	1,365	54.9	13	195	67
日炭新山野	1,353	1,018	75.2	10	162	4
三井山野	5,070	2,233	44.0	19	278	54
嘉穂	2,754	1,293	46.9	23	77	25
日鉄二瀬	2,555	1,078	42.2	5	195	25
日鉄遠賀	7,681	4,604	60.0	46	793	236
貝島大辻	2,325	1,635	70.3	17	162	32
大正中鶴	3,129	1,256	40.1	11	102	157
金丸大隈	335	259	77.3	4	23	15
海老津	599	486	81.1	1	38	3
東邦鞍手	1,247	763	61.1	9	54	2
九採新手	2,693	1,876	69.7	8	159	5
貝島大野浦	7,930	3,963	50.0	58	389	125
古河目尾	2,478	1,551	62.6	10	323	25
三菱新入	2,938	1,408	47.9	20	245	65
九曹西川	458	358	78.2		29	3
新目尾	1,268	854	67.4	7	97	8
金丸高谷	188	118	62.8	2	4	3
九恒山浦	29	12	41.4	1		2
末吉	50	37	74.0		7	2
三菱上山田	2,587	538	20.8	44	91	22
日鉱山田	1,450	913	63.0	9	151	26
日炭上山	1,039	444	42.7	21	146	3
東邦筑紫	941	380	40.4	11	70	7

また、一九三九年からはじまった戦時動員が二年目以降を迎えると、契約満期を迎えた労働者が多数発生した。彼らにとっては故郷への帰還は契約時の約束であり、当然の権利で切実な要望であったが、当時「内地に於ける労務者の過半数は朝鮮人労務者を使用しているありさま（状態）」「（朴慶植、前掲書「鹿島組〈朝鮮人労務者の管理に就て—鹿島組労務部長一九四二年一二月〉」で、労働者不足に追われていた日本は、契約延期策をとり、朝鮮人労働者の故郷帰還を放棄させようと定着指導策を講じたが、しばしば労働者の反発を買い、労働争議に至っている（注9）。

(3) アメとムチ対策

戦時動員された朝鮮人労働者対策として、厳しいばかりでは労働者の抵抗を呼ぶであろうことを考慮し、「アメ」としての懐柔策もとられた。

「余暇利用の善導として故郷を遠く離れ生活環境の全然異なれる異郷に来りし彼らの労働を了えたる体に明日の勇気を奮い起さしむるものは慰安であり、娯楽であり、体育である」とし「最初は朝鮮に於けるものを主とし、徐々に内地物に移るように考慮し」と指摘した。（労務行政研究所『朝鮮人労務管理の要領』労務時報七八二号、一九四二年八月、朴慶植前掲書、二〇頁）

しかし内実はどうだったのだろうか。労働科学研究所発行の「労働科学」一九四二年一〇月号に掲載された九州地方の炭鉱労務管理者懇談会によれば、企業では朝鮮太鼓や蓄音機、朝鮮将棋などを備える予定としているが、実質は「まだ備えておりません」と報告している。この記事の中で同研究所の暉峻義等は「半島人の合宿へ行きますと、いかにも殺風景である。…たゞそこに蒲団が積んであって、寝ること、食べることだけがある」と、自ら朝鮮人労働者の劣悪な労務管理の状態を認めざるを得なかった（注10）。

「内外労働週報」の一九四二年八月の五二〇号にも「朝鮮式娯楽は絶対禁物、蹴球は不可」と出ている。もともと朝鮮式の娯楽を許容する考えがなかったと思わせる文章だ。ちなみに同書ではこれに続いて、「××制裁はなるべく避けること」としながら「万一必要ある場合は他人に極秘の下に行うこと」と記した。「××制裁」というのは、おそらく「鉄拳制裁」のことであろう。これでは、知られなければ暴力的に制裁をしても構わないということになる。

また、政府は戦時動員朝鮮人には、家族持ちと言えども家族を連れての「移入」を許さず、単身での動員を行った。したがって「移入」朝鮮人のほとんどが青壮年男子の単身者であり、女性はきわめて少なかった。

これは治安、管理、経費上の政府の方針であった。政府は一九四二年に「朝鮮人労務者活用に関する方案」を閣議決定し、「食糧、住宅、輸送の実情から家族を携行させせない」と決めていた。この方針はその後、多数の戦時動員朝鮮人労働者が二年後の契約満期を迎える時期になって、熟練労働者の帰郷・離職を前に変更の必要にせまられ、「家族呼び寄せ」策が検討されるようになる。

こうした中で取り上げられてくるのが「性問題の解決」である。企業や警察、国は、朝鮮人の性問題対策を一貫して掲げてきた（第二章一七三頁）。朝鮮人労働者の性問題を取り上げ、朝鮮人女性のいる料理店や「慰安所」を利用する「性解決」の方法がとられていく。彼らに向けた逃亡防止策、懐柔策の一つとして考えられたのが、産業「慰安所」であった。

4　産業「慰安所」とされていく接客店

(1) 花柳病予防法の全面施行

一九三八年に国家総動員法が公布されると、あらゆる物資や政策が戦時体制に組み込まれて、管理売春制度も変容させられていった。

その第一は性病予防策の強化である。前線帰還兵による性病の蔓延や、労働者らの性病罹患は、「兵力と労力の人的資源」確保のため、深刻な問題であった。強制的に性病検査されていた公娼とは異なり、私娼への性病検査は一貫していなかったため大きな課題となっていた。「戦争景気」で買春客は増大していたし、遊廓や娼妓などの性売買より、酌婦、女給などの私娼を置く手軽で安価な料理店やカフェーなどが隆盛し、これら私娼への性病予防がいっそう重要な課題となっていた。国は一九三八年四月に、それまで未施行であった花柳病予防法の二条と三条を施行することとした。

もともと花柳病予防法は私娼の性病対策を目的として作られた法律である。二条、三条とは、とくに必要と認める市や公共団体に花柳病診療所の開設を促し、その費用を補助するというもので、それまで財政的な理由から施行されなかった。しかしこの全面施行により、芸妓、酌婦も、公娼と同様に性病検査を受けなければ従業できなくなった。また、業者らに自衛の保健組合を作らせ、性病検査の徹底と業者の自主管理による管理売春の統制をはかっていった。

第二は、戦時の「国民精神総動員運動」策として遊興業の取締りと統制の強化と転廃業が進められていったことである。同年五月の「風俗に関する営業の取締りに関する件」（内務省警保局起案）により、風俗業への取締り強化がはかられた。

こうした政策を背景に各地の警察は、性病検査の徹底と性売買への管理統制強化のため、接客業者らの組合作りを促進させた。政府や地方行政、警察が直接手を下さなくても、業者の組合を通じてこれらの管理売春を統制することができるからだ。

(2) 福岡の対策

しかし福岡では、こうした国の対策がとられる以前から戦時体制下での新たな性対策への準備が進められていた。

一九三一年、日中戦争が始まると、兵士らの性病予防と治療が大きな問題となった。福岡の徴兵検査では一九三四年の福岡連隊区司令部管下の花柳病患者は昨年の二倍に達していた。（森崎和江、前掲書『光をかざすおんなたち』二六九頁）。県の衛生課は私娼の取締りを強化、花柳病予防法第四条による診療所に代わる代用診療所の各地域での設置を図った。この代用診療所は三六年になると県営の検診所となり、予算が計上され花柳病診療所として開設されることになった。

福岡でも公娼より手軽に利用できるため、「酌婦＝私娼」を置くいわゆる「三等料理屋」が広まっていて、遊廓経営者や貸座敷業者らは三等料理屋の集客力を脅威に感じていた。

その一方で、廃娼論や、国際的体面を考慮した公娼制批判などの世論は高まっていた。また花柳病予防法による私娼への統制・性病検診への強化策も影響していた。そこで県では一九三四年に業者らに保健組合を作らせ保健組合規則を制定して、業者と酌婦への統制を強めた（福岡県令第二二号、「保健組合規則」一九三四年四月七日）。狙いは性病検査の徹底と業者の自主管理による管理売春の統制である。

保健組合規則では、娼妓を除く花柳病伝播のおそれがある者の抱主や業者は、所轄警察署長指示の下で、相当する地域での組合を作ることが課せられ、組合は花柳病予防・治療の診療所を設けること、診療所経費を負担すること、組合経費は組合員の負担とし、組合規約、予算・決算も知事への届出を義務とした。私娼を抱える業者を組合としてまとめさせ、花柳病診療所を設置させることが決められたのである。

福岡における朝鮮人女性の産業「慰安所」問題を研究している殿垣くるみによれば、福岡では一九三八年の花柳病予防法の全面施行に先立ってこうした施策がとられていることに注目し、「一九三四年に私娼対策と管理を行っていたことは福岡独自の政策といえる」と分析、福岡での産業「慰安所」問題を考えるうえでの分岐点となることを指摘した（殿垣くるみ　朝鮮史研究会二〇二一年七月例会報告「帝国日本の性搾取構造・福岡における朝鮮人接客業女性からの考察」、二〇二二年一月修士論文提出予定）。

当時の福岡県では、この県令が出る前年には、すでに県下に保健組合があって、保健組合診療所が一二あったという報告がされている。八幡、福岡、門司、久留米、大牟田、戸畑、田川の各市などである（清水勝嘉『昭和前期における公衆衛生活動に関する研究』、日本大学博士論文、一九九四年三月、内務省衛生局『業態者集団地域ニ関スル調』三四一頁、一九三三年一〇月）。しかし実態は診療所の設置は遅々として進んでいなかったようだ。保健組合規則が制定された翌年、福岡の保健組合は八三まで膨らみ、組合員数は三九四七、組合経費は他のどの地方よりも抜きんでて多く、一七万八三〇二円で、全国の一位、約一五％を占めていた。しかし、代用花柳病診療所数は「一」としか記録されていない（清水勝嘉、前掲、第六八回帝国議会参考資料）。一九三三年には「一二」あるとの記録に比し、なぜこのような数字が報告されているのか不明である。組合診療所と代用診療所には、設備、規模、入院施設の有無など、その充実度で格差があったのではないかと推測されるが、確認はできていない。

このあと、県では一九三七年には酌婦検診に県の職員をもって従事させ、三九年には県下の一一市以外に七か所の市町村などの、軍事、鉱工業等の重要生産地域に県立花柳病診療所を一三か所設置した。一九四四年の県下の酌婦数は三七〇四人、保健組合は六〇余。その統制機関として保健協会を作らせ、検診医はすべて警察医務嘱託の形式により任命し、月に二~五回の検診を行った。また予防協会を組織し、花柳病予防に「万全を期した」のである（県政重要事項一九四四年七月）。

このように、県令二二号「保健組合規則」の制定により、管理売春への統制が強まる中で、福岡県では三等料理屋の産業「慰安所」化への道が開かれていくことになった。

(3) 三等料理屋から特殊料理屋へ

一九三七年二月二七日付の福岡日日新聞は、県内重要地の警察署長が集まり、かねてからの三等料理屋対策のための会議を開くと報道した。記事によれば会議の内容は「三等料理屋の酌婦らを『準公娼』的な存在とする、酌婦・営業者とも増数の禁圧方針を転換し、新規営業、酌婦の増員も許容する」というもので、この改革案は、「娼妓及び三等料理屋の酌婦以外の接客業婦の密売淫行為の徹底封鎖と、公娼廃止実現の場合の備え」として、三等料理屋の酌婦を「準公認」することをめざしたもの、と伝えた。

「酌婦の準公認」とは、私娼である酌婦を「準公娼化」することである。売買春の大衆化をはかり、高まる公娼制への廃止論や批判に対抗して、もし福岡県で「廃娼」が実現したとしても、地方行政の下で「準公娼」となった酌婦を雇用しての「自営公娼制」に移行することで、管理売春制度の維持を狙ったものであった。

記事は「酌婦にはできるだけ朗らかにお客を迎える新道が開ける。『辛い勤め』の酌婦生活に女性解放の一歩を進めるもの」と続け、県下の五千七百を超える酌婦たちに「女性解放」の道が開けるかのように「言いかえ」て報道している。

これを受け、三月一日には県内重要地の警察署長の会議が開かれた。会議では、性病防止策と懸案だった三等料理屋の再編成が提起された。そこでの主な議題は二つで「一、新年度より実施の接客業婦性病予防対策協議に備え、衛生関係の強化、二、三等料理屋取締規則改正問題などの風俗警察改革問題について検討すること」が話し合われた。

性病対策としては、新年度から県衛生課の衛生技師三名を増員、「県下一〇市を三区に分け毎週一回、各地の保健組合において県下の三等料理屋酌婦五七〇〇余名中、市部の三等料理屋の酌婦の健康診断は、これを全部県衛生課直轄のもとに施行」するという「接客業婦性病予防陣の強化対策」を決定した。風俗警察改革問題については、「三等料理屋取締規則改正、方針内容説明、断行方針決定を各署長のもとで研究を遂げて意見を答申する」と合意した。

翌三八年三月二〇日になると、福岡県警察部保安課は「取締内規の改正を協議」し、以下のように採決した。

「特殊料理屋営業取締要綱（抄）第一章、第一＝所轄警察署長ハ風教上支障ナシト認ムル区域ニ特殊料理屋ヲ指定スルコトヲ得、第二＝特殊料理屋ハ前項ノ指定地域外ニ於テ之ヲ認ムルコトヲ得ズ、第三＝現ニ指定地域外ニ在ル営業者ハ指定ノ日ヨリ二年以内ニ其ノ地域内ニ転入セシムベシ。第二章、新規営業ハコレヲ許可スベカラズ、タダシ営業ノ譲渡又ハ貸座敷営業者ニシテ特殊料理屋ニ転業セントスル者ハ此ノ限リニアラズ。」

（福岡県警察史編纂委員会編『福岡県警察史・昭和前編』三七五頁、福岡県警察本部、一九八〇年）

その内容を四月二日の福岡日日新聞は次のように報道している。「一、従来の三等料理屋を特殊料理屋と改め、二、料理屋を一定の地域に指定して特殊料理屋の散在を防ぎかつ風教上弊害ある地域から駆逐せんとするもので指定地域は所轄各署長に一任、三、従来の方針であった新規営業不許可方針をさらに厳重にした、四、従来酌婦の雇用契約がとかく放縦に流れ不当な契約がみうけられるので契約標準＝歩分けの歩合を明示し警察が監督、五、張り店は十二時限りとする。同時に花柳病予防の完備風紀の向上を期している」。［図4］

つまり従来の三等料理屋を特殊料理屋と改定し営業

時間を短縮させ、警察署長認可による指定地域内での運営のみ許可とした。指定地域とは所轄の警察署長の判断に一任されたが、軍事上の重要地域や軍需産業・軍需工場などの近辺であった。筑豊の各炭鉱や八幡製鉄所などももちろんここに含まれるであろう。指定地域外の特殊料理屋は二年以内に指定地域への転居を強制された。また、貸座敷業者の新規営業は特殊料理屋への転業の場合のみ許されたのである。

県は五月八日にこの内容を決定し、「県達九号、所謂三等料理屋取締ニ関スル件」として発した。これにより性病予防の強化とともに、いわゆる「集娼」がはかられ、特殊料理店として私娼も「囲い込み」されることになった。警察の統制力の強化のもとで、元来は「密売淫」として禁じられていたはずの私娼を「準公娼」として、黙認から「半公認」化させ、軍需産業に働く産業戦士といわれた労働者向けの、安価で手軽に「遊べる」特殊料理屋が奨励されていったのである。

「保健組合規則」を定めた県令二二号と、この県達九号をもって、福岡における特殊料理屋の産業「慰安所」化への道がさらに大きく開かれたといえよう。

三等料理屋の
張り店は十二時まで
當局の改革具體案決定し
名も『特殊料理屋』に

図4
戦争の拡大にそって福岡県は「性病」予防と、性売買業への管理統制を強化した（福岡日日新聞 1938 年 4 月 2 日）

すでに日本政府は国際的な体面から新たな貸座敷などの設置に統制を加えていたが、あくまで管理売春制度を手放すことはなく、批判の多い公娼ではなく特殊料理屋という形で、所轄の警察署長の一存で新規の営業も許可されるという逃げ道を用意していたのである。これは県の数年来の重要懸案である「三等料理屋の公娼化」への道であった。三七年に日本は国際連盟を脱退し、売買春も国際的監視から逃れて、公娼、準公娼、私娼の区別なく、接客女性の強制検黴が行われた。森崎和江は「男の性に報いることになった」「占領地へ渡る娼楼や料理屋が増加した。地元の軍隊は『竜兵団（注11）はどこへ行くにも慰安婦を連れて行った』」、「公娼制はその施行以来大衆化、日常化へとすすんで成人の男に不可欠な制度と化した」と書く。

戦争が長期化すると、高級料理店などは転廃業を迫られ、遊廓は軍需工場の寄宿舎などに変えられた。接客女性たちは「慰安婦」として軍や軍需上の重要地域の付近に移され兵士や産業戦士らの「慰安」に動員された（第二章一六九頁参照）。

芸妓置屋の中には出征軍人家族らの宿泊所となったりもした。「四三年に高級享楽停止令が出ると、芸妓は姿を消したが、公娼、準公娼は閉店を十二時とされつつ営業した。福岡市の新柳町（遊廓、接客店街）は軍人の慰安所となり、娼妓たちは翠糸校（遊廓内に作られた施設）の二階で軍用食の袋張り作業をしつつ軍の要求に応じた。空襲後も焼け残った貸座敷に集まって登楼に応じた」と森崎は結ぶ。激しい空襲、絶望的な泥沼の戦争の下でも、公娼制維持、私娼の黙認と準公娼化政策のもとで、女性たちは兵士や産業戦士たちへの「慰安」の要求にこたえ性買売を続けなければならなかったのである。

5　戦時労働動員で増える朝鮮人労働者への性対策

(1) 朝鮮人労働者への「慰安」施設の設置

一九三九年六月二六日の大阪毎日新聞は「半島人稼働者の奨励策講ず」との見出しで次のように報じた。〔図5〕

「（福岡県の）直方、鞍手市郡内居住半島人を以て組織する直方矯風会は廿五日午後一時直方警察署廣間で幹事会を開き半島人による労力充足問題および内鮮融和事業の実施などに関し重要協議をしたが労力問題については鞍手炭田の労力補充対策として／半島人稼働者の就労率の向上を計りそのため就労好績者に対する表彰▲一時帰鮮の場合稼働率を条件に優先的に便宜の取計ひ▲慰安方面では朝鮮料理の営業施設等々／によって積極的に稼働の奨励を計画、これらの施設は各坑同様に実行して甲山から乙坑へといふ頻々たる移動を防止する方針である」

労力不足は朝鮮人をもって補う方針であること、そのため朝鮮人労働者には「内鮮融和」事業を実施することがあげられた。就労率を向上させるために、好成績者を表彰し、一時的に故郷に帰る者は労働成績の優劣を勘案して取り扱うことが話し合われた。さらに朝鮮人労働者への慰安方面としては朝鮮料理の営業施設を協議した。この「施設」とは朝鮮人労働者の労務管理を目的とした産業「慰安所」といえよう。前掲した「県政重要事項一九四四年七月」の調査票にも明らかなように、筑豊の炭坑では半数以上の朝鮮人労働者が「逃

半島人稼働者の奬勵策講ず

直方、鞍手市郡内居住半島人を以て組織する直方協風會は廿五日午後一時直方警察署廣間で幹事會を開き半島人による勞力充足問題および内鮮融和事業の實施などに關し重要協議をしたが勞力問題については鞍手炭田の勞力補充對策として

半島人稼働者の就勞率の向上を計りそのため就勞好績者に對する表彰▲一時歸鮮の場合稼働率を條件に優先的に便宜の取計ひ▲慰安方面では朝鮮料理の營業施設等々

によつて積極的に稼働の奬勵を計畫、これらの施設は各坑同樣に實行して甲山から乙坑へといふ頻々たる移動を防止する方針である

図5
直方では朝鮮人労働者の労務管理に「慰安方面では朝鮮料理の営業施設」が話しあわれた
（大阪毎日新聞 1939 年 6 月 26 日）

走」していた。低賃金や重労働、食糧事情の悪化など、劣悪な労働環境も大きな原因であった。

こうした悪条件の改善をはかるのではなく、表彰などの手段や朝鮮料理施設の設置をもって労働者の「移動」、すなわち頻繁に起こっていた逃走の防止策としようとした。そのうえでこの「朝鮮料理の営業施設」は「各坑同様に実行して」としている。一炭鉱だけではなく、広く各炭鉱において実行することを協議したのだ。ここにいう施設とは明らかに「慰安」を目的とした朝鮮料理店のことであり、労務管理上の必要に迫られて作られる産業「慰安所」のことであろう。

直方は筑豊炭田一帯の石炭の集積地であり、大小の炭鉱が存在していた。直方矯風会はのちに「内鮮融和」を名目として朝鮮人の同化と皇民化、治安と監視対策のために作られた協和会の前身である。ちなみに協和会は、地域警察の特高係を中枢として作られた在日朝鮮人への治安・統制組織である。

こうした朝鮮人労働者への性問題解決策、「慰安」対策としての接客店の利用を、警察をはじめ企業、労務関係者、労働管理研究当局と協和会などが、様々に試みていった。

たとえば、一九四二年一月に開かれた九州炭鑛懇談会の会議には、九州傘下の主な炭鉱の労務担当者が参加した。そこではいまや主要労働力となった朝鮮人労働者の労務管理について話し合っている（『労働科学』労働科学研究所、一九四二年一〇月号、七四頁）。そこでの発言である。

「AM＝家内を家においていぬ者、全然家内を持たん者に対する性的な問題。これをどんなふうに解決するか、酒でも呑ました後朝鮮の料理屋かなんかであとは勝手にさせる…。これをどんな風にやったらいいか、付近に適当なところがあればそれでうまくいっているところもありましょうが、それがなければ困るところもできると思います」

「T＝私のところでは会社でですね。会社ということはないが、会社の敷地なんです。そこに営業していた料理屋の人をやらせるように仕向けて計画して警察の方も許可になっておったんですがその主人が応召になったもんですからそれもできておりません」

「AM」や「T」が九州のどの炭鉱所属なのかは明らかではないが、単身の朝鮮人男性の性問題の解決に朝鮮料理屋を利用することがまず第一に浮かんできていることに注意したい。しかも「T」は「会社の敷地内に料理屋をやらせる計画で警察も許可していた」と明言した。これはあきらかに企業が計画して設置されるはずの「慰安所」だったといえよう。また「主人が応召になった」ということは、料理屋の営業者には日本人が計画されていたことがわかる。

この懇談会に参加していた労働科学研究所の暉峻義等は、満洲の「苦力」の事例を出しながらではあるが、「定着政策の唯一の手段は賭博、遊廓の設置、アヘンであったが、今後は「これじゃもはや面目ない」ので風呂と食堂と洗濯場を作るとよい、と答えている。はしなくも、もっとも基本的な福利施設であるはずの風呂、食堂、洗濯場すら十分でなく、それまでの労務管理が「賭博とアヘンと買春が唯一の定着手段」であったと語っている(注12)。

福岡県ではないが、佐賀県の大鶴炭鉱の坑長の吉田八十吉は、訪ねてきた日本鉱業新聞の記者が労務管理に

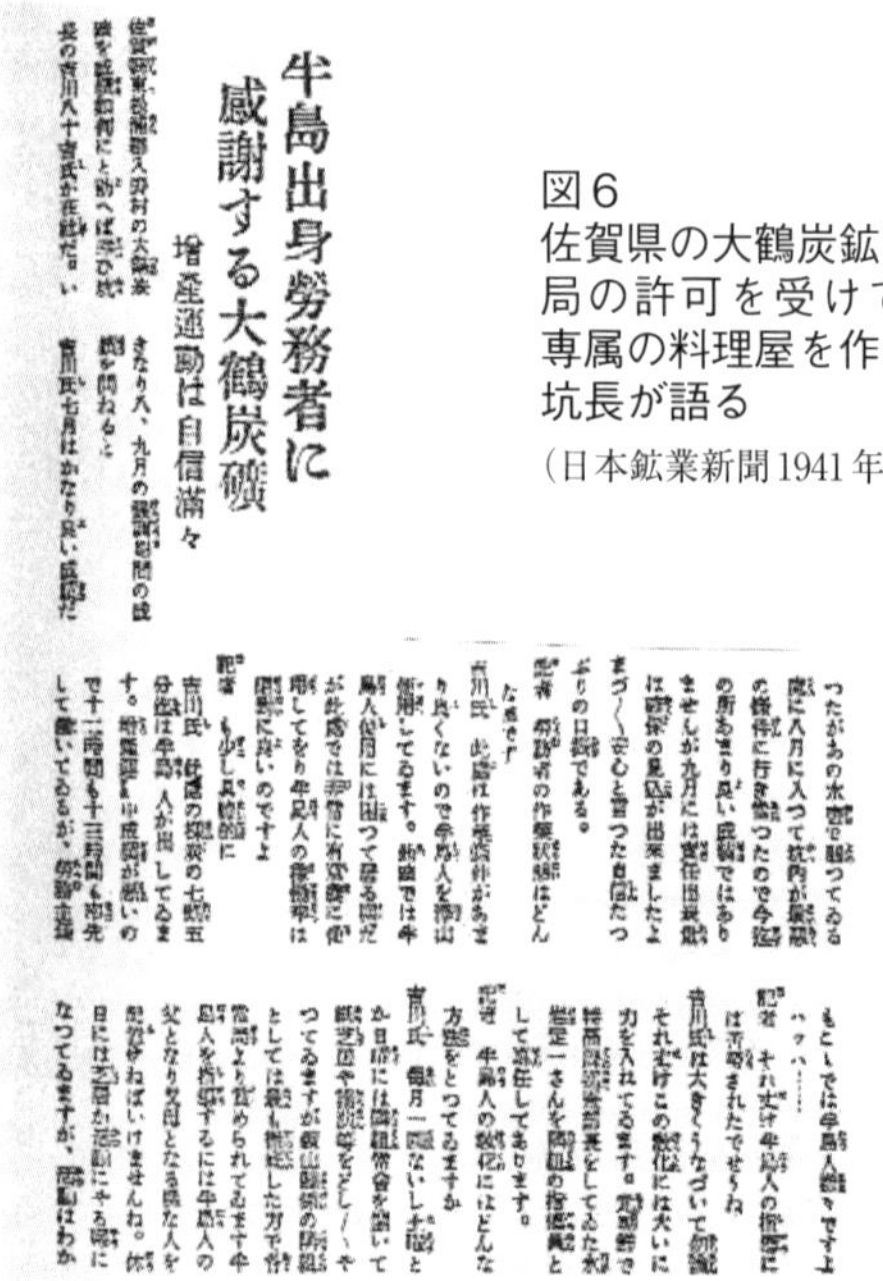

半島出身労務者に
感謝する大鶴炭礦
増産運動は自信満々

図6
佐賀県の大鶴炭鉱では「当局の許可を受けて半島人専属の料理屋を作った」と坑長が語る
(日本鉱業新聞1941年9月21日)

ついての様々な質問の末に、「もう一つ問題が残っていますね」と重ねると、「ええ、その問題も解決しましたよ当局の許可を受けて半島人専属の料理屋を一軒作ったのでね」と答えている。記者は「それで天下泰平ですね」とあいづちをうっているが、朝鮮人労働者への労務管理や不平不満などへの対策として朝鮮人「専属の料理屋」が利用され、炭鉱は天下泰平になったとの認識である（日本鉱業新聞、一九四一年九月二十一日、四一四号）。［図6］

(2)「千人の労務者に十人の女性を」

朝鮮人労働者の性対策を産業「慰安所」をもって対処しようとの考え方を、顕著に示すのは日本鉱山協会の資料集第七八集に掲載された石炭統制会九州支部の応募論文『炭山に於ける半島人の勤務管理』（一九四五年五月）である。

そこには「特別慰安所―わかり易く言えば性解決所である。炭山の付近に特殊飲食店として存在する場合が多い。ここに半島女子がいれば好都合である。国語の十分できないものは半島女子でなければ気分が出ない。ある炭山では付近にその設備がないので千里の道を遠しとせず出かけるため二日～三日の欠稼をなす者があるという。（中略）悪いことには慰安所は病気の媒介所であると共に、逃走の誘惑所である。一杯飲ませて遊ばせて義理にからませて逃走を強要するといふ手がある。だから管理の手は必ずここまで伸ぶべきである。炭山の委託経営にするのが第一案、五萬圓位の資本で十二、三人は半島女子を置くことが出来る。大体幾人の女子を必要とするかは、経営者の知りたいところであらうと思うが、はっきりいうのも憚り多い。

まず千人の半島労務者に対して十人程度といって置きたい。このような場合には、切符制度を採用し、時間にして十円程度、夜十一時より翌朝六時迄二十五円程度にしたい。もしこの経営が叶わぬ時は、経営者並に従業女子と、鉱山労務課との連絡打合会を開催し、逃走防止と増産激励の責務を女子にも負わせたいものである。右の二方法は実際炭山に実施しているところもあって成績がいいということであった。」（注13）とある。

朝鮮人労働者の逃亡防止と増産激励のため、「慰安所」の朝鮮人女性の性を、様々に工夫して積極的に利用してはどうか、とのべているのだ。

産業「慰安所」問題の先駆的研究のある樋口雄一は、ここでは個人的な意見も述べられているので注意しなければならないが、と前置きしたうえで「あからさまに逃亡防止のための管理を会社が行うべきこと、労働者一人当たりに必要な女性が百人に一人が適当であること、切符制度や料金まで指示している」と指摘、さらに「逃亡防止と増産激励の責務を女子にも負わせたい」というのは、「婉曲な表現ながら事務場の女子労働者に性を提供するよう工夫することを指示している」として、「いずれにしても朝鮮人女性を犠牲にして生産を維持しようとしたことが明らか」と書いた（樋口雄一「朝鮮料理店女性と『産業慰安婦』」一六頁、「海峡」一六号、一九九二年一二月）。

各炭鉱がこうした性対策をとっていった背景には、厚生省と内務省の名になる通牒「特別慰安所（性問題）はその地方の実情に応じ事業主に於いて警察当局と連絡の上適宜処理すること」（「移入労務者訓練及取扱要綱」厚生省発生第十八号、一九四二年二月一三日）があった。国の方針が、産業「慰安所」を利用して「移入労務者＝朝鮮人」の「性問題」を適宜処理せよというものであり、警察は地域においてその許認可と統制を担い、これを企業は労務管理に利用したのが産業「慰安所」であった。

6 福岡県にあった朝鮮人女性のいた接客店

(1) 福岡県の朝鮮人女性の職業と芸娼妓酌婦の人数の確認

多数の朝鮮人労働者が動員された筑豊を抱える福岡県では、接客業に働く朝鮮人女性も増大していった。前出の［表2］（二八一頁）は日本国内の朝鮮人女性のいる接客店を年代順に並べたものである。福岡はその人数においても常に上位にあり、県下に接客店が多数あったことがわかる。統計が比較的に明確になってくる一九三四年以後は、「内地」最大の在日朝鮮人人口都市であった大阪が一位であったが、福岡でも大阪、兵庫、東京などの大都市にならぶ人数を確認できる。「売春王国」福岡で、朝鮮料理店も隆盛していたのだろう（なお、「福岡県統計書」には一九三一年から一九四〇年までの福岡県在住朝鮮人接客業者人口統計が出ているが、筆者が［表2］にまとめた数字とは多少の誤差がある）。

表5　1940年福岡県下朝鮮女性の主な職業

職　業	人　数			順位
石炭（亜炭を含む）鉱業（総数）	772			1
接客業関係（総数）	502			2
旅館、下宿業（総数）		50		
料理人、コック			20	
番頭、女中、給仕人			8	
その他の作業者			11	
料理店、飲食店業（総数）		448		
一般事務者			11	
料理人、コック			45	
その他の飲食料品、嗜好品製造作業者			10	
番頭、女中、給仕人			122	
芸妓、娼妓、酌婦			241	
貸席、待合、置屋、貸座敷（総数）		4		
芸妓、娼妓、酌婦			3	
農業（総数）	428			3
古物商	167			4
土石採取業	155			5
土木建築業	106			6
セメント製造業	84			7
藁製品及棕櫚製品製造業	62			8
繊維産業関係（総数）	59			9
混紡綿織物及交織綿製造業		10		
純絹織物製造業		33		
製綿業		16		
漁労採藻業	27			10
炭焼業	25			11
★福岡県在住朝鮮女性数	39,102			

1940年国勢調査第21表により作成
接客業関係、繊維産業関係はおもな内訳を載せた
★福岡県在住朝鮮人女性数は同年度「社会運動の状況」による

表6　1940年国勢調査による福岡県下の料理店・飲食店、貸席・待合・置屋・貸座敷の芸娼妓酌婦と女中の人口と年齢

地域名	福岡県		福岡市	若松市	八幡市	久留米市		大牟田市	小倉市	戸畑市	直方市	門司市		飯塚市
年齢（満）	A	B	A	A	A	A	B	A	A	A	A	A	B	A
12歳以下		1											1	
13		1												
14														
15	1	1					1					1		
16	16		1		1	1				1	1	2		3
17	33		1	2	8			4	2	3	1			4
18	31			1	5	1		3	3	5		1		2
19	20		1		4			2	3	2				2
20	29		1	2	7	3		2	1	3	1			3
21	39		3	1	4	5		6	4	4				2
22	13			1	1	1		1	1	1				
23	12				4					2	1			
24	11		1		1	1				1		1		
25	16		1	1	3			2		1				
26	10			2	1			1						
27	2				1				1					
28	5				1			1		1				
29	1				1									
30	1													
31														
32	1													
33														
34														
35														
芸娼妓酌婦小計	241	3	9	10	42	12	1	22	15	24	4	5	1	16
女中小計	122		6	10	14	2	—	1	2	21	—	15	—	4
合計	363	3	15	20	56	14	1	23	17	45	4	20	1	20
総合計	366		15	20	56	15		23	17	45	4	21		20

注）Aは料理店・飲食店業、Bは貸席・待合・置屋・貸座敷業のそれぞれの娼妓・芸妓・酌婦数。女中は小計して表示した
「昭和15年国勢調査統計原表　第21表　産業、職業、年齢ニ依リ分チタル内地在住ノ朝鮮人」より作成
「女中」は原表では「旅館・料理店等ノ番頭、女中、給仕人」となっており女性数のみ入力した
36歳以上は省略した。県内の他地域については統計されていないため合計数は合わない

県下の朝鮮人女性の職業を見てみよう。一九四〇年の国勢調査によると、［表5］のようになり、石炭鉱業の七七二人につぎ、接客業は五〇二人で第二位にある。職業がきわめて限られていたこと、少なくない女性が接客業についていたことが伝わってくる。

年齢はどうか。［表6］を見ると、芸娼妓酌婦に一二歳以下の少女がいる。貸席・待合・置屋・貸座敷業には一二歳、一三歳、一五歳の少女たちがいた。料理店・飲食店業にも十五歳の少女がいた。芸娼妓酌婦では二一歳がもっとも多く三九人、次いで一七歳が三三人、一八歳が三一人である。当時、国際的に性買売を禁じられていた二一歳以下の芸娼妓数を合計すると一三三人におよび、およそ五四％を占める。国際条約違反の若い女性従事者が半数以上であった。また、「内地」では一八歳以上は性買売禁止となっていたが、一八歳以下の人数の合計は八四人で、およそ三四％になる。明らかに国内法違反でもあった。さらに、当時の「女中」の分類には、「女給、雇女、仲居」などが含まれると思われ、この女性たちのなかには性売買を行っていた可能性もあり（樋口雄一、前掲書、一七頁）、「女

表7　1940年国勢調査による福岡県内の朝鮮人女中・給仕人・芸娼妓酌婦数

地域名	料理店・飲食店		貸席・待合・置屋・貸座敷	合　計
	女中 給仕人	芸妓・娼妓 酌婦	芸妓・娼妓・酌婦	
福岡市	6	9		15
若松市	10	10		20
八幡市	14	42		56
久留米市	2	12	1	15
大牟田市	1	22		23
小倉市	2	15		17
戸畑市	21	24		45
直方市		4		4
門司市	15	5	1	21
飯塚市	4	16		20
福岡県	122	241	3	366

1940年国勢調査第21表より作成
女中・給仕人は原表では「旅館・料理店等ノ番頭、女中、給仕人」となっている
接客店に従事する女性のみ載せた
他地域については分類されていないため、各市の合計と県の数字は合わない

中」まで含めると、性売買者の数はもっと増えよう。

福岡県内での朝鮮人女性雇用接客店の地域は表7で示した（地名などは新旧名が混在している）。八幡製鉄のある八幡市、北九州工業地帯の戸畑市、三井資本の炭鉱がある大牟田市、門司市、筑豊の飯塚市などに多くの接客店が設けられていたことがわかる。なおこれら［表5］から［表7］はいずれも一九四〇年の国勢調査によるもので（第二章一三二頁参照）、そのほかの年度別、地域別統計については調べることができなかった。

(2) 市民の手で確認された接客店を歩く

資料、証言などから福岡県下の朝鮮人女性がいたとみられる接客店を整理してみた［表8］。これらの資料の多くは「筑豊ヤマの会」や「筑豊」塾の芝竹夫、横川輝雄など地元の活動家や、山田昭次、林えいだいをはじめとする研究者諸氏による地道な調査と、朴貞愛による報告から得られたものである。

「筑豊ヤマの会」などの市民活動団体は、一九九〇年に研究者らとともに「日朝合同筑豊地区強制連行真相調査会」（以下、調査会）を作り、筑豊炭鉱などへの聞き取り調査を行った。調査会は一九九二年二月、筑豊の各炭鉱付近に、朝鮮人女性のいた特殊料理屋が複数あったことを調査、確認した。

確認されたのは田川市添田町の古河峰地鉱業所、同市川崎町の大峰鉱業所、同町池尻の豊州炭鉱の三炭鉱で、元炭鉱労働者や地元住民ら、およそ六〇人に聞き取り調査を行った。これらの接客店の位置と名称については、証言が三回以上得られた場合のみ、事実として認定したとのことで信頼に値するものといえよう。（注14）

以下、この調査報告と、筆者が実際に歩いた接客店あとなどについて述べる。

筆者は二〇一七年三月に福岡を訪問、おもに筑豊の炭鉱あとをたずねたところ、これらの接客店のなかには当時の建物が残っているものがあり、貴重な写真を撮ることができた。実際に歩いたのは古河鉱業所峰地炭鉱、同大峰炭鉱、田川駅付近、田川銀座とよばれていた田川の栄町地域、飯塚駅前の菰田商店街、明治鉱業平山鉱業所のそれぞれの跡地と田川市営霊園などである。炭鉱はいずれも廃坑となり、なかにはうっそうとした樹木が生い茂り、藪を分けて山中に入って行くと、廃棄されて崩壊した便器などが放置されていたりした。

調査会は、古河鉱業所の峰地鉱業所には「東旅館」「朝鮮館」、「新吉野楼」のほか名称不明の二軒の接客店を確認、同鉱業所には「昭和寮」「日輪寮」の朝鮮人単身男性用の寮があり、接客店はこの寮から一〇～二〇分ほどの距離のところにあった。また近くには捕虜収容所があったこともわかった。「東旅館」の別棟は民家となっていたが、特殊料理屋として使われ、一九五五年の売春防止法ができるまで営業を続け、朝鮮人女性もそのときまでいたという。

「新吉野楼」［図7］は当時の建物が今も残っている。石塀に囲まれた小高い丘の中間にあり、周囲は木々が茂り、鉄製の門扉は固く閉じられて筆者が近づくことはできなかった。比較的に交通量のある道路に面しており、高級料理店風であった。「朝鮮館」は現在は建物はなく空き地になっていた。「朝鮮館」との看板を掲げ、朝鮮風の特色を売り物にしていたようだが、経営者は日本人であった。ここはのちに、捕虜収容所として使われたと聞いた。

図７　「新吉野楼」。当時の建物が残っていて竹藪の奥に見える
（2017 年者撮影）

市町村名	企業 炭鉱名	証言、店舗名など	朝鮮人 労働者数	出典
桂川町	明治鉱業 平山鉱業所	慰安所が設置されているのを目撃し、朝鮮人もいたが直接利用したことはない。 ○性問題解決のためには、交通の便をかりて飯塚市に於いて之をなし居るものの如し	796 ○ 243	4、8
福智町	〃 赤池鉱業所	慰安所が大変多かった。夕方になると朝鮮人の女が門の外に出て立っていた。○性の問題は相当重視すべき問題なるも、之が早急の解決或は対策の具体化は諸般の事情より実現困難にして、目下の處内地人労務者同様自己意思に任す	1,386	4、8
田川市	〃 豊国炭鉱	○性問題に関しては糸田町に半島人経営の三等料理屋営業者ありて他に憂慮すべき事項なし	○ 249	8
中間市	大正鉱業 中鶴炭鉱	炭鉱地域に慰安所があったという話は聞いた。18 ～ 19 歳の間の韓国人の女がいたという	1,657	4
宮若市	貝島 大之浦炭鉱	炭鉱周辺に慰安所があった。2年契約満期を2～3か月前にした労務者らがここを自由に利用した。動員後、1年ぐらいすると「テンプ」という伝票 50 枚をまとめてくれ、これを農村に売ったりした金で慰安所を利用した。 ○性問題、具体的方策を樹立し関係官庁方面と考究中なり	3,444 ○ 268	4、8
水巻町	日炭 高松炭鉱	慰安所はなく市内に遊廓があった ○半島人料理店は現在計画中	1,574 ○ 207	4、8
飯塚市	飯塚 所在炭鉱	炭鉱から 10 里(約 10 キロ)ほど離れたところの「イスカ」(飯塚のことか=筆者)という集落に慰安所があった。チョゴリを着た朝鮮人女性が客引きをしていた	1,337	4、5
嘉麻市	橋上炭鉱	橋上炭鉱のみ使用できる金券を発行して、翌月の給料から差し引いた	不明	6
〃	猪之鼻炭鉱	○性問題としては近隣山田町に最近朝鮮式料理屋新設に付各自経済の宥す限り月1回位の登楼は黙認せり	○ 257	8
〃	東邦 筑紫炭鉱	逃亡がひどくて2年間は外出できず、2年後から外出可能に。ひと月に1回、監督が労働者を街の「花嫁の家」に連れて行った。店は決まっていて、日本人の女もいたが、朝鮮の女が多く、20 代初めの若い女たちで、性病検査を徹底的にしていると言っていた。料金は給料から引かれた。部屋の前で男たちが列を作って待っていることもあった	393	4

以下の資料より作成した
出典：1 ＝内務省警保局「社会運動の状況」／2 ＝「炭鉱と強制連行」芝竹夫編著、「筑豊」塾刊 2000 年／3 ＝筑豊ヤマの会／4 ＝対日抗争期強制動員被害調査および国外強制動員犠牲者等支援委員会報告（原文ハングル）／5 ＝鄭清正『怨と恨と故国と』、日本エディタースクール出版部、1984 年／6 ＝林えいだい『強制連行･強制労働　筑豊朝鮮人坑夫の記録』徳間書店、1981 年／7 ＝林えいだい『消された朝鮮人強制連行の記録』明石書店、1989 年／8 ＝日本鉱山協会編『半島人労務者に関する調査報告』1940 年、○の文章と人数は同調査による／9 ＝大阪毎日新聞 1939 年 6 月 26 日
朝鮮人労働者数は、1944 年 1 月現在,「1944 年 3 月移入半島人労務者ニ関スル調査票」福岡県特別高等課による
労働者数の一部は 1942 年 6 月現在数で、「移入朝鮮人労務者状況調」（中央協和会「協和事業関係昭和 19 年」）によった
「ピー屋」「慰安所」「半島人」などの表現は原典、証言者などのママとした
出典は明示した以外にも複数に渡っている場合がある

表8　証言・資料から見る福岡県下の朝鮮人女性のいた接客店

市町村名	企業 炭鉱名	証言、店舗名など	朝鮮人 労働者数	出典
飯塚市	麻生 赤坂炭鉱	飯塚や鴨生で朝鮮ピー屋をやっていた鄭宰鳳(在鳳か？＝筆者）はここの相愛会幹部だった（1932年前後＝筆者)。炭鉱周辺にはどこでも朝鮮ピー屋が多かった。朝鮮や日本の女のいる新町まで歩いて行けた。逃亡しないという信用があれば外出できた。憲兵が炭鉱持ちで利用していた	2,903	4、7
桂川町	〃 吉隈炭鉱	○性問題に関しては目下研究中なり	○227	8
田川市	旧三井 田川第三鉱	元町、仲通り、斜坑の5ヶ所に朝鮮人寄宿舎があった。栄町は田川伊田地域で最大の繁華街で朝鮮人女性がいる接客店が集中していた。小松楼、力丸、大多和、一見楼、豊泉閣、浮世などの店があった	1,860	1、2、3、4
〃	〃 田川第四鉱	池尻から後藤寺に行く途中の上原に朝鮮ピー屋があって朝鮮の女がたくさんいた。女子挺身隊と言って騙されて連れてこられた。日本の淫売屋の女よりずっと安かったので皆通った	不明	4、7
福智町	三菱方城鉱 業所金田鉱	朝鮮人宿舎興亜寮、金剛寮、大和寮、八紘寮などがあった。屋号不明の2軒、入舟？福助？	1,327	2
川崎町	豊州炭鉱 上田坑	優秀な鉱夫には池尻にある朝鮮ピー屋に労務が引率して行き、店を貸し切って遊ばせた。その代金は給料から差し引いた。近くに朝鮮人独身寮協和寮、清和寮があった。朝鮮人女性がいる屋号不明の接客店があった	597	3、4、7
〃	〃 古長坑	朝鮮から多額の金をかけて労働者を引っ張って来たのに逃亡したらまったく困ってしまう。3か月我慢すれば伊田の栄町の淫売屋や池尻の朝鮮ピー屋に女を買いに行かせた	不明	4、7
〃	古河鉱業所 大峰炭鉱	鉄心寮、愛汗寮、陽信寮などの朝鮮人単身者寄宿舎付近に朝鮮人労働者を相手にした昭和亭、酔心、伊予屋など朝鮮人女性がいる接客店が相当数あった。ほかにも大和屋（1992年まで建物が残る)、一楽、常盤、入船、阿部、赤ちょうちん、置屋、屋号不明3軒、また矢沢性病院があった	1,906	2
添田町	〃 峰地炭鉱	昭和寮、日輪寮という朝鮮人単身者用寄宿舎があり、徒歩10分ほどのところに接客店があった。東旅館別棟、新吉野楼、朝鮮館など。炭鉱の金券使用	不明	2、3、4
嘉麻市	新山野炭鉱	慰安所があり、韓国人（全羅道）の女たちがいた	420	4
〃	山野炭鉱	○性的方面に就いては満二十一歳以上にして、訓練期間を了へたる者に対し、衛生的道義的指導を与えて一般に解放	5,070	8
北九州市	八幡港運	八幡市に慰安所200余軒が密集していた。外出証をもらって一度行ったことがあるが憲兵の監視で入れなかった。慰安所の内容は日本人の女と韓国人の女が大勢いた	772	4
鞍手町	鞍手炭鉱	半島人稼働者の就労率向上のため（中略）慰安方面では朝鮮料理の営業施設	不明	9

古河鉱業の大峰鉱業所には一七軒の特殊料理屋があり、そのうち六軒に朝鮮人女性がいたという。［図8］

同鉱業所にも朝鮮人単身男性の寮、陽信寮、愛汗寮、鉄心寮（映心寮とする説もあり）があり、徒歩圏内に接客店があった。朝鮮人女性がいたのは大和屋、伊予屋、酔心、昭和亭、その他に屋号不明が二軒。大和屋は部屋数も多い大店で、戦後は病院として使われていたようだ。一九九二年の調査時まで建物が残っていたが、同年二月に調査会報告の記事「炭鉱に朝鮮人慰安婦、『接客店』一〇カ所確認」と、この建物の写真が新聞に載ると（西日本新聞、朝日新聞、読売新聞などが報道）建物が撤去されたという。民家が隣接していて、もし当時も民家が近かったとすれば、歌舞音曲などはこの距離なら周囲から聞き取ることは可能であったと思われた。筆者の訪問時にはアスファルトで固められた空き地となっていた。また、大和屋付近には当時、矢沢性病院があったが現在では民家となっている。［図9、10、11］

陽信寮、鉄心寮はそれぞれ遊園地と公営住宅となっていた。九州のうららかな三月の日差しであったが、人影は少なく、子どもたちの声も聞こえない。単身で

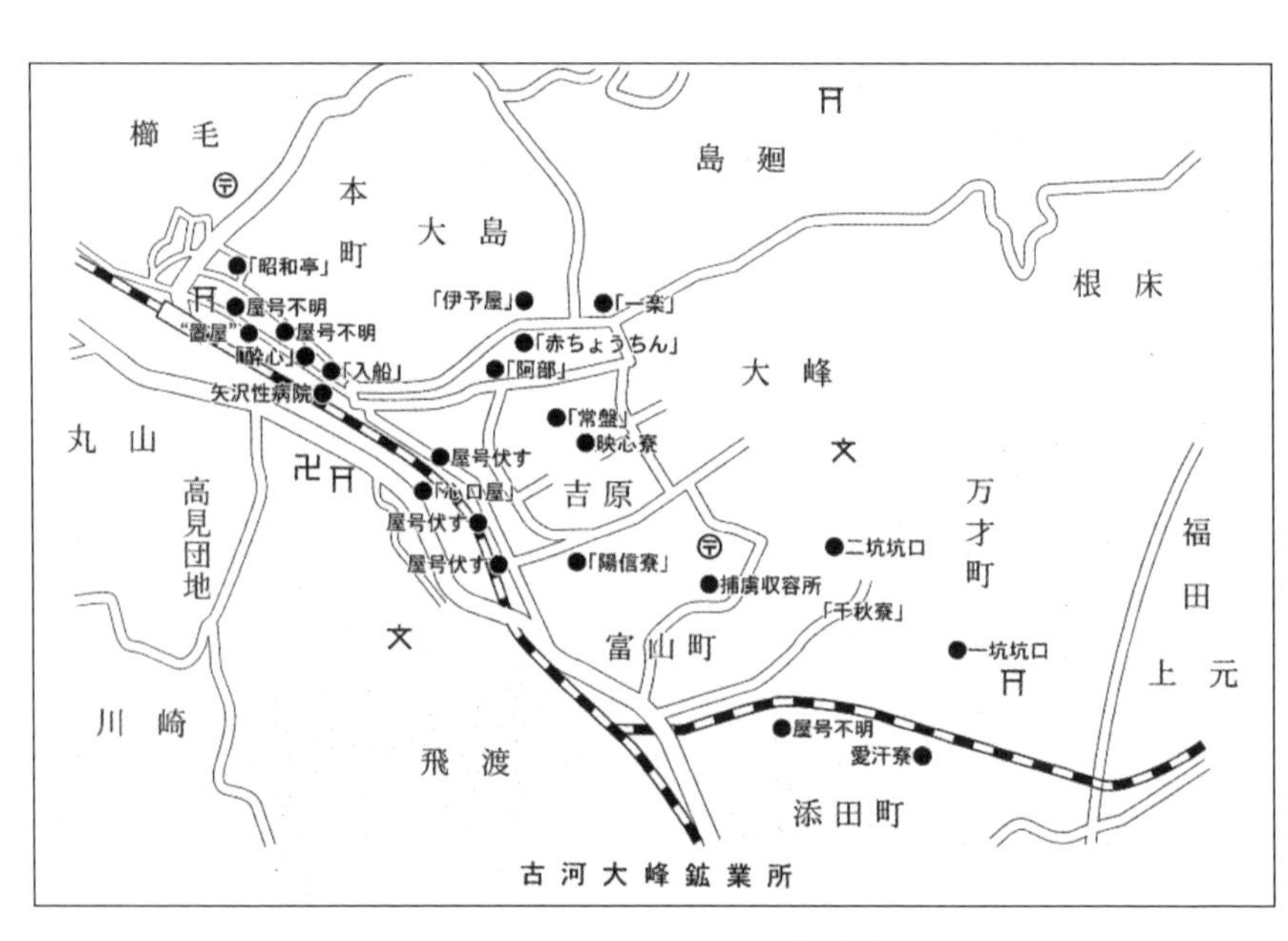

図８　古河大峰鉱業所付近にあった朝鮮人女性のいた接客店

出典：芝竹夫編著『フィールド・ガイド　炭鉱と強制連行』「筑豊」塾刊2000年より

図9
1992年まであった大和屋の建物
（MILE33号、西野留美子撮影）

図10
大和屋のあと地はアスファルトで固められていた（図10～12：2017年筆者撮影）

図11
大和屋近くの矢沢性病院あと

図12
古河大峰炭鉱の朝鮮人寄宿舎あと

炭鉱に送られ、一〇時間以上、時には一五時間の地下労働に駆り立てられた朝鮮人労働者の、万感こもる低い唸り声のような風が吹くばかりであった。［図12］

豊州炭鉱には上田坑と古長坑があり、付近には協和寮、清和寮の単身朝鮮人寮があった。商号不明の接客店が一軒あり、朝鮮人女性がいた。経営者は「原口」という日本人で、聞き取りでは店からチャンゴ（杖鼓＝朝鮮の民族太鼓）の音が聞こえた、という証言を、筑豊ヤマの会の横川輝雄が聞きとっている。

田川炭鉱は、三井財閥の経営で田川伊田地域にあり、第六坑までを有する大規模炭坑である。調査会はそのうち第三坑周辺地域を調査、元町には第一から第三までの「半島合宿」朝鮮人寮があった。また斜坑には朝鮮人寮の共愛寮があり、そのほか仲通りにも寮があった。

繁華街の栄町には朝鮮人女性がいる接客店が集中していて労働者たちは栄町の特殊料理屋を利用していたようである。JRの田川伊田駅から田川小学校に向かう道筋は、戦後の石炭全盛期には田川銀座と呼ばれ、買い物をする人々でにぎわい、夜半ともなれば道の両側に軒を連

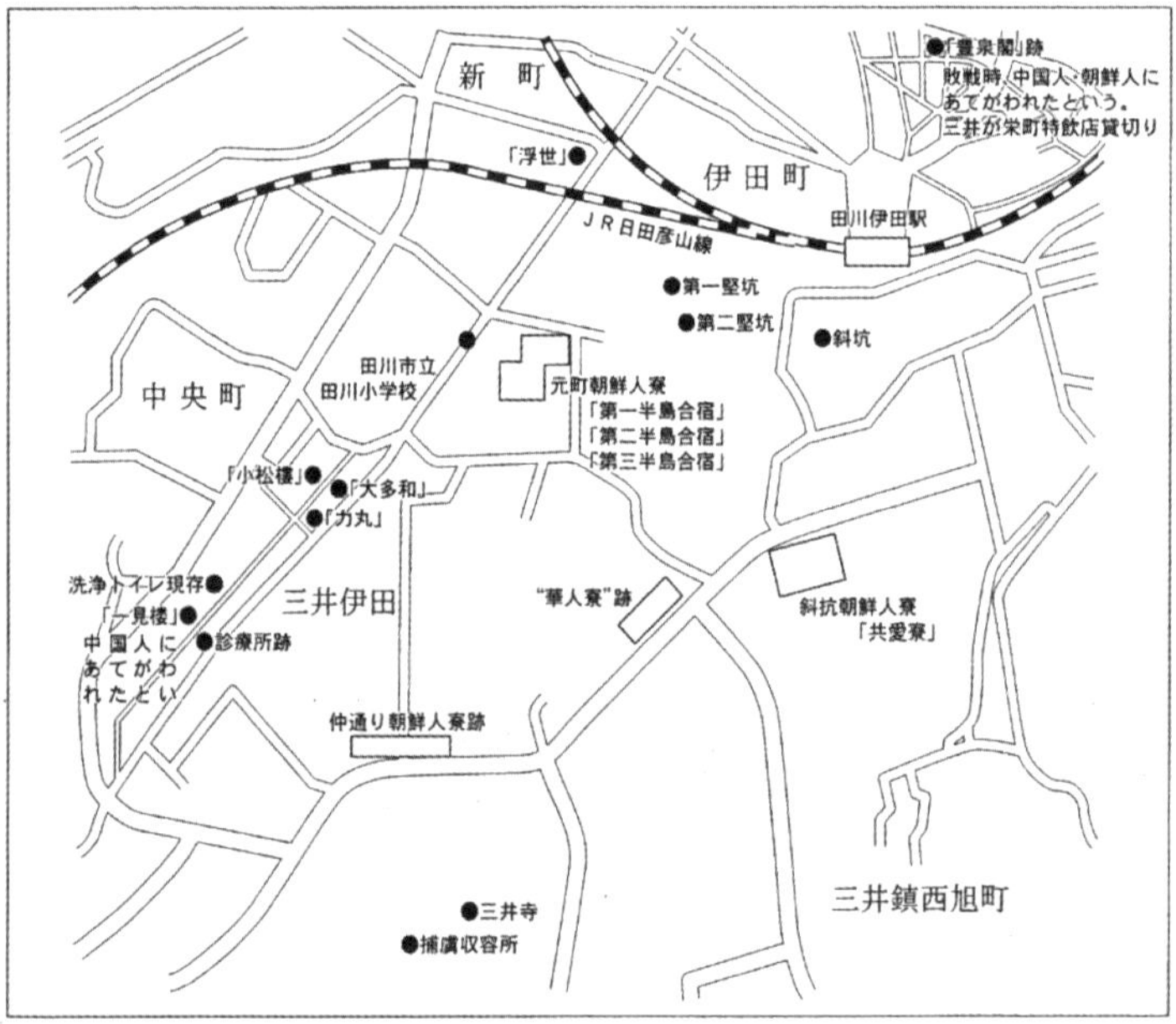

図13
田川伊田駅前の三井田川三坑周辺地図
「小松楼、大多和、力丸」などの店があった
（芝竹夫編著『フィールド・ガイド　炭鉱と強制連行』「筑豊」塾刊、二〇〇〇年より）

ねた接客店が、客の呼び込みをしたそうである。しかし、筆者が訪問した際は、道路の両側には枯草のみがそよぎ、建物やその痕跡すらまったくなかった。［図13］

さらに田川銀座を進み、朝鮮人女性がいたという大多和、力丸、小松楼近辺になると店舗はなく民家が増えてくるが、これらの店はいずれも駐車場、あるいは空き地となっていた。「駅から近いほど若い女性を置いていて、料金も高めだった」という。線路をはさんで、田川銀座と反対側には豊泉閣がある。ここは、日本敗戦後、朝鮮人や中国人らが暴動を起こすことを恐れ、住民が日本人女性を集め、無料で「性的提供」を行わせたそうだ。女性たちへの支払いは住民が負担したという。いまでは駐車場として使われている。［図14］

一九四三年の特高月報に飯塚駅前の菰田には、特殊料理屋の坂本があって、朝鮮人遊客と「朝鮮人酌婦の信子」がいたと記録されている（朴慶植編『在日朝鮮人関係資料集成』第五巻、四〇七頁、三一書房、一九七六年）。数軒の飲食店が並ぶ飯塚駅前からはるかに見えるボタ山は、すっかり木々に覆われた緑の丘となっていた。［図15］

「筑豊ヤマの会」の横川輝雄によると、多数の朝鮮人

図14
三井田川三坑周辺にあった接客店
（1994年芝竹夫撮影）

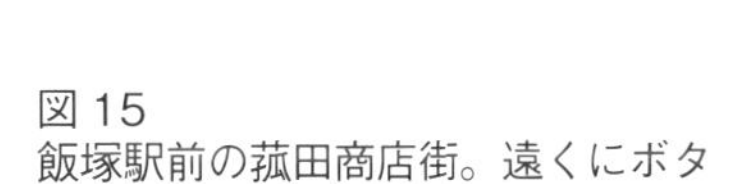

図15
飯塚駅前の菰田商店街。遠くにボタ山が見える（2017年筆者撮影）

女性が接客店にあらわれるようになったのは一九三九年ごろから。接客店はほとんどが特殊料理屋であったようだ。特殊料理屋とは、それまで三等料理屋と呼ばれていた「私娼」を置く店で、戦時期の一九三八年ごろから性病検査と「私娼の準公娼化」という福岡県の統制強化の方針によって登場した接客店である。産業「慰安所」化していったのはこれらの特殊料理屋と思われる。四～五人の女性がいて、比較的大きな店でも一〇人は超えなかったようだ。証言者の中には「女子挺身隊として募集し連行してきた」と語る元炭鉱労務係がいたほか、「炭鉱内部だけで通用する炭鉱発行の金券で支払いをするものもいて、炭鉱側が積極的に開設に動いていたことも明らかになった」（読売新聞、一九九二年二月二一日夕刊）との報道も見られた。またこれらの店に、炭鉱の労務担当者が、労働成績優秀な朝鮮人男性を褒章として連れて行ったとの証言もあり、調査グループは「炭鉱会社が関与していたことは明らか」としている（西日本新聞、一九九二年二月二一日）。

おわりに

地理的に朝鮮に近い福岡では、「韓国併合」以前から朝鮮人が渡航、労働していた。また、富国強兵策、産業化が進むなか、近代公娼制のもとで、「売春王国」といわれるほど性売買業が隆盛した地域でもあった。こうした背景があり、県下には朝鮮人女性のいる接客店も早くから見られた。

国民総動員政策が出され、一九三九年から筑豊などの炭田に多数の朝鮮人男性が戦時動員されてくると、彼らの労務管理、逃亡防止、治安対策、契約延長、性問題などに企業は対策を迫られた。そのために考えられた対策の一つが内務省、厚生省と警察・企業の合意による、産業戦士用の産業「慰安所」である。山中の炭鉱が多い北海道などとは異なり、福岡では炭鉱町があり、それに沿って町中に「慰安所」が作られていた。周辺にあった朝鮮料理店などの既存の施設を利用して産業「慰安所」化していった例が多いと思われる。また、日本人女性とともに朝鮮人女性が混在していたケースも少なくないようだ。北海道との相違点でもある。

県には筑豊炭田、八幡製鉄所など、国策にかかわる産業が多数あり、県下の朝鮮人女性の職業としてはもっとも多いのが石炭産業であるのは当然としても、それに次ぐのが接客業であった。女性の職業がいかに限られたものであったかがわかる。そこでは一二歳を下回るような年若い少女たちが働いていたこともわかった。

ただ、残念ながら、当事者である女性たちの証言や聞き取りを得ることはできなかった。また、福岡での産業「慰安所」設置に深く関与したであろう県の警察や企業の資料は公開されておらず、調査することができなかった。「筑豊ヤマの会」の横川輝雄は、麻生系炭鉱の遺骨供養をしている寺の書類には「書類は終戦時焼却す」との記述があり、書類隠滅がうかがえる、と記した（横川輝雄「麻生系炭鉱の朝鮮人労働者」三五頁、季刊『戦争責任研究』二〇〇六年春季号）。本当のことはなかなか見えてこないのである。

戦時下の朝鮮人産業「慰安婦」は、公娼制下、日本人の芸娼妓・酌婦の女性たちと相通じる面もあったが、さらに厳しい役割を担わされた。植民地支配下における同化と排除という皇民化政策の下で、民族の自覚への歩みや自己決定権、性を強制的に抑圧管理され、植民地支配国での重層的差別に苦しむ一方で、同じ同胞の労働者を日本の戦争政策遂行へと通じる労働現場へつなげる役割を強制されたのである。さらに、福岡の接客店に従事していた朝鮮人女性の中には、日本軍「慰安婦」として上海へ渡るための渡航証明書の発給を受けていた女性もいた。吉見義明は「在日の朝鮮人が慰安婦として連行されたことを示す最初の資料である」と指摘している（吉見義明『従軍慰安婦資料集』一〇一頁、大月書店、一九九二年）。

産業「慰安所」に動員された朝鮮女性の苦悩は、日本軍「慰安婦」とされた女性たちの苦しみと、根底で相通じるものがあると筆者は考える。自らの意志に反してその生と性を収奪され戦争に利用された彼女たちは、ひとしく植民地支配による暴力に苦しんだという点で共通していると思うからだ。産業「慰安所」問題を考えるうえで、こうした被害が、植民地支配のもたらしたものであることを見据える視点を忘れないよう銘じたい。

本稿では詳しく紹介することができなかったが、九州や、筑豊地方に戦時労働動員された朝鮮人や朝鮮料理店の実態などについては、林えいだいや山田昭次、芝竹夫の著書をはじめ、優れた聞き書きが残されているので、それを見ていただければと思う。

また、福岡訪問の際は、地域で地道に朝鮮人の戦時労働動員問題や人権問題に取り組んでこられた方々に大変お世話になった。この方々の積み上げてきた活動・研究の成果と、丁寧な案内がなかったら、「慰安所」あとなどを探し当てるのはもちろん、本稿を書くこともかなわなかった。ご協力いただいた皆さんに深く感謝申し上げる。

＊文中敬称は略した。またカタカナや旧漢字は読みやすくするため、一部を除きひらがな、当用漢字になおした。

注

（1）日本鉱業新聞一九四一年九月二一日の記事には、佐賀県の大鶴炭鉱は「当局の許可を受けて半島人専属の料理屋を一軒作った」とある。

（2）『光をかざす女たち―福岡県女性の歩み』福岡県女性史編纂員会、二六五頁、西日本新聞社、一九九三年

（3）山田昭次『朝鮮人強制連行論文集―筑豊炭田の朝鮮人強制連行』三三四頁、明石書店、一九九三年

（4）新藤東洋男「在日朝鮮人問題と筑豊炭鉱地帯」歴史評論一九七五年六月号、五四頁。新藤によると、一八九八年に三井鉱山の朝鮮人労働者募集に赴いた山下吉郎、中藤保太郎が釜山港から口之津の三井物産の石炭荷役請負・南彦七郎に以下のように通信を出している。「鮮人夫延引、種々のため、不日和船便にて七〇名以上百名まで運送に付、承知せよ。後募集に我公然充分の手を尽しあり。帰朝上、申上ぐ（同年一〇月八日の通信）」。ここにいう「和船」とは密航船のことで労働者は密航船で運ばれていた。朝鮮人労働者の募集工作が執拗に行なわれていたと、新藤は指摘している。

（5）実施は一九三三年から。一九三九年以降は緩和措置がとられる。

（6）「皇民化」は徹底して行われた。証言によれば、麻生赤坂炭鉱では起床後に寮の前に集合して点呼、「宮城遥拝」、「君が代」と「皇国臣民の誓詞」斉唱した。三菱方城炭鉱も早朝に進発所に集合し寮長訓話、宮城遥拝が行われ、日の丸はいつも進発所に掲げてあった。橋上炭鉱では神社前に集まって「君が代」斉唱し、歌えない朝鮮人は「それでも日本人か」と蹴られたりした。また豊州炭礦では坑内に入るときはかならず「軍人勅諭」を唱えさせられた（朴慶植・山田昭次監修、梁泰

昊編『朝鮮人強制連行論文集』明石書店、一九九三年）。日立鉱山では到着と同時に一郎から十郎までの名前を付けられ、「愛宕一郎、赤城二郎、那須一郎」などと呼ばれた（『日立鉱山に於ける半島人労務者と語る』週刊労務時報一五二号）。

（7）動員された朝鮮人の多くは朝鮮南部出身の農民であり、慣れない坑内労働には恐怖心が強かった。各炭鉱では、訓練期間を三週間、あるいは三か月などとうたっていたが、実際には「短くては二、三日、長くて一週間程度の極めて簡単な訓練期間を置き直ちに就坑させて」（「日本鉱業新聞」一九四二年一一月二一日）いて、炭鉱に着山直後に炭鉱夫として労働させられていたことが伝わってくる。地下労働への恐怖心への対策として同記事は「基礎訓練にならんで皇道精神、教育、石炭増産重要性への認識などの精神訓練が含められ」ていて、精神論に依拠したものであったことがわかる。

（8）炭鉱経営者が朝鮮人の逃亡の防止と炭鉱の資金調達のために朝鮮人に対して強制貯金を強いて、わずかな小遣い銭以外に現金を持たせない政策をとった（山田昭次編『朝鮮人強制動員資料I』緑陰書房、開設ii頁、二〇一二年）なお、こうした事実を語る多くの証言が、同書には「聞き書き」として記録されている。

（9）三菱飯塚鉱業所にいた二六〇七人の朝鮮人労働者のうち六八名は一九四三年一二月に雇用契約満期となり、団体一時帰鮮を条件に継続就労していたが、翌年四月に至っても帰国の約束が守られず、事業主は不誠実と同月六日に帰国を要求し同盟罷業した。このほかにも遠賀郡香月町貝島鉱業でも帰国の約束が守られないとして罷業している。契約延長と、帰国約束不履行にたいする朝鮮人労働者の罷業などは全国に広がっていた（特高月報一九四四年六月）。

（10）労働科学研究所の「労働科学」一九四二年一〇月号には九州地方の炭鉱労務管理者の懇談会が掲載され、同研究所の所長である暉峻も参加した。「朝鮮将棋、朝鮮太鼓などは備えていない」と福利策が実施されていないことが述べられている。

（11）福岡県久留米市で編成された陸軍第五六師団。拉猛など苛烈なビルマ戦線に動員された。

（12）「労働科学」前掲。

（13）朝鮮で植民地支配を経験した「朝鮮文化研究会」の大内規夫という人物の文書。炭鉱をじっさいに歩きこの調査報告を書いたという。

（14）朴貞愛報告『戦時下日本地域の「企業慰安所」と朝鮮人「企業慰安婦」に対する真相調査報告書』対日抗争期強制動員被害調査および国外強制動員犠牲者等支援委員会編、二〇〇八年、原文ハングル。

海底炭鉱の三菱崎戸・高島・端島（軍艦島）炭鉱と産業「慰安所」

渡辺泰子・大場小夜子／協力 小川チヅ子

1 長崎県の炭鉱

長崎県は、敗戦時（一九四五年八月一五日現在）で朝鮮人が七万人在住していた。（注1）［＊1］同年の八月九日、アメリカの原爆によって、長崎市は一瞬のうちに壊滅し、その被害の大きさは計り知れないものがある。

もう一方、「企業城下町」として三菱資本が支配する炭鉱では強制労働させられていた中国人捕虜や朝鮮人の原爆被害の実態は解明されないままである。長崎在日朝鮮人の人権を守る会（一九六五年設立）は牧師だった故岡正治が在日朝鮮人への差別を訴え、設立した市民団体である。人権を守る会では二〇〇九年に朝鮮人被爆者の実態調査を行い、被爆者の数は約二万二千人と推定されると調査結果を発表（注2）するとともに、被爆の実態だけでなく、長崎市内の軍需工場や長崎市内の周辺の島の炭鉱（高島炭鉱や端島炭鉱など）における朝鮮人労働者の強制連行や強制労働の実態を明らかにしていく調査を続けている。

一九九五年に設立されたNPO法人岡まさはる記念長崎平和資料館［図1］がある、展示室には朝鮮人被爆者や強制連行・労働の歴史、戦時中の中国での日本の行い、戦後補償などについて検証している。

企画展の準備段階で長崎のフィールド・ワークを二〇一六年一二月四日から六日まで人権を守る会代表で岡まさはる記念長崎平和資料館の高實康稔館長（故人）にお願いして、三菱の崎戸炭鉱、高島炭鉱、端島（軍艦島）炭鉱［図2］を人権を守る会のメンバーに案内をしていただいた。残念ながら高實さんはご病気でお会いすることができなく、その後お亡くなりになった。

フィールド・ワークでは長崎県の炭鉱は北海道や同じ九州の筑豊炭田とは違う風景が見えてきた。当然三ヵ所ともだいぶ前に閉山しているが軍艦島の観光化以外はほとんど住民も少なく、調査の対象の遊廓（産業「慰安所」）跡や草ぼうぼうの藪が多く、そこに分け入りながら、産業「慰安所」の跡を調べた。跡地には労働者や家族たちがつかっただろう瀬戸物の破片ややかんなど日用品が数多く転がっていたことが印象的であった。

三炭鉱の特徴は海底炭鉱であり、長く三菱鉱業所が

＊1　一九四五年八月一五日現在　居住朝鮮人員数
・崎戸町　四〇〇〇人　・高島町　三五〇〇人　・端島　五〇〇人

図1
特定非営利活動法人
岡まさはる記念長崎平和資料館
開館時間：9時〜17時（変更あり）
休刊日：月曜日、年末年始（変更あり）
観閲料：一般250円、小中高生150円
TEL・FAX　095-820-5600
ホームページ　https://www.okakinen.jp/
メールアドレス tomoneko@ngs1.cncm.ne.jp
住所：〒850-0051　長崎市西坂町914

経営し、林えいだいの『死者への手紙』のまえがきには「……端島（軍艦島）の岸壁の桟橋に残る石づくりの門は、一生出られない〝地獄門〟であり、崎戸島も〝鬼が島〟といわれ、高島は〝白骨島〟……」と書いているように朝鮮人労働者に対する非人間的な支配は人々に恐れられていた。

二〇一五年に、端島（軍艦島）炭鉱をはじめとする長崎県の八つの産業遺産が「明治日本の産業革命遺産（製鉄・製鋼・造船・石炭産業）の構成遺産」として世界文化遺産に登録されるが、植民地支配における朝鮮人労働者の強制動員、強制労働の歴史と日本の責任は明らかにしようとしない。

「三菱は各炭鉱の随所に女性を置く店を開かせ、賭博を奨励した」（『日本労務管理史』御茶の水書房 一九八八年）という記述がある。崎戸・高島・端島炭鉱に多くの料理店や遊廓ができ、そのなかには朝鮮人の女性が朝鮮人労働者を相手にしていた店も少なくない。

石炭統制会九州支部発行の『炭山に於ける半島人の勤務管理』をみると、「特別慰安所」の項があり、「炭山の委託経営」をすすめ、一千人の半島労務者に対し

図2
長崎県炭鉱所在地
出典：図録『朝鮮料理店・産業「慰安所」と朝鮮の女性たち～埋もれた記憶に光りを～』（高麗博物館2017年企画展）

一〇人程度の女性がよいとしている。そこでは鉱山労務課と経営者、従業女性をも含めて「逃亡防止と増産激励の責務を女子にも負わせたい」としている。

2 長崎県最大の三菱崎戸炭鉱（一九〇八年～一九六八年）

長崎県の北西の西海市（旧崎戸町）の蛎浦島（かきのうらしま）には年に一二〇万トンも出炭する県内最大の三菱鉱業崎戸炭鉱があった［図3］。海底炭鉱であるが崎戸炭鉱は他の海底炭鉱と同じ、坑内排水を汲み上げをするが天然の良港で第一坑（本坑）、第二坑、第三坑があり、貯炭場まで石炭を運ぶことができた。現在は大島に橋が架かり、島には車で行くことができる。

一九〇七年から、九州炭鉱汽船株式会社の経営によって採掘が本格化し、一九四〇年に三菱所有となる。（注4）

一九一二年頃から朝鮮人坑夫がいた、戦時体制下には朝鮮人・中国人の強制連行で、一九三九年から一九四二年までに朝鮮人労働者は二〇五八人働いてい

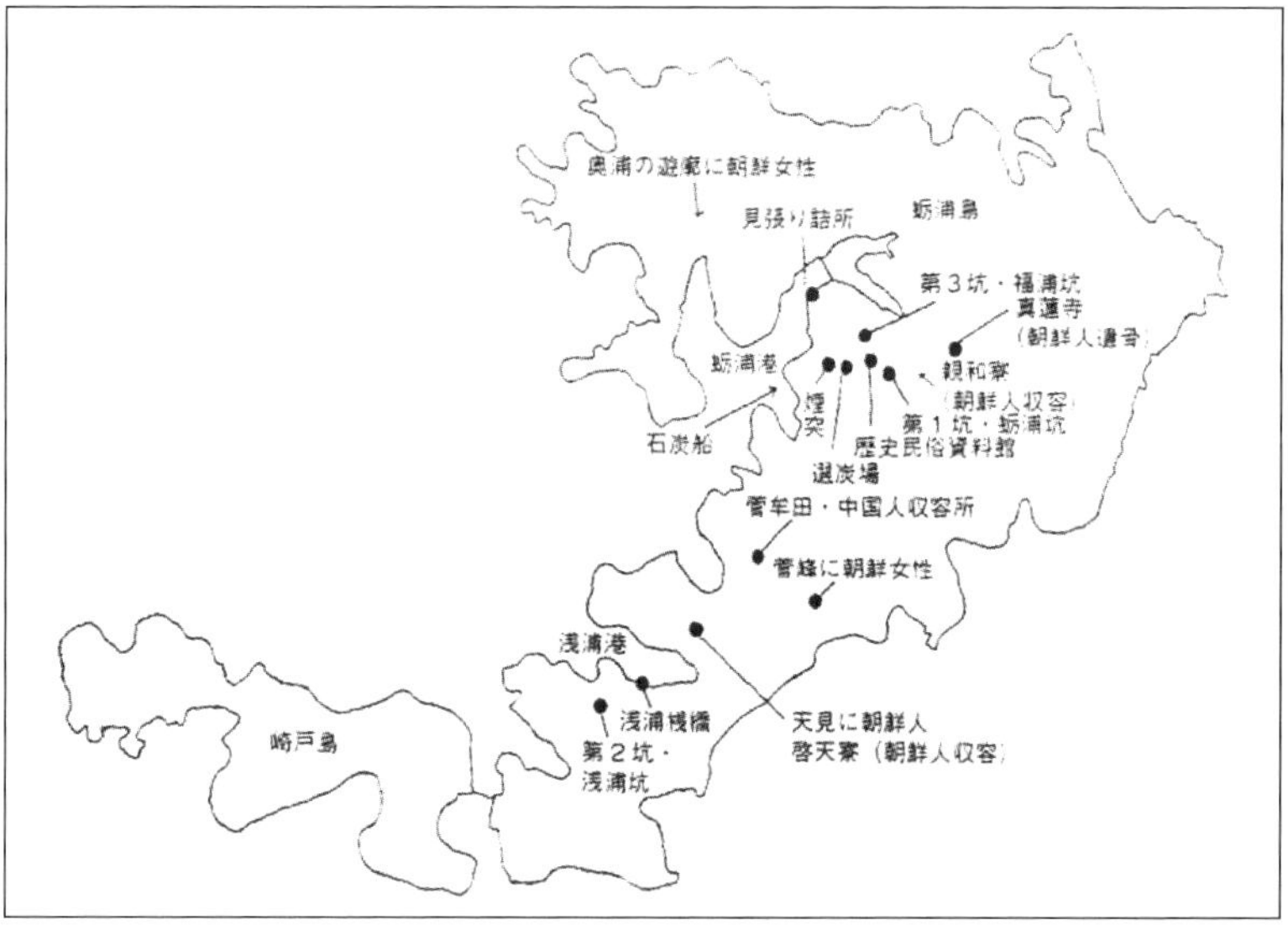

図3
三菱崎戸炭鉱地図
出典：竹内康人著『調査・朝鮮人強制労働①炭鉱編』社会評論社　2013年

た。〔図4〕

産業「慰安所」の設置は一九二九年納屋制度廃止〔＊2〕となり、納屋の頭領の多くが町内で炭鉱指定の遊廓や料理店を経営するようになったと言われている。フィールド・ワークで朝鮮人用も含めた遊廓の跡をみることができた。〔図5〕

崎戸炭鉱の産業「慰安所」については『原爆と朝鮮人』第五集（注1）に掲載されている。人権を守る会の聞き取り調査がすべてになるが紹介していきたい。

【証言】喜浦茂夫さん一九二八年生

島内には遊廓（のちに特殊料理店となる）は、二六カ所あり、娼妓（のちに酌婦といわれた）は一六〇名ぐらいいました。朝鮮人用の遊廓も二軒ほどありました。朝鮮人酌婦のことは〝朝鮮ピー〟と呼ばれ、そこへ日本人労務者も遊びにいっておりました。

アリラン峠を歩く

浅浦の菅峰はアリラン峠〔図6〕といわれ、遊廓跡地もあり、私たちは峠越えで藪の中を掻き分け掻き分け、

図4
「炭鉱の寺」真蓮寺
朝鮮人労働者の遺骨が残され、解放後の1973年に韓国の木浦に移される。（返還されず残された遺骨も多い）

図5
戦前の崎戸で一番の料亭跡
（図4、5：2016年渡辺泰子撮影）

遊廓跡地を探して歩いた。アリラン峠の周辺には家族で朝鮮人労働者が住んでいた。周囲につばがついた炊飯用の釜など生活道具がたくさん散らばり、当時の生活に思いをはせた。『死者への手紙』のなかに空腹を満たすために雑炊を食べに来ていた（お金がないと食べに行けなかった）。逃亡防止のため現金は渡さないから、故郷から送金してもらったり、自分が持っているお金を使った。［図7、8］

【証言】河野敏夫さん　一九〇九年生（元炭鉱夫）

菅峰をアリラン峠といっていました。そこに行けば、ごちそうが食べられるといっていました。私にもときどき、牛の腹わたや頭などを持ってきてくれました。今は陥没していますが、下の方が野原のようになっていて、カフェーや女郎屋が一二、三軒ありました。朝鮮の女郎屋も、蛎浦にありました。

＊2　納屋制度とは
経営者が頭領（親方）の配下の坑夫と一緒に掘立小屋に起居し、坑内に入って採炭する制度。

九州では明治初年高島炭鉱が最初に採用。

図6　菅峰のアリラン峠

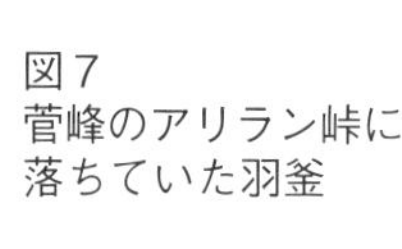
図7
菅峰のアリラン峠に落ちていた羽釜

図8　菅峰のアリラン峠で土に埋まった鳥居
（図6～8：2016年渡辺泰子撮影）

「朝鮮ピー屋」に金券を使って―奥浦の朝鮮遊廓―

蛎浦の奥浦（浦島町）には二〇軒の遊廓うち二軒が朝鮮人遊廓であり、そのうち一軒は「深雪」といった（注3）。「深雪」は通称「朝鮮ピー屋」と呼ばれ、朝鮮人女性ばかりをおいて商売をしていた。写真は「深雪」の二階の部屋で昔と同じたたずまいを残す。［図9］

林えいだいは納屋で働いていた李枝英さん（故人）の奥さんで山村直子さんを訪ね、その当時山村さんは「深雪」に住んでいた。李さんと結婚したのは一九六三年で、李さんは納屋制度廃止になったので奥浦に遊廓を建てた。二軒の朝鮮人遊廓とも女性たち十数人をおいていた。女性たちは李さんが直接募集していた。李さんは朝鮮独立運動で追われて崎戸炭鉱のおじさんに頼ってきたが、しばらくは警察から要注意人物として監視されていたと山村さんに話していた。

奥浦は二〇軒の遊廓と二百数十人の女性がいたので不夜城で勘定日になると道路にまで人があふれるほどにぎわった。［図10］

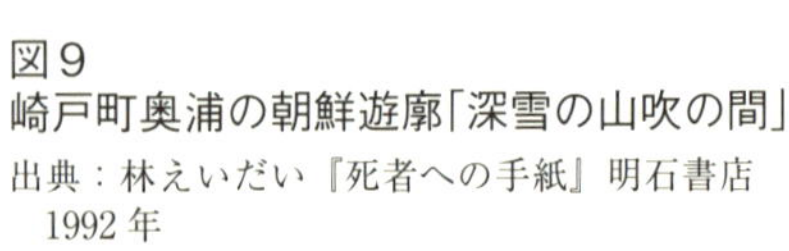

図9
崎戸町奥浦の朝鮮遊廓「深雪の山吹の間」
出典：林えいだい『死者への手紙』明石書店　1992年

図10
奥浦の朝鮮遊廓跡

【証言】森山武雄さん　一九〇六年生
（元崎戸炭鉱労働組合委員長）役員

この島にも、朝鮮人遊女、慰安婦、いわゆる「朝鮮ピー」が四～五人いた。日の出町に二階建ての朝鮮人遊廓があったが、日本人もそこへ通っていた。

いまは浦島町と言うが、奥浦に遊廓があり、酌婦は二〇～三〇人ぐらいいた。遊廓は一〇軒から二〇軒ぐらいあった。一人の楼主が二〇人ぐらいの娼婦をかかえていた。（中略）遊廓は〝金栗〟といった。崎戸でも金券を出していた。筑豊の炭鉱でも金券を出していた。坑夫が遊廓へ行くときは金券を使っていた。

崎戸炭鉱で働き、朝鮮人炭鉱夫を描いた作家・井上光晴

作家・井上光晴（一九二六年～一九九二年）は崎戸出身で、一時期崎戸炭鉱で働いていたことがあり、崎戸炭鉱で働く朝鮮人炭鉱夫の悲惨な運命を『長靴島』という小説に書いている。（注5）［図11］

小説『長靴島』から

腹痛で坑内から上がってきた張の上着を脱がせ、裸の背中に陣田のゴムベルトが唸り、「ひゅう！」と

図11　井上光晴文学館入口にある
（図10、11：2016年渡辺泰子撮影）

いう笛のような呻きが張の口からもれた。「おい、きちんと四つん匍いになれ、ほら、もう一つ」それからつづけざまにベルトを振った。「ひぃ」「ひぃ」「ひぃ」と叫びながら張はコンクリートの上にのけぞった。

（出典：『長靴島』勁草書房一九六五年）

「鬼が島」と恐れられていた崎戸炭鉱に二〇一六年のフィールド・ワークや『原爆と朝鮮人』から朝鮮遊廓についての証言をえて、産業「慰安所」が確認できた。九州全体に言えると思うが、北海道の場合のように、炭鉱の敷地内に産業「慰安所」が所在する事例はなく、近くに朝鮮人女性をおいて遊廓という形態で経営している。経営者も朝鮮人や日本人である。もうひとつ、崎戸炭鉱の場合は証言などから戦時期（「特殊料理店」という名前で）のみでなく、早い時期（一九二〇年代から朝鮮人労働者（炭鉱夫）のための産業「慰安所」として使われていたことがわかった。

崎戸炭鉱も朝鮮人労働者に対する労務管理と労働力確保のために、朝鮮遊廓（＝産業「慰安所」）が使われていたことが確認される。

3 生きて帰れぬ「監獄島」

長崎県高島は長崎港から一四・五キロメートル先にある島である。ここの高島炭鉱は一八世紀初頭に初めて石炭が採掘され、以降日本の近代化による石炭需要とともに発展した。

一八六八年に佐賀藩とグラバーにより経営されたが、一八七四年に官営となり、北海道で行っていた囚人労働を取り入れた。囚人に労働をさせたことから「生きて帰れぬ監獄島」とまでいわれた。一八八一年には三菱が所有し、出炭量では北海道の美唄や大夕張、長崎の崎戸、筑豊の鯰田に次ぐ炭鉱となって、三菱を支える財源となった。良質の石炭を産出する高島炭鉱は、戦時中には日本の軍需産業を支えた炭鉱の一つになったが、一方ではコレラの流行や炭坑事故の多発などで炭鉱労働者たちは常に命の危険と隣あわせだった。［図12］

朝鮮人労働者の増加

高島炭鉱で朝鮮人が働き始めたのは一九一七年で、募集により約一五〇人が働きに来ている。わずか一年で一九一八年には三三四人と増加し、全労働者中一割を占めるようになった。一九二九年には、朝鮮に募集人を置き、働き手を常に募集していた。以降、炭鉱には朝鮮人労働者がいて、戦時中の朝鮮人労働動員の時期になると、労働者はさらに増えていく。

一九三八年に渡日して一九三九年に長崎で「八時間労働・日給四円」の募集に、日本人名で応募し、高島炭鉱で働いた大邱出身の韓英明の手記にはこう書かれている。

「一七歳の時に日本に来た。「八時間労働で日給四円」の炭鉱員募集の張り紙を見て、岡本茂の名前で高島炭鉱で働くことになった。朝鮮人とばれないように人とは必要最小限の話しかしなかった。

高島炭鉱は労働監獄のような炭鉱だった。土間の上に藁、その上に茣蓙を敷いただけの寝床に雑魚寝。食事は味噌汁にたくわん。たまにイワシやタチウオがつくくらい。海底炭坑で、海底に六〇キロメートルの坑道があり、過酷な労働だった。休めない、逃

図 12
三菱高島炭鉱地図
出典：竹内康人著『調査・朝鮮人強制労働①炭鉱編』社会評論社　2013 年

げられない。ある日どこからか悲鳴やうめき声が聞こえてきた。逃げ出そうとしたが、仕事をさぼった者が拷問されていたようだ。（中略）とにかくすべて暴力で問答無用、タコ部屋と同じ。大半は島にただ一つある女郎屋に女を買いに行っていた。（中略）たまたま出会った二人連れと逃亡した。対岸の陸地まで四・五キロ、必死で泳ぎやっとの思いで岩場に辿り着いた。料亭の芸者さんにおにぎりをもらって飢えをしのいだ」

（出典：『娘・松坂慶子への「遺言」』松坂英明・つね子著　光文社　一九九三年）

この手記に記されているように、高島炭鉱の労働は八時間労働どころか休みもなく粗末な食事で監督に逆らえば折檻が待っていた。逃亡者が多くいたのも当然だが、逃亡も命がけだった。［図13］

高島炭鉱には、労働者相手の遊廓が六〜七軒あったという（『原爆と朝鮮人』第4集）。本町には朝鮮人女性だけがいる店があったという証言がある。これらの店の近くには監視のための派出所まであった。［図14］

図13
高島の金松商店街があったあたり。港から急な長い階段を上がった先に商店街があった。
港に近い平地は会社関連施設や職員住宅があった。朝鮮人労働者たちは便利が悪い高台に住んでいた
（2016年筆者撮影）

高島炭鉱と端島炭鉱には一九三九年当時計八〇人近い女性が「慰安婦」として置かれていたようだが、それは、炭鉱労働者の人数に比例していたといえる。

高島の山の頂上に朝鮮人の遺骨を預かっている金松寺がある。［図15］そこから少し降りて、藪の中を潜るようにしていった所に労働者の供養塔があった。誰が作ったのか、入り口に柵があり「立ち入り禁止」の看板があった。何者かが慰霊塔の場所に行けないようにしたらしい。何のためにこのようなことをしたのだろう。碑の前には韓国のお金がお供えしてあった。韓国からも慰霊に訪れる人がいるようだ。

4 地獄島と呼ばれた「端島（軍艦島）」

三菱端島（軍艦島）の歴史

一八八三年　佐賀藩深堀領主鍋島孫六郎が第一竪坑開削操業に着手。

一八九〇年　高島炭鉱の支坑として三菱が端島炭鉱を買収

一九〇七年　高島、端島間に海底電線ができる

図14
遊廓の住居跡
今はほとんど廃屋になっている。「ここに遊廓もあった」とこの一角に在住の70代男性の話

図15
高島炭鉱の慰霊碑
山頂にある金松寺。ここで朝鮮人の遺骨を預かっている。そこから少し降りると藪の中を潜り抜けたところに慰霊碑がある

出典（図14、15）：図録『朝鮮料理店・産業「慰安所」と朝鮮の女性たち～埋もれた記憶に光りを～』（高麗博物館 2017年企画展）

一九一六年　日本初高層アパート完成（上層階は職員、低層は日本人鉱員、最下層には下請け労働者、朝鮮人労働者が居住）
一九一七年　朝鮮で労働者募集
一九三九年　朝鮮人強制労働動員が始まる
一九四四年　中国人強制連行始まる

高島から南に約四キロ、面積〇・一平方キロメートル程度の小さな島が端島である［図16、17］。ここには、一九四五年の終戦時には最大五三〇〇人が暮らし、その中には、朝鮮人が約五〇〇人、中国人約二五〇人がふくまれている。

九州の炭鉱には韓国併合前後のころから朝鮮人が働きにきており、一九三九年の強制動員が開始されるまでは募集という形で炭鉱労働に従事した。炭鉱労働を仲介する斡旋業者は、「炭鉱の仕事は楽で収入がよい」と宣伝して労働者を集めたが、実際は厳しい労働環境の上に、事故が多発し、命を落とすこともある危険な仕事だった。しかも、そこから逃げ出そうにも逃げ出せない厳しい監視もあった。自由契約とはいいながら

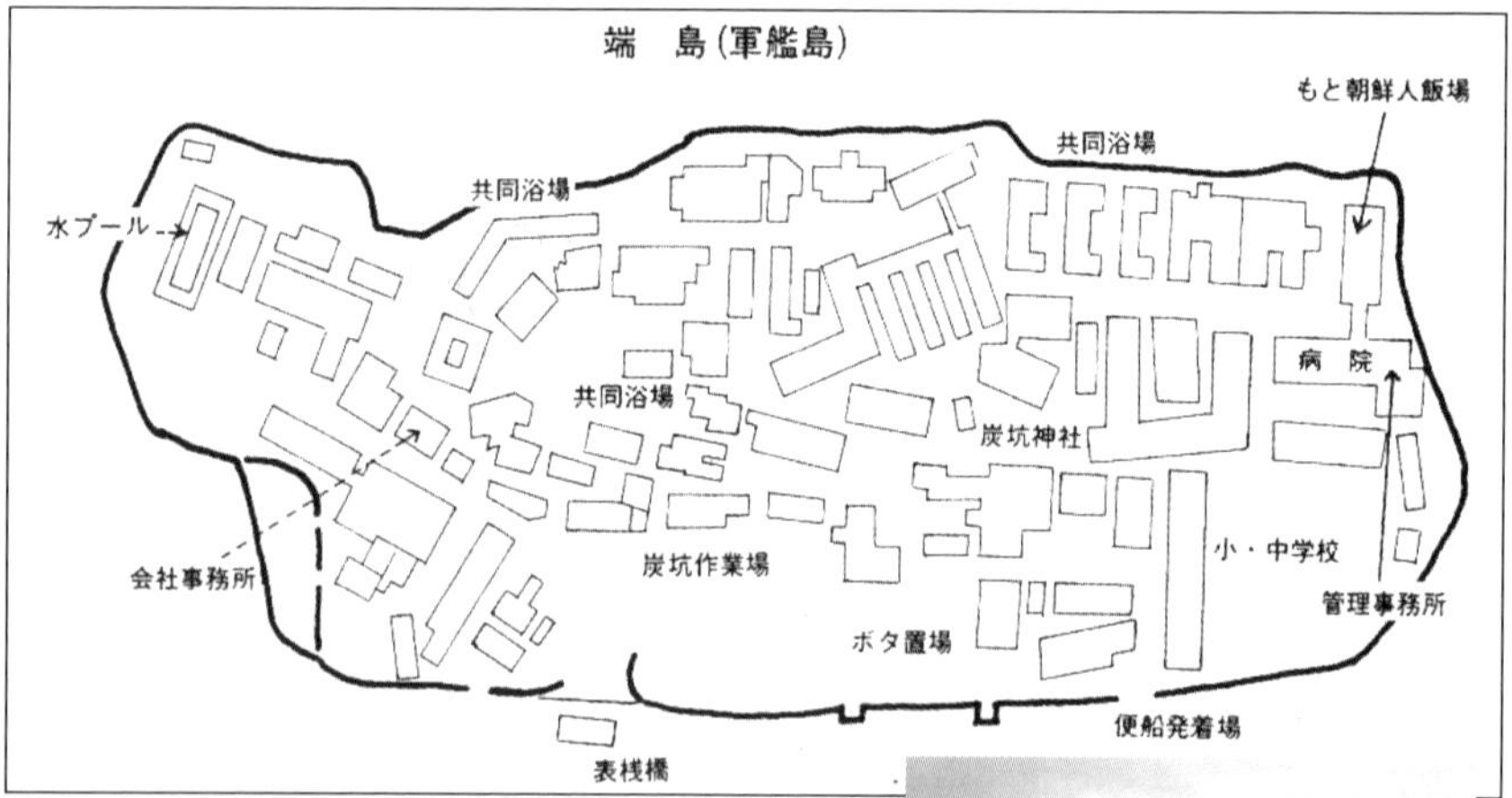

図16　端島（軍艦島）見取り図
出典：『原爆と朝鮮人』第4集 1991年

図17　船から見た端島。戦艦「土佐」に似ているところから軍艦島と呼ばれた
出典：図録『朝鮮料理店・産業「慰安所」と朝鮮の女性たち～埋もれた記憶に光りを～』（高麗博物館 2017年企画展）

辞める自由は制限され、辞めたいときは逃げるしかないというのが現実だった。炭鉱で働いて初めて斡旋業者の話が嘘であることがわかるが、端島は海上にある小さな島であり、交通手段は船だけであった。陸地から離れた島から逃げ出すことは命がけであり、脱走が失敗に終わると折檻が待っていた。この折檻によって命を落とす労働者も少なからずいた。事故や病気、拷問で死亡した朝鮮人労働者は中ノ島の火葬場で焼いた。遺骨は家族が引き取りに来たら渡すが、中ノ島の旧竪坑跡の中に投げ込んだという証言もある。このように厳しい労働状況の下、自由もない監禁同様の状態なので「地獄島」と呼ばれ、刑務所の方がまだましともいわれた。

『日本労務管理年誌』の「三菱端島労働状況」によれば、会社はここでの過酷な労働の不満のはけ口として「賭博」の奨励や性的娯楽を提供する接客店を設置させた。一九〇七年には、こういった接客店がすでにあった。

給料のほとんどは、健康保険・退職積立金・国体会費・国民貯金・寮費などの名目で天引きされた。残りは現金ではなく、炭鉱直営店でしか使えない切符が支給された。解放後、貯金は一円も返還されなかった。

一九四二年に一四歳で動員された徐正雨さんの証言

「両親が名古屋にいました。親がいないので私は祖父に養育されました。祖父の死後は祖父の弟に預けられそこで下働きをさせられました。一四歳になると面（朝鮮の村）役場から徴用の赤紙がきて、日本に連行されました。おじさんは反対しましたが問答無用で連行されました。市役所につくと一四、五歳から二〇歳ぐらいの青年が何千人も集められていました。汽車で釜山に行き、連絡船で下関まで行きました。夜行列車で長崎に連れていかれました。長崎に来たのは三〇〇人くらい、全員が端島へと送られました」。「一人一畳にも満たない部屋に七，八人が詰め込まれエレベーターで竪坑深く降りて仕事をし、食事は豆かす八〇％玄米二〇％のめしと鰯の丸炊きしたのをつぶしたものがおかずで体調を壊しました」と証言している。徐正雨さんはその後長崎市の三菱造船所に移動して端島から出たが、原爆に被爆している。

二年契約満期後、家族を呼び寄せたり、結婚した人もいた。端島には日本最初の近代的な鉄筋コンクリートアパートが立ち並び、一見すると近代的であったが人口密度は日本一で人々がひしめき合うように住んでいた。島の周囲は一〇数メートルの高い塀に囲まれているため下層の部屋は、一日中太陽が当たらず、海が荒れると波しぶきをかぶり、水浸しになった。そんな最下層には、朝鮮人労働者や下請け労働者の飯場があった。

一九三三年に一七歳の時に端島の炭鉱夫である金トムギュさんと結婚して端島に住むようになった姜時点さんは「所帯持ちの朝鮮人は一〇〇世帯を超えていた。結婚当初は主人と知り合いのアパートに同居した。飲料水は対岸から運んでくる給水船から運んだ。海が時化ると給水船はストップ。野菜船も途絶え、水と野菜が手に入らなくて端島は孤立した」（林えいだい著『死者への手紙』から）と証言している。

強制動員が始まった一九三九年から一九四五年にかけて朝鮮人強制動員数は一〇〇〇人以上とされている。一〇代の若年労働者も多く、強制的にさせられた貯金はいまだに返却されず、働いていた賃金の故郷への送金もなく、事故などで亡くなった人の遺骨が帰っていないケースも多いなど、当時の労働者の人権は全く顧みられていない状態が未だに続いているといわざるを得ない。

軍艦島の「特殊飲食店」

軍艦島には、南部商店街と呼ばれる場所に三か所の遊廓があった。三軒のうち「本田」と「森本」は日本人用の遊廓、「吉田」は朝鮮人用の「特殊飲食店」といわれている（長崎在日朝鮮人の人権を守る会編『軍艦島に耳を澄ませば』二二六頁）。経営者、接客女性もまた朝鮮人で、戦後も店を続けていたという。［図18、19］

千数百名の独身鉱夫にたいして料理屋の女性はほとんど二〇人内外。端島炭鉱の「料理屋」が足りないので高島炭鉱に「歓楽街」を設置して、端島炭鉱の労働者に利用させることもあった。朝鮮人専用の産業「慰安所」なのかは不明である。

一九三七年六月に端島で「酌婦」とされた朝鮮人女性が「リゾール」（クレゾール）を飲み一八歳の若さで

自殺している。死亡届出人は本田伊勢松となっている。本田は遊廓の本田屋の経営者であり一九三三年の『炭坑誌』によれば県会議員であった。同年一一月三日にも朝鮮人女性がなくなっていて死因は「溺死」と記録されている。この二件にはつながりがあるのかもしれない。狭い島の中での出来事であり、朝鮮人女性同士が顔見知りであったろうと推測できる。「端島診療所で代診の体験がある金圭沢によれば、戦時中端島には、森田・本田・吉田（朝鮮人）経営の三軒の店があり、吉田屋から朝鮮人女性九人が受診にきた」と証言している（「死者への手紙」一九三頁）。

一九三九年三月二日発行の長崎新聞によれば長崎梅香崎署は、端島の「酌婦」二七人中一二人、高島四九人中一九人を「無病酌婦」として表彰までしている（『炭坑誌』三五四頁）。戦時体制になる前では、酌婦たちは検診が義務ではなかったが、戦時体制となった一九三九年には検診が義務化されたのだろう。端島・高島炭鉱の炭鉱労働者が多く利用する「特殊飲食店」が国策産業で働く労働者のための「慰安所」化していったといえるだろう。

図 18
平屋建てが遊廓のあった場所
出典：黒沢永紀著『軍艦島入門』実業之日本社　2013 年

図 19
1956 年以前、南部商店街・中島屋の看板の家がかつての遊廓「吉田屋」
出典：黒沢永紀著『軍艦島入門』実業之日本社　2013 年

戦後の一九五六年に売春防止法が制定された。それにより、表向きには遊女屋や売春宿は島から姿を消した。

長崎には遊廓をはじめ女性が接客する料理屋がかなりあったことが分かった。炭鉱のある地域には性売買所が必ずあることが、このことからもわかる。企業が炭鉱労働者を管理しやすくするために意図的に性売買所を設置するということも資料をみても明らかだった。この「伝統」は、戦争以前から作られたものであり、戦争によってより強固になったといえるだろう。端島では、接客女性の死亡者二名が明らかにされているが、それも死亡届によってである。彼女たちが長崎まで来た詳細は不明のままだ。

注

(1) 長崎県朝鮮人強制連行、強制労働実態調査報告書第五集『原爆と朝鮮人』長崎在日朝鮮人の人権を守る会編集・発行 一九九一年

(2)『原爆と朝鮮人 第七集』長崎市軍需企業朝鮮人強制動員実態調査報告書 長崎在日朝鮮人の人権を守る会編集・発行 二〇一四年

(3) 竹内康人著『調査・朝鮮人強制労働①炭鉱編』社会評論社 二〇一三年

(4) 林えいだい著『死者への手紙』明石書店 一九九二年

(5) 井上光晴著『長靴島』井上光晴作品集第一巻 勁草書房一九六五年

(6) 長崎在日朝鮮人の人権を守る会『軍艦島に耳を澄ませば』社会評論社 二〇一一年

(7) 竹内康人著『明治日本の産業革命遺産・強制労働Q&A』社会評論社 二〇一八年

産業「慰安所」に関する年表

年号	産業「慰安所」に関する事項（性買売に関する事項も含む）	日本と朝鮮に関する事項	在日朝鮮人人口(1910年以降)（カッコは女性）
1859	11　横浜開港　開港地外国人向けに港崎遊郭開設		
1860	長崎のロシア水兵用「マタロス休息所」でロシア軍医日本初の性病検査実施		
1867			
1868		01　日本、王政復古、元号を「明治」とする	
1869	09　横浜吉原町に遊女病院を置く		
1870	12　新律綱領（刑法の前身）で「娼妓に略売する」ことを罪と定める ＊シンガポールに初めて日本人「売春婦」登場		
1871	05　民部省、売春業者の新規開業を禁止、各地方官に検黴の施設を設置するよう指示 09　札幌開拓地・薄野に初めての遊郭開設	08　解放令「賤民身分廃止」、廃藩置県の詔書 09　日清修好条規締結	
1872	01　開拓使、太政官へ薄野遊郭の設置を事後報告、「公然売女」を申請 05　函館蓬莱町遊郭設置 07　マリア・ルス号事件 10　「芸娼妓解放令」人身売買、前借金での拘束、廃業妨害などの禁止 11　「太政官布達」（娼妓稼業の自由、管理は地方が当たり政府は制度を設けず）	02　「戸籍法」施行	

1873	07　「改定律例」施行、「私娼」を取り締まる「売淫取締」定める 12　東京で「貸座敷渡世規則」「娼妓規則」「芸妓規則」制定、遊郭は貸座敷の名で再開、以後各地で同様の規則制定される	01　「徴兵令」公布 11　内務省設置、地方行政・警察 行政を管轄	
1874	01　東京警視庁設立。性売買を「賤業」とし、統制を地方に任せる	自由民権運動始まる	
1875	04　東京府、「隠売女取締規則」発布、性病予防に乗り出す	09　雲揚号事件	
1876	01　改定律例第267条廃止「私娼」の取締・懲罰は東京警視庁並び各地方官に任せる 04　内務省、「娼妓黴毒検査の件」で全国的に娼妓の強制的な性病検査を指令 ＊日本領事館、性売買の統制を開始	02　朝鮮に日朝修好（江華島）条規で開国強要 釜山開港	
1877	常磐炭田開山		
1879	鹿児島県士族、海外へ娼妓輸出を願出		
1880	07　刑法（旧刑法）交付、「堕胎罪」、妻のみ「姦通罪」規定 ＊80年代から清や朝鮮で日本人の「海外醜業婦」が問題化	12　元山開港	
1881	三菱は高島炭鉱を所有（1890年には「軍艦島」を所有）		
1882		01　軍人勅諭発布 07　壬午軍乱起こる	
1883	03　太政大臣、外務省、司法省、清と朝鮮で在留日本人の「密売淫取締」の方針定め、以後各地で同様の取締	09　仁川開港	

1884		12　金玉均ら開化派、甲申政変、3日天下終わる	
1886	12　東京婦人矯風会成立		
1889		01　徴兵令改変、国民皆兵へ 02　大日本帝国憲法発布	
1890	05　全国廃娼同盟結成　集会及政社法公布、女性の政治運動を全面禁止 ＊細倉鉱山株式会社設立		
1893	04　東京婦人矯風会、全国組織の日本基督教婦人矯風会へ改組		
1894	08　日清戦争で軍の意向受け大本営となった広島市が貸座敷・娼妓免許地を設置福岡でも遊廓、料理屋の設置相次ぐ ＊日清戦争に門司港から出兵。遊廓などが盛んになる	01～　甲午農民戦争 08　日清戦争	
1895	09　日本救世軍創設 ＊神戸に日本初の朝鮮料理店「朝鮮蕎麦」ができる	04　下関条約 06　台湾を植民地とする 10　明成皇后殺害	
1896	06　台湾へ日本の娼妓の渡航始まる、台北に「貸座敷並び娼妓取締規則」		
1897		朝鮮、国号を大韓と改める	
1898	06　「芸娼妓解放令」廃止、民法施行法第9条公布 ＊筑豊・下山田炭鉱に朝鮮人労働者が雇用される		

1900	02　函館の娼妓・坂井フタに対し「身体の拘束を目的とする契約は無効」の大審院判決 03　治安警察法公布（女子の政治結社加入、女子と未成年者の政談集会参加禁止）「娼妓廃業を扇動する行為」を治安警察法第16条で統制 08　救世軍中心に自由廃業運動急速に広がる 10　内務省、全国統一的に娼妓取締規則制定（娼妓は18歳から許可、自由廃業認めつつ居所の制限、検黴制を明文化）		
1901	04　内務省、「内地」での外国人（清国人・朝鮮人）の娼妓登録は不許可と通牒		
1902	02　大審院「前借金契約は芸娼妓契約とは別個の契約として返済義務が継続」判決 ＊以後自由廃業の減退		
1904	02　日露戦争開戦、兵士の性病罹患問題が課題に　朝鮮で日本人の貸座敷業公認 05　廃娼妓の収容施設「慈愛館」（婦人矯風会）落成	02　日露戦争開戦	
1905	04　日本花柳病予防会設立、性病を兵力・労働力低下の原因とし内務省とともに「私娼」取締り ＊日露戦争後、中国大陸と朝鮮の諸都市で日本人女性の性売買が急増、取締り始まる ＊東京上野広小路に朝鮮料理店「韓山楼」があったという記録がある	09　ポーツマス条約 11- 第2次日韓協約 サハリン南半部と大連、旅順を支配 ＊関釜連絡船就航、以降朝鮮人の渡日者増える	
1907	04　刑法公布「営利の目的を以て淫行の常習なき婦女を誘拐して姦淫せしめたる者」の処罰規定 ＊日本、日露戦争後南サハリンを領有し「貸座敷及娼妓取締規則」 ＊「軍艦島」に女性をおいた店あり（吉田屋には朝鮮人酌婦がいた）	07　第三次日韓協約、韓国の内政権を奪う 10　ハーグ陸戦条約（日本は1911年批准）	
1909		10　安重根、伊藤博文を処断	

1910	05 「醜業を行わしむるための婦女売買禁止に関する国際条約締結」、日本未加入 08 内務省、朝鮮人の娼妓は不許可、芸妓は許可と通牒。朝鮮で公娼制度を急速に確立させ、料理店や芸妓酌婦が統制下に	08 「韓国併合」朝鮮総督府設置 09 日本が朝鮮の警察権を掌握	2,246（223）
1911	07 婦人矯風会吉原遊廓廃止運動　救世軍廓清会結成 12 内務省の「朝鮮人たる芸妓の現在調べ」に4人の朝鮮女性		2,527（255）
1912	01 大阪難波新地遊廓大火消失　矢島楫子ら在外「売春婦」取締法制定請願衆議院提出 *崎戸炭鉱に朝鮮人労働者	01 中華民国成立 08 「土地調査令」	3,171（325）
1913			3,635（379）
1914			3,542（375）
1915	*福岡・門司で切り店形式（狭い部屋で行為のみ行わせる）による朝鮮人女性の妓楼が計画される		3,992（430）
1916	03 朝鮮で公娼制度成立 「貸座敷娼妓取締規則」（総督府警務総監部令第四号）31日発布、5月1日施行。 同時に「宿屋営業取締規則」（第一号）「料理屋飲食店取締規則」（第二号）「芸妓酌婦芸妓置屋営業取締規則」（第三号）も発布。		5,637（617）
1917	09 高島炭鉱に朝鮮人労働者約150人が連れてこられる。（1919年には334人となり、約1割占める）		14,501（1,613）
1918	08 シベリア出兵、多数の日本軍兵士が性病に罹患　ロシアで日本人経営の「売春宿」廃止を 指令	07 米騒動	22,262（2,518）

	*「鳥取県酌婦取締規則」定められる		
1919	03　福岡日日新聞、福岡県に朝鮮人芸妓1名ありと報道 *帝国議会で公娼制存廃議論始まる	3.1 独立運動　5.4 運動	28,273（3,191）
1920	12　シンガポール総領事館、公娼制度廃止断行、日本人女性の廃業・帰国を推進 *福岡県の料理屋の朝鮮人芸妓数13人 *20年代、福岡の若松市、小倉市、戸畑市、飯塚町などに朝鮮料理屋ができ朝鮮人女性を置く *20～30年代初め頃、朝鮮人酌婦が待遇改善求めて抵抗や逃亡する	このころ戦後恐慌	30,149（3,466）
1921	10　「婦人児童の売買禁止に関する国際条約」調印、年齢条項（21歳以下不可）と植民地適用留保 *日本婦人矯風会（日本キリスト教婦人矯風会の前身）朝鮮支部設立		37,271（5,238）
1922	06　国際連盟、婦人児童売買問題諮問委員会設置		59,744（8,870）
1923	02　革清団組織、公娼廃止と風紀を正すための社会運動に取り組む 11　全国公娼廃止期成同盟会結成	09　関東大震災、翌日各地で朝鮮人虐殺発生 11　国民精神作興に関する詔書発布	80,015（12,300）
1924	04　国際連盟、婦人児童売買問題諮問委員会第3回会議で日本の公娼制を激しく非難 09　朝鮮女子基督教節制会連合が創設される 12　公娼廃止期成会が創設される 内務省、朝鮮総督府に「内地の朝鮮男性のために朝鮮女性を送るよう」打診（東亜日報11月26日）		118,192（17,763）

1925	10 「婦人児童の売買禁止に関する国際条約」批准、年齢条項（18歳以下）、植民地適用を留保 ＊樺太に朝鮮人酌婦242人　娼妓4人　料理屋35軒		129,870（22,376）
1926	05　全国警察部長会議「公娼制度改廃諮問案」を提出	「奴隷条約」締結（日本未調印）	143,798（27,383）
1927	02 「婦人児童の売買禁止に関する国際条約」の年齢条項のみ留保撤廃決議 ＊花柳病予防法公布	05　山東出兵	171,275（35,561）
1928	08　花柳病予防法施行 ＊樺太庁警察部、樺太に234人の接客業朝鮮女性がおり、労働者に次ぐ多数と報告 ＊筑豊で低賃金労働力として朝鮮人労働者が増大	06 「治安維持法」改正公布・施行	238,104（53,804）
1929	09　警察部長、カフェー営業者の取締に関する指示	10　世界恐慌開始	275,206（70,041）
1930	＊1930年代北海道に朝鮮料理店急増		298,091（82,458）
1931	05～07　国際連盟の東洋婦女売買調査団、日本の国際的婦女売買を調査 ＊「満洲事変」を期に日本人の満洲渡航増加、性売女性の増加 ＊京浜工業地帯に朝鮮料理店出現	09　満洲事変 15年戦争始まる	311,247（90,488）
1932	03　函館の立待岬から朝鮮人酌婦投身自殺 12　大阪の朝鮮遊廓に突如の営業禁止 上海に「慰安所」開く（2月海軍、3月陸軍設置）	01　第一次上海事変 03 「満洲国」建国（宣言） 10　満洲事変に関するリットン報告書発表 ＊李奉昌、尹奉吉、金日成らの独立運動	390,543（125,045）

1933	03 「国際連盟東洋婦女売買調査委員会報告書」日本の公娼制度の廃止を提言 04 中国東北（満洲）で軍「慰安所」設置、朝鮮人、日本人「慰安婦」の存在が資料で確認 10 「成年婦女子の売買禁止に関する条約」（年齢にかかわらず性売買への勧誘を禁止、日本未調印） ＊大阪社会部労働課が北大阪の朝鮮人私娼窟を報告作成	03 国際連盟脱退を通告	456,217（150,218）
1934	03 細倉鉱山の経営、三菱鉱業に引き継ぐ 04 福岡県、保健組合規則制定（県令22号） 12 総督府令第114号「貸座敷娼妓取締規則」改正（1935年1月1日施行）	12 ワシントン海軍軍縮条約の破棄を通告	537,695（189,614）
1935	03 衆議院「娼妓取締規則」を法令化した「娼妓取締法案」を議論 09 内務省「公娼制度対策」作成、公娼制の廃止と性売買黙認の意思を示す ＊その後の天皇機関説事件、2・26事件、日中戦争開始により廃娼は宙づりに	03 満洲への移民始まる	625,678（235,678）
1936	福岡県衛生課、花柳病予防法の代用診療所を県営の花柳病診療所とする		690,501（263,950）
1937	06 「軍艦島」で朝鮮人酌婦がクレゾールを飲み自殺 07 北海道内酌婦（日本人・朝鮮人）3357人 09 陸軍大臣「野戦酒保規定」改変、「慰安所」を軍の後方施設に 12 上海特務機関が日本軍「慰安所」の酌婦3000人を送るよう指示。福岡から在日朝鮮人女性2名が上海海軍「慰安所」に送られる。南京大虐殺・強姦 ＊福岡県職員が酌婦検診に従事 ＊この頃から日本軍「慰安所」が大量に設置され、朝鮮人女性などの連行が本格化	07 盧溝橋事件、日中全面戦争開始 09 「国民精神総動員計画実施要領」制定 11 大本営設置 12 総督府「皇国臣民の誓詞」制定	735,689（288,163）
1938	01 函館新聞「函館に居住する朝鮮人女性350人の大部分が売笑婦」と報道 02 内務省警保局「慰安婦」渡航は華北・華中に限り黙認	02 陸軍特別志願兵制／第3次教育令（朝鮮語の授業禁止）／重慶	799,878（314,477）

	03 陸軍省副官「慰安婦」募集は軍と警察の密なる連携で実施するよう通牒 04 花柳病予防法完全施行、私娼やカフェーの女給も対象に、運営費は市町村及び国が一部負担 *この年以降、愛国婦人会などが傷痍軍人との結婚斡旋 *この時期以降、出征兵士妻との恋愛関係など朝鮮人の「性問題」が大きく取り扱われる（内務省「社会運動の状況」、特高月報など） *厚生省創設、遅れていた花柳病予防法の2、3条の実施 *内務省「風俗に関する営業の取締に関する件」を通牒 *福岡県警察部は、県達9号を発し3等料理屋を特殊料理屋とし、営業地域は警察署長に一任を採決 *上海に軍「慰安婦」として100人余りの日本人・朝鮮人女性が集められ、戦地に送られる。	への無差別爆撃開始 03 「改正教育令」公布 04 「国家総動員法」公布 05 「国家総動員法」施行、朝鮮・台湾・樺太にも施行 07 朝鮮のキリスト教長老教会派神社参拝承認	
1939	06 改変花柳病予防法施行、性病罹患者すべて診療対象に　待合、遊郭、私娼窟の営業時間制限 10 北海道石炭鉱業会は朝鮮人労働者の「慰安」を目的に朝鮮料理店（26店）の新設を北海道庁保安課に要請。北海道庁保安課は「料理屋・飲食店取締要綱」設置。第1陣で強制動員の朝鮮人労働者340人が函館に到着 *この頃、陸軍経理学校で「慰安所」の作り方教える *福島県入山採炭労務係木山氏、朝鮮人労働者募集で朝鮮へ（敗戦まで） *札幌に朝鮮料理店の自治組合できる *北海道炭鑛汽船「移入労務者訓練及取締要綱」制定 *朝鮮人の戦時労働動員始まる。1943年まで福岡には延べ17万人が動員された *筑豊での朝鮮人炭鉱労働者の割合は14%、1943年に25%になる *福岡県、軍事・鉱工業重要生産地に県花柳病診療所13か所設置 *内務省「社会運動の状況」で、朝鮮人労働者の性問題を夕張地方や日本人兵士の妻との風紀問題に言及 *福岡県直方矯風会は朝鮮人労働者の逃亡防止策として「朝鮮料理の営業」を協議	05 ノモンハン事件始まる 06 中央協和会創立 07 労務動員計画閣議決定、「国民徴用令」公布、「朝鮮人労務者内地移住に関する件」・朝鮮人労働者戦時労働動員開始 08 「女子の坑内就業禁止に関する特例」公布（25歳以上の女子は妊娠中を除き就労可能となる 09 第2次世界大戦勃発 10 「国家総動員法」による諸法令公布 12 朝鮮総督府、「創氏改名」公布	961,591（377,941）

1940	03　北海道で産業「慰安所」が次々と開設。同時期朝鮮で遊興飲食税令公布・施行、風俗警察取り締まり方針発表、強化。 ＊1940年代　常磐炭田の入山採炭に指定の産業「慰安所」を設置（敗戦まで） ＊三菱崎戸炭鉱（1907年から採掘）では1939～1942年までに朝鮮人労働者2058人働いていた ＊細倉鉱山、労働力不足で朝鮮人労働者（約1000人）を連行 ＊日本国内の朝鮮人芸娼妓酌婦数1488人、女中・女給など1335人 ＊福岡県の接客業者（含朝鮮人芸妓）数502人	05　「国民優生法」制定 09　日独伊3国軍事同盟調印 10　大政翼賛会発足 11　大日本産業報国会設立	1,190,444(447,992)
1941	07　関東軍特別演習で朝鮮総督府に「慰安婦」の徴集求める ＊このころ、細倉鉱山産業「慰安所」が作られる ＊佐賀県大鶴炭鉱では「当局の許可を得て半島人専属の料理屋を作った」 ＊「人口政策確立要綱」閣議決定、外地人口の抑制策と「産めよ殖やせよ」による大和民族の増大を計る	03　「国防保安法」公布、「改正治安維持法」公布 04　日ソ中立条約調印 06　独ソ戦開始 10　ゾルゲ事件 11　「国民勤労報国協力令」公布で14～40歳の男子、14～25歳の未婚女子勤労奉仕（無償労働） 12　太平洋戦争始まる、「物資統制令」公布、「言論出版集会結社等臨時取締法」ほか公布	1,625,054(592,236)
1942	01　外務大臣、「慰安婦」は軍の証明書で渡航するように指示 02　厚生省・内務省「移入労務者訓練及取扱要綱」に「特別慰安所（性問題）は其の地方の実情に応じ事業主に於て警察当局と連絡の上適宜処理すること」と明記。石炭統制会も上記と同内容の極秘文書を出す 04　北海道でカフェー、芸妓置屋等の新規営業・譲渡を制限（芸娼妓や酌婦は工場などに動員） ＊九州炭鉱懇談会で、朝鮮料理屋を作らせる計画があったことが語られる	02　味噌・醤油・衣料品配給制になる 04　翼賛選挙実施 05　閣議で朝鮮人への徴兵制施行が決定。官斡旋による朝鮮人労働者動員 06　日本軍、ミッドウェー海戦で大敗 10　朝鮮総督府、「朝鮮青年特別錬成	1,625,054(592,236)

		令」制定 10　朝鮮語学会事件	
1943	05　気高郡湖山村（現鳥取市）で日産輸送飛行機工場鳥取工場建設開始、朝鮮人労働者 1000 人を動員 06　東京鉱山監督局「朝鮮人労務管理研究協議会開催要項」で「性欲問題」を協議。 08　川崎遊廓を廃止、軍需工場（日本鋼管）の施設へ。内務省、女性の接客業の転廃業を全国に通牒 09　日産輸送機の労働者を対象に、衆楽園遊廓に朝鮮人酌婦 20 人を移入 10　軍令により洲崎遊廓廃業、妓楼は軍が接収し石川島造船所の寄宿舎に、業者は立川飛行機、昭和飛行機、航空工廠などの「慰安」施設に誘致される ＊奈良県金屋渕鉱業所設立　のちに住友鉱山が買収　朝鮮人 19 人動員　現場に「慰安所」ができていた ＊三重海軍航空隊奈良分遣隊開隊 ＊奈良県天理市柳本に飛行場建設が始まる ＊柳本飛行場現場に「慰安所」ができる（軍属として徴用された趙敬済さん証言） ＊筑豊炭鉱での朝鮮人労働者の割合は 25%	02　ガダルカナル島撤退開始 05　中国人労働者の強制連行始まる 06　「工場就業時間制限令」廃止（15 時間労働増加）、大日本労務報国会設立 09　イタリア無条件降伏 次官会議で 14 歳以上の未婚者を動員するなど「女子勤労動員ノ促進ニ関スル件」決定。 09　閣議、女子勤労挺身隊の組織化決定	1,805,438(636,830)
1944	02　「高級享楽停止に関する具体的要綱」閣議諒解、遊廓は「慰安所」に、芸娼妓は「慰安婦」とされる 05　鳥取市内で日本人女性が朝鮮人酌婦を「朝鮮ピー」と連呼し喧嘩になり、朝鮮人酌婦を検挙 09　杉山陸相、松代工事着工を命令　（略称「マ工事」） 10　長野県松代の児沢聡方の敷地内の建物が借り上げられ、「慰安所」とされる　4 名の朝鮮人女性が「慰安婦」として連れてこられる 10. 27・11. 01『毎日新報』に「『軍』慰安婦　急募」の広告が掲載される	01　横浜事件 02　決戦非常時措置要綱閣議決定 03　閣議で女子挺身隊の強化を決定 06　「学童疎開促進要綱」決定 マリアナ沖海戦 08　「総動員警備要綱」決定 朝鮮での徴兵検査、「学徒勤労令」・「女子挺身勤労令」公布・	1,901,409(685,162)

	11　松代大本営地下壕工事開始。 ＊金屋渕銅山　朝鮮人 44 人雇い入れ ＊三井芦別炭鉱の産業「慰安所」設置（東頼城町社宅街）	施行、朝鮮に「国民徴用令」全面発令 10　沖縄に初空襲、レイテ沖海戦	
1945	02　奈良県大和海軍航空隊が開隊 03　「マ（三・二三）工事」天皇の御在所建設　三重航空隊が奈良海軍隊となる 05　姜徳相氏の母親、細倉鉱山に疎開（朝鮮人女性が多数住む 1 部屋を借りる） 06　「マ（六・八）工事」 雁田山と臥竜山に通信施設建設 06 末　三井芦別炭鉱に朝鮮人労働者 1905 人 07　「マ（七・一二）工事」賢所、皇太子・皇太后の住居、印刷用倉庫建設 08　松代大本営工事中止／空襲により細倉鉱山操業停止 11　内務省警保局長、貸座敷業者の自発的転廃業を促すよう指示 12　鳥取県警察部長より内務省警保局あてに「朝鮮人娼妓登録ニ関スル件」照会 ＊北炭労務部長が各鉱業所所長宛に産業「慰安所」の業者に「慰労金」支給を通知	03　「国民勤労動員令」公布 東京大空襲 04　沖縄戦開始 05　ドイツ、連合軍に無条件降伏 08　広島・長崎に原爆投下／ソ連、対日宣戦布告／ポツダム宣言受諾、敗戦／連合国軍総司令部（GHQ）を横浜に設置 11　財閥解体 12　衆議院選挙法改正（婦人参政権ほか）	1,968,807（695,580）
1946	01　内務省警保局、鳥取県での女性の雇用は従来通りにする旨回答、私娼を黙認 12　日本政府、各地で特殊飲食店を公認して地域を指定、「赤線地帯」が成立する	05　極東国際軍事裁判所開廷 05　食糧メーデー 11　日本国憲法公布	
1947	07　南朝鮮過渡政府法律第 7 号「公娼制度等廃止令」	05　日本国憲法施行 12　改正民法	

注）在日朝鮮人人口は 1910 ～ 1945 年までとした

参考文献

1） 下川耿史編『性風俗史年表大正・昭和戦前編』 河出書房新社、2009年
2） 宋連玉、金栄編著『軍隊と性暴力』現代史料出版、2010年
3）第15回特別展カタログ「日本人「慰安婦」の沈黙　国家に管理された性」アクティブ・ミュージアム「女たちの戦争と平和資料館」編集・発行、2018年
4） 法政大学大原社会問題研究所編「社会・労働運動大年表第1巻」 労働旬報社、1986年
5） 大阪市立大学遊廓社会研究会『遊廓・遊女研究データベース』
6） 田村紀之「内務省警保局調査による朝鮮人人口」『経済と経済学』第46号、東京都立大学経済学会、1981年
7） 日韓「女性」共同歴史教材編纂委員会編「ジェンダーの視点からみる日韓近現代史」梨の木舎、2005年

あとがき

本書は戦前期の朝鮮料理店と産業「慰安所」で働いた朝鮮人女性たちの記録で、この事実が本になるのは初めてのことである。執筆したのは高麗博物館朝鮮女性史研究会の会員で二〇一七年企画展「朝鮮料理店・産業『慰安所』と朝鮮の女性たち～埋もれた記憶に光りを～」を準備するために初めて調査に参加し、学んだ会員たちで、その後、二人の会員が新たに調査に参加した。（展示には執筆者以外に渡辺正恵〈故人〉と三浦恭子が参加した。）

高麗博物館でのこの展示が、本書を生む契機となったことをあらためて、高麗博物館の会員と展示を見ていただいたみなさんに感謝したい。

調査では日本の植民地支配のもとで多くの貧しい農村女性たちが前借金により日本に来て、働いていることがわかった。そして、日本に来てからも困難な暮らしであったことを知ることになった。執筆した会員はこうした事実を知り長く、根気よくこの問題に取り組んできた。この作業が高麗博物館の目的でもある韓国・朝鮮人との「共生」を考えることにも役立つと思っている。

本書に書かれていることはみな調査で事実と確認されたことと、資料で証明されている内容から構成されている。日本全国に朝鮮料理店と産業「慰安所」が存在したが、調査は一部にしか過ぎない。こうした事実を知っている方がいればお教えいただきたい。私たちは始まったばかりの事実調査と歴史研究、特に女性史の視点から今後も続けてこの問題を明らかにしていきたいと思っている。なお、執筆にあたり評価、表現などについてはそれぞれの執筆者の考えを尊重したが、事実については理解できるようにする努力をした。

なお、特別に寄稿をいただいた金富子さん、本の装幀を考えていただいた高麗博物館の大石一雄さんをはじめ、多くの論文・資料の引用などでは、資料所蔵機関の方々にお世話になり感謝申し上げる。末筆になったがこのような出版を引き受けていただいた社会評論社の松田健二氏、本文のデザインを担当された中野多恵子氏に心から御礼申しあげたい。

高麗博物館朝鮮女性史研究会　一同

執筆者紹介

金　富子（きむ　ぷじゃ）
東京外国語大学教員。ジェンダー論、植民地朝鮮ジェンダー史、植民地期朝鮮および現代韓国の性暴力・性搾取研究。日本軍「慰安婦」問題webサイト制作委員会（Fight for Justice）共同代表。単著に『植民地期朝鮮の教育とジェンダー』（世織書房）、共編著に『Q＆A朝鮮人「慰安婦」と植民地支配責任』（御茶の水書房）、『性暴力被害を聴く』（岩波書店）、共著に『遊廓社会２』（吉川弘文館）、『植民地遊廓』（同）ほか多数。

◆◆◆

牛木未来（うしき　みく）
一橋大学社会学研究科修士課程。朝鮮近現代史専攻。共著に『「日韓」のモヤモヤと大学生のわたし』（一橋大学加藤圭木ゼミナール編、大月書店、2021年）。

▪

大場小夜子（おおば　さよこ）
朝鮮女性史研究会会員。1990年に当時の韓国挺身隊問題対策協議会代表尹貞玉さんとお会いして日本軍「慰安婦」の存在を知り衝撃を受ける。以降、朝鮮人女性全体に関心が広がり今日に至っている。朝鮮人女性の歴史は日本ではマイナーであることを痛感する日々。

▪

小川チヅ子（おがわ　ちづこ）
義理の姉の友人からの紹介で高麗博物館を訪ね、ボランティアをはじめた。本書の中でも書いた長崎県のフィールド・ワークがとても印象深い。

▪

佐藤悠子（さとう　ゆうこ）
会社員。大学院時代に高麗博物館の朝鮮女性史研究会に参加し、朝鮮史・ジェンダー史を学び現在に至る。

▪

永津悦子（ながつ　えつこ）
2014年、高麗博物館朝鮮女性史研究会に入会し、その年の企画展を開催するために植民地下の朝鮮人農民のくらしを川崎市在住の崔命蘭ハルモニから聞き取った。その後も聞き取りを続け、2019年8月15日に本として出版した。書名『植民地下の暮らしの記憶　農家に生まれ育った崔命蘭さんの半生』三一書房

▪

樋口雄一（ひぐち　ゆういち）

高麗博物館前館長、中央大学政策文化総合研究所客員研究員。単著に『協和会　戦時下朝鮮人統制組織の研究』『金天海―在日朝鮮人社会運動家の生涯』『植民地支配下の朝鮮農民』2020年（社会評論社）、『日本の植民地支配と朝鮮農民』（同成社）ほか多数

▪

平野由貴子（ひらの　ゆきこ）

歴史学者の姜徳相先生から「近現代韓日関係史」（2012～16年）を学ぶ。姜徳相先生のオーラルヒストリーの聞き書きを行い『時務の研究者姜徳相』姜徳相聞き書き刊行委員会編を三一書房から（2021年4月）出版。

▪

梁裕河（やん　ゆは）

東京生まれの在日朝鮮人2世。朝鮮時報記者を経て現在、高麗博物館勤務。「アリョン打令」で第5回「賞・地に舟をこげ」受賞。『武蔵野市女性史』編纂委員。絵本「天馬と虹のばち」「終わらない冬」の翻訳などがある。

▪

渡辺泰子（わたなべ　やすこ）

元図書館司書。定年後は高麗博物館のボランティア活動のなかで朝鮮女性史研究会に参加し現在に至る。

改訂版

朝鮮料理店・産業「慰安所」と朝鮮の女性たち

2021年11月15日　初版第1刷発行
2024年11月25日　改訂版第1刷発行

編　著　高麗博物館朝鮮女性史研究会
発行人　松田健二
発行所　株式会社 社会評論社
東京都文京区本郷2-3-10　〒113-0033
tel. 03-3814-3861/fax. 03-3818-2808
http://www.shahyo.com/

カバー装幀　大石一雄
組版デザイン　中野多恵子
印刷・製本　倉敷印刷株式会社